越城年鉴数字版

越城年鉴 2024

YUECHENG YEARBOOK

绍兴市越城区档案馆（史志研究室） 编

方志出版社
Publishing House of Local Records

图书在版编目（CIP）数据

越城年鉴. 2024 / 绍兴市越城区档案馆编（史志研究室）. -- 北京：方志出版社，2024. 12. -- ISBN 978-7-5144-6583-9

Ⅰ. Z525.54

中国国家版本馆 CIP 数据核字第 2024HD8950 号

责任编辑：王娜

责任校对：张玉霞

责任印制：梅中英

出 版 者：方志出版社

地　　址：北京市朝阳区潘家园东里 9 号（国家方志馆 4 层）

邮　　编：100021

网　　址：http://www.zgfzcb.cn

发　　行：方志出版社图书营销中心（010-67110500）

印　　刷：绍兴市越生彩印有限公司

开　　本：889 毫米 ×1194 毫米 1/16

印　　张：25.5

字　　数：647 千字

版　　次：2024 年 12 月第 1 版

印　　次：2024 年 12 月第 1 版 印刷

定　　价：200.00 元

《越城年鉴（2024）》编辑部

《越城年鉴（2024）》供稿单位

区纪委、区监委、区委办公室、区人大常委会办公室、区政府办公室、区政协办公室、区委组织部、区委宣传部、区委统战部、区委政法委、区委改革办、区委编办、区委巡察办、区信访局、区委党校、区档案馆、区融媒体中心、区老干部服务中心、区发改局、区经信局、区教体局、区科技局、区公安分局、区民政局、区司法局、区财政局、区人力社保局、区建设局、区交通运输局、区农水局、区商务局、区文广旅游局、区卫生健康局、区退役军人事务局、区应急管理局、区审计局、区市场监管局、区统计局、区综合执法局、区自然资源和规划分局、区医保分局、区生态环境分局、区房征办、区政务服务办、黄酒小镇管委会、集成电路管委会、鉴水科技城建管办、区流管中心、区机关事务中心、区大数据中心、区人武部政治工作科、区法院、区检察院、市名城办、区工商联、区总工会、团区委、区妇联、区残联、区红十字会、区科协、区税务局、区气象局、区消防救援大队、区亚运综合办、滨海新区经济发展局、塔山街道、府山街道、北海街道、稽山街道、城南街道、迪荡街道、东湖街道、灵芝街道、东浦街道、鉴湖街道、斗门街道、皋埠街道、陶堰街道、马山街道、孙端街道、沥海街道、富盛镇

2023 年越城区获省级及以上荣誉

百强区排名列全国第 46 位

2022 中国十大最具投资价值县(市、区)

2023 中国最具幸福感城区

2023 高质量发展十佳县(市、区)

2023 美丽中国—最美城区

国家级生态文明建设示范区

中国城市精细化管理创新典范

首批“浙江制造天工鼎”

浙江省十佳外贸强县(市、区)

2022 年度浙江省“二星平安金鼎”县(市、区)

2022 年度美丽浙江建设工作考核优秀县

2022 年度浙江省“无违建县(市、区)”

省级促消费工作成效明显县(市、区)

浙江省征兵工作先进单位

浙江省食品安全示范区

浙江省建筑工业化优秀县(市、区)

2022 年健康浙江考核结果优秀县(市、区)

2023 年度省级夜间经济样板城市

浙江省 AAAA 级景区城

浙江省三星全域“无废城市”

2022 年度绍兴集成电路产业平台列“万亩千亿”新产业平台评价全省第 2 位

2022 年度全省营商环境企业满意度综合十强

2023 年度全省农村生活垃圾分类处理工作优胜县(市、区)

2022 浙江文旅融合十佳县(市、区)

2022 年度全省“美丽浙江十大样板地”

绍兴酒国家地理标志产品保护示范区

《系统布局创新资源“增值服务”撬动集成电路产业高质量发展》获 2023 年度浙江省改革突破奖铜奖，深化关键创新资源集成服务入选全省营商环境优化提升第二批“最佳实践案例”

2023 年越城区省级及以上试点工作

全国方志文化宣教基地建设试点

国家湿地公园建设试点

国家级完整社区建设试点

国家区域医疗中心项目

“每案必评”国家试点

浙江省现代服务业创新发展区

浙江省高质量发展建设共同富裕示范区试点

浙江省“新时代富春山居图县域样板区”

浙江省农村文化礼堂社会化运行试点

全省“粮补直达”应用试点

全省农业标准地改革试点

省级城市更新试点

省级义务教育阶段全域教共体（集团化）办学试点

“浙江制造”省级特色产业集群核心区

第五次全国经济普查省级专项试点

涉企服务“一类事”事项省级改革试点

“地瓜经济”提能升级“一号开放工程”省级试点

全域水土流失治理省级试点

共青团城市基层组织改革省级试点

批发零售类个体户信用评价 + 信用贷款省级试点

共富实践省级观察点

“首位立区幸福越城突出贡献奖”先进集体

产业图强争先

1. 工业 10 强

振德医疗用品股份有限公司

喜临门家具股份有限公司

绍兴福清卫生用品有限公司

浙江京华激光科技股份有限公司

绍兴市天龙锡材有限公司

浙江新海天生物科技有限公司

浙江盛洋科技股份有限公司

芯联集成电路制造股份有限公司

浙江耀锋动力科技有限公司

浙江华剑智能装备股份有限公司

2. 服务业农业 10 强

华汇工程设计集团股份有限公司

浙江绍兴安邦护卫有限公司

浙江东利源供应链管理有限公司

绍兴金帝银泰购物中心有限公司

绍兴市千客隆超市有限公司

浙江越王珠宝有限公司

绍兴市咸亨酒店有限公司

绍兴菲滋意式餐饮服务有限公司

绍兴市蔬菜果品批发交易市场有限公司

绍兴锦绣农业开发有限公司

3. 建筑业 10 强

长业建设集团有限公司

浙江环宇建设集团有限公司

中富建设集团有限公司

浙江鼎盛交通建设有限公司

浙江宝厦建设有限公司

华漾建设集团有限公司

浙江舜业建设有限公司

坤茂建设集团有限公司

浙江金楠建工集团有限公司

浙江长成建筑装饰工程有限公司

4. 金融业

绍兴银行越城支行

农业银行越城支行

恒信农商银行

中信银行越城支行

5. 文化产业

同创工程设计有限公司

浙江视联文化传播有限公司

越城区博物馆

绍兴市镜湖现代水城旅游发展有限公司

6. 创新产业

长电集成电路(绍兴)有限公司

浙江迪捷软件科技有限公司

浙江图胜数字科技有限公司

浙江大学绍兴研究院

绍兴梅奥心磁医疗科技有限公司

绍兴水木湾区科学园有限公司

绍兴越城医疗器械产业创新服务综合体

上海大学绍兴研究院

三个“一号工程”

越城区发改局

越城区经信局

越城区科技局

越城区农水局

越城区商务局

越城区文广旅游局

越城区卫生健康局

越城区政务服务办

基层治理及四大行动

1. 社会事业

越城区慈善总会

越城区医疗保障信息管理中心

皋埠街道社区卫生服务中心

鉴湖街道王家葑村

2. 社会治理

越城区纪委区监委信访室

越城区委统战部民宗科

越城区信访局办公室

越城区公安分局治安大队

越城区交通运输行政执法队

越城区检察院第六检察部

府山街道综合信息指挥室

北海街道综治办

稽山街道森海社区

迪荡街道综合信息指挥室

3. 城市管理

越城区生态环境分局环境管理科

越城区综合行政执法队塔山中队

越城区综合行政执法队北海中队

皋埠街道综合执法办

4. 亚运会保障

越城区接待服务中心

越城区疾病预防控制中心

越城区应急管理局防灾减灾科

越城区综合执法局督查指导科

塔山街道综合信息指挥室

灵芝街道综合信息指挥室

鉴湖街道综合信息指挥室

绍兴市城市广场管理有限公司

首位立区

2023 年 1 月 17 日，绍兴市越城区第十届人民代表大会第二次会议召集人会议召开（金　瑶　摄）

2023 年 1 月 18 日，绍兴市越城区第十届人民代表大会第二次会议召开（金　瑶　摄）

2023 年 1 月 17 日，中国人民政治协商会议绍兴市越城区第六届委员会第二次会议召开(金　瑶　摄)

2023 年 3 月 29 日，绍兴市九届人大三次会议越城代表团报到并召开召集人会议(金　瑶　摄)

2023 年 4 月 26 日，越城区、滨海新区庆祝“五一”国际劳动节大会召开(金　瑶　摄)

2023 年 6 月 18 日，沥海街道新乡贤联谊会成立大会举行(沥海街道　提供)

发展动力

2023 年 2 月 18 日，“设计赋能　智创未来”清华大学学生软件设计大赛决赛暨颁奖典礼在越城区举行，现场举行“清华大学青年创新创业教育绍兴基地”揭牌仪式（金　瑶　摄）

2023 年 5 月 10 日，绍兴中芯集成电路制造股份有限公司在上海证券交易所科创板上市（绍兴集成电路管委会　提供）

2023 年 4 月 6 日，越城区滨海新区第一届建筑业发展大会召开，会上揭晓“稽山杯”建筑工程区级奖项（金　瑶　摄）

2023 年 5 月 19 日，越城区滨海新区教育科技人才主题周开幕式举行（金　瑶　摄）

城市张力

鲁迅故里新气象（魏国良　摄）

迪荡湖科技 CBD（迪荡街道　提供）

俯瞰越城(朱华芬　摄)

吼山秋景(吴　越　摄)

幸福古城迎新年(陈德生　摄)

绿云高架(虞子安　摄)

迎恩门风情水街过大年(骆海森　摄)

城市广场过大年(虞子安　摄)

宋六陵秋景(虞子安　摄)

文化魅力

2023 年 10 月 15 日，章学诚方志馆开馆仪式举行（区档案馆　提供）

2023 年 4 月 28 日，第二届绍兴古城咖啡节在风越里举办（塔山街道　提供）

2023 年 11 月，2023 第二届绍兴水乡社戏节在孙端街道举行（孙端街道　提供）

宋韵水上婚礼(黄酒小镇管委会　提供)

2023 年 7 月 15 日，绍兴古城保护日暨古城文化传承与发展国际研讨会举行（市名城办　提供）

2023 年 10 月 16 日，首届中国数字方志论坛暨纪念章学诚诞辰 285 周年学术研讨会开幕式在越城区举行（区档案馆　提供）

子民图书馆（潘国绍　摄）

023年2月24日，“2023古城青春季暨上大路春日唤醒计划”
动仪式在上大路举行（金　瑶　摄）

2023年11月1日，第十一届酒仙会市活动在东浦街道杨川村龙口庙举行（黄酒小镇管委会　提供）

子民秋韵（钟华峰　摄）

社会活力

2023年11月26日，2023“喜临门”绍兴马拉松在奥体中心鸣枪开跑（骆海森　摄）

2023年4月29日，第五届富盛抹茶马拉松开跑（富盛镇　提供）

2023年7月，“浙江医药来益杯”男子篮球赛比赛现场（沥海街道　提供）

2023 年 11 月 12 日，绍兴古城桨板赛在迎恩门举行(贺　平　摄)

2023 年 12 月 29 日，首届山阴城隍庙会在府横街举行（市名城办　提供）

2023 年 8 月 20—22 日，“鹊游 · 七夕”古城奇妙夜活动在绍兴古城内举行(塔山街道　提供)

2023 年 6 月 20 日，越城区第十届水乡龙舟赛在东湖街道松陵船厂举行(车飞霞　摄)

亚运会风采

绍兴棒(垒)球体育文化中心(张　鹏　摄)

2023 年 9 月 11 日，杭州第 19 届亚运会火炬手跨越古城(魏国良　摄)

奥体中心(金　勇　摄)

2023 年 9 月,杭州第 19 届亚运会男排激战场景(单佳敏　摄)

2023 年 9 月,杭州第 19 届亚运会女子垒球赛现场(单佳敏　摄)

2023 年 9 月，杭州第 19 届亚运会女子篮球赛现场（单佳敏　摄）

2023 年 3 月 11 日，“迎亚运”越城区全民健身定向赛在越城区体育中心举行（王时雨　摄）

区域面积
（平方千米）

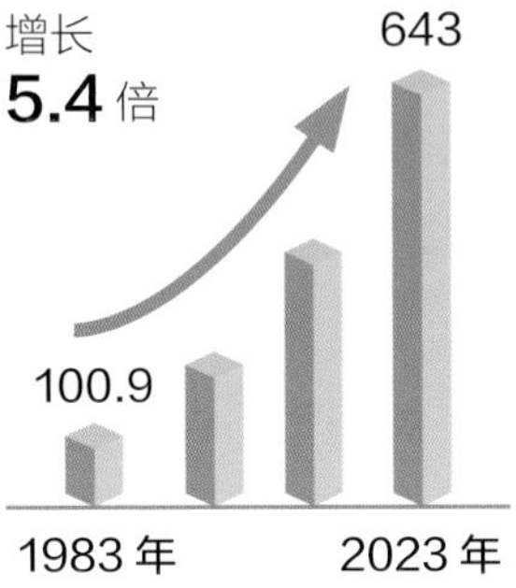

常住人口
（万人）

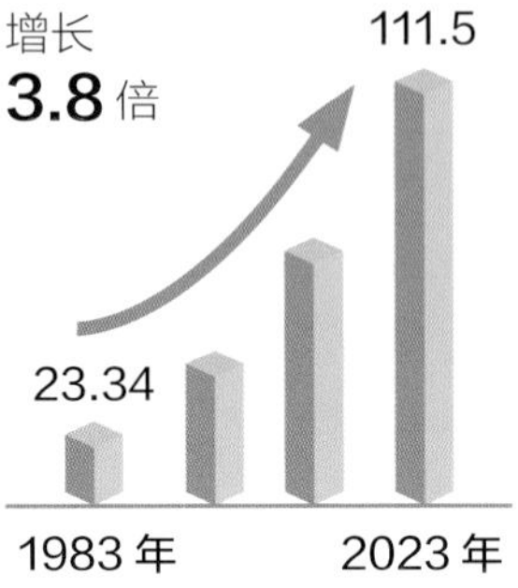

地区生产总值
（亿元）

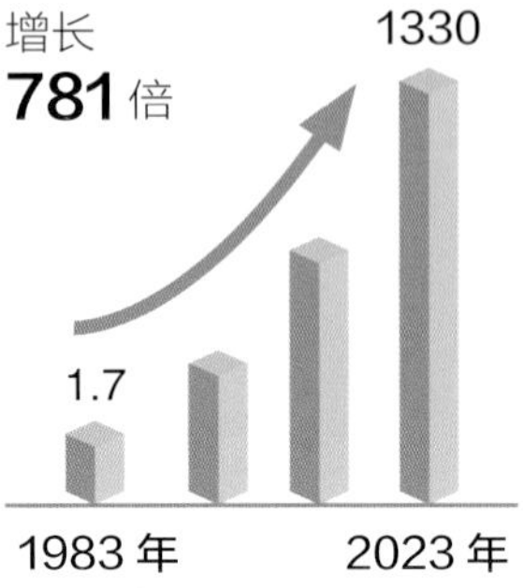

城镇常住居民
人均可支配收入
（元）

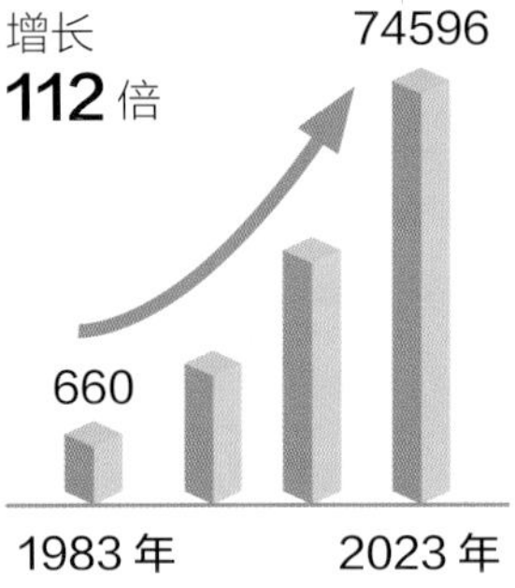

农村常住居民
人均可支配收入
（元）

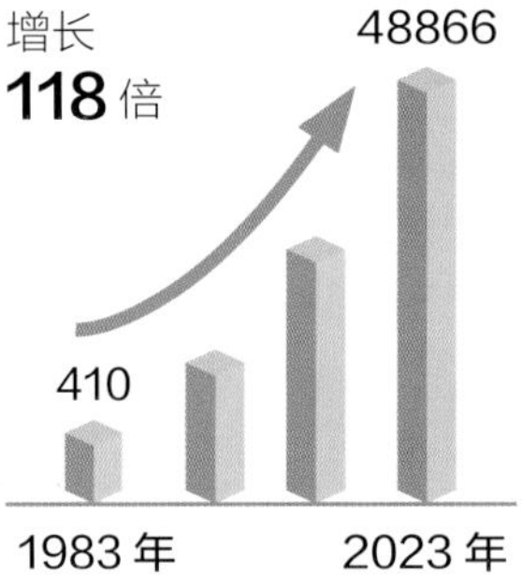

社会消费品零售额
（亿元）

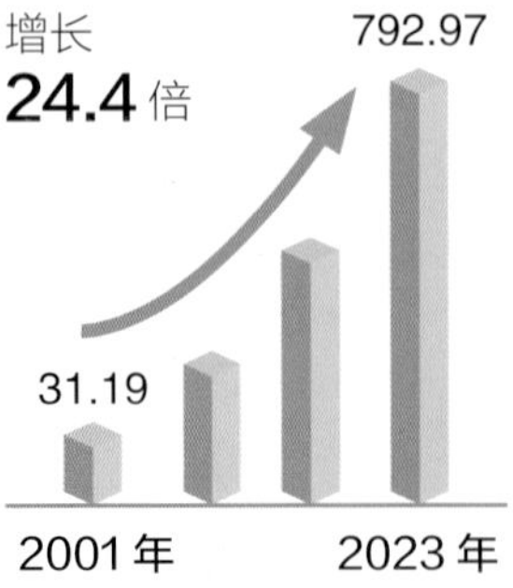

进出口总额
（亿元）

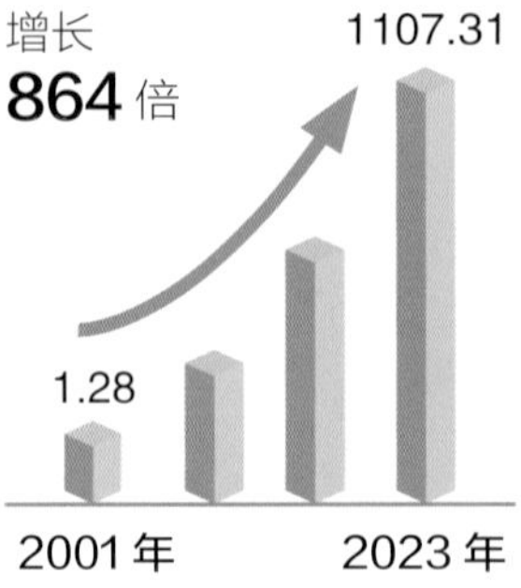

（数据来源：区政府工作报告、区统计年鉴）

越城区历次行政区划调整情况

1983 年 7 月 辖府山、塔山、蕺山、北海 4 个街道，禹陵、城东、梅山、灵芝、亭山 5 个乡和东湖 1 个镇。

1992 年 昌安街道设立。

1992 年 8 月 绍兴经济开发区正式成立。

1998 年 8 月 稽山街道设立。

1994 年 11 月 市、区党政管理体制调整。越城区党政机关 27 个部门和团体与市级机关对口部门和团体合署运转。

2000 年 7 月 绍兴袍江工业区管理委员会正式成立。

2000 年 8 月 越城区开展机构设置调整，由市、区合署办公调整为（部分）独立办公。

2001 年 1 月 斗门镇（不含新马山村、新合作村、新皇甫村、新豆姜村、新斗门村）、东浦镇、鉴湖镇、皋埠镇和马山镇划归越城区管辖。

2000 年 8 月 斗门、马山 2 个镇及所属行政村由袍江工业区管委会代管。

2019—2020 年

2019 年 4 月　绍兴集成电路产业平台入选首批浙江省“万亩千亿”新产业平台培育名单。

2019 年 4 月 1 日　市历史文化名城保护办公室设立，为市政府派出机构，委托区政府管理。

2019 年 11 月 25 日　浙江省政府批复同意设立绍兴滨海新区。

2020 年 1 月　绍兴滨海新区高端生物医药产业平台入选第二批培育名单。

2020 年 1 月 26 日　孙端街道新河村在全省率先实现整村居家隔离医学观察。2 月 17 日，时任省长袁家军考察振德医疗称赞其为战时状态的“兵工厂”。

2020 年 9 月 10 日　国务院批复同意设立绍兴综合保税区，于 2021 年成为全省首个“当年开工、当年竣工、当年验收”的综保区。

2020 年 12 月 24 日　绍兴黄酒小镇入选第四批省级特色小镇。

2023 年

2023 年 1 月　越城区首部全域空间战略规划发布。

2023 年 9 月 20 日　习近平总书记考察浙东运河文化园，了解古运河发展演变历史和大运河保护及大运河国家文化公园建设等情况。

2023 年 10 月　越城区被生态环境部授予“生态文明建设示范区”。

2010 年 1 月 22 日　习近平在中央学习实践活动《简报》上对越城区实施社区党建“契约化”共建作出批示。

2013 年 11 月 3 日　镜湖新区并入越城区。

2014 年 6 月 22 日　中国大运河列入世界遗产名录，大运河绍兴段的遗产点段包括浙东运河河道本体、古纤道、八字桥和八字桥历史文化街区等 4 处。

2016 年 3 月 28 日　越城区与绍兴高新区合署办公，实行“两块牌子、一套班子”。

2017 年　越城区首次大规模推进城市有机更新，推进“三改一拆”，建设“美丽越城”。

2017 年 6 月　越城区全面承接首批市对区下放事权 753 项，接转 1350 余名人员，初步实现“三区同权”。

2018 年 6 月 2 日　越城区首次夺得“五水共治”（河长制）工作“大禹鼎”。

2018 年 6 月 11 日　袍江经开区与越城区（高新区）合署办公，实行“三块牌子、一套班子”。

2018 年 7 月 12 日　越城区被农业农村部列为农村集体产权制度改革试点县（市、区）之一。

2018 年 8 月 3 日　“东西部扶贫协作 · 越商走马”首场招商推介会在马边彝族自治县举行。

2018 年 11 月 29 日　越城区召开印染企业改造提升工作动员会，标志越城区正式打响了“腾笼换鸟”攻坚战。

2000—2006 年

2010—2018 年

2000 年 8 月 30 日　市委、市政府明确区委设立 5 个工作机构，区政府设立 14 个工作部门。12 月 6 日市编委会下达相关通知，实行市、区分开办公。

2001 年 8 月 1—10 日　越城区开展乡街行政区划调整，时辖鉴湖、东湖、皋埠、斗门、马山、灵芝、东浦 7 个镇和塔山、府山、蕺山、北海、稽山、城南 6 个街道。

2002 年 8 月 12 日　越城区全面启动城中村改造。

2003 年 1 月 8 日　中国 · 绍兴家私城开业，成为当时省内最大规模的家私市场群。

2003 年 1 月 26 日　绍兴生态产业园正式启动开发建设。

2004 年 8 月 11 日　越城区启动全国文明城市创建工作。

2006 年 3 月　越城区首次被命名为省“平安县（市、区）”，摘得“平安鼎”。

2001 年 8 月 实施乡街行政区划调整。新设东湖镇、灵芝镇和城南街道。调整后，越城区辖鉴湖、东湖、东浦、皋埠、斗门、马山、灵芝 7 个镇和府山、塔山、蕺山、北海、稽山、城南 6 个街道。区域面积由 100.9 平方千米增至 336 平方千米。

2002 年 12 月 灵芝、东浦 2 个镇委托镜湖新区管委会管辖。

2006 年 3 月 经省政府批准，袍江工业区提升为省级开发区。同年 4 月，经国家发展改革委［2006 第 23 号］公告核准。

2007 年 3 月 迪荡街道设立。

2007 年 8 月 袍江工业区增挂“袍江新区”牌子。

2010 年 4 月 袍江工业区升级为国家级经济技术开发区，成为绍兴首个国家级经济技术开发区。

2010 年 11 月 绍兴经济开发区升级为国家高新技术产业开发区。

2013 年 11 月 镜湖新区并入越城区，设区镜湖管委会；灵芝镇、东浦镇归由越城区管辖；孙端镇（委托袍江经济技术开发区管委会管辖）、陶堰镇和富盛镇（委托绍兴高新技术产业开发区管委会管辖）划归越城区管辖。调整后，越城区辖 10 个镇、7 个街道，行政区域面积扩大到 498 平方千米。

2016 年 3 月 绍兴高新技术产业开发区与越城区合署办公。东湖镇、皋埠镇、陶堰镇、富盛镇、稽山街道、迪荡街道以及各乡镇（街道）所属事业单位归由越城区（高新区）管辖。

2017 年 10 月 东湖镇、灵芝镇、东浦镇、鉴湖镇撤镇设街。至此，越城区（高新区）实辖皋埠镇、陶堰镇、富盛镇 3 个镇和东湖街道、灵芝街道、东浦街道、鉴湖街道、塔山街道、蕺山街道、北海街道、府山街道 8 个街道。

2021 年 2 月 浙江省人民政府批复同意变更越城区和上虞区部分行政区域界线，上虞区沥海街道的管辖区域划归越城区。至此，越城区行政区域东至上虞区，南、西至柯桥区，北至钱塘江，辖 16 个街道、1 个镇，行政区域面积 538.6 平方千米，实辖面积 643 平方千米。

2019 年 11 月 滨海新区挂牌成立，托管越城区皋埠、马山、孙端、东湖、灵芝、东浦、斗门、稽山、迪荡和上虞沥海等街道。

2019 年 11 月 绍兴市区 9 个镇撤镇设街集中揭牌仪式举行。越城区皋埠镇、陶堰镇、马山镇、孙端镇撤销，改设皋埠街道、陶堰街道、马山街道、孙端街道。

2019 年 1 月 浙江省民政厅发布《2018 年浙江省行政区划变更情况》，批复同意撤销蕺山街道，并调整塔山、府山、北海、稽山、迪荡 5 个街道的管辖范围。至此，越城区（高新区、袍江开发区）实辖皋埠镇、陶堰镇、富盛镇、马山镇、孙端镇、东湖街道、灵芝街道、东浦街道、鉴湖街道、斗门街道、塔山街道、府山街道、北海街道、城南街道、稽山街道、迪荡街道等 5 个镇、11 个街道。

2018 年 6 月 袍江经济技术开发区与越城区（高新区）合署办公。马山镇、斗门镇、孙端镇以及各乡镇所属事业单位归由越城区管辖。至此，越城区（高新区、袍江经济技术开发区）实辖 6 个镇和 11 个街道，共 251 个行政村、82 个社区、78 个居委会。

越城 40 年大事记

1983—1988 年

1983 年 7 月 27 日 国务院［1983］国函字 145 号文件批准：设立省辖绍兴市，绍兴市设立城区。
1983 年 11 月 13 日 绍兴市越城区人民政府成立。
1984 年 6 月 7—11 日 中共绍兴市越城区第一次代表大会召开。
1984 年 9 月 6—11 日 绍兴市越城区一届人大一次会议召开。
1985—1986 年 越城区乡镇企业、现代农业蓬勃发展。
1987 年 3 月 31 日 成立绍兴市第一家集体银行越城合作银行。
1988 年 3 月 18 日 国务院批准越城区为沿海经济开放地区。

1991—1997 年

1991 年 全面实行九年制义务教育，教育事业蓬勃发展。
1992 年 8 月 22 日 省政府批准设立全市首家省级开发区——绍兴经济开发区。
1994 年 5 月 23 日 全区首家股份有限公司——咸亨集团股份有限公司成立。
1994 年 11 月 26 日 市委决定市与越城区实行市、区合署办公。
1995 年 6 月 10 日 市委、市政府决定市城管委等作为区委、区政府的工作机构，恢复部分职能职权。
1996 年 1 月 15 日 越城区被省委命名为浙江省首批小康县。
1997 年 越城区全面启动企业产权制度改革。

目 录

中国共产党绍兴市越城区委员会

绍兴市越城区人民代表大会

绍兴市越城区人民政府

中国人民政治协商会议绍兴市越城区委员会

中共绍兴市越城区纪律检查委员会 绍兴市越城区监察委员会

民主党派　工商联

群众团体

法　治

军　事

财税

开放合作

农业农村

工 业

建筑业

交通运输

房地产业

商贸服务业

旅游业

经济管理与监督

水资源利用与管理

生态环境建设

城乡建设与管理

古城保护利用

科学技术

教　育

文 化

体育

卫生健康

人力资源管理

社会事务

街道　镇

人　物

重要文件目录选编

附　录

统计公报

索　引

特　载

关于全面学习贯彻党的二十大精神 坚定捍卫“两个确立”坚决做到“两个维护” 向首位奋进 为幸福前行 奋力谱写中国式现代化越城新篇章的决定

2023 年 1 月 3 日中国共产党绍兴市越城区第十届委员会第四次全体会议通过

一、全面深入学习领会党的二十大精神，坚定捍卫“两个确立”、坚决做到“两个维护”

1. 充分认识党的二十大的重大里程碑意义，深入学习领会党的二十大精神的核心要义。党的二十大是在全党全国各族人民迈上全面建设社会主义现代化国家新征程、向第二个百年奋斗目标进军的关键时刻召开的一次十分重要的大会。大会明确宣示我们党在新征程上举什么旗、走什么路、以什么样的精神状态、朝着什么样的目标继续前进，深刻阐释新时代坚持和发展中国特色社会主义的一系列重大理论和实践问题，科学擘画全面建设社会主义现代化国家、全面推进中华民族伟大复兴的宏伟蓝图，审议通过《中国共产党章程（修正案）》，在党的二十届一中全会上选举产生了以习近平同志为核心的新一届中央领导集体，取得了一系列彪炳史册的重大成果，对凝聚和激励全党全军全国各族人民高举中国特色社会主义伟大旗帜、为全面建设社会主义现代化国家团结奋斗具有十分重大的政治意义、理论意义、战略意义、实践意义。必须坚持把学习宣传贯彻党的二十大精神作为当前和今后一个时期的首要政治任务，在全面学习、全面把握、全面落实上下足功夫，深刻领悟党的二十大的重要思想、重要观点、重大战略、重大举措，深刻把握党和国家事业发展大政方针和战略部署的历史逻辑、理论逻辑、实践逻辑，切实把思想和行动高度统一到党中央决策部署上来。全面把握习近平新时代中国特色社会主义思想的世界观、方法论和贯穿其中的立场观点方法，深刻领会"两个结合""六个必须坚持"，争当学懂弄通做实习近平新时代中国特色社会主义思想的排头兵。全面把握新时代10年伟大变革的深刻内涵和重大意义，深刻认识伟大成就的取得根本在于习近平总书记的领航掌舵、根本在于习近平新时代中国特色社会主义思想的科学指引。全面把握中国式现代化的中国特色、本质要求和必须牢牢把握的重大原则，深刻领悟以中国式现代化全面推进中华民族伟大复兴的使命任务，以越城一域之光为中国式现代化添彩。全面把握党的二十大作出的各项战略部署，深刻领悟全面建设社会主义现代化国家目标任务和抓关键、补短板、防风险的战略考量，以伟大自我革命引领伟大社会革命，依靠团结奋斗创造新的历史伟业，奋力谱写新时代中国特色社会主义更加绚丽的华章。

2. 深刻领悟"两个确立"的决定性意义，更加自觉增强"四个意识"、坚定"四个自信"、做到"两个维护"。党的二十大取得的所有成果中最重要最根本的是，再次宣示"两个确立"的决定性意义，明确了最大的政治、最大的大局、最大的原则。"两个确立"是党在新时代取得的最重要政治成果，是推动党和国家事业取得历史性成就、发生历史性变革的决定性因素，是新时代引领党和国家事业从胜利走向新的胜利的最根本政治保证，是战胜一切艰难险阻、应对一切不确定性的最大确定性、最大底气、最大保证。"两个确立"决定了中国共产党的核心力量，决定了中国式现代化的根本走向，决定了中华民族伟大复兴的前途命运，决定了中国人民幸福安康的根本利益，确定了以中国式现代化全面推进中华民族伟大复兴的坚定信心和必胜格局。必须不断提高政治判断力、政治领悟力、政治执行力，把对"两个确立"决定性意义的深刻领悟转化为坚决做到"两个维护"的高度自觉和实际行动，健全坚定捍卫"两个确立"、坚决做到"两个维护"制度机制，强化贯彻习近平总书记重要指示批示和党中央重大决策部署闭环落实机制，健全学懂弄通做实习近平新时代中国特色社会主义思想深化机制，坚定不移在思想上政治上行动上同以习近平同志为核心的党中央保持高度一致，坚决做到"总书记有号令、党中央有部署、上级有要求，越城见行动"。

3. 一以贯之忠实践行"八八战略"，坚决扛起中国式现代化越城使命。始终把"八八战略"作为越城全面推进习近平新时代中国特色社会主义思想区域生动实践的总抓手，作为引领越城实现共同富裕和现代化的总纲领，把学懂弄通做实习近平新时代中国特色社会主义思想与一以贯之忠实践行"八八战略"结合起来，把助力中国式现代化使命担当与"首位立区、幸福越城"结合起来，完善"国之大者"从宏观、中观到微观全贯通落实机制，全面推动习近平新时代中国特色社会主义思想在越城落地生根、开花结果。坚持好、运用好"八八战略"蕴含的立场观点方法，健全忠实践行"八八战略"的理论创新体系、战略执行体系，完善体系化、全贯通、可衡量、闭环式的"八八战略"抓落实长效机制，迭代升级量化细化的平台抓手，将"八八战略"全链条、全要素、全方位地体现到工作理念、思路、政策、举措之中。构建中国式现代化先行探路机制，以争当高质量发展建设共同富裕示范区排头兵为总牵引，坚持大局所需、越城所能、群众所盼、未来所向，强化系统观念、系统方法，构建区域层面推进中国式现代化的目标体系、工作体系、政策体系、评价体系，率先推进共同富裕和现代化理论创新、实践创新、制度创新、文化创新，积极探索中国式现代化区域模式，以越城先行为省市探路。

二、全面学习贯彻党的二十大精神

4. 持续推动党的二十大精神学习宣传走深走实。深入开展党的二十大精神“六学六进六争先”实践活动，突出“全面、精准、实效”，坚持原原本本学习、结合实际思考，确保党的二十大精神学习宣传贯彻到位。全面系统抓好学习培训、全域覆盖开展集中宣讲、精心部署重要会议活动报道、深入浅出开展研究阐释、用心用情开展社会宣传和文艺宣传，切实把学习宣传贯彻的成效转化为推动各项事业发展的强大动力。实施“越城名嘴”培育提升计划，夯实“台门汇”基层宣讲基础，深耕青年宣讲品牌，丰富党的二十大精神巡回宣讲演出等载体活动，运用广大群众听得懂、能领会、接地气的方式，把党的二十大精神送到每一位群众身边。

5. 高质量深入开展主题教育。按照党中央部署，高标准组织开展以领导干部为重点的主题教育。坚持不懈用习近平新时代中国特色社会主义思想凝心铸魂，把习近平新时代中国特色社会主义思想转化为坚定理想、锤炼党性和指导实践、推动工作的强大力量。发挥浙江作为习近平新时代中国特色社会主义思想重要萌发地的独特优势，把主题教育与“八八战略”实施 20 周年系列活动结合起来，挖掘传承习近平总书记留给浙江的宝贵财富，努力形成一批重要成果，推动坚定捍卫“两个确立”、坚决做到“两个维护”的政治自觉进一步增强。坚持党史学习教育常态化长效化，深入挖掘本地红色根脉资源，打造一批学习研究、宣传阐释、实践笃行新思想的重要阵地，引导党员干部永葆初心使命、奋进首位征程。

6. 建立体系化全贯通闭环式的抓落实长效机制。围绕党的二十大精神贯彻落实，紧扣上级重大决策部署，清单化建立健全落实机制，形成“数字交办、自动督办、任务落实、智能评估”闭环管理全流程。通过对各项督查督办事项、考核任务指标实行定期跟踪、通报晾晒，解决实际问题、激励争先创优，进一步推动“首位立区、幸福越城”目标任务落地见效。

7. 凝聚依靠团结奋斗开创历史伟业的磅礴力量。大力弘扬伟大建党精神和红船精神，弘扬新时代浙江精神，秉持“三个务必”，倍加珍惜、始终坚持“五个必由之路”，强化价值认同、文化认同和情感认同，坚定历史自信，增强历史主动。统筹高水平自立自强和高水平开放图强，发扬斗争精神，提高斗争本领，在大变局中团结一切可以团结的力量，依靠顽强斗争打开事业发展新天地，加快把制度优势转换为区域治理效能，团结奋斗共创中国式现代化越城实践的美好图景。

8. 全面深化各领域改革。坚持全面布局和突出重点相统一、延续性和创新性相统一、改革和数字变革相统一、立足当前和着眼长远相统一等“四个相统一”原则，重点聚焦经济发展、城市管理和基层治理，深入研究数字领域改革、农村土地制度改革、国资国企改革、行政执法体制改革等新要求新任务，找准下一步改革的切入点和突破口，推动改革不断向广度和深度进军，提升现代化的工具手段方法，切实破除深层次体制机制障碍和瓶颈制约，形成制胜未来的新模式、新机制。

三、在奋进“首位立区、幸福越城”新征程中推进中国式现代化区域实践

9. 进一步明确推进“首位立区、幸福越城”的总体要求。高举中国特色社会主义伟大旗帜，全面贯彻习近平新时代中国特色社会主义思想，全面落实党的二十大战略部署，忠实践行“八八战略”，坚定捍卫“两个确立”、坚决做到“两个维护”，奋力推进“两个先行”，在绍兴“五个率先”“五个之城”主跑道中，主动扛起绍兴高水平网络大城市核心引擎的使命担当，积极探索中国式现代化区域先行路径，努力成为中国式现代化区域范例，推动各项事业发展和党的建设再上新台阶，争当高质量发展建设共同富裕示范区的排头兵，在新时代新征程上奋力谱写新篇章。

10. 进一步完善推进“首位立区、幸福越城”的奋斗目标。根据全面建成社会主义现代化强国“两步走”战略安排，对标浙江“两个先行”、绍兴高水平网络大城市建设要求，我区现代化建设总的目标安排：从二〇二〇年到二〇三五年，在高质量发展中实现中国特色社会主义共同富裕先行和区域现代化先行，高水平完成基本实现社会主义现代化的目标，基本实现共同富裕；从二〇三五年到本世纪中叶，全面建成社会主义现代化强区，全面建设共同富裕美好社会。

到二〇三五年的总体目标：综合经济实力大幅度跃升，实现经济有速度的高质量发展，人均生产总值达到发达经济体水平；市场主体活力全面激发，建成长三角人才集聚高地和高水平创新型城市，形成以“1515”先进制造业集群和标志性产业链为支撑、具有国际竞争力的现代产业体系；“融杭接沪联甬”枢纽功能充分发挥，滨海新区和镜湖新区两大核心区块全面建成，古城保护利用取得重大战略成果，申遗工作实现突破，城乡融合发展全面深化，城市能级大幅跃升；基本实现治理现代化，全过程人民民主制度更加健全、实践更加深入，法治越城建设全面提升，中国特色社会主义制度优越性充分彰显；高水平建成教育强区、科技强区、人才强区、文化强区、体育强区、健康越城，现代公共服务体系更加完善；人民生活更加幸福美好，居民人均收入和生活水平再迈上新台阶，率先探索建设共同富裕美好社会；生态环境质量、资源能源集约利用、美丽经济发展水平领先全国，高质量建成美丽越城，形成“三生三宜”的现代化国际化城市；建成更高水平的平安越城，安全体系和能力全面加强，社会治理体系更加完善，军民融合全面深化。

未来五年的主要目标任务：全面落实党中央和省市确定的各项目标任务，推动“首位立区、幸福越城”建设取得突破性进展、形成标志性成果、实现整体性跃升。党的全面领导体系和全面从严治党体系更加健全，上下贯通、执行有力的组织体系全面建强，高素质干部队伍有力锻造，清廉越城建设品牌进一步打响；产业基础高级化、产业链现代化水平全面提升，“以产引才、以才促产、产才共兴”人才品牌全面打响，基本建成长三角一流的创新型城市中心城区，经济韧性显著增强，综合实力大幅跃升；数字化改革引领区域治理科学化精准化协同化高效化水平全面提升，改革突破争先机制有效健全，市区同城优势全面彰显，两区协同优势全面释放，开放平台体系全面构建，营商环境全面优化，全方位各领域实现系统重塑，高水平改革开放走在前列；全过程人民民主制度化、规范化、程序化水平全面提高，基本建成法治越城；文化软实力显著增强，千年越地文化优势有力彰显，全域文化繁荣全民精神富有深入推进，古城历史文

化保护传承体系日益完善，越文化标识和“剑胆书心、越古超今”越城精神更加鲜明，建成文化强区；基本公共服务均等化高水平实现，健康等主要民生指标达到高收入经济体平均水平，平安越城建设持续走在前列，社会平安稳定核心指标持续向好；高水平建成美丽中国示范区，“四个环境”建设成果得到全域巩固，最清洁城市样板区形象凸显，国家级生态文明示范区创建取得突破，“稽山鉴水”生态功能区基本建成；地区差距、城乡差距、收入差距持续缩小，居民收入在国民收入分配中的比重、劳动报酬在初次分配中的比重逐步提高，橄榄形社会结构基本形成，共同富裕现代化基本单元取得实质性成果，城乡现代社区建设全面推进，人的全面发展、全体人民共同富裕取得更为明显的实质性进展。

四、打造先进制造业强市先行区

11. 建设高能级产业大平台。推动滨海新区高质量建成具有标识度、引领性、聚合力的省级高能级战略平台，打造成为大湾区发展重要增长极、全省传统产业转型升级示范区、杭绍甬一体化发展先行区、杭州湾南翼生态宜居新城区。集中精力做大做强“万亩千亿”新产业平台，集成电路产业加快建成垂直整合的区域IDM产业模式，生物医药产业持续打造创新药谷、细胞治疗谷、智能康复谷、健康营养谷，推动钠电及新能源装备进入省级“万亩千亿”新产业平台。抓好袍江经开区、绍兴高新区两大国家级开发区争先进位，力争进入全国前50强。实施绍兴综保区高质量发展行动，加快培育保税加工制造中心、保税研发设计中心、保税物流分拨中心、跨境电商集聚中心、进口商品展销中心等特色功能平台，打造成为绍兴对外开放的首位平台。

12. 培育新兴产业集群发展。打好产业基础高级化和产业链现代化攻坚战，深入实施“1515”专项行动，打造先进制造业强市先行区。到2026年，工业增加值突破1000亿元，形成在全国具有较强竞争力的五大重点产业集群，即集成电路、生物医药、智能制造三大千亿级产业集群，新能源、“5G+8K”等智能视觉为代表的未来产业和黄酒经典产业两大百亿级产业集群。集聚一批具有行业影响力的优质企业群体，全区高新技术产业增加值占规模以上工业比重达到70%，制造业领域新增100家以上优质企业。

13. 加快袍江区域有机更新。按照“一年见成效、三年出形象、五年交答卷”总体目标，以“工业为主、城市渗透、组团递进”实施路径，扎实做好印染化工企业跨域集聚提升“后半篇”文章，系统推动袍江区域发展蝶变升级。重点打造以“泛半导体+”产业为主体的“绍芯谷”，全力推进“33320”工程，即建设三大功能片区、三个创新极核、三条景观廊道和20个产业社区，力争打造成为“腾笼换鸟、凤凰涅槃”全国样板。

14. 推进全域低效土地整治。以“两低两高”企业用地为主要治理对象，分类实施整治提升、拆除重建、功能转型、关停退出“四个一批”治理行动，加快落后产能动态出清，重点加强对占地100亩以上低效工业用地连片改造，开展低效企业连片腾退和工业用地二次开发，坚持土地治理与项目招引同步推进，对腾退出清的工业地块开展精准招商。到2026年，力争盘活工业用地1.2万亩，规模以上工业企业亩均税收实现翻番，打造5个以上未来产业园区，完成传统产业企业智能化改造400家以上。

15. 发展壮大现代服务业。统筹发展商务会展、创意设计、科技服务、软件信息服务等新兴服务业，做优做精文化旅游、健康服务、现代商贸等生活服务业，壮大现代物流、金融等支撑性服务业，争取国家级、省级两业融合试点。以绍兴古城、镜湖新区为核心，推动现代化高端服务功能集聚和传统历史文化传承创新，培育更多高品质步行街，打造更多镇街现代服务业网络节点。以国际化、品质化为要求，积极推进袍江未来汽车城整体规划和汽车博览中心建设。

五、打造科技教育人才一体发展先行区

16. 加快建设引领全市辐射长三角的科创平台。重点突出迪荡湖科技 CBD、袍江两湖两大片区，一体联动镜湖科技城、滨海科技城、稽山智谷等科创平台，按照“一年起势、五年成势、十年成形”目标，围绕“科技创新、蓝绿空间、总部经济”，打造科、产、城、人融合的复合型城市综合体，成为全市科创走廊的策源枢纽和人才最密集、产出最高、活力最强的创新特区。坚持“高举高打、瞄准前沿、开放创新”原则，紧盯科技前沿、聚焦战略需求，以突破“卡脖子”技术问题为出发点，强化创新研发投入，推进新型实验室、技术创新中心、校地联合研究院等科创平台建设，重点推动绍芯实验室建成具备省级科创平台基础能力的实验室，持续引领国内特种集成电路技术创新发展。

17. 打响“以产引才、以才促产、产才共兴”品牌。围绕滨海新区人才管理改革试验区建设，迭代人才发展体制机制改革创新举措，积极向用人单位放权、为人才松绑，努力锻造一批特色鲜明的制度成果，不断释放人才改革红利。瞄准主导产业靶向发力，深化双招双引、以才引才工作布局，迭代实施高层次人才计划、招才引智“春秋专列”等活动，创新“订单式”特色班、“揭榜挂帅”等人才引育制度，加快在主导产业、特色领域形成人才高峰。定期更新人才新政、特色产业专项人才政策，一体推进人才服务硬软件阵地建设，深入实施人才公寓亮居工程，持续办好“越人才越发展”人才主题周活动，打造人才生态最优区。

18. 加快实现教育现代化均衡化。坚持以人民为中心发展教育，积极融入长三角教育一体化发展，加快建设具有越城特色的高质量教育体系。全面落实立德树人根本任务，推进学前教育优质普惠发展，促进义务教育优质均衡发展，推动特殊教育适宜融合发展，健全终身教育体系。丰富优质教育资源供给，深化集团化办学和教共体建设，着力消除大规模学校，推动优质教育资源拓展到重点开发区域和农村地区。建设高素质教师队伍，优化教师资源配备和师资编制结构，积极发展素质教育。全力创建全国义务教育优质均衡发展区和浙江省教育现代化区，不断擦亮“越学越优”品牌。

19. 健全完善科技创新生态体系。聚焦全国全域科创先导区、全国科技产业创新示范区创建目标，打造科创廊道重要节点，形成“生物医药特色产业片区—印染化工腾退提升创新片区—集成电路特色产业片区—人才高地示范片区—科技金融集聚片区—科创森林孵化片区”的全域科创新格局。健全“微成长、小升高、高壮大、大变强”的梯次培育机制，实现企业创新主体数量与质量双提升、企业创新能力与核心竞争力双突破，形成具有全球竞争力企业雁阵格局。探索多元化、多渠道、多层次的投入机制，强化空间、资金等要素支撑体系，创新科创投融资机制，组建区级科创基金，完善“科创新政 4.0 版”，靶向精准支持原创性科创项目。

六、打造高水平网络大城市核心引擎

20. 强化规划全域引领。在国土空间总体规划框架下，立足全区未来发展定位，科学谋划空间布局，优化制定越城区全域空间战略规划，着力打造“网络大城市首位极核、大湾区南翼综合枢纽、腾笼换鸟的全国样板、世界级历史文化名城”。深化城市、产业、文化、交通、生态等专项规划编制，加强未来社区、未来乡村、城镇特色风貌的城市设计和控规编制工作，系统编织“外联内畅交通网、创新链动产业网、山水连城蓝绿网、全民共享服务网”，努力成为“引领全市、服务湾区”的核心引擎。

21. 推动区域协调开放发展。全面融入长三角一体化、杭绍甬一体化，切实发挥杭州宁波“双城记”金支点作用，促进大都市圈服务功能更完善、环杭州湾开放通道更畅通，参与更高水平区域分工协作，在更广区域实现创新链、产业链良性循环。聚焦区域城乡协调发展和公共服务均等化，高质量推进新型城镇化，深化东西部协作、山海协作，打造对口协作新样板。积极推动企业“走出去”，畅通市场、资源、技术、人才、产业、资本等高端要素循环，主动参加“一带一路”建设，争创 RCEP 高水平开放合作示范区。

22. 高标准建设重点片区。突出精明增长、有机更新、集约发展，把片区开发作为主攻方向，树立“基础设施片区化”理念，以全生命周期资金平衡为目标，实行统筹规划建设“一盘棋”，推动片区融资、投资、建设、运营良性循环。重点聚焦产城融合示范区、城市首位核心区、稽山鉴水样板区，推进绍芯谷、“大两湖”、集成电路小镇、江滨副中心、黄酒小镇、未来车城等关键片区建设。积极撬动社会资本参与城市建设，用好城市有机更新资金，打造政府主导、市场调配、企业主体、商业化运作、规建管营一体化的城市开发建设新模式。

23. 创建最清洁城市示范区。全面打造“席地而坐”的卫生环境、“杯水不溢”的通行环境、“流光溢彩”的夜景环境、“满城飘香”的园林环境，创建最清洁城市样板区。全方位落实市容环境综合治理，实施垃圾分类收运扩面，聚焦千年古城、历史文化街区、水乡风貌带、老旧小区等重点区域实现城市更新全覆盖，力争打造代表绍兴特色的高品质城市风貌。建立健全源头预防、过程控制、损害赔偿、责任追究的生态环境保护体系，统筹推进碧水、蓝天、净土、清废行动，高质量建设全域“无废城市”，创建国家级生态文明建设示范区和“绿水青山就是金山银山”实践创新基地。

24. 构建立体式基础设施。优化重大交通基础设施布局，推进绍兴地铁二号线等重大轨道交通建设，构建多层次全面发展的公路网体系，推动城市道路智慧化，建成杭绍台高速、城市智慧快速路等工程，畅通高品质内河航道网络，谋划越人悦行交通畅联工程和环会稽山交旅融合项目，构建“对外 369、内部 123”交通时空圈，推动“融杭联甬接沪”桥头堡地位进一步确立。布局通达全省的能源管道网，构建油、气、化工复合管廊，建设整合加油、充电、加气、加氢等功能的综合供能服务站。谋划推进曹娥江一江两岸、迪荡湖洋泾湖连通等重大水利工程，深化山塘除险加固。建强城市立体智慧交通管理体系，持续打好交通治堵组合拳，完善智慧停车、共享停车、新能源充电桩等系统，创新探索自动驾驶技术应用。

七、打造高质量发展共同富裕先行区

25. 科学实施扩中提低行动。壮大中等收入群体，激发技能人才、科研人员、高素质农民、企业经营管理人员、小微创业者等重点群体活力，大力扶持中等收入群体后备军。实施低收入群体同步基本实现现代化行动，落实产业帮扶、就业帮扶、金融帮扶等举措，进一步拓宽居民财产性收入渠道。健全统一的城乡低收入群体精准识别机制，动态调整帮扶标准，扩大低保边缘群体范围，确保共同富裕“不落一户、不落一人”。

26. 加强就业优先保障。着力完善公共就业服务体系，迭代就业创业促进政策，努力构建“15分钟公共就业服务圈”。实施高质量就业促共富行动，落实基层帮扶工作职责，对高校毕业生、失业人员、低保低边户、低收入农户等重点群体实施标准化、闭环化服务。全力保障企业稳岗留工，大力实施援企稳岗积极就业政策，构建常态化帮扶机制，针对性破解企业招工与用工难题。加强就业形势研判和失业风险监测，防止规模性失业引发的群体性突发事件。

27. 完善社会保障体系。提质升级基本养老服务，构建“居家 + 社区机构 + 医养结合 + 智慧养老”新格局，形成“床边、身边、周边”的“15分钟颐养服务圈”。建立健全托育服务的政策体系、标准规范体系、服务覆盖体系，推进多元化普惠性民办托体系建设。打造“医保共富单元”，延伸“医保 +”链条，深化医保、医疗、医药“三医”联动改革，健全因病致贫返贫防范机制。加大残疾人民生投入力度，完善残疾人社会福利制度体系，优化残疾人全生命周期关爱服务机制。创新培育“红十字”人道救助品牌，推动慈善模式创新，积极培育慈善主体，擦亮“善行越城”品牌。健全退役军人工作体系和保障制度，努力让“最可爱的人”成为“最幸福的人”。

28. 全面推进乡村振兴。深入开展“五星达标、3A争创”升级版和新时代美丽乡村达标创建行动，提档升级乡村基础设施。以城镇开发边界高层农宅审批试点为突破口，全面探索深化宅基地改革。加快组建共富帮扶机制，深化项目带动，壮大农村特色产业，推动有劳动能力低收入农户家庭就业率提升。激活村级集体经济动能，挖潜盘活村级“三资”，引进专业团队和社会资本积极开展村庄经营。深入实施农村创业创新带头人培育行动，以“农创客”为重点，壮大新一代乡村企业家队伍，完善乡村企业家培训体系。

29. 深化健康越城建设。促进优质医疗资源扩容，建成投用省人民医院越城院区、国科大附属肿瘤医院绍兴院区等重大医疗基础设施，打造区域医学新高地、健康绍兴样板区和健康服务示范区。健全区域公共卫生应急管理体系，完善重大疫情防控体制机制。推进医联体和基层医疗卫生机构标准化建设，以重大疾病防控、“一老一小”保障、基本公卫服务提升、生育政策完善等重点，营造全民共建共享健康新生态，稳步提升人均预期寿命。紧密结合生物医药产业发展，推进健康产业特色化，不断提升医疗产业竞争力。

八、打造优秀传统文化传承弘扬先行区

30. 守牢意识形态主阵地。坚持不懈用习近平新时代中国特色社会主义思想凝心铸魂，牢牢掌握党对意识形态工作领导权，全面落实意识形态工作责任制，持续巩固壮大奋进新时代的主流思想舆论。坚持守好重要舆论阵地，深化网络生态“瞭望哨”工程，聚焦综合治理、施策精准，加快实现突发事件和热点问题舆情网上网下应对处置“双闭环”。强化民族宗教、高校等领域源头治理，不断夯实意识形态工作基层基础。

31. 繁荣越地文化事业。持续推进文化铸魂工程，深挖地方历史文化，大力推动越地文化

的研究普及，重塑城市文脉。传承弘扬“剑胆书心、越古超今”新时代越城精神，不断增强群众的归属感、认同感，为城市发展注入强大文化认同和文化活力。持续擦亮文化“金名片”，深耕“宋韵”“黄酒”等一批重大文化标识，做大城市文化“IP”，不断提高区域辨识度。着力提高公共文化服务力，全方位推进“文化驿站”、城市书房等阵地建设，加快实现农村书屋全覆盖，积极探索“礼堂+”的社会化运营模式，持续打响“越文化、越幸福”群众文化品牌。厚植城市文明软实力，深化新时代文明实践中心、所、站、点四级联动工作机制，形成向上、向善、向美的社会文明新风尚。

32. 推进古城申遗工作。深入实施《绍兴古城保护利用条例》，持续推进古城风貌保护和更新利用，实施非古城功能疏解、街巷体系梳理、交通系统优化、历史水系恢复，同步有序开展专家咨询、遗址考古等相关工作，真实还原古城。统筹推进越子城、八字桥、阳明故里、鲁迅故里、书圣故里“一城一桥三故里”古城项目群建设，系统谋划中兴路与古运河沿线“一纵一横”任务，持续实施一批基础性、功能性、标志性项目，大力提升古城运营活力。全面推进古城智慧治理，迭代升级“古城大脑”，建设“数字上的古城”，焕发千年古城时代活力。

33. 推动文商旅深度融合。坚持“以文塑旅、以旅兴商、以商传文”，深入挖掘名人、戏曲等主题越文化，依托文化基因解码工程，加快文化资源的活化利用，打造“博物馆之城”。坚持以项目为支撑，谋划培育老台门商旅新业态，推进阳明故里、风越里、上大路等重点区域活化利用，加快重大文化产业项目建设，全力打造多元化消费体验新场景。深化“文化+创意设计”发展模式，实施“古城青年创客”计划，持续推出“越是我故乡”等系列文创产品。以“学游结合、寓教于乐、特色鲜明”为原则，努力成为全国研学旅游目的地。

九、打造“契约化”共建社区治理现代化先行区

34. 深化社区“契约化”共建。坚持贯彻好习近平总书记重要批示精神，持续擦亮社区“契约化”共建“金名片”。做好社区治理各项要素深度共融、各方力量协同互促文章，围绕发展共谋，助推社区活力迸发，围绕应急联动，助推社区实战实效，围绕治理多元，助推社区高效协同，围绕人人志愿，助推社会温馨和谐，围绕服务集成，助推社区优质共享。

35. 大力发展全过程人民民主。全面提升人大工作质量和水平，以区代表联络总站为龙头，努力打造践行全过程人民民主的基层单元运转体系，积极吸纳民意、汇集民智，确保“五个民主”在基层落地落实。全面发展协商民主，深化区政协专门协商机构作用，支持政协民主监督活动，进一步完善协商议题提出、协商活动组织、协商成果采纳落实反馈等工作机制。全面构建党建统领的大统战工作体系，加强思想政治引领，擦亮“同心·越城”品牌，支持民主党派、工商联和无党派人士加强履职能力建设，凝聚广大党外人才和新乡贤的智慧力量，努力画出最大同心圆。

36. 持续深化法治越城建设。高站位谋划部署国家级省域“法治示范先行区”工作，加强法治政府建设，完善依法行政制度体系，推动重大决策应纳尽纳，健全社会矛盾纠纷行政预防调处化解体系，全面提高政府工作人员法治思维能力。推进“枫桥式”法治体系建设，深化“党建+调解”机制，培育特色品牌调解工作室，促进社会力量参与矛盾纠纷化解。积极打造法

治化营商环境，深化“放管服”，严格规范行政行为，审慎监管，用法治为各类主体保驾护航，更好发挥法治固根本、稳预期、利长远的保障作用。纵深推进“大综合一体化”行政执法改革，健全执法事项动态调整。有效开展法治宣传教育，建设覆盖全区的现代公共法律服务体系。

37. 持续加强平安越城建设。健全政治安全工作体系，坚决落实反恐防暴反邪教工作要求，加强各类风险隐患防范，推动完善风险闭环管控大平安机制。坚持信访问题源头化解，畅通人民信访渠道，及时处理苗头性、倾向性问题，依法依规、高效解决好群众反映的急难愁盼问题，扎实推进历史遗留问题处置化解。夯实基层安全生产基础，打造企业主体、部门主管、属地负责、社会监督的“大应急”格局，提升自然灾害防控水平，系统重塑应急指挥保障体系，提档升级基层应急和消防力量一体化规范化建设。强化社会治安整体防控，推进扫黑除恶常态化，依法严惩群众关切的各类违法犯罪活动。提升平安建设考核全省位次，确保平安创建持续连冠。

十、持之以恒推进全面从严治党，以自我革命引领社会革命

38. 坚持和加强党的全面领导。坚持把政治建设摆在首位，坚决贯彻执行党的政治路线，严守党的政治纪律和政治规矩，深入贯彻落实党的二十大精神，深刻领会“两个确立”的决定性意义，牢固增强“四个意识”、坚定“四个自信”、做到“两个维护”，确保在政治立场、政治方向、政治原则、政治道路上同党中央保持高度一致。充分发挥党总揽全局、协调各方的领导核心作用，加强党的集中统一领导，支持人大、政府、政协、法院、检察院和各群团组织依法依章履行职能、开展工作，进一步强化越城区、滨海新区双向赋能、融合发展，切实形成经济社会发展的强大合力。

39. 推动基层基础全面夯实整体跃迁。坚持大抓基层的鲜明导向，深入实施“红色根脉强基工程”，扎实推进“百千万”工程建设。加强基层党建工作规范化、标准化建设，统筹推进各领域基层党组织建设。深化“阳光工程”“砺雁行动”，加强村社干部队伍建设和后备干部培养。坚持党建引领深化推进现代社区建设，以“红管家”议事厅为载体，提高红色业委会、红色物业覆盖率，建立健全基层自治机制。坚持党建统领网格智治，优化“1+3+N”网格队伍配备，加强党群服务中心阵地建设。深化党建联建机制，推进“共富工坊”建设。

40. 建设政治过硬堪当重任的高素质干部队伍。突出政治标准，做深做实干部政治素质考察，树立正确选人用人导向，坚持德才兼备、以德为先，完善干部综合考评机制，鲜明选用忠诚、干净、担当的干部。加强干部斗争精神和斗争本领养成，强化思想淬炼、政治历练、实践锻炼、专业训练，把干部放在“一线”锤炼干事能力。建立健全“两个担当”良性互动机制，激励干部敢于担当、积极作为，推动干部能上能下、能进能出。抓好年轻干部“源头工程”，深化“政治特训营”品牌，推动优秀年轻干部增素质、增数量，注重用好各个年龄层次优秀干部，激发干部队伍整体活力。

41. 涵养风清气正的政治生态。积极探索“三不腐”全链条全周期管理方式，始终坚持重遏制、强高压、长震慑。落实落细“一把手”和领导班子监督“五张责任清单”，加强对干部请示报告、“一岗双责”履行情况监督，健全风腐同查工作体系，严格落实日常谈话、廉政谈话、任前“三交底”谈话制度。统筹开展漠视侵害群

众利益问题专项治理和民生实事专项监督，深化跟进监督工程建设项目招投标领域突出问题专项整治，着力纠治各类领域腐败和作风问题。抓实镇街纪检监察工作规范化建设，强化村级监察联络站履职，进一步加大农村涉纪信访处置力度。

全区各级党组织和广大共产党员要更加坚定自觉团结在以习近平同志为核心的党中央周围，坚定不移沿着习近平总书记指引的方向阔步前行，牢记嘱托、踔厉奋进，笃行“两个先行”，坚决扛起绍兴高水平网络大城市核心引擎的使命担当，加快谱写“首位立区、幸福越城”新篇章，为全面建设社会主义现代化国家、全面推进中华民族伟大复兴作出新的更大贡献！

（区委办公室 提供）

专 记

潮起四十载　同心向未来

——越城区建区 40 周年专记

越城悠久的历史、灿烂的文化、辉煌的成就，源于水、基于水、因于水。越城的水，是门前安静的小溪，是那夜鲁迅难以忘怀的水乡社戏，是枕河人家窗下乌篷船的摇曳声，是绍兴黄酒开坛启封的醉香，是越国将士投醪痛饮的冲天豪气，是会稽太守马臻修筑鉴湖的家国情怀。40 年来，我们学习水的至柔至刚、随方亦圆、包容万象，创出了一部改革史、一部创新史、一部开放史、一部为民史，实现了翻天覆地的精彩蝶变。

越城四十年，犹如水之滚滚向东、滔滔不绝。1983 年，绍兴撤地建市设区，彼时的越城，诞生在改革开放的春风中，犹如新生的婴儿充满希望。40 年来，一次次区划调整、一次次事权下放、一次次体制创新，从 10 个镇街 100.9 平方公里，到 17 个镇街 538.6 平方公里，会稽山麓点滴之水，凝聚起了磅礴力量，绍兴高新区、袍江经开区、滨海新区、镜湖新区共同携手赋能，一步又一步，迎着杭州湾的东风，拥江、揽湖、抱海，最终成为一座融杭联甬接沪的亚运城市，犹如健壮的青年踏步天地间，昂首站在了长三角舞台中央。

越城四十年，犹如水之激情澎湃、气势宏大。从第一次党代会“全面开创我区社会主义现代化建设新局面”，到第十次党代会“加快实现‘首位立区、幸福越城’奋斗目标”，勇于争先的脚步从未停歇。我们以敢为敢闯的干劲和拼劲，铺开了“腾笼换鸟、凤凰涅槃”的波澜画卷，印染、化工、电镀等传统产业破旧立新，集成电路、生物医药、高端装备制造等新兴产业异军突起，越城制造从无到有、从有到优、从优到精，辨识度越来越高、竞争力越来越强、影响力越来越广。地区生产总值从 1983 年的 3.3 亿元，到 2022 年的 1271 亿元，增长了近 400 倍，以全国万分之 0.56 的国土面积创造了全国千分之一的生产总值，先后获评全国高质量发展十佳区、中国十大最具投资价值区，综合实力跃居全国百强区第 46 位。

越城四十年，犹如水之因时而动、智慧灵性。作为主城区，我们观势而谋创新求变，顺势而为招大引强，乘势而上融入接轨，主动承接长三角一体化溢出效应，中芯、长电、比亚迪、省人民医院越城院区等重大项目接踵而至，市区一体同频共振，越城从城市建设“旁观者”到“参与者”，逐步成为绍兴发展的“主力军”。我们始终与时代同步伐、与企业共命运，从“最多跑一次”到“零次跑”，再到“增值化”，当好“店小二”的理念根植于心，“地瓜经济”的藤蔓通达全球，荣获全省十佳外贸强区称号，企业上市的钟声余音绕梁，越城板块市值突破千亿，荣膺全国企业家幸福感最强区。

越城四十年，犹如水之温柔调和、滋润万物。持续不断的棚户区改造，换来了百姓宜居梦，“蜗居”点点已成广厦万千，曾经的绍钢厂，“长”出了迪荡新城，昔日空荡荡的镜湖，一个个现代化的场馆拔地而起，地铁 1 号线开启杭越同城时代，智慧快速路凌空架起、俯瞰古今，“一城一桥三故里”焕发新的生机与活力。这里拥有全市最好的教育资源、最好的医疗保障、最好的公共服务、最好的社会环境，城乡居民收入倍差仅 1.55，被誉为中国最具幸福感城区，共同富裕的美好愿景已照进现实、触手可及。

越城四十年，犹如水之坚韧不拔、矢志不渝。13 年打造“契约共建”金名片，10 余载创建全国文明城市，5 年间完成 1200 多万平方米的征收拆迁、跨域提升产值 400 亿元的传统产业，一轮轮“接力赛跑”塑造了越城铁军。绍兴综保区“当年开工、当年竣工、当年验收”，国家生态文明建设示范区“当年启动、当年创成”，一场场“百米冲刺”刷新了越城速度。抗击非典、阻击新冠，平安建设夺得十八连冠，一次次“负重前行”彰显了越城力量。有太多的故事值得被传颂，有太多的瞬间值得被铭记，有太多的感动值得被回味，这就是“剑胆书心、越古超今”的越城精神。

轻舟已过万重山。四十载风雨兼程，四十载春华秋实，一路走来，收获的鲜花、赢得的掌声，是所有新老越城人的心血所系、奋斗所成。

似水年华不可追，而今迈步从头越。只要一代又一代的越城人，坚持滴水穿石、前赴后继，滴水聚海、团结奋进，必能化身一朵朵浪花，汇成专属于越城的“江河湖海”！

（区委办公室　提供）

越城区主题教育总结

一、主题教育工作做法成效

主题教育启动以来，全区认真落实中央、省委、市委和区委部署要求，以深化理论学习为基础、抓实调查研究为载体、全面推动发展为抓手、狠抓整改整治为驱动、强化组织领导为保障，取得了较好成效。

（一）紧扣主题主线、聚焦循迹溯源，在主题教育中凝聚感恩奋进之力

坚持把学思想摆在首位、贯穿始终，自觉贯彻落实“四个以学”重要要求，进一步夯实坚定拥护“两个确立”、坚决做到“两个维护”的思想根基。一是示范带动学。区委常委会率先垂范，持续抓好个人自学，通读精读研读四本必读书目，深入学习习近平总书记考察浙江重要讲话精神和考察绍兴重要指示精神，跟进学习习近平总书记最新重要讲话和文章，先后举行党的建设重要思想等集中学习7.5天，举办“牢记嘱托、感恩奋进”等读书班6期、开展正确政绩观等专题研讨交流8次。区委主要负责同志带头到迪荡街道等基层单位讲授习近平总书记考察浙江重要讲话精神专题党课，其他班子成员先后到分管领域、部门、联系镇街等处讲专题党课，进一步坚定理想信念、铸牢对党忠诚、站稳人民立场。二是全面跟进学。全区2557个基层党组织对照区委下发的三张“学习清单”，制订学习计划，各级党组织书记深入基层讲专题党课2600余次，开展集中学习9000余次，参加党员超过21万人次，依托“浙里兴村治社”应用派发主题教育系列任务965件，通过送学上门、结对帮扶及时为流动党员和年老体弱党员补课充电，全区5万余名党员干部静下心来读原著学原文悟原理，在着力把握习近平新时代中国特色社会主义思想科学体系和精髓要义上取得了新收获。三是循迹溯源学。主题教育期间，习近平总书记考察浙江、亲临越城，在浙东运河文化园提出了一系列重要指示和要求，区委常委会第一时间召开专题会议传达学习，认真梳理习近平总书记考察浙江重要讲话精神，特别是对绍兴的重要指示精神，制订出台实施方案。开展“牢记嘱托、感恩奋进、争先示范”谱写好越城新时代“胆剑篇”行动，举办运河文化专题辅导报告会，赴枫桥经验陈列馆等地开展现场学习。梳理总书记越城足迹，升级打造运河博物馆、越都社区、“千万工程”、集成电路等4个省市级现场教学示范基地，组织台门汇、00后浪、古越新声等集中宣讲阐释，带动全区各基层党组织开展现场学习1144场次，浙东运河博物馆考察学习突破12万人次，持续掀起“循迹溯源学思想促践行”热潮高潮，

持续激发牢记嘱托、感恩奋进、看齐追随的意志决心。

(二)紧贴民生实际、聚焦“四下基层”,在主题教育中大兴为民务实之风

深化“大走访大调研大服务大解题”,用好“四下基层”经验,推动各级领导干部真下真访民情、实心实意办事。一是科学制订调研方案。全区县处级以上领导干部结合自身实际,立足中央最关注、省委重点部署、全市发展最需、群众反映强烈的现实问题,明方向、明路径、明课题,科学制订调研方案,“契约化”共建助推社会治理现代化、现代服务业高质量发展等29项事关市、区发展重点难点纳入调研选题,区领导抓住关键点、瞄准真问题,领办发展难题和民生实事63项。二是深入基层摸准实情。区委主要领导带队深入集成电路企业,了解发展现状,研究发展难题,其他县处级以上领导采取同领域课题合并调研、借势借力调研等方式,组织开展基层调研142次,发现问题84个,提出对策62条。深化“千名干部走千企”,选派驻企干部1115名,覆盖企业1500余家。持续深化党员干部“两地报到、双岗服务”和机关党员“入网进格”行动,组织党员干部深入村社、网格走访群众3.8万余户,帮助解决民生问题3900余件,在破题解难中践行造福人民政绩观。三是积极转化调研成果。高质量举办调研成果交流会,运用党的创新理论分析问题、研判现状、厘清思路,推动调研成果转化为理论成果、制度成果、实践成果50项,其中2项转化为重大改革措施。践行“浦江经验”,领导干部带头下访接访、领衔包案,接待群众107批次,现场解决问题54个,化解信访积案41件。

(三)紧盯实践新功、聚焦图强争先,在主题教育中筑牢“幸福越城”之基

坚持主题教育与中心工作两手抓、两促进。深入开展“立足岗位作贡献”活动,锚定“全年红”高分报表,引导党员干部“做极致、干精彩、看实效、争一流”,在谱写新时代“胆剑篇”中争先示范。一是高质量发展取得新突破。出台服务保障三个“一号工程”八项举措,以“四个聚焦”“四大行动”为载体,抽调161名干部参与重点任务,强力推进创新深化改革攻坚开放提升,全区经济社会发展呈现“承压稳进、蓄势向好”态势。预计全年实现地区生产总值1340亿元,同比增长7.5%;规上工业增加值424亿元,同比增长10.3%;一般公共预算收入90.2亿元,同比增长4.4%,成功夺取全省首批“浙江制造天工鼎”,荣获“浙江省十佳外贸强区”等称号。高标准完成迎亚运三大提升行动,动员73个党组织4200余名党员为亚运赛事做好服务保障,圆满完成火炬传递、亚运赛事等重大活动保障任务,获得省市领导高度肯定。二是抓基层基础迈上新台阶。围绕“红色根脉强基工程”、“三型争创、强根壮脉”计划,扎实开展“夯实基层、服务基层、关爱基层”专项行动,梳理下发重点任务、基础任务两张清单,制定大抓基层工作质量评价办法,建立健全“浙里兴村治社”应用示范推广六大机制。府山街道越都社区等5个社区成功创评全省首批现代社区,现代社区建设和党群服务中心规范提升工作位于全市第一梯队。加强党员“进出育管爱”全链条管理服务。上线“越安家”党建模块,300余个“流动党员红色驿站”常态化运作,规范流动党员双向纳管工作流程,不断激发流动党员队伍活力。三是群众幸福感得到新提升。围绕人居环境品质,创新推行“马路办公”“古城大扫除”机制,国家生态文明建设示范区当年启动、当年创成,获评省级三星全域“无废城市”、美丽浙江十大样板地、美丽浙江建设考核优秀县市区。强化民生改善与经济增长同推进,成功创建全国学前教育普及普惠区，建设全市首个高端康养项目，成功创建省级食品安全示范区，获全省首批“二星平安金鼎”。累计建成140家共富工坊，创建和美乡村、未来乡村45个，城乡居民人均可支配收入分别同比增长6.5%和6.8%，城乡居民收入比保持全市最低，蝉联中国最具幸福感城区。

（四）紧抓检视整改，聚焦真抓实改，在主题教育中彰显“越城精神”之核

坚持严管厚爱并举，锚定“最讲党性、最讲政治、最讲忠诚、最讲担当”指示要求，推动各级党员干部发扬“剑胆书心、越古超今”的越城精神，在主题教育中锤炼打造政治过硬的高素质专业化干部队伍。一是认真开展“政治检视、党性体检”。高标准深入推进“持正确政绩观、建为民新业绩”专项行动，县处级以上领导干部围绕“五重五轻”检视剖析、查摆问题，开展交流研讨。部署开展主题教育专题民主生活会，组织县处级以上领导干部和部门、镇街领导班子围绕6个方面和1个反面典型案例进行检视剖析。深入开展青年干部“明德守法、完善自我”专项行动，组织青年干部围绕政治关、道德关、品行关开展交流研讨，对标检视1122次，承诺践诺1326次。下发《关于在主题教育中进一步做好后进村社党组织整转提升工作的通知》，推动基层党组织深入开展检视分析，查找问题544个，制定整改举措309条，484个问题实现“当下改”。二是刀刃向内抓实问题整改。县处级以上领导干部坚持边学习、边对照、边检视、边整改，围绕“科技创新、共同富裕、发展环境、党建引领”等4个方面领衔整改问题34个、专项整治项目3个、承办上下联动整改问题4个，逐条逐项制订方案，全部提前完成整改，“双子楼”等一批历史问题取得实质性突破。下发《关于进一步做好主题教育整改整治工作的通知》，通过“四张清单”“五联闭环”等机制，组织各部门、镇街精准查找问题123个，100%完成整改，其中2个问题整改入选省级整改整治典型案例选编。结合“当下改”和“长久立”，建立健全党建引领、高质量发展、民生实事等制度16项，推动“解决一件事”升格为“解决一类事”。三是扎实打造高素质专业化干部队伍。实施“凝心铸魂、赋能增智、强基提质”三大行动，培训党员干部4450余人次。深化“综合考核”识人体系，出台《关于聚焦“干部所能”推进“五化五力”干部队伍建设的实施意见》，配套建立领导干部能上能下、容错纠错和激励中层干部从“中间力量”到“中坚力量”等制度，实施加强干部身心健康若干举措，围绕实干导向形成60项硬核举措，容错纠错6人次，5名干部获评省、市担当作为好干部。大力开展“学习身边榜样”活动，在全区选树身边榜样393人，入选为全市“学习身边榜样”10人、先进集体4个。

（五）紧跟上级精神，坚持步调一致，高质量谱写主题教育“越城篇章”

对标守好主题教育越城阵地、谱写主题教育越城篇章，压实各级责任、加强统筹调度、强化督促指导、坚决防止形式主义，确保主题教育在越城健康有序开展，以一域实践为全域添彩。一是以上率下，高质量推进主题教育开局起步。对标省委、市委工作建制，组建由区委主要领导担任组长的区委主题教育领导小组，成立工作专班，夯实组织保障。区委主要领导主动扛起第一责任人责任，第一时间开展全区动员部署，代表区委常委会作出“五个始终坚持、五个率先垂范”庄严承诺，多次主持召开专题会议，对主题教育进行安排部署、总体谋划，带头领学促学、深入检视问题、开展调查研究、讲授专题党课、抓实整改整治；县处级以上领导坚持学在先、走在前，以实际行动放出样子、作好示范；全区各基层党组织第一时间完成部署，配备专业力量，层层抓好落实，形成了上下联动抓主题教育的火热局面。二是挂图作战，高标准推动主题教育走深走实。在省委第六巡回督导组和市委主题教育办的精心指导下，在市委的坚强领导下，越城区委结合实际制订主题教育实施方案，厘清工作计划，下发工作提示、文件通知38个，系统明确了时间表、路线图和任务书。成立5个联络组，赴基层单位开展座谈交流、实地调研、审阅材料等过程性督查指导，及时通报经验做法，列举存在问题，提出整改要求，力保主题教育方向不偏、力度不减、环环相扣、一体贯通。加大主题教育成效宣传力度，及时总结提炼好经验好做法，整理编发主题教育简报17期，获省委、市委主题教育简报刊发相关做法11次，被省级及以上媒体报道35条次，其中新华每日电讯头版刊出《续写基层治理创新篇章 浙江绍兴坚持和发展新时代"枫桥经验"观察》一文，点赞越城区通过社区攻坚，解决各类基层问题；央视12套《一线》以越都社区和云松村为例，播发《平安中国2023平安绍兴有新"枫"》。三是牢筑防线，全程严防形式主义。坚持把严的基调贯穿主题教育始终，下发《关于从一开始就严防严治形式主义和"低级红"、"高级黑"现象的通知》，第一时间将中央明确的24种形式主义表现形式传达至每一个基层党组织，确保每一名党员引以为戒，推动基层全面落实"组织一次集中学习、开展一次全面核查、召开一次专题会议、健全一套处置流程"的"四个一"机制，引导广大党员干部牢牢守住作风底线、红线、高线，确保主题教育全程风清气正、彰显实干实效。

二、主要特点

2023年是越城发展史上极为特殊、极不平凡、极其重要的一年，习近平总书记考察浙江、亲临越城，作出重要指示，为高质量开展好主题教育增添了浓墨重彩的一笔。对越城而言，推进本次主题教育的最大特点在于学习贯彻习近平总书记考察浙江重要讲话精神和考察越城重要指示精神，从中汲取智慧和力量，把总书记对古越大地的殷殷嘱托转化为推动建设"首位立区、幸福越城"、谱写新时代"胆剑篇"争先示范的实践实效。

（一）以学习好、宣传好、贯彻好习近平总书记考察浙江重要讲话精神作为重大政治任务。区委常委会深刻认识到，习近平总书记提出的一系列重要指示，统揽全局、指航定向、语重心长，具有很强的政治性、战略性、指导性，为我们奋进新征程、建功新时代提供了根本遵循和行动指南。越城区委把学习好、宣传好、贯彻好习近平总书记考察浙江重要讲话精神作为重大政治任务，区委常委会以上率下，统筹采取集中学习、专题讲座、现场教学、交流研讨、个人自学等一系列学习活动，第一时间组织全区党员干部深刻体会习近平总书记的关怀之切、期望之重，深刻把握习近平总书记重要讲话重要指示的精髓要义和丰富内涵，持续掀起学思想、促践行热潮高潮，全区党员干部在循迹溯源、感恩追随中更加坚定捍卫"两个确立"、坚决做到"两个维护"，更加铸牢政治忠诚、扛起政治担当，切实坚定"紧跟总书记、奋进新征程"的决心。

（二）以习近平总书记考察浙江重要讲话精神为动力全面强化敢为善为、图强争先的精神意志。区委常委会深刻认识到，习近平总书记的越城之行，是对全区党员干部强有力的感召和激励，习近平总书记到过的地方、指导过的地方，是一种荣誉，更是一种要求。聚光灯下，全区党员干部紧扣三个"一号工程"和"十项重大工程”，围绕市委“五创图强、四进争先”目标要求，以“四个聚焦”“四大行动”为载体，拿出“拼”的精神、“闯”的魄力、“实”的干劲，在推动发展中奔跑跨越、在调查研究中爬山过坎、在检视整改中自我革新，推动城市能级不断跃升、发展动能不断强化、市场活力不断激发、文化魅力不断释放、民生福祉不断改善、平安防线不断夯实，全面展现大干快上、奋发有为的新形象。

（三）以习近平总书记考察浙江重要讲话精神为指引全方位构筑越城发展新蓝图。区委常委会认识到，学习贯彻习近平总书记重要讲话精神，最终要落实到具体行动中、体现到推动工作上。对此，区委专门在区委全会上对学习贯彻习近平总书记重要讲话精神进行再动员、再部署，由全区26个部门（单位）共同谋划起草制定《中共绍兴市越城区委关于深入学习贯彻习近平总书记考察浙江重要讲话和考察越城重要指示精神在谱写新时代“胆剑篇”中争先示范的决定》，提出打造九个方面区域范例，在九个方面实干争先、示范引领，围绕习近平总书记对浙江提出的“4+1”重点任务，结合越城实际，具体从科技创新、共同富裕、改革开放、文化文明、基层治理、党建引领等六大领域细化工作举措，为越城今后一段时期的发展谋好篇、布好局，把习近平总书记对浙江、绍兴、越城的重要指示批示精神深刻植根古越大地，结出累累硕果。

三、经验启示

在省委第六巡回督导组的关心关注下，在市委的坚强领导和市委主题教育领导小组的正确指导下，越城区委对标“五个更加注重”和五个“走前列、做示范”，结合越城实际，在深入推进主题教育行稳致远中得到以下启示。

（一）高质量开展主题教育，要注重提高干部理论素养。这次主题教育，把学习贯彻习近平新时代中国特色社会主义思想作为主线。实践证明，习近平新时代中国特色社会主义思想是做好一切工作的根本遵循。在本次主题教育中，越城区委始终把学思想作为首要任务贯穿始终，区委常委会以上率下，以理论学习中心组学习、现场教学、专题读书会等形式组织开展集中学习，安排落实个人自学，带动全区党员干部学思想、强党性，进一步提升全员政治能力、思维能力、实践能力，进一步推动党的创新理论入心见行，确保党员干部善思善用。

（二）高质量开展主题教育，要注重坚定党员理想信念。“强党性”是本次主题教育总要求之一，是重实践、建新功的重要动力和思想保障。这次主题教育，越城区党员干部通过深入学习习近平总书记重要讲话和重要指示批示精神，深入领会感悟习近平总书记走过的“足迹”、擘画的“印迹”、牵挂的“心迹”，对贯穿其中的坚定信仰信念、鲜明人民立场、强烈历史担当等有了更为深入的理解和把握，全面强化对习近平总书记的忠诚之心、维护之志、感恩之情，更加紧密地团结在以习近平同志为核心的党中央周围，筑起众志成城的铜墙铁壁，凝聚图强争先的强劲力量。

（三）高质量开展主题教育，要注重激发党员干部履责热情。这次主题教育，强调要把主题教育与中心工作结合起来，用经济社会高质量发展成色检验主题教育成效。越城区委主动打通学用转化渠道，搭建干事创业舞台，推动党员干部在学思践悟中汲取担当“源动力”，在调查研究中找准担当主方向，在对标习近平新时代中国特色社会主义思想中反思担当差距，在整改落实中体现担当责任，有力推动问题一个一个解决，踊跃投身三个“一号工程”，投身亚运赛事保障，投身“全年胜”“开门红”各项赛道，在实践中锤炼政治品格，提高担当本领，以担当践行初心使命，真正把科学理论的真理力量和干事创业的澎湃热情转化为攻坚克难的实际行动。

（四）高质量开展主题教育，要注重强化党员干部宗旨意识。人民群众满意不满意，是评判主题教育成效的根本标准。越城区委把践行为民造福政绩观融入主题教育中，切实打通主题教育与人民群众的有感通道。以调查研究、检视整改为载体推进化解了一批历史遗留问题，解决了“双子楼”等一大批困扰人民群众的操心事、烦心事、揪心事；十项“越字号”民生实事全部落地兑现，“一老一小”等社会关切群体的基本利益得到更多的尊重和保障，让人民群众真真切切感受到主题教育带来的新变化新面貌。坚持开门搞主题教育，开门抓评估，认真倾听群众呼声，积极回应群众关切，广泛听取群众对主题教育的评价，把主题教育成效评估置于群众和社会监督之下。

（区委主题教育领导小组　提供）

越城区协办杭州亚运会专记

越城区深入贯彻落实习近平总书记重要指示批示精神，践行“简约、安全、精彩”办赛理念，在省委省政府、市委市政府的坚强领导下，树牢“图强争先”的工作标准、锤炼“真抓实干”的工作作风、强化“一失万无”的工作理念，高标准高质量做好全链条全环节亚运筹办工作。自2022年工作启动以来，围绕“办好一个会、提升一座城”总目标，投入城市基础设施建设41.6亿元，完成亚运项目82个，新建高架道路48千米，提升城市主干道51千米，在亚运盛会中体现越城担当，展现越城风采，作出越城贡献。

一、强化组织领导，建立完善工作体系

1. 建立高位推动的工作体系。组建区委区政府主要领导任组长，相关区领导任副组长的亚运会工作领导小组，下设“一办十二组”，统筹面上工作，攻坚重点任务。适时在“由筹转办”阶段组建越城赛区分指挥部，下设“一办十三组”；赛时阶段成立指挥中心，整合亚运筹办、维稳安保、城市运行保障、公安安保4套指挥体系，实行“10+N”个重点部门常驻集中办公。加强与市亚筹办、市亚运综合办对接，充分发挥市区融合优势，建立扁平高效、市区一体的亚运安保体系，强化新闻宣传、食品安全、交通运输等市区协同机制，有力护航亚运会成功举办。

2. 完善高效协同的工作机制。建立越城赛区分指挥部“一办十三组”和三大提升行动牵头单位工作协作机制，定期召开例会30余次，有效协调项目建设、LED管控、亚运小品氛围灯布置等具体工作落地落实。强化任务落实机制，按照“日清日结”的标准督促整改，各级交办的67张交办单、任务单，涉及的126个问题100%闭环整改，得到市亚筹办肯定。强化信息报送机制，赛时阶段收集各工作组亚运信息材料35篇，择优上报并被上级录取8篇，其中《绍兴赛事分指挥部全力护航第二阶段综合测试赛》是我市首篇被亚运赛时总指挥部录用信息。

3. 强化精干专业的工作力量。选派1名干部到亚运会赛事总指挥部从事亚运信息工作，51名机关干部参与亚组委新闻信息、亚运场馆保障等业务工作。组织200余名志愿者做好场馆内及场馆周边地铁站、路口等志愿服务工作。抽调10人组建实体化亚运工作专班，牵头编制杭州亚运会越城区任务书、越城赛区场馆外围保障方案、迎亚运“三进”活动等重大方案，组织开展迎亚运倒计时100天系列活动，配合做好上级督查检查工作，确保我区亚运工作平稳有序推进。

二、夯实城市基础，做好前期筹备工作

1. 妥善做好亚运延期相关工作。2022年5月明确亚运延期举办后，及时应对延期引起舆情问题、团队稳定问题，调整城市绿雕、花海、彩色水稻、布展、时花布置等时效性亚运项目和资金拨付计划，协调做好已录用1200名高校志愿者稳定工作，确保面上平稳。同时，调整组织架构，优化工作机制，持续推进亚运城市基础设施建设、两路两侧“三化一平”整改、亚运沿线环境提升等工作，确保延期后工作不停、节奏不降。

2. 开展迎亚运百日攻坚三大行动。2022年4月下旬至7月期间，迎亚运百日攻坚“平安行动”排查危爆单位、行业场所5329家，整改隐患1185处，化解信访积案570件；“洁美行动”组织实施城市基础设施项目42个，有力提升城市品质；“清朗行动”成功攻坚17宗拔钉清障项目，完成122.46万平方米第二轮房屋征收签约，居全市第一。

3. 推动新一轮亚运城市行动计划。2022年8月启动新一轮亚运城市行动计划，主动谋划具有越城特色的项目59个，其中“基础设施提升行动”深化兴越路连接绿云路高架、凤林西路等道路改造；“文化名城展示行动”打造浙东运河博物馆等标志性项目，实现风越里特色街区在2022年“十一”隆重开业。

三、聚焦全面提升，淬炼城市品质新内涵

1. 拉高标杆打造城市“四个环境”。按期全面完成“城市品质大提升行动”16个市级项目、22个区级项目建设，组织实施运河园南侧1.3万平方米等环境提升工程，精心打造亚运住宿点杭州湾会计学苑4处花海和4个景观节点等，总投资约5.5亿元。同时对标国内最清洁城市标准加强管理，深入开展城市精细管理“1414”行动，全力打造“席地而坐”的卫生环境、“杯水不溢”的通行环境、“满城飘香”的园林环境、“流光溢彩”的夜景环境。

2. 突出细节开展古城微更新行动。围绕亚运火炬传递路线周边等重点区域品质提升，实施“十个一批”的古城微更新行动。开展中兴南路、解放南路等一批迎宾主干线环境亮化提升工程；推出鲁迅路高品质步行街、越子城等一批越城特色项目；打造宋梅桥、迪荡双子楼前等一批景观节点；改造名人馆、清廉馆、徐渭艺术馆、大通学堂等一批人文地标。积极串联“一城三故里”，先后实施古城有机更新项目26项，解决问题622处，被授予“中国城市精细化管理创新典范”和“2023美丽中国－最美城区”称号。

3. 聚焦长效创新城市管理机制。首创城市管理观察员队伍，全面打响城市精细管理“人民战争”，以“随手拍”、暗访抽查等方式实时反映城市精细管理问题，累计发现并处置问题8万余个。落实区政府、重点部门及镇街领导“马路办公”现场处置机制，实行城市管理问题“路上找”、解决问题“现场办”，实现问题即时“确责、流转、整改、核销”，累计开展现场办公220次，处置问题600余个，相关经验做法在《绍兴日报》上头版刊载。

四、围绕全程管控，构建城市治理新格局

1. 围绕重点难点全面摸排风险隐患。以“风险防范行动”为抓手，严格落实“重点人、事、物、行业、单位”战时管控，累计列管、化解涉稳风险11起，化解信访积案67件，信访总量同比下降20.4%。充分发挥群防群控力量，先后开展3轮“敲门行动”，共计投入力量3万人次，走访

129.32万人，查处置矛盾纠纷1802起，排查、办结隐患数1.3万起，相关工作得到市委主要领导肯定。

2. 注重实战实效全程强化亚运安保。按照“全覆盖、无死角、地毯式”要求，深入推进护航亚运“八大行动”，积极开展亚运场馆5公里圈及安保线路沿线基础要素排查整治工作，将亚运核心区涉及的灵芝、东浦、斗门三个片区划分为15个区块，分块包干开展“扫楼行动”。强化精准巡逻防控，针对整体亚运安保和各专项任务实际用人需求，创新研究“兵推”算法，与辖区派出所、机关警力错时、错位上岗，累计设立检查站62个，检查车辆16.37万辆次、盘查人员48.04万人次，切实提升街路面见警率、管事率。

3. 强化协作配合全力打击违法犯罪。全力推进打防电信网络诈骗违法犯罪集中行动，打击治理工作先后5次获央媒报道，今年以来电诈打处数同比上升71.1%。强化高校阵地管控，实体化运行7个高校警务站，相关工作获省、市领导批示肯定。

五、放大赛事效应，营造城市文明新风尚

1. “以赛增彩”扮靓城市形象。全方位、立体化、多场景推动亚运元素深度浸润，营造“抬头可见、驻足可观”亚运氛围。重点打造通勤线路、火炬传递沿线和重要道路沿线精品节点等35处，累计设置换路灯道旗5000余杆。更新梅龙湖周边和中兴大道沿线楼宇亚运主题灯光秀，提档主要路段公交候车亭、主要商圈户外电子屏、农村文化阵地等300余处公共场所亚运宣传海报、宣传视频，完成高速绍兴南出口等城市出入口大型喷绘标语布置。

2. “以赛出圈”造浓城市氛围。发挥市区媒体融合优势加强报道，在市级及以上主流媒体共刊播亚运报道500余篇次，其中央视总台各频道24条次、《人民日报》9篇次、浙江卫视《浙江新闻联播》21条次。推出网上亚运正能量作品传播活动，组织网络达人打卡越城亚运场馆和文化场馆，开启绍兴越城亚运“City Walk”一日行，开设#我在越城迎亚运#话题，阅读量达1.2亿人次，登上微博热搜榜第3位。开展“古城青春季”“古城仲夏夜”“亚运派对”等系列活动，刺激“亚运经济”“假期经济”加快发展，赛事期间全区16家监测商超企业累计日销售额1.7亿元，14家A级景区接待游客150.6万人次，同比增长210%；旅游收入5087.9万元，同比增长198.3%。

3. “以赛惠民”涵养城市气质。组织开展亚运宣传、应急救援等各类主题活动900余场次，招募并管理服务志愿者1300余名，参与群众5.3万余人次。以亚运城市“两带三路三故里”文明风景线为重点，完成3个“亚运驿站”建设，设置亚运重点志愿服务岗56个，打造灵里有爱、东浦古镇亚运志愿风景带2条，完成25万份《“迎亚运”文明实践倡议书》“送信上门”。

六、凸显亮点特色，圆满完成火炬传递工作

1. 高标准打造传递线路。按照“杭绍同标”的要求，围绕火炬传递9.7公里沿线及周边区域谋划开展环境提升工程，投资约5000万元，落实街面市政工程、绿化景观等6个大类38个子项，全面完成道路、立面、节点、树池、果壳箱等提升改造，在鲁迅中路、铁甲营、新河弄等重点节点全线融入16组绍兴特色氛围节点，为亚运火炬传递搭建最靓舞台。

2. 高姿态助力维稳安保。按照“主战场”定位目标，采集火炬传递沿线26类基础要素信

息，全面落实市级交办6项潜在风险隐患管控任务。

3. 高质量完成火炬传递。严格按照市火炬传递组要求做好沿线展演布置、电瓶车清理、交通引导等工作，紧急排查清理垃圾分类海报等不规范亚运形象元素232处，对接各部门更换遮阳棚、宣传栏等不规范元素95处。高效落实观众组织，协调安排30个部门（单位）、镇街干部和7所学校教师共1600余名观众和772名联勤联动联处人员。亚运火炬传递当天区政府主要领导、分管领导现场协同指挥，整个氛围热烈浓厚、社会面平稳有序。《人民日报》、新华社、中央广播电视总台等主流媒体推出相关报道超50篇次，央视《新闻联播》单条播发《杭州第19届亚运会火炬今天在绍兴传递》，获省市主要领导高度肯定。

七、彰显属地担当，全力护航亚运赛事平安

1. 全力做好安全生产工作。牢固树立“一失万无”理念，全面复盘“9·27”火灾事故教训，以“园中园、厂中厂”为重点，区领导带队下沉一线，开展生产安全和消防安全自查、检查、核查、倒查。“一级响应”以来，累计检查重点领域企业（场所）3872家，发现问题隐患3328处，完成整改3151处，未整改隐患全部落实管控措施，立案223起，处罚金额人民币150万元，火情、伤亡人数分别同比下降67.27%、40%。

2. 全链守住安保底线。一级响应期间，区领导下访接访群众59批95人次，镇街领导累计接访514批1016人次。加强舆情监测、引导，制定下发《杭州亚运会网络安全事件应急预案》，组建1700余人网络宣传员队伍开展风险排查、执行指令等工作，赛事期间监测涉越舆情2.5万余条，及时处置、回应负面舆情反映问题354件，网络舆情平稳有序。

3. 全面保障赛事平稳运行。全面做好食品安全保障，赛事期间累计出动驻点保障人员1924人次，开展食材检测2470批次，环境检测2838批次，保障用餐12.6万餐次，实现食品安全事故和食源性兴奋剂事件“两个零发生”目标。圆满完成奥体中心赛事交通保障任务，累计出动执勤人员590人次，开行接驳公交专线2条，调度接驳公交车辆80辆次，开行501趟次，接驳观众2.3万人次，确保赛后30分钟内基本散场，未出现交通堵塞和突发事件。常态化做好病媒生物防制工作，全区BI指数动态保持在5以下，及时妥善处置5例输入型登革热病例。做好国家体育总局副局长李颖川等2批次贵宾接待和中宣部亚运播报团等4批次58名记者采访接待，浙东运河博物馆累计接待30余批次贵宾来访，日均人流量2000人左右。持续加强秸秆焚烧全天候、网格化管控，积极开展核心区水域蓝藻问题整治，全力确保赛事期间天空“不冒烟”、水体“不泛绿”。

（亚运综合办 提供）

大事记

1月

3日　越城区委召开十届四次全体(扩大)会议,出席区委委员30名,候补委员7名,区委常委会主持会议。会议审议通过《关于全面学习贯彻党的二十大精神,坚定捍卫"两个确立",坚决做到"两个维护",向首位奋进,为幸福前行,奋力谱写中国式现代化越城新篇章的决定》,努力为中国式现代化、浙江"两个先行"和绍兴高水平网络大城市建设贡献更多越城力量。

5日　越城区陶堰司法所上榜全省第二批"枫桥式"司法所名单,成为越城区首家省级"枫桥式"司法所。

6日　越城区自主申报的首家国家级博士后工作站在中成控股集团有限公司揭牌。

16日　越城"越子城"传统风貌样板区入选浙江省2022年度"新时代富春山居图城市样板区"。

同日　越城区传统木船制造技艺(绍兴传统木船制造技艺)入选浙江省第六批省级非物质文化遗产代表性项目名录。

同日　绍兴迎恩门风情水街入选第三批浙江省高品质步行街名录。

17日　2023"祝福·绍兴古城过大年"启动仪式在迎恩门水街举行,此次"古城过大年"活动持续至2月5日,在古城范围内以及迎恩门水街、黄酒小镇等地举办新春灯会、新春嘉年华、镇街系列文化惠民活动和灯会及灯光秀。

17—19日　中国人民政治协商会议绍兴市越城区第六届委员会第二次会议在绍兴大剧院举行。会议表彰区政协2022年度各类先进,审议通过政协绍兴市越城区第六届委员会第二次会议提案审查情况报告,审议通过政协绍兴市越城区第六届委员会第二次会议决议。

17—19日　越城区第十届人民代表大会第二次会议在绍兴大剧院举行。大会表决通过绍兴市越城区第十届人民代表大会第二次会议关于越城区人民政府工作报告的决议、关于越城区2022年国民经济和社会发展计划执行情况及2023年国民经济和社会发展计划的决议、关于越城区2022年预算执行情况及2023年预算的决议、关于越城区人大常委会工作报告的决议、关于越城区人民法院工作报告的决议、关于越城区人民检察院工作报告的决议。

20日　越城区获中国国际象棋协会"2022年全国国际象棋优秀赛区"表彰,越城区教育体育局获"2022年全国国际象棋运动先进单位"表彰。

29 日　越城区富盛镇获评浙江省 4A 级景区镇，马山街道、沥海街道获评浙江省 3A 级景区镇。

30 日　越城区举办 2023 年全省首个春季退役军人就业专场招聘会。

2 月

6 日　越城区入选 2022 年度国家水土保持示范县。

7 日　越城区发放首批小型客船水路运输经营许可证。

10 日　越城区沥海街道民生村、孙端街道安桥头村入选第五批省级引领型农村社区名单。

20 日　越城区入选 2022 年浙江省 4A 级景区城。

24 日　2023“古城青春季”暨上大路春日唤醒计划启动仪式在上大路举行。该系列活动持续至 5 月 30 日，包括上大路春日唤醒计划、城市青年艺术节暨古城音乐节、古城春日嬉游记、青农市集、黄酒小镇春日派对、吼山桃花节、鉴湖湿地油菜花节、镜湖湿地和曹娥江风筝节、富盛春笋农旅节、抹茶马拉松等线上线下活动。

28 日　中美“政府间国际科技创新合作”重点专项项目启动会暨绍兴市欧美同学会科学家与企业家“面对面”活动在绍兴人才之家举行。

3 月

3 日　越城区纪念学雷锋 60 周年启动仪式在区新时代文明实践中心举行，12 位优秀志愿服务典型代表接受表彰。

7 日　越城区举办庆祝“三八”国际妇女节 113 周年主题大会，会上表彰 2022 年度区级最美家庭、最美共富领头雁、最美敬业她力量、最美幸福守护者、最美贴心娘家人等五类杰出女性和家庭。

13 日　越城区东浦街道中心小学、灵芝街道中心小学、沥海街道中心小学、蕺山中心小学、绍兴市镜湖中学（绍兴市第一初级中学教育集团镜湖校区）、绍兴财经旅游学校被评为 2022 年浙江省现代化学校。

4 月

14 日　越城区新中文化艺术交流中心获 2022 年度省级“五星级侨胞之家”称号。

20 日　公祭大禹陵典礼在绍兴大禹陵祭祀广场举行。

同日　绍兴市第一中学团委被共青团中央授予全国五四红旗团委称号，越城区北海街道树鹅王社区团支部被授予全国五四红旗团支部称号，浙江省塘栖盲人门球训练基地运动员余钦权、绍兴圆彤速递有限公司质控专员尹奕霁被授予全国优秀共青团员称号。

24 日　越是我故乡 · 越城文创体验中心开放，位于人民中路 182 号，为全市首家城市主题文创体验中心。

25 日　越城区教体局关工委《让心灵充满阳光——青少年心理科普进社区（村居）》获评全国教育系统关工委参与社区教育创新案例最佳案例，系全省唯一。

5 月

5 日　“亚运就这 YOUNG”越城区五四青年节主题团日活动在绍兴市奥体中心举行，活动以迎亚运为主题，串联“古越新声 灵五七五”

五四主题脱口秀、“青年发展型城市建设·青年说”、迎亚运主题积木搭建等活动。

9日　越城区浙江昌海制药有限公司、871项目AB地块一期一标（华润建筑）入选2022年度省级百优“无废城市细胞”。

10日　绍兴中芯集成电路制造股份有限公司（股票简称中芯集成，股票代码688469），在上海证券交易所科创板上市。

19日　2023越城区滨海新区教育科技人才主题周活动在绍兴饭店举行开幕式，其后举行了绍芯实验室科研场地开园仪式和高端专家楼交付仪式。

5月　全省第三批大花园耀眼明珠名单公布，绍兴鉴湖入选“人文水脉”类，绍兴黄酒小镇（绍兴越城东浦古镇）入选“产业平台”类。

同月　越城区5家驿站上榜第二批浙江省旅游驿站，其中黄酒小镇旅游驿站被评为一级旅游驿站，东湖景区旅游驿站、中国黄酒博物馆旅游驿站为二级旅游驿站，徐渭故里旅游驿站、富盛镇旅游驿站为三级旅游驿站。

同月　越城区社科联“古越新声·灵五七五”青年脱口秀宣讲项目获评2022年度“浙江省社科普及创新项目”。

6月

6日　越城区建功中学七(10)中队（教诚中队）、鲁迅小学五(4)中队（崇德中队）、树人小学四(6)中队、塔山小学四(3)中队（和美中队）、陶堰街道中心小学陶允宜中队、绍兴市第一初级中学龙山校区七(15)中队6个中队入选“2023年度全国红领巾中队”名单。

7日　中央媒体“千万工程”实施20周年主题采访活动走进越城，探访孙端街道安桥头村和鉴湖街道坡塘村。

9日　区档案馆开展“奋进新征程 兰台谱新篇”活动，现场举行“党的光辉”系列红色档案资料、“时光记忆”珍贵档案捐赠仪式。

15日　越城区快阁苑未来社区入选浙江省第三批未来社区名单。

19日　由绍兴市文联组织的“我在绍兴迎亚运”乡村书法运动会在越城区鉴湖街道王家葑村农民体育馆开赛，近百名书法作者参赛，比赛现场评选出单项赛和团体赛的优秀提名奖、优秀奖以及组织风采奖。

27日　应急管理部党委委员、副部长徐加爱到越城区调研乡镇（街道）应急和消防一体化建设情况。

29日　越城区入选2022年度“美丽浙江十大样板地”，为全市唯一入选的县（市、区）。

同日　越城区王阳明故居遗址、府山摩崖题刻、范文澜故居和邵力子故居4处入选第八批省级文物保护单位名录。

30日　浙江表彰首批“红色根脉”强基示范县乡村，越城区府山街道被命名为“红色根脉”强基（基层党建）示范乡镇（街道），东湖街道小皋埠村、东浦街道南村村、鉴湖街道坡塘村、斗门街道璜山南村、皋埠街道坝头山村、陶堰街道泾口村、陶堰街道白塔头村、孙端街道村头村、沥海街道华东村、富盛镇上旺村被命名为“红色根脉”强基（基层党建）示范村（社区）。

同日　绍兴市越城区东浦街道党工委书记、绍兴黄酒小镇（东浦）开发建设党工委书记（兼）董敏华入选浙江省委组织部公布的100名“浙江省担当作为好干部”名单。

7月

3日　越城区达到全域“无废城市”建设三星级标准，首次上榜省2022年度全域“无废城市”建设评估设区市和县(市、区)。

18日　越城区社会科学界联合会命名树兰书房越都馆、树兰书房树鹅王馆、黄酒小镇、坡塘乡村艺术馆、“古越新声 灵五七五”编辑部、南村越音馆、陆游家训馆、尚巷村师爷纪念陈列馆、树兰书屋·平桥站、越城区新居民互助家园等10家基地为第二批越城区社科普及基地。

20日　绍兴市越城区文化馆绍兴平湖调《水乡吟》获浙江省第十二届群众曲艺大赛金奖。

26日　绍兴地铁2号线一期首趟列车正式发车,是绍兴地铁第一条全自动运行线路,标志绍兴地铁“双线换乘”新版图的开拓。

31日　零时,大禹快速路正式通车,绍兴古城“日”字形智慧快速路基本成网。

8月

1日　北海街道快阁苑未来社区的“医保驿站”正式上线运作,为越城区首家集24小时医保购药、业务办理以及医保邻里服务功能于一体的自助服务驿站。

8日　越城区获评2022年度美丽浙江建设考核优秀县(市、区)。

10日　越城区越西社区、沈园社区、外滩社区、蕺山社区、育贤社区和王家池社区等6个社区入选全省第三批402个城镇社区“一老一小”服务场景。

21日　“之江同心 越侨越好”推进大会在越城区举办,现场举行绍兴市华侨国际文化交流基地、乡村侨舍授牌仪式和“百侨助百村”侨助共富结对签约仪式,发布“越侨越好”文化精品线路,组建侨界宣讲团,提出“侨助亚运”倡议,开展“连心侨”志愿服务队授旗等活动。

同日　越城区上旺精神陈列馆获评2023年浙江省第二批乡村博物馆。

同日　越城区图书馆通过国家古籍保护中心组织召开的“中华经典传习所”评审会,为此轮评审通过的5家单位中唯一一家区级图书馆,全国仅有11家获批挂牌单位。

同日　越城区气象局获2023年浙江省气象行业天气预报职业技能大赛实时天气精细化预报单项比赛全省第一名。

23日　“幸福越城,秀美马边”文化走亲文艺晚会在四川马边彝族自治县举行。

同日　鉴湖街道坡塘村入选2023年浙江省健康村样板,富盛镇倪家溇村入选浙江省卫生村样板。

29日　“越城区上旺精神陈列馆”入选2023年浙江省第二批乡村博物馆。

30日　越城区《深化关键创新资源集成服务 撬动集成电路产业高质量发展》入选全省营商环境优化提升第二批“最佳实践案例”。

8月　越城区入选第二批“浙江省食品安全示范县(市、区)”名单。

9月

3日　越城区上榜“2023赛迪百强区”,位列73。

5日　2023迎亚运·越城文旅嘉年华暨千车万人游越城首发仪式在咸亨酒店启动。

6日　越城区申报的“深化党建联建机制引领基层治理现代化”案例入选“全国社会治理创新案例(2023)”。

12日　杭州第19届亚运会火炬传递绍兴站活动在越城区鲁迅故里西门启动,路线全长约9.7千米,终于绍兴奥体中心,共有170名火炬手参加火炬传递。

20日　越城区获评“2023企业家幸福感最强区”。

同日　绍兴市第一届聋人旱地冰壶锦标赛在绍兴特殊教育中心学校举行，全市6个区、县（市）的7支队伍参加比赛。

24日　在杭州奥体中心游泳馆进行的第19届亚运会游泳比赛上，由越城籍运动员吴卿风和队友张雨霏、杨浚瑄、程玉洁组成的中国队，以3分33秒96取得女子4×100米自由泳接力冠军。

27日　绍兴市特殊教育中心学校校长任文忠获2023年“浙江省特教园丁奖”。

30日　谢震业以9秒97的个人最好成绩，获杭州亚运会男子100米金牌。

10月

15日　位于绍兴市越城区塔山北麓辛弄1号的章学诚方志馆举行开馆仪式，中国地方志工作办公室党组书记、主任崔唯航，浙江省人民政府地方志办公室主任郑金月，绍兴市委常委、组织部部长王琴英，越城区委副书记、区长钱林江为章学诚方志馆揭牌。

16日　医学前沿女科学家论坛在越城区举行。

17日　“绍兴东湖线性遗产旅游——中国大运河绍兴东湖段旅游文化带水石非遗共赏”入选2022全国优秀文化遗产旅游案例。

同日　首届中国数字方志论坛暨纪念章学诚诞辰285周年学术研讨会在浙江绍兴召开。

23日　绍兴市实施全民健身计划领导小组公布了2019—2022年度全市群众体育工作成绩突出集体、突出个人名单，陶堰街道办事处作为越城区唯一上榜镇街，获得突出集体荣誉称号。

同日　杭州亚残会的第一个比赛日，越城区运动员蒋裕燕夺得女子100米仰泳S6项目金牌，并破亚洲纪录。

同日　三江闸、楝树闸、狭猕湖避塘、浙东运河绍兴段、钱塘江古海塘绍兴段入选浙江省首批重要水利工程遗产资源名录。

26日　越城区绍兴博物馆、越城区府山街道唯康居家养老中心入选第四届绍兴市“敬老文明号”拟命名名单。

同日　越城区重磅出台重点产业人才“增值式”服务黄金六条：加强高层次人才招引服务；助推人才企业创业发展；加大人才居留服务供给力度；常态开展人才联谊活动；强化人才安居保障；打造人才增值服务阵地。

27日　浙江同星科技股份有限公司入选省级绿色低碳工厂名单。

28日　越城区被生态环境部授予“生态文明建设示范区”称号。

31日　2023阳明心学大会在越城区举行，现场举行阳明行迹地协作平台合作协议签订仪式。

11月

1日　2023年中国·绍兴第十一届酒仙会市在东浦街道杨川村举行。

3日　越城区生态环境分局获浙江省2022年度全域“无废城市”建设工作成绩突出集体荣誉称号，为绍兴市唯一。

同日　府山街道书圣故里社区、城南街道南门社区入选浙江省低（零）碳村（社区）试点名单。

9日　首届中国绍兴国际汽车生活博览会暨第48届绍兴汽车展在中国（绍兴）汽车城开幕。

16日　中国黄酒博物馆、艺兰体验基地入选首批省级非遗体验基地名单。

17日　“飞‘越’四十年‘越’见新美好”大型媒体走进越城采风活动启动仪式举行。

同日　浙江省人民医院越城院区对外试运行。

同日　绍兴市越城区鲁迅外婆家朝北台门陈列馆获评2023年浙江省四星级乡村博物馆。

22日　绍兴市第一初级中学八(3)中队队员马晗迪、鲁迅小学教育集团五(5)中队宣传委员陈宇轩，分别获评2023年度“浙江省优秀少先队员”。

24日　由区委宣传部指导、区档案馆（史志研究室）主办的绍兴市越城区建区40周年建设发展成就展在伟丰文化产业园开展，现场同步举行《绍兴市越城区建区40周年大事记》首发仪式。

25日　越城区再次入选中国最具幸福感城区。

同日　2023“同心·越城”大会暨越城区建区40周年大会在绍兴饭店举行。

28日　越城区马山街道非遗文化展示馆、鉴湖街道坡塘村绍兴市会稽金石博物馆、东浦街道绍兴市石语堂玉石文化博物馆入选绍兴市文物局发布的2023年绍兴市乡村文化博物馆名单。

12月

1日　省水利厅、省财政厅联合公布浙江省2024年全域幸福河湖建设项目名单，绍兴市越城区入选。

3日　当天是第32个国际残疾人日，越城区启动首届残疾人文化艺术推广月活动，举行读书会、书画摄影培训、全民艺术展等系列活动。

7日　越王城未来社区、鲁迅故里未来社区、洋泾湖未来社区、蕺山未来社区、虹桥未来社区、敬敷未来社区、书圣故里未来社区入选浙江省第四批未来社区名单。

8日　第五届越城区道德模范颁奖典礼举行。越城区新增道德模范10位，道德模范提名奖获得者10位。

9日　“越体育 越幸福”越城区第二届运动会开幕式在越城区体育中心体育场举行。

10日　以“新发展格局与社会风险治理创新”为主题的第七届中国社会风险治理高层论坛在越城区举行。

11日　“生态灵芝·魅力镜湖”城市新区风貌样板区入选浙江省2023年度第三批城乡风貌样板区名单。

15日　“绍芯谷”“产城焕新·绍芯智谷”综合品质样板区试点入围，为绍兴唯一获评试点。

16日　“越姐姐·幸福家庭节”在省级儿童友好乡村——越城区皋埠街道坝头山村举行。

18日　前观巷和石门槛两个历史文化街区同时上榜第七批浙江历史文化名镇名村街区中的历史文化街区名单。

19日　“复旦大学·绍兴周”启动仪式在复旦大学举行，这也是“复旦大学·城市周”的首期活动。

同日　绍兴市越城区御茶村共富工坊入选第一批省级示范“共富工坊”名单。

21日　越城富盛——陶堰县域风貌样板区入选浙江省2023年度第二批新时代富春山居县域样板区名单。

22日　陶堰街道获评全省人民调解工作先进街道；灵芝街道人民调解委员会调解员张伟根获评全省优秀人民调解员；司法局灵芝司法所所长许忠方获评全省指导人民调解工作先进个人。

26日　浙江省风貌办公布第四批1000个城镇社区“一老一小”服务场景名单，其中越城区共有9个大社区的14个“一老一小”服务场景入选，其中养老场景8个、托育场景5个、老幼融合场景1个，快阁苑社区是唯一同步入选养老场景和老幼融合场景的社区。

27日　绍兴越城黄酒小镇旅游开发有限公司、绍兴黄酒小镇（湖塘片）入选第二批绍兴市非物质文化遗产旅游景区名录。

28日　浙江省文化和旅游厅公布第三批保留剧目名单，绍兴的越剧《陆文龙》、绍剧《相国志》和调腔《白兔记·出猎》入选。

29日　省发改委、省“十项重大工程”总专班发布《“十项重大工程”典型经验做法(2023年)》。其中，越城区《聚焦产业链优势领域发力，打造国内重要集成电路产业高地》《关停高耗低效企业、壮大绿色低碳产业，加快推进能源绿色低碳发展》2篇典型经验入选，入选篇数位居全市第一，并与义乌市、嘉善县在全省90个县（市、区）中并列第一。

同日　东浦街道邵家村、东湖街道五和村、马山街道储墅村入选第六批省级引领型农村社区名单。

30日　“花Young越城乐Dang吼山”吼山国潮音乐节开幕仪式暨“国风大巡游”系列活动在吼山风景区举行。

区情概要

建置区划

【建置沿革】 古为越国国都，城墙始建于越王勾践七年（前490）。因为范蠡所筑，故称“蠡城”，又称勾践小城、山阴城、子城。秦王政二十五年（前222）至南朝梁太平元年（556），属会稽郡的山阴县；陈永定年间（557—559）会稽郡析山阴置会稽县，分属山阴、会稽两郡；隋开皇九年（589）废会稽郡，属吴州会稽县。隋大业元年（605）属越州会稽县。大业三年（607）属会稽郡会稽县。唐武德四年（621）属越州会稽县。武德七年会稽立山阴县，分属越州会稽、山阴2个县。南宋绍兴元年（1131）属绍兴府，置5个厢。明洪武九年（1376）属绍兴府，废录事司，4个隅划归山阴、会稽两县分掌之。清宣统三年（1911）并山阴、会稽为绍兴县，属绍兴县，仍设4个隅。民国28年（1939），城内置昌福、汤公、长安、蕺望、孝义、南大、咸欢、辛植、美政、大善、秋瑾、水澄、越王、大云、锡麟、上大16个镇。后并为秋瑾、元培、汤公、成章、鲁迅、锡麟6个镇。民国35年（1946）10月，合6个镇称越王镇。

1949年5月，绍兴全境解放。1949年10月，置绍兴市（县级，下同），隶绍兴专区。1950年5月，合绍兴县、市，称绍兴县，置城关区。9月，城关区复改绍兴市，隶绍兴专区。1952年撤销绍兴专区，绍兴市改为省辖，全市置府山、塔山、蕺山、北海4个区。1960年8月，改置绍兴市人民公社，辖府山、塔山、蕺山、北海4个大队，隶绍兴县。1962年1月，复置绍兴市，废市人民公社；12月废市，置城关镇，隶绍兴县。1963年1月，撤县级市建制，建绍兴县城关镇，辖4个街道。1964年，为绍兴地区区治。1979年9月，复置绍兴市，辖4个公社、11个大队（国务院批准，浙江省委实际未设立）。1981年1月，撤销绍兴县，并入绍兴市。1983年7月，绍兴撤地建市。9月，置越城区（县级）。

【行政区划】 1983年，越城区辖府山、塔山、蕺山、北海4个街道，禹陵、城东、梅山、灵芝、亭山5个乡和东湖1个镇。1991年4月，亭山乡府山村划归府山街道管辖，灵芝乡塘南村划归北海街道管辖。1992年1月，设立昌安街道；8月，浙江省政府批准辖区内自环城东路、西平水江（今称东环城河）以东，东平水江以西，浙东运河以南，东西平水江交汇点以北地区成立绍兴经济开发区。1996年10月，亭山乡部分（马臻路以西、云栖大桥以东、云栖路以南、龙横江北岸以北）行政区域划归北海街道办事处管辖。1998年8月，设立稽山街道，委托绍兴经济开发区管委会管辖。

2000年7月，昌安门外设立袍江工业区；8月，斗门、马山2个镇及所属行政村由袍江工业区管委会代管；12月，禹陵乡大众、新港2个村划归稽山街道管辖。2001年1月，斗门镇（不含新马山村、新合作村、新皇甫村、新豆姜村、新斗门村）、东浦镇、鉴湖镇、皋埠镇和马山镇划归越城区管辖。2001年8月，撤销城东乡建制，大部分并入东湖镇；撤销灵芝乡、梅山乡建制，原灵芝乡大部分和原梅山乡合并设灵芝镇；撤销亭山乡建制，并入府山街道，撤销禹陵乡建制，并入稽山街道，原城东乡部分和昌安街道合并为蕺山街道，原鉴湖镇部分（18个村、8个居民区）设立城南街道。调整后，越城区辖鉴湖、东湖、东浦、皋埠、斗门、马山、灵芝7个镇和府山、塔山、蕺山、北海、稽山、城南6个街道，建制区面积由101平方千米增至336平方千米。

2002年6月，绍兴县马鞍镇新马山村、新孙端村、新皇甫村、新豆姜村、新斗门村、新合作村划归越城区斗门镇管辖。12月，辖区内绍兴古城北部，东至绍三线和外直江，西至绍齐公路，南至萧甬铁路，北至柯袍公路，即以灵芝镇、东浦镇境域为基础成立镜湖新区，灵芝、东浦两镇委托镜湖新区管委会管辖。2003年1月，绍兴县齐贤镇七里江村、庄头村、林头村、五峰村、前王村、潞阳村、潞庄村、后渚村、湖村、山泉村、西山头村、青云村、立岱村、大庆寺村、嘉会村15个村划归越城区灵芝镇管辖。2007年3月，迪荡街道设立，辖原蕺山街道的五市门社区、都泗社区2个社区和罗家庄村、沈家庄村、五云村、西金村4个村及原东湖镇瓦窑头居委会、革新村、塘湾村。2008年1月，皋埠镇、东湖镇行政区划调整，原皋埠镇104国道线以北的8个村划归东湖镇管辖；原东湖镇104国道线以南的12个村和东湖居民区划归皋埠镇管辖。

2013年11月，根据省政府《关于调整绍兴市部分行政区划的通知》，镜湖新区并入越城区，设区镜湖管委会；灵芝镇、东浦镇归由越城区管辖；原绍兴县孙端镇、陶堰镇、富盛镇划归越城区管辖。调整后，越城区行政区域面积增至498平方千米，辖10个镇、7个街道。同月，越城区孙端镇委托袍江经济技术开发区管委会管辖，陶堰镇、富盛镇委托绍兴高新技术产业开发区管委会管辖。2016年3月，越城区与绍兴高新区合署办公，实行“两块牌子、一套班子”，不再保留镜湖新区党工委、管委会。绍兴高新技术产业开发区管委会托管的东湖镇、皋埠镇、陶堰镇、富盛镇、稽山街道、迪荡街道以及各乡镇（街道）所属事业单位归由越城区管理。调整后，越城区（高新区）实辖7个镇、7个街道，共218个村、88个社区、7个农村居委会，实辖区域面积调整至381.53平方千米。2017年10月，越城区（高新区）东湖镇、灵芝镇、东浦镇、鉴湖镇撤镇设街。至此，越城区（高新区）实辖皋埠镇、陶堰镇、富盛镇3个镇和东湖街道、灵芝街道、东浦街道、鉴湖街道、塔山街道、蕺山街道、北海街道、府山街道8个街道。2018年6月，越城区（高新区）与袍江开发区合署办公，袍江开发区托管的乡镇（街道）由越城区（高新区、袍江开发区）管理。调整后，越城区（高新区、袍江开发区）实辖皋埠镇、陶堰镇、富盛镇、马山镇、孙端镇和东湖街道、灵芝街道、东浦街道、鉴湖街道、斗门街道、塔山街道、蕺山街道、北海街道、府山街道、城南街道、稽山街道、迪荡街道等17个镇街，区划面积498平方千米。

2019年1月11日，浙江省民政厅发布《2018年浙江省行政区划变更情况》，批复同意撤销蕺山街道，并调整塔山、府山、北海、稽山、迪荡5个街道的管辖范围。至此，越城区（高新区、袍江开发区）实辖皋埠镇、陶堰镇、富盛镇、马山镇、孙端镇，东湖街道、灵芝街道、东浦街道、鉴湖街道、斗门街道、塔山街道、府山街道、北海街

2023 年越城区各镇(街道)地域面积一览表			
表 1			单位 :平方千米
地域	面积	地域	面积
塔山街道	4.30	灵芝街道	42.8
府山街道	4.79	东浦街道	30.78
北海街道	17.10	鉴湖街道	50.3
城南街道	14.91	斗门街道	42
稽山街道	18.70	皋埠街道	59
迪荡街道	9.30	陶堰街道	25.11
马山街道	44.5	沥海街道	40.6
孙端街道	31.28	富盛镇	73.9
东湖街道	30.5		

(区民政局　提供)

道、城南街道、稽山街道、迪荡街道等 5 个镇 11 个街道。11 月 8 日,绍兴市区 9 个镇撤镇设街集中揭牌仪式举行。越城区皋埠镇、陶堰镇、马山镇、孙端镇撤销,改设皋埠街道、陶堰街道、马山街道、孙端街道办事处。至此,越城区实辖富盛镇,塔山街道、府山街道、北海街道、稽山街道、城南街道、迪荡街道、东湖街道、灵芝街道、东浦街道、鉴湖街道、斗门街道、皋埠街道、陶堰街道、马山街道、孙端街道等 1 个镇 15 个街道。11 月 29 日,滨海新区挂牌成立,托管越城区皋埠、马山、孙端、东湖、灵芝、东浦、斗门、稽山、迪荡和上虞区沥海等街道。

2021 年 2 月 23 日,浙江省人民政府批复同意变更越城区和上虞区部分行政区域界线,上虞区沥海街道的管辖区域划归越城区行政区划。至此,越城区行政区域东至上虞区,南、西至柯桥区,北至钱塘江,辖 16 个街道、1 个镇,行政区划面积 533.86 平方千米,实辖 643 平方千米。(区档案馆　过路易)

自然地理

【地理位置】 越城区位于北纬 29°87'13" ～ 30°13'33",东经 120°51'84" ～ 120°80'25"。地处浙江省东部,钱塘江和杭州湾南岸,宁绍平原西部,会稽山北麓,是绍兴市政治、文化中心,市委、市政府所在地,现辖 1 个镇 16 个街道,面积 533.86 平方千米(以上数据为区自然资源和规划分局统计口径)。东与上虞区的道墟街道、东关街道、长塘镇、汤浦镇相连,南、西、北与柯桥区的平水镇、兰亭街道、福全街道、柯岩街道、柯桥街道、齐贤街道、马鞍街道接壤。

【地形地貌】 越城区处于钱塘江河口段南岸,宁绍平原西部,背靠会稽山余脉,是平原向低山丘陵的过渡地带,总体地势南高北低,主要为北部湖沼平原区和南部低山丘陵区。北部、中部以平坦的湖海积平原为主,间有残丘突兀于平原之中,如镜湖湿地公园的梅山,以及城区的塔山、府山等。南部以低山丘陵为主,地形坡度一般 15°～25°,局部 30°以上。全区最高峰位于富盛镇西南的望海岗,海拔 572.2 米。境内有府山(海拔 74 米)、塔山(海拔 29.4 米)、蕺山(海拔 51 米)、鸟门山(海拔 91.7 米)、箬篑山(海拔 91.7 米)、梅山(海拔 79.6 米)、吼山(海拔 105 米)等。越城区境内河道纵横、水网密布,平水江、攒宫江、富盛江、漓渚江、南池江、坡塘江自南而北流经区内，鉴湖水域和浙东运河以东西向穿越区境。较大湖泊主要有鉴湖、独猹湖、青甸湖、白塔洋、百家湖等。（区自然资源和规划分局　李伟）

气　候

【概况】 2023年越城区总的气候特点是：年平均气温偏高，年降水量偏少，旱重于涝。

年内主要天气气候事件有年降水量近20年最少、年平均气温历史第二高、入夏入冬偏晚，春秋季偏长、梅汛期偏晚，梅雨量偏少、高温出现早，夏季不算热、夏季强对流频发、台风影响偏轻、年初年尾遭遇强寒潮影响、农业气候年景总体偏好。

【气温】 2023年越城区年平均气温19℃，较常年（17.6℃）偏高1.4℃，为历史同期第二高。全年高温日数（日最高气温≥35.0℃）为34天，比常年（30天）偏多4天，极端最高气温为39.6℃，出现时间为7月12日；年低温日数（日最低气温≤0℃）为15天，比常年（18.5天）偏少3.5天，极端最低气温为–4.8℃，出现时间为12月22日。全年各月月平均气温均较常年偏高，3月、9月较常年异常偏高，偏高量最多为3月，月平均气温13.7℃，较常年偏高2.5℃，为历史同期第三高，9月月平均气温为26.9℃，较常

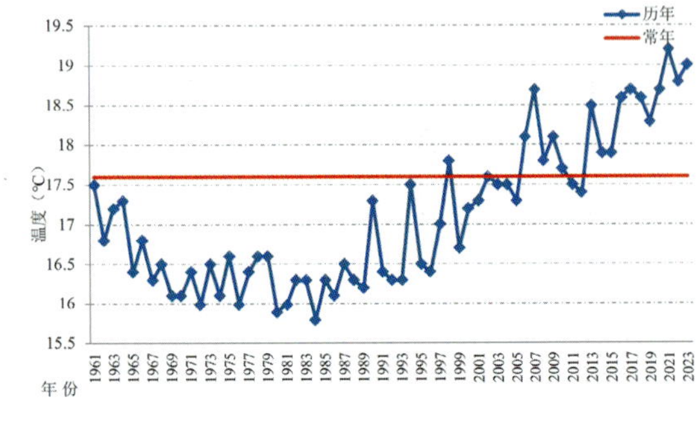

1961—2023年绍兴站历年年平均气温图（℃）

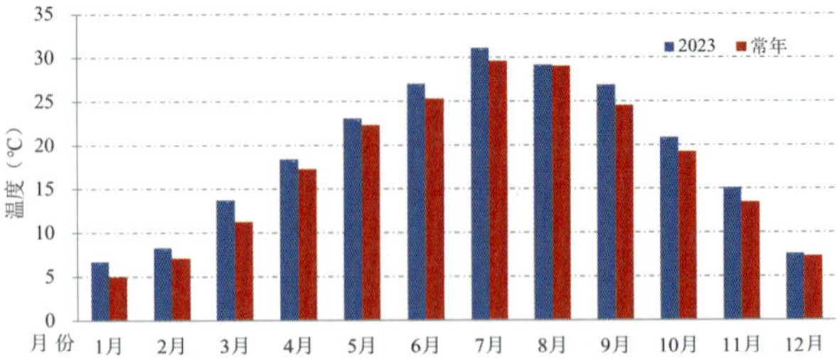

2023年绍兴站各月平均气温与常年的比较图（℃）

年偏高2.4℃，为历史同期第二高。

【降水】 2023年越城区年降水量为1199.4毫米，较常年（1518.7毫米）偏少2成。年雨日137天，比常年（156.1天）偏少19.1天，年暴雨日4天，接近常年。降水时空分布不均匀，全区大部分地区1100～1300毫米，呈南多北少的分布特征，全区最大富盛镇诸葛山站1462毫米；年内各月降水量，除5月和7月外，其余各月降水量均较常年显著偏少，1月、3月、4月、10月、12月较常年同期偏少四成以上，最少为10月，较常年偏少7成，月降水量仅24毫米，为年

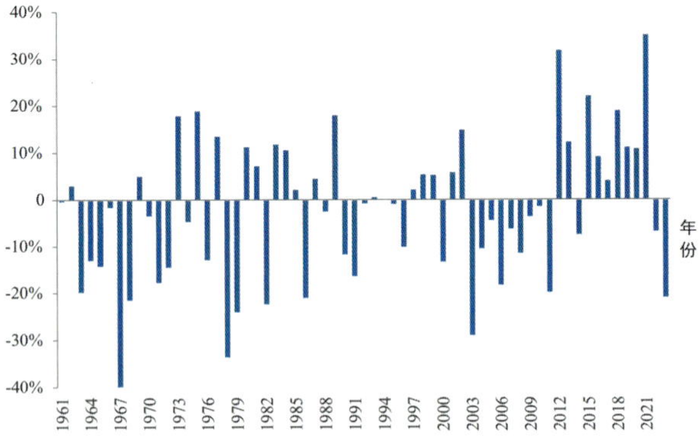

1961—2023年绍兴站历年年降水量距平百分率图（%）

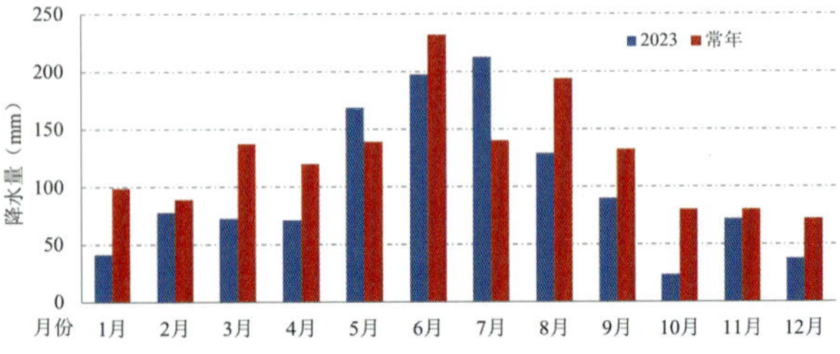

2023年绍兴站月降水量与常年的比较图（毫米）

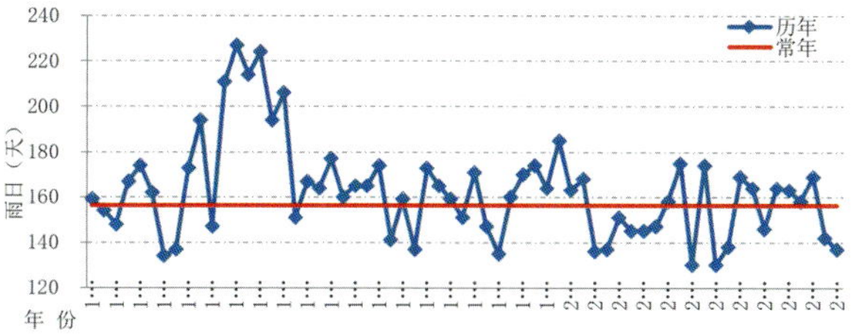

1961—2023 年绍兴站历年年雨日图（天）

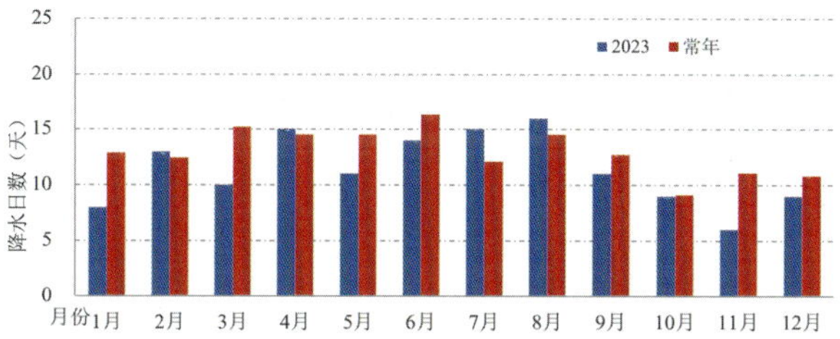

2023 年绍兴站月雨日数与常年的比较图（天）

内最小月降水量。

【年内主要天气气候事件】

年平均气温历史第二高，秋末气温创新高

2023 年越城区年平均气温 19℃，较常年（17.6℃）偏高 1.4℃，为 1961 年有气象记录以来的历史第二高。2013 年以来年平均气温连续偏高，2023 年是第 11 个连续偏暖年。秋季（9—11 月）平均气温 21.0℃，较常年同期偏高 2.0℃，创历史同期新高。11 月 5 日最高气温 31.8℃，创 11 月历史最高气温纪录。

年降水量偏少两成，秋冬季明显少雨

2023 年越城区年降水量为 1199.4 毫米，较常年（1518.7 毫米）偏少 2 成，为 2004 年以来近 20 年降水最少的年份。除 5 月和 7 月外，其余各月降水量均较常年显著偏少，其中 10 月较常年偏少 7 成。

高温现身早，夏季不算热

4 月 17 日越城最高气温 35.3℃，为有气象记录以来高温日出现最早纪录，打破 4 月最高气温纪录。虽然今年高温出现早，但高温日数接近常年，共出现 34 个高温天，较常年多 4 天，比去年少 21 天，夏天总体不算太热。

春末冷空气频繁，入夏时间晚

5 月北方仍隔三岔五有冷空气南下，导致气温偏低，持续升温通道反复受阻，今年越城 5 月 25 日入夏，较常年偏迟了 13 天。

出入梅均偏晚，梅期偏短，梅雨量偏少四成

6 月 17 日入梅，比常年偏迟 9 天，7 月 11 日出梅，比常年偏迟 3 天；梅期 24 天，比常年偏少 6 天。梅雨形势不典型，降水分布不均匀，以过程性降水为主，全区平均梅雨量 170 毫米，较常年偏少 43%。梅中有“伏”，梅雨期有 11 天出现 35℃以上的高温天气。

夏季强对流频发，大雨倾盆

7 月、8 月强对流天气多发、重发。7 月 15—22 日连续 8 天出现强对流天气，其中 7 月 16 日下午和 22 日傍晚出现短时大暴雨，最大小时雨强 7 月 16 日皋埠东杨湾站 1 小时 76 毫米。

台风路径多变，影响偏轻

全年无登陆浙江台风，台风影响偏轻。台风“杜苏芮”登陆福建后绕过浙江经江西北上，台风“卡努”近海急转北上，路径怪异呈“之”字形，历史罕见。越城仅受到这两个台风的外围影响，风雨影响偏轻。

冬季姗姗来迟，12 月温高破纪录

12 月上中旬气温持续偏高，直至 12 月 16 日越城才进入气象学意义上的冬季，入冬时间较常年偏迟了 13 天。12 月 14 日最高气温 26.7℃，打破有气象记录以来 12 月最高气温纪录。

年末强寒潮来袭，持续冰冻十年最长

受北方冷空气影响，12 月 14—16 日越城平均气温 48 小时下降 14.9℃。21—26 日连续 6 天最低气温低于 0℃，12 月 22 日最低气温降至 -4.8℃，是最冷的一个冬至日。

农业气象年景好，助粮食丰产丰收

全年气温、降水、光照匹配好，虽然年降水

2023 年越城区主要气象要素统计表			
表 2			
类别	要素	2023 年	历年极值
气温	年平均温度(℃)	19.0	19.2
	极端最高温度(℃)	39.6	42.5
	极端最低气温(℃)	−4.8	−10.2
降水	年降水量(毫米)	1199.4	2053.7
	日最大降水量(毫米)	65.7	311.3
风速	年平均风速(米/秒)	1.3	2.5
	年最大风速(米/秒)	6.9	16.8
	年极大风速(米/秒)	13.7	27.7

量偏少,但雨日分布较均匀,没有出现严重的农业旱情,作物生长季积温偏高,雨热资源搭配适宜,农业气象年景较好。

春季光温适宜,伴有过程性降水,土壤底墒足,利于越冬小麦灌浆结实和早稻播种,夏季温高光足,利于早稻收晒和晚稻生长,台风外围降水补充农业用水,秋季温高光足利于晚稻成熟和收晒。(区气象局　董海丽)

人口与流动人口管理

【人口基本概况】　2023 年,越城区域总户数 299989 户,户籍人口 824317 人,其中城镇人口 543604 人,乡村人口 280713 人,分别占比 65.95% 和 34.05%。全年出生人口 4032 人,死亡人口 7452 人,人口自然增长 -3420 人,自然增长率为 -4.15‰;迁入人口 18119 人,迁出人口 17421 人,人口机械增长 698 人,净迁移率为 0.845 ‰;人口净增 -2727 人,年人口增长率为 -3.30‰。2023 年登记男性 400437 人,女性 423880 人,男女性别比为 94.47(女 =100,下同);登记出生男性 2090 人,出生女性 1942 人,出生性别比为 107.6;登记死亡男性 4200 人,死亡女性 3252 人,死亡性别比为 129.2。(区公安分局　赵梦莎)

【流动人口管理基本情况】　2023 年,越城区登记在册流动人口总数为 491797 人,同比增加 21260 人,上升 4.52% 。省外流入有 39.02 万人,占全区流动人口总数的 79.34 %;省内流入有 10.16 万人,占全区流动人口总数的 20.66% 。登记在册出租房屋数 165061 间,比上年同期增加 11843 间,上升 7.73 %。全区居住登记率 97.9%、信息准确率 96.8%、居住出租房屋登记率 98%,均达到省、市考核要求。

【“越安家”自主申报平台】　2023 年,区流动人口服务管理中心在全市首创“越安家”流动人口自主申报平台,实现从流动人口个人申报的单一模式,转变为房东、企业等社会力量共同参与网上申报的流动人口申报新模式,形成闭环管理的新格局。全年累计收到自主申报信息 10.2 万条次,占到总采集量的比例约 25%,解决登记不规范等问题 2300 余个。

2023年越城区流动人口分布情况一览表

表3

镇 街	2023年流动人口数（人）	占流动人口总数的比例（%）
皋埠街道	25823	5.25
陶堰街道	4343	0.88
富盛镇	1820	0.37
东湖街道	14024	2.85
灵芝街道	44493	9.05
东浦街道	51599	10.49
鉴湖街道	12647	2.57
塔山街道	15274	3.11
北海街道	44098	8.97
府山街道	13554	2.76
城南街道	30807	6.26
稽山街道	22285	4.53
迪荡街道	14566	2.96
斗门街道	86929	17.68
马山街道	62549	12.72
孙端街道	8309	1.69
沥海街道	38677	7.86
合计	491797	100.00

2023年越城区流动人口流出地排名前十的省（直辖市）一览表

表4

户籍地	流入越城区总数（人）	占比（%）
浙江省	101595	20.66
安徽省	68200	13.87
河南省	58661	11.93
贵州省	47595	9.68
江西省	28704	5.84
四川省	27697	5.63
湖南省	26964	5.48
重庆市	26851	5.46
湖北省	20278	4.12
江苏省	15822	3.22
合 计	422367	85.89

2023 年越城区流动人口流出地人数在 5000 人以上的地市一览表

表 5

户籍地	流入越城区总数(人)	占比(%)
重庆市忠县	20845	4.24
浙江省绍兴市	20462	4.16
安徽省阜阳市	20230	4.11
浙江省杭州市	17853	3.63
河南省信阳市	15753	3.20
浙江省温州市	14603	2.97
浙江省台州市	11934	2.43
贵州省六盘水市	11218	2.28
贵州省毕节市	10953	1.96
河南省周口市	10026	2.04
浙江省宁波市	9821	2.00
江西省上饶市	9626	1.96
安徽省宿州市	8307	1.69
安徽省亳州市	7294	1.48
浙江省金华市	6859	1.40
贵州省黔东南苗族侗族自治州	6857	1.39
河南省驻马店市	6502	1.32
重庆市 市辖区	5981	1.22
河南省商丘市	5940	1.21
安徽省六安市	5866	1.19
湖北省恩施土家族苗族自治州	5827	1.18
浙江省丽水市	5449	1.11
湖南省衡阳市	5359	1.09
浙江省衢州市	5312	1.08
安徽省蚌埠市	5104	1.04
合计	253981	51.38

2023 年越城区流动人口就业结构一览表

表 6

职业分类	流动人口总数（人）	占比（%）
生产制造加工	94134	19.14
工程施工装修	48723	9.91
教师学生	27318	5.56
休闲娱乐服务	16393	3.33
餐饮销售服务	13677	2.78
物流运输网约车	6980	1.42
个体经商	6158	1.25
家政物管保安	3399	0.69
农林牧渔生产	1913	0.39
寄递外卖服务	1360	0.28
医务医护	752	0.15
互联网行业	424	0.09
金融保险中介	398	0.08
机关事业单位	287	0.05
电商直播	153	0.03
其他职业	214999	43.72
失业	54729	11.13

2023 年越城区流动人口文化结构一览表

表 7

学历	流动人口总数（人）	占比（%）
博士研究生	241	0.05
硕士研究生	2139	0.44
本科	42656	8.68
专科	37980	7.72
中专或中技	12047	2.45
技工学校	2855	0.58
高中	43625	8.87
初中	210548	42.81
小学	75654	15.38
其他	64052	13.02

2023年越城区流动人口年龄结构一览表

表8

年龄	流动人口总数（人）	占比（%）
16岁以下	43545	8.85
16～29岁	160098	32.56
30～44岁	146694	29.83
45～59岁	116962	23.78
60岁以上	24498	4.98

2023年越城区流动人口政治结构一览表

表9

政治面貌	流动人口总数（人）	占比（%）
中共党员	2288	0.47
中共预备党员	250	0.05
共青团员	6732	1.37
民主党派	286	0.06
其他	482241	98.05

2023年越城区流动人口居住结构一览表

表10

居住场所	流动人口总数（人）	占比（%）
租赁房屋	284926	57.94
自购房	56681	11.53
单位内部	52872	10.75
学校	37422	7.61
集中公寓	35457	7.21
工地现场	18167	3.69
居民家中	3163	0.64
培训机构	560	0.11
宾馆、旅店	118	0.02
医院	80	0.02
水上船舶	27	0.01
救助站	2	0.00
其他	2322	0.47

2023 年越城区流动人口民族结构一览表

表 11

民族	流动人口数(人)	占比(%)	民族	流动人口数(人)	占比(%)
汉族	446442	90.78	怒族	2	0.00
蒙古族	544	0.11	水族	268	0.06
回族	1613	0.33	东乡族	197	0.04
藏族	364	0.07	纳西族	69	0.01
维吾尔族	518	0.11	景颇族	85	0.02
苗族	9159	1.86	柯尔克孜族	6	0.00
彝族	5137	1.05	土族	21	0.00
壮族	3200	0.65	达斡尔族	11	0.00
布依族	6754	1.38	仫佬族	142	0.03
朝鲜族	193	0.04	羌族	66	0.01
满族	934	0.19	布朗族	21	0.00
侗族	2688	0.55	撒拉族	12	0.00
瑶族	678	0.14	毛南族	40	0.01
白族	769	0.16	仡佬族	515	0.10
土家族	8220	1.67	锡伯族	6	0.00
哈尼族	226	0.05	阿昌族	15	0.00
哈萨克族	20	0.00	普米族	6	0.00
傣族	140	0.03	基诺族	3	0.00
黎族	444	0.09	鄂温克族	6	0.00
傈僳族	117	0.02	德昂族	6	0.00
佤族	81	0.02	京族	3	0.00
畲族	769	0.16	独龙族	1	0.00
拉祜族	83	0.02	其他	1199	0.24
保安族	4	0.00			

【流动党员管理】 2023年，越城区探索加强流动党员管理，发动流动人口专管员、网格员等力量结合日常走访发现并上报流动党员线索，谋划建设"党员之家"模块，公示红色驿站信息，帮助流动党员快速在本地找到红色驿站开展组织生活，引导广大流动党员主动亮身份、做表率、显担当，着力破解流动党员发现"难"、管理"难"、服务"难"问题。全年累计发现流动党员线索1122条。

【"娘家人"特色服务品牌】 2023年，越城区打造"娘家人"服务品牌，开展亚运观赛活动"宜居越城 幸福安家""越科普 聚智慧 享未来"、关心关爱少数民族、夜学讲堂等主题系列活动25场，以娘家人的姿态为流动人口提供优质、便捷、暖心服务，使"娘家人"服务品牌越擦越亮，相关做法被中国网、潮新闻等媒体报道。

【流动人口信息采集"敲门"行动】 2023年亚运会前夕，越城区组织开展流动人口信息采集"敲门"行动，采取"一宣""二问""三查"的方式走访入户，做到不漏一户、不落一人、全面覆盖，及时发现漏洞、盲点。行动期间，累计排查居住出租房屋584991间次，排查流动人口1209348人次，发现并消除居住出租房屋安全隐患289起。

【聘请"地瓜经济使者"】 2023年，越城区流管中心聘请11名外来建设者企业家、优秀外来建设者代表为"地瓜经济使者"，通过他们宣传越城、推介越城，吸引更多的有识之士到越城投资发展，实现"老乡介绍"和"政府引导"同频共振，不断助力"首位立区、幸福越城"建设。全年累计吸引投资超1000万元。（区流管中心　徐丹）

中国共产党绍兴市越城区委员会

重要会议

【概况】 2023年，越城区共召开区委全体（扩大）会议2次、区委常委会会议19次、区委常委会（扩大）会议3次、全区领导干部会议3次。

【区委十届四次全体（扩大）会议】 2023年1月3日上午，区委召开十届四次全体（扩大）会议，出席区委委员30名，候补委员7名，区委常委会主持会议。滨海新区管委会主任、越城区委书记徐军代表区委常委会作报告，区委副书记钱林江部署经济工作。全会审议通过《关于全面学习贯彻党的二十大精神，坚定捍卫“两个确立”，坚决做到“两个维护”，向首位奋进，为幸福前行，奋力谱写中国式现代化越城新篇章的决定》。

【区委十届五次全体（扩大）会议】 2023年7月31日上午，区委召开十届五次全体（扩大）会议，出席区委委员32名，候补委员6名，区委常委会主持会议。滨海新区管委会主任、越城区委书记徐军代表区委常委会作报告，区委副书记、区长钱林江部署近期经济工作。全会九届四次全会决策部署，听取和讨论徐军受区委常委会委托作的工作报告，审议通过《关于坚定不移深入实施“八八战略”聚力建设“首位立区、幸福越城”奋力打造中国式现代化区域实践范例的决议》。

【区委常委会会议】 2023年1月18日，区委召开十届二十二次常委会会议。听取区人大常委会、区政府、区政协、区法院、区检察院党组2022年工作情况汇报；听取区纪委十届二次全会方案和工作报告起草情况的汇报，研究2023年全区全面从严治党工作；听取关于越城区、滨海新区“敢为敢闯、真抓实干”工作会议方案的汇报；听取关于2022年度镇街、区级部门（单位）岗位目标责任制考核情况的汇报；听取关于2022年度表彰奖励、通报表扬评选推荐工作情况的汇报；听取有关案件情况的汇报；研究有关人事议题。

2月26日，区委召开十届二十三次常委会会议。听取关于省委第七巡视组来越城区巡视工作方案的汇报；听取关于区“1+9+3”政策（第二轮）起草情况的汇报；听取关于《越城区、滨海新区2023年政府（国有企业）投资项目计划》起草情况的汇报；听取关于《越城区打造最清洁城市样板区实施方案和考核细则》起草情况的汇报；听取有关案件情况的汇报；听取关于2022年度区管科级领导干部年度考核结果的情况汇报；研究有关人事议题。

3月24日，区委召开十届二十四次常委会

会议。听取关于《越城区、滨海新区深入实施“八八战略”强力推进创新深化改革攻坚开放提升总体方案》起草情况的汇报；听取关于《绍兴市越城区国家生态文明建设示范区创建实施方案(2023—2024)》起草情况的汇报；研究有关人事议题。

4月14日，区委召开十届二十五次常委会会议。听取关于越城区配合省委巡视工作情况的汇报；听取关于《越城区推进领导干部能上能下操作细则》《越城区容错纠错工作操作细则(试行)》起草情况的汇报；听取《关于全面加强党群服务中心建设高水平打造幸福越城“最美地标”的实施意见》起草情况的汇报；听取关于越城区劳动模范、模范集体推荐评选工作的情况汇报；研究有关人事议题。

4月23日，区委召开十届二十六次常委会会议。听取关于越城区、滨海新区深入实施“八八战略”强力推进创新深化改革攻坚开放提升工作推进情况和三个专题组《意见》、三个“一号工程”《方案》起草情况的汇报。

4月27日，区委召开十届二十七次常委会会议。听取有关案件情况的汇报。

5月26日，区委召开十届二十八次常委会会议。听取关于“5·25”火灾事故处置工作的汇报；听取《关于进一步支持区法院工作的若干意见》起草情况的汇报；听取关于近期信访工作情况的汇报；听取关于设立区气象局党组有关情况的汇报；听取有关案件情况的汇报。

6月19日，区委召开十届二十九次常委会会议。听取关于《越城区坚定不移深入实施“八八战略”的工作方案》起草情况汇报；听取《越城区关于建立健全领导干部大兴调查研究工作机制的实施意见》起草情况汇报；研究有关人事议题。

7月27日，区委召开十届三十次常委会会议。听取关于区委十届五次全体(扩大)会议方案、报告和决议起草情况的汇报；听取关于区委主题教育工作筹备情况和《关于开展区委常委会四个“示范带头”行动的工作计划》起草情况的汇报；听取关于越城区综合考核办法等制度文件起草的情况汇报；听取关于《越城区、滨海新区2023年度督查检查考核计划》起草情况的汇报；听取《关于2022年度市委对区委意识形态工作责任制落实情况重点检查反馈意见整改工作方案(送审稿)》起草情况的汇报；听取关于《绍兴市越城区产业基金管理办法》起草情况的汇报；听取关于《绍兴市越城区农村乱占耕地建房住宅类房屋专项整治试点工作实施方案》起草情况的汇报；听取关于《越城区“台门招商”工作实施方案(试行)》起草情况的汇报；研究有关人事议题。

8月3日，区委召开十届三十一次常委会会议。听取《中共绍兴市越城区委关于落实省委巡视组反馈意见整改方案》起草情况的汇报；听取《中共绍兴市越城区委关于省委巡视意识形态工作责任制落实情况专项检查反馈意见的整改方案》起草情况的汇报；听取《中共绍兴市越城区委关于落实省委选人用人专项检查反馈意见的整改方案》起草情况的汇报；听取关于2023年度区政府重大行政决策事项建设目录编制的情况汇报；听取关于《越城区创建国家全域旅游示范区暨省5A级景区城实施方案》起草情况的汇报。

8月30日，区委召开十届三十二次常委会会议。听取有关公务员职级晋升的情况汇报。

9月12日，区委召开十届三十三次常委会会议。听取关于越城区上半年东西部协作、山海协作工程工作进展情况的汇报；研究有关人事议题。

9月26日，区委召开十届三十四次常委会

会议。调研和出席杭州亚运会有关活动时的重要讲话重要指示精神以及省委常委会会议、全省领导干部会议和市委常委会会议、全市领导干部会议精神。

10月11日，区委召开十届三十五次常委会会议。听取关于《越城区建区40周年系列活动安排》起草情况和2023“同心·越城”大会筹备情况的汇报；听取《关于完善绍兴市越城区储备粮管理有限公司体制机制和管理模式的实施意见》起草情况的汇报。

10月19日，区委召开十届三十六次常委会会议。听取关于《中共绍兴市越城区委常委会议事决策规则》起草情况的汇报；听取《中共绍兴市越城区委关于学习宣传贯彻习近平总书记考察浙江重要讲话精神实施方案》起草情况的汇报；听取关于环球“双子楼”处置有关工作情况的汇报；听取关于《越城区半年度党风廉政建设责任制检查情况通报》起草情况的汇报；听取《中共绍兴市越城区委关于落实省委巡视组反馈意见集中整改进展情况的报告》起草情况的汇报；听取《中共绍兴市越城区委关于省委巡视意识形态工作责任制落实情况专项检查反馈意见整改落实情况的报告》起草情况的汇报；听取《中共绍兴市越城区委关于落实省委选人用人专项检查反馈意见的整改报告》起草情况的汇报；听取关于越城区干部队伍结构功能分析情况的汇报；研究有关人事议题。

11月7日，区委召开十届三十七次常委会会议。听取关于绍兴拓邦新能源股份有限公司“9·27”一般亡人事故的深刻检查；听取关于越城区建区40周年先锋人物推选工作的情况汇报；听取关于成立越城区乡贤总会的有关情况汇报；听取关于《越城区“十四五”规划和二〇三五年远景目标纲要实施情况中期评估报告》起草情况的汇报；听取关于法治越城（法治政府）建设工作情况的汇报；听取关于越城区2022年度区属国有企业人员薪酬核定情况的汇报；听取《绍兴市越城区关于深化改革促进城乡医疗卫生健康体系发展的实施方案》起草情况的汇报；听取关于塔山片区旧城改造工作有关情况的汇报。

12月8日，区委召开十届三十八次常委会会议。听取关于绍兴市越城区人民对外友好协会第二届理事会第一次全体会议方案的汇报。

12月21日，区委召开十届三十九次常委会会议。听取关于2023年全区网信工作情况的汇报；听取区委常委会其他成员履行“一岗双责”情况的汇报。

12月29日，区委召开十届四十次常委会会议。听取关于区委十届六次全体会议方案、报告和决定起草情况的汇报；听取关于《越城区优化生育政策（试行）》起草情况的汇报；听取关于《越城区开展“1616”专项行动打造现代服务业高质量发展样板区实施方案》起草情况的汇报；听取关于《越城区打造教育科技人才“三位一体”高质量发展试验区核心区建设方案》起草情况的汇报；听取关于2023年越城区食品安全工作的情况汇报；研究有关人事议题。

【区委常委会（扩大）会议】 2023年7月11日上午，越城区委常委会（扩大）会议召开，传达学习贯彻省委十五届三次全会精神，研究部署全区贯彻落实工作。要全力以赴抓项目，在项目谋划、项目招引、项目建设上下功夫、见实效，推动经济提质增效。要全力以赴迎亚运，打造最美城市封面，深化文商旅融合，积极践行“千万工程”，努力实现“办好一个会、提升一座城”。要全力以赴保平安，守住安全生产和社会稳定底线，为经济发展营造稳定环境。要全力以赴优队伍，坚持党管干部原则，加大正风肃纪力度，形成“干事且干净、干净加干事、干事能成事”的浓厚氛围。要以时不我待、只争朝夕的精神，锚定全年目标任务，做好上半年工作复盘，抓紧谋划推动下半年工作，敢为敢闯、狠抓落实，确保实现“全年红”。

11月4日下午，越城区委常委会（扩大）会议召开，传达学习省委十五届四次全会精神，研究部署贯彻落实工作。会议强调，要全力擦亮运河文化，坚持保护好、传承好、利用好运河文化，奋力谱写浙东运河建设的生动实景和美好蓝图。要全速冲刺年底收官，做好省委全会精神转化文章，强化指标争先、项目争先、考核争先，确保夺取“全年红”。要全域推进平安稳定，克服麻痹松懈心理，坚决杜绝风险反弹现象，持续夯实平安基础。要全员深化作风建设，纵深抓好作风提升行动，以省委巡视反馈问题整改为契机，进一步营造风清气正的干事创业环境。要全盘谋好明年思路，体现争先要求、加强主动对接、积极统筹协调，推动明年各项工作开好局、起好步，努力在谱写新时代的“胆剑篇”中争先示范。

12月15日下午，越城区委常委会召开扩大会议，传达学习贯彻中央经济工作会议精神、省委常委会扩大会议和市委常委会扩大会议精神，研究部署我区贯彻落实工作。会议强调，要“强二优三”做大产业增量，坚持项目为王、集群发展、助企惠企，把握好时、度、效，用发展的办法来解决发展中的问题。要推动发展动能提质增效，深化科技创新，加快建设鉴水科技城等重点平台，全面构筑教育科技人才“三位一体”贯通联动格局；强化消费提振，加强文商旅融合发展，持续推动重点领域消费增长，促进经济指标和群众生活水平双提升。要抓好体制机制调整优化，坚持以大局为重，进一步树牢兜底意识、服务意识、补台意识，确保工作不断、秩序不乱。要最大力度冲刺“全年胜”，锚定全年目标任务，紧盯考核赛道和短板指标，拿出攻坚举措，努力交出高分答卷。要夯实经济社会发展基础，全力维护社会稳定，筑牢廉洁干事底线，为加快实现“首位立区、幸福越城”提供坚强保障。

【全区领导干部会议】 2023年3月15日上午，越城区、滨海新区领导干部会议召开，传达学习习近平总书记在全国两会期间的重要讲话精神、全国两会精神、省市领导干部会议精神，部署全区学习贯彻工作。会议指出，这次全国两会是全面贯彻落实党的二十大精神，通过法定程序把党的二十大作出的决策部署转化为全国人民的实际行动的重要会议。全区上下要统一思想、提高站位，把学习贯彻两会精神作为当前一项重大政治任务，迅速掀起学习宣传贯彻热潮，加快谱写中国式现代化越城新篇章。

9月26日下午，越城区、滨海新区召开领导干部会议，传达学习习近平总书记考察浙江重要讲话精神，部署全区学习贯彻工作。会议指出，在建区40周年之际，习近平总书记亲临越城，这是越城发展史上具有里程碑意义的大事，体现了对越城的深情厚爱殷切期望，为越城发展指明了方向、提供了遵循。全区上下要充分认识习近平总书记考察浙江的重大意义，坚定“首位立区、幸福越城”的目标和决心，真抓实干、奋发进取，推动各项工作走在前列，全面展现越城大快赶上、奋发有为的新气象。会议强调，要全面深刻理解把握习近平总书记考察浙江重要讲话精神，努力打造创造性贯彻落实、创新性转化发展的区域范例。要进一步推动文化守正创新，保护好运河古迹、传承好运河文化、发挥好运河作用，努力唱响“协奏曲”；要进一步强化大局意识，把握大势、胸怀大气、始终牢记“国之大者”，以更宽广视野审视越城发展，持续释放两区深度融合优势；要进一步加强攻坚克难，形成“关键时刻冲得上去、危难关头豁得出来”的好氛围，坚决挺起理想信念“硬脊梁”，不断锤炼担当实干“铁肩膀”；要进一步坚持人民至上，坚守“一切为了人民、一切依靠人民”的政治立场，解决群众最关注的热点难点焦点问题，努力绘就“幸福越城”美好蓝图。

11 月 30 日下午，越城区召开全区领导干部会议，传达关于越城区、滨海新区、镜湖新区三区体制机制调整优化的文件精神。会议指出，此次体制机制调整优化，是市委、市政府着眼全市发展大局、三区长远发展，经过反复研究、慎重酝酿作出的重大决策，既是落实省委巡视意见整改的需要，也是更好发展越城、滨海、镜湖三区的需要。全区上下要切实把思想和行动统一到市委、市政府决策部署上来，深刻认识到此次体制机制调整优化的重大意义，坚持三区“各司其职、互惠互利、一体共融”，全面调动工作积极性，加快推动高质量发展。（区委办公室　徐瑶）

组织工作

【概况】 2023 年，越城区组织系统聚焦主责主业，着力稳基本、创亮点、争示范，“契约化”共建入选 2023 年全国社会治理创新案例，获评 2023 年全国法治获得感典型案例；“聚焦数字经济加速动能转换”成为全市首个入选省级第一批三个“一号工程”典型案例；“高层次科技人才公司法人举荐认定”入选第一批省级科技人才发展体制机制“揭榜挂帅”改革试点；“深化关键创新资源集成服务”做法入选全省营商环境优化提升第二批“最佳实践案例”；集成电路新产业平台成为越城区首个省级现场教学点。

截至年底，区内共有党组织 3136 个，党员 58590 人，在职党员赴社区履约服务率达 90% 以上。建立高层次人才“服务型流动党员之家”，纳管率达 99%。全年，招录公务员 114 人，选调高校毕业生 6 人，选派东西部协作专技人才 27 人。

【源头培养】 2023 年，越城区共招录普通公务员 114 人，其中面向西藏籍招录 1 人。择优选调优秀高校应届毕业生 6 人。举办 2022 年度新录用公务员、事业人员党的二十大精神专题培训班和 2023 年新录用公务员初任培训班，着力强化年轻干部政治能力储备。

【“五化五力”干部队伍建设】 2023 年，越城区举办选调生、选聘生登台路演活动，为选调生搭建交流晒比平台，展示基层调研、学习成果；首次开展全区“1+8”行政执法类公务员（参公人员）专题培训，共 488 名干部参与。

【公务员平时考核】 2023 年，越城区委组织部推选区审计局成为 2023 年全市第一批公务员平时考核市级联系点。年内，对区人社局等 6 家单位进行平时考核实地调研、查看台账、交流谈话，对存在的问题进行针对性指导，帮助改进平时考核工作。

【推进“产才共兴”】 2023 年，越城区举办集成电路产业发展国家级高级研修班，新认定双聘制、举荐制等特色改革人才 63 人，累计认定集成电路专项人才超 1100 人，3 家单位入选市级人才发展体制机制综合改革试点。全区入选两院院士增选有效候选人 2 名、国引计划人才 28 人，入库省级 ABC 类人才库 74 人，近三批国家、省级引才计划人才到岗率分别为 61.5%、68%，申报省领军型团队 5 个，省引才计划人才 118 人，2023 年来新引进博士 128 人，招引大学生 2.8 万人、培育高技能人才超 8800 人。

【健康关爱】 2023 年，越城区委组织部出台《关于进一步加强干部身心健康关爱的若干举措（试行）》，联同区卫生健康局打造干部心理素质提升中心，在初任培训、更新知识培训中开设心

理辅导课程；建立优秀公务员健康休养制度，组织连续3年考核优秀的47名公务员开展健康休养活动。（区委组织部　沈卓琳）

宣传工作

【概况】 2023年，越城区坚持以习近平新时代中国特色社会主义思想为指导，全面贯彻党的二十大精神，以习近平总书记考察调研浙东运河文化园的重要讲话重要指示和全国宣传思想文化工作会议精神为根本遵循，勇于改革创新，敢于善于斗争，深化"文化铸魂"工程牵引激发全区文化创新创造活力，高水平打造新时代文化高地尖峰，为"首位立区、幸福越城"奋斗目标提供坚强思想保证、强大精神力量和有力文化条件。2023年，越城区创建为浙江省示范文明城区，助力绍兴蝉联全国文明城市。

【建成开放浙东运河博物馆】 2023年9月，位于越城区东浦街道浙东运河文化园内的浙东运河博物馆建成开放，内设"鱼米之乡溯河源""千古名河济天下""越风河运铸人文""因河筑梦兴浙东"四个主题展厅和大运河申遗专区展陈内容，陈列"通江达海、运济天下"运河文化主题展，全方位还原浙东运河风貌，全年接待游客超20万人次。梳理形成《大运河浙东运河（越城区段）遗产保护名录》，实施专项保护；通过"古桥监测"数字化特色场景，24小时动态研判22座古桥安全状况；常态化靓化运河及沿线景观带，全面提质运河风貌。深化"运河文化+"研学、非遗等游线，连片打造运河文化、运河记忆、运河艺术集中展示体验地。相关经验做法获省政府领导批示肯定，并被列为浙江省宣传思想文化工作创新项目。

【理论学习和宣讲】 2023年，越城区组织开展区委理论学习中心组主题研讨会10场，发布学习内容提示12期，开展"习近平考察调研浙江"等基层宣讲活动2万余场，推动理论学习走深走实、见行见效。升级打造"古越新声 灵五七五"宣讲团2.0版，开展vlog、情景剧、脱口秀等新形式宣讲活动，在省级以上媒体宣传报道80余篇次，获评浙江省理论宣讲先进集体。全年指导4家区级爱国主义教育基地争创市级爱国主义教育基地。开展"越动网络 城现美好"、聆听悦城之音等网上网下传播活动，深入运营抖音平台开设"遇见越城"等主题专栏，全年累计播放1.3亿次。

【对外宣传】 2023年，越城区委宣传部围绕越城建区40周年，开展"飞'越'四十年'越'见新美好"、"媒好越会"大型媒体走进越城等系列外宣行动；聚焦千万工程实施20周年、三个"一号工程"、文商旅融合发展等主题，强化与《人民日报》等主流媒体合作，承接中央媒体"千万工程"实施20周年主题采访活动，在市级及以上各级主流媒体推出报道8000多篇次，其中在《人民日报》《新华每日电讯》《光明日报》《经济日报》五大央级媒体推出报道141篇次，数量同比翻一番，实现央视《新闻联播》单条播出的历史性突破。

【"文化铸魂"工程】 2023年，越城区聚焦"学习宣传、弘扬践行、展示运营"三大主线，开展"弘扬越城精神、助推首位发展"讨论实践、青年大巡讲等活动300余场，发布越文化普及读本《时光里的越城》、城市记忆电影《楝树花开》、城市形象主题曲《越过那些年》等越城主题文化铸魂工程系列文化文艺作品。

【古城四季宣发】 2023年，越城区谋划开展古城四季文商旅活动，吸引店铺商户1000余家，撬动消费超3亿元，累计接待游客逾2000万人次，在中央、省级主流媒体报道390余篇次，在抖音、小红书、微博等自媒体宣推2000余条，全网累计阅读量破22亿人次。

【网络生态治理】 2023年，越城区建成“1+4+4”立体化综合指挥体系，自建“越网剑”智控大脑网络生态“瞭望”系统，构建应急处突与多系统整合新体系。组织开展“遇见越城”“亚运e起潮”等主题网络传播系列活动，全年新增“新莓汇”正能量稿件998篇，微博发布作品476篇，48次登上同城热搜榜，总阅读量突破5亿人次。打造“悦悦(越)”“橙橙(城)”越城网信IP形象，展现网络文明建设成果。持续深化“中国好网民”建设，打造“越城好网民品牌”，形成覆盖面广、特色鲜明的品牌矩阵。

【第19届杭州亚运会氛围营造】 2023年，越城区制订下发《亚运氛围营造整体工作方案》，重点打造二环北路解放大道口、古城范围内火炬传递沿线等35个通勤线路、重要道路沿线节点，累计布置路灯道旗、注水刀旗5000余杆，总路程超100千米，布设花卉绿雕、景观小品等50余处。发挥市区媒体融合优势和“报网端微屏”资源渠道，构建中央、省、市、区四级媒体宣传矩阵，以打造“两带三路三故里”文明志愿风景线为抓手，开设灵里有爱、东浦古镇等“亚运驿站”、志愿服务岗50余个，每周开展亚运会宣传、垃圾分类、应急救护等志愿活动100余场。亚运会氛围营造相关工作得到省、市领导表扬肯定。(区委宣传部　张珂欣)

统战工作

【概况】 2023年，中共绍兴市越城区委统战部(以下简称“越城区委统战部”)持续贯彻落实习近平总书记关于做好新时代党的统一战线工作的重要思想，围绕中央和省委、市委关于统战工作决策部署，聚焦统一战线凝心聚力创新深化改革攻坚开放提升和三个“一号工程”，紧扣中共越城区委提出的“更丰富的载体持续做好乡贤工作、建立机制重点了解掌握中小企业情况、发挥侨商助力招商引资作用”三大统战课题，扎实推动越城统战工作争先进位。年度内获评越城区“作风提升行动”先进集体。

【“同心·越城”大会暨建区40周年大会】 2023年11月24—25日，越城区召开2023年“同心·越城”大会暨越城区建区40周年大会，海内外越城名贤之后、全国行业领军人物、知名专家学者、战略合作伙伴、杰出乡贤、在外知名越商等300余人参加。会上表彰建区40周年40位先锋人物、介绍越城区三个“一号工程”、推介重大平台，现场签约电极磁悬浮储能、中国动漫嘉年华·绍兴儿童公园、吼山东鉴湖文商旅等12个产业项目，总投资达298亿元。

【越城区乡贤总会成立】 2023年，越城区乡贤总会成立大会召开，大会宣读准予成立越城区乡贤总会的批复，报告越城区乡贤总会筹建工作情况，审议通过《越城区乡贤总会章程》《越城区乡贤总会选举办法》，通过选举产生越城区乡贤总会第一届理事会会长、执行会长、副会长、秘书长、副秘书长和理事，通过越城区乡贤总会指导委员会委员名单，举行越城区乡贤总会新一届理事会授牌仪式。

2023年11月24日，越城区乡贤总会成立大会举行(区委统战部　提供)

2023 年 5 月 30 日，“汇聚统战力量 · 助力‘一号工程’” 越城区统一战线第七届 “同心 · 越城” 社会服务专项行动启动仪式在水木湾区科学院举行（区委统战部　提供）

【“科学家 + 企业家”同心共富会议】 2023 年，浙江省之江同心 · “科学家 + 企业家” 同心共富圆桌会议在越城区举行，集成电路领域科学家、企业家代表参加会议，围绕 “大团结大联合” 主题主线，聚焦新能源汽车、工业互联网等方向，规划布局集成电路省级 “万亩千亿” 新产业平台，合力打造长三角地区汽车芯片基地，助力越城集成电路产业发展，共谋打造新产业发展核心引擎新路径。

【“寻美绍兴”之走进越城推进会】 2023 年，越城区举办之江同心 · 越联越享——绍兴市统一战线 “爱国奋斗” 宣讲报告暨 “寻美绍兴” 之走进越城推进会。绍兴市全市知联会、新联会、网联会、欧美同学会等统战社团会员代表 150 余人参加。

【第七届社会服务专项行动】 2023 年，越城区牢固树立 “把办好一个大会转化为打造一个品牌” 的目标，持续深耕 “同心 · 越城” 系列品牌，举办 “汇聚统战力量 助力 ‘一号工程’” 越城区统一战线第七届 “同心 · 越城” 社会服务专项行动启动仪式，现场发布越城统一战线 “助力一号工程” 十大社会服务项目，支持各民主党派培育和打造社会服务品牌，深入开展法助营商、开明教育、医路同行、网聚共富等十大社会服务行动。

【香港绍兴越城同乡会换届】 2023 年 9 月，香港绍兴越城同乡会举行换届选举，娄伟民当选为新一任会长。10 月 29 日晚，香港绍兴越城同乡会第六届理事会就职典礼在香港港岛海逸君绰酒店举行。香港中联办社团联络部副部长黎宝忠，绍兴市委统战部、越城区委统战部领导参加，香港浙江省同乡会联合会会长、第一常务副会长、顾问、理事、会员，绍兴各区（市、县）旅港同乡会、澳门绍兴联谊会以及兄弟省、市同乡会、联谊会、商会的代表共 200 余名旅港乡贤出席就职典礼，香港立法会议员何君尧、梁文广等应邀出席。（区委统战部　戴菲）

改革工作

【概况】 2023 年，越城区深入实施 “八八战略”、强力推进改革攻坚，以营商环境优化提升 “一号改革工程” 为总抓手，深化重点领域和关键环节改革，奋力打造营商环境最优区。系统布局创新资源 “增值服务” 获全省改革突破奖铜奖；协同省委政法委开展的重大决策社会风险评估规范化建设，获全省改革突破奖银奖；优化营商环境相关经验做法获省委主要领导批示肯定；加快发展泛半导体产业相关改革经验在国务院办公厅简报刊载；新增国家部委试点 3 项；越城区获评 “2023 年企业家幸福感最强区”。

【政务服务增值化改革】 2023 年，越城区立足工作实际和区域特色，把政务服务增值化改革作为牵引性抓手，成立由区委区政府主要领导任双组长的工作领导小组，实体化运行企业综合服务中心，梳理涉企服务 “一清单” 和 “一类事”，形成商事服务、交通运输、兜底服务等 13 个大类 199 项涉企服务清单，为企业提供 “一站式” 集成服务。在区政务服务大厅设立 “办不成事” 反映专窗，困难问题由专窗兜底办理；完善 “88208890” 企业服务热线和政务服务 “e 问通”系统平台，实现涉企问题高效闭环处置。全年共调处政务热线营商环境涉企事项5696项，化解率约99.89%。

【营商环境最优区建设】2023年，越城区实施营商环境优化提升“一号改革工程”，构建“1532”总体框架设计，谋划制定10项营商环境特色项目任务清单，全面细化5项晾晒指标，分解形成30项一级指标和73项二级指标。2023年，营商环境无感监测指标、依申请政务服务事项办件高质量“一网通办”率排名均列全省前10、全市第1，协同高效监管执法率排名全省前20、全市前2，营商环境事项一次性化解率达100%；在“万家民营企业评营商环境”中，越城区市场环境和法治环境均位列全省前10。深化实施“一窗受理、全域通办”改革，1105项涉企事项实现全域通办，258项涉民事项就近可办；实施延时办、错时办、预约办新模式，262项高频事项可在周六办理，500项事项可在自助终端24小时办理。完善“市场主体法律顾问服务网格化全覆盖”机制，配备网格法律顾问360余名，服务全区10万余家市场主体；跨部门联合成立“集成电路产业园自主合规中心”，积极推进“百所联百会”律所对接商会开展服务，共开展各类法治服务60余场次；“三重一大”事项衔接相关案例列入省法治建设典型案例。深入开展市场经营主体登记全生命周期管理服务，统筹推进医疗器械产业数字知识产权制度改革试点，出台全省首个数据知识产权贴息补助政策，共落地数据知识产权存证340件，其中发证318家，数量居全省第3，完成数据知识产权质押额3亿元，实现省内首笔线上数据知识产权质押融资，相关案例获评全省“一类事”微改革。

【重大改革攻坚行动创新突破】2023年，越城区结合省、市改革重点任务，梳理2023年改革工作要点清单，谋划分解15项省市重点任务、22项区级重点任务和10项营商环境优化提升特色创新项目，组建项目培育库，跟踪培育40余个“领跑”“竞跑”项目。2023年，政务服务优化、景区监管“一件事”、改革（营商环境）观察员制度等18项改革经验在省市“领跑”“竞跑”，先后7次被省委主要领导、省政府分管领导批示肯定；新增省级部门及以上试点36项。率先开展人才、科研、资金等关键创新资源增值服务，推动集成电路产业竞跑领跑，2023年已集聚集成电路相关产业链企业近百家，规模超600亿元，在“万亩千亿”新产业平台考核中位列全省前二，相关改革案例获评全省营商环境优化提升最佳实践案例。深化人才管理改革试验区建设，创新实施“双元制”“双聘制”“双轨制”等三种服务模式，全面助力集成电路产业高质量发展，2023年累计集聚集成电路产业人才近3万人，认定专项人才1100余人，兑现人才政策补贴超3.1亿元，相关经验做法在中央组织部《组工信息》刊登。实施职业卫生领域集成服务改革，以国家区域医疗中心试点和全省卫生监督体系建设试点为契机，深化企业“白、黄、红、黑”四色管理机制，持续推进“首违轻微不罚”，全面提升职业卫生工作质量和水平，相关改革经验在全省职业卫生多元化监管能力提升会议作发言交流。创设“互联网＋容缺代办”模式，配套“个转企”“流动驿站”等增值服务，成为“品字标”企业，新增浙江制造认证产品11个；结合省级集成电路产业质量提升项目，培育标准贡献奖企业、“品字标”浙江制造企业，实现试点企业质量管理诊断全覆盖，长三角产业生态营商环境优化研究基地落地越城。（区委改革办　蒋凌峰）

2023年越城区新增改革试点情况一览表

表12

试点层级	序号	试点名
省部级改革试点	1	全国方志文化宣教基地建设试点
	2	国家区域医疗中心试点
	3	完整社区建设试点(北海街道)
省级部门改革试点	1	章学诚人物特色方志馆建设试点
	2	全省乡镇街道志带动村志编修试点(灵芝街道)
	3	城市更新试点(马海片区、绍芯谷、棒球未来社区综合管廊)
	4	未来社区
	5	数字经济产业普查省级专项试点
	6	批发零售类个体户信用评价+信用贷款试点
	7	医疗器械企业开办“一类事”
	8	未来社区运营机制创新试点
	9	幸福河湖建设试点
	10	全域水土流失治理试点
	11	“肥药两制”改革综合试点
	12	社会保障卡居民服务“一卡通”应用
	13	企业数据管理国家标准(DCMM)贯标试点
	14	行政复议员任命和分级管理试点
	15	司法协理员制度试点
	16	省级夜间经济试点
	17	越城区未来车城创新发展区
	18	商务领域营商环境优化创新实践试点
	19	全省卫生监督体系建设试点
	20	电子凭证会计数据标准试点
	21	非税代理银行动态监控试点
	22	全省批减污降碳协同试点(滨海新区)
	23	全省第三批低(零)碳乡镇(街道)试点
	24	第三批低(零)碳村(社区)试点
	25	全省义务教育阶段全域教共体(集团化)办学试点
	26	共同富裕实践观察点(育才学校)
	27	全省共青团城市基层组织改革试点
	28	公共数据授权运营试点
	29	农村文化礼堂社会化运行试点
	30	“评定分离”改革综合试点
	31	高层次科技人才公司法人举荐认定改革试点
	32	个体工商户发展状况监测试点
	33	小微企业质量管理体系认证提升行动区域试点

编制工作

【概况】 2023年，越城区委编办坚持党管机构编制、优化协同高效工作原则，坚决贯彻区委区政府决策部署，围绕创新深化、改革攻坚、开放提升，坚持和加强党的全面领导，坚持守正创新、强基固本工作思路，持续推进机构职能现代化、运行机制协同化、资源配置精准化、管理方式数字化、机构编制法定化、队伍建设硬核化，为加快实现“首位立区、幸福越城”奋斗目标提供体制机制保障。全域推行镇（街道）岗位管理机制，全年共召开编委会2次，审议同意议案9个大项230个余小项。

【机构编制规范管理】 2023年，越城区积极向上争取周转编制支持，取得省级帮扶工作编制池专项编制50名、市级帮扶编制174名，同步统筹区级周转事业编制50名，专门用于解决中小学教职工编制紧张的问题。为融合型大社区大单元较为集中的8个镇街增配编制13名，为12个部门（单位）及8个镇街统筹周转行政编制16名、周转事业编制15名。规范管理机构编制实名制系统，共办理人员进编手续845人次、出编手续606人次，变动人员信息3454人次。

【事业单位登记管理】 2023年，越城区事业单位登记管理局做好事业单位法人的设立、变更、注销登记及机关群团统一社会信用代码赋码工作，共办理机关群团统一社会信用代码赋码1家，事业单位设立登记5家，变更登记118家，注销登记9家，证书换领76家。年内，完成中文域名续费190个，办理事业单位法人年度报告公示271家，年度报告公示合格271家，合格率100%。

【体制机制调整】 2023年，越城区围绕新一轮机构改革，开展区级党政机构、职责和编制配备现状梳理分析，摸清改革底数，预估改革难点，做好政策储备，谋划起草实施方案。围绕越城区、滨海新区体制机制调整，配合区委组织部做好机构、职能、人员、编制调整等工作。系统摸排工作弱化、职能重叠、运行不畅的党委政府议事协调机构和工作专班，配合区委办开展清理规范。

【“大综合一体化”行政执法改革】 2023年，越城区对标省市县三级目录，组织认领监管事项1313项，以滨海科技城生命健康产业园为试点，构建跨部门园区执法特色分队，梳理园区“监管一件事”特色清单和涉企“免罚轻罚”特色清单，健全联合检查机制，探索开发区（园区）“一支队伍管执法”改革，此项改革被选为2023年度全省机构编制系统重点调研课题。

【编外用工管理】 2023年，越城区坚持“总量只减不增、调整有增有减”原则，严控规模，动态统筹，持续做好清理规范工作。严格执行《关于进一步加强和规范全区编外用工管理的实施意见》，统一编制核定、统一公开招聘、统一薪酬体系、统一考核退出机制。在全面自查基础上，重点对10个镇街、8个部门（单位）开展编外用工现场督查，规范解决历史遗留问题、规范招录问题、薪资待遇问题，打通政策落地堵点难点。全年共办理编外用工出（入）编2374人次。（区委编办 董博文）

侨务工作

【概况】 2023年，越城区持续强化为侨暖心服务，于4月召开区侨联五届二次全委会暨基层阵地建设推进会，并与青田县侨联缔结为友好侨联。年内，开展“2023浙籍侨媛故乡行”活动走进越城、“筑巢引凤·越见未来”、绍兴市“之江同心·越侨越好”推进大会等专场活动，接待来自28个国家和地区的80余位浙籍侨媛代表，举行迎恩门风情水街侨韵街区建设招商推介会，发布侨韵街区规划方案和街区logo、IP形象。举行涉侨阵地、侨创客授牌、“悦侨苑”为侨服务中心、侨界委员工作室揭牌仪式，省级侨韵精品酒店——托斯卡纳城堡酒店获中国侨联党组书记、主席万立骏一行专题调研；邀请浙江省旅外乡贤回归投资考察团到越城活动，来自38个国家和地区的70余位海外乡贤参加。（区委统战部　戴菲）

涉台事务

【概况】 2023年，越城区在党的二十大精神和新时代党解决台湾问题总体方略的指引下，顺应岛内要和平、要发展、要交流、要合作的主流民意，积极推动越台两地人员往来交流合作。至年末，全区新增台企4家。接待台胞6批200余人次，赴台各类团组审核转报11批23人次。走访台胞、台商和台属70余人次。

【重要对台交流活动】 2023年，越城区发挥城区历史文化优势，吸引大量台湾同胞到越城交流。以乡情、亲情为纽带，举办多次寻亲会、亲友见面会等。打造“越亲近 越有缘”越台交流品牌。

【越城学子在台湾学习深造】 2023年，越城区6位学子被台湾高校录取，赴台就读硕、博士班。（区委办公室　赵俏霄）

信访工作

【概况】 2023年，越城区信访工作聚力聚焦高质量发展，坚持以《信访工作条例》为指引，坚持和发展新时代“枫桥经验”，传承弘扬“干部下基层开展信访工作”，以“求解”实践深入开展“风险防范行动”和“治重化积清源”专项行动。全区信访总量10.6万件次，同比下降43.7%，初次走访、来信、网信化解率分别为98.5%、82.7%、94.2%，事权单位满意率为97.8%。年内，承办第七届中国社会风险治理高层论坛（下设信访分论坛），先后3次获省委书记易炼红和省委常委、政法委书记王成国批示肯定。

【遗留信访事项化解】 2023年9月1日，浙江省委书记易炼红到绍兴市接待群众来访，专程接访会商鉴湖街道金水公寓办证遗留问题，并作出专门批示。越城区高度重视，按照“依法依规、合情合理、先易后难、平稳有序”原则，以专班速办机制，“一户一档一策”方式，“精准会诊”化解该项历史遗留问题，并以点带面推动全区乃至全省面上不动产登记历史遗留问题调查摸排工作。截至年底，金水公寓共办理权证80户131套。相关做法获省委书记易炼红批示肯定，入选省级“七张问题清单”典型案例库，被人民网、省委信访局联合拍摄成观察片《民生无小事 领导干部如何沉到一线“迎考”？》宣传报道。

【“党建+信访”落实】 2023年，越城区委常委会和区政府常务会议4次专题研究部署信访工作，各级领导干部开展主官办信、干部接访下

2023年8月16日，绍兴市市长施惠芳（右二）到越城区接访下访（袁马杰　摄）

访，零距离倾听民声，面对面解决问题。全年区委、区政府主要领导共阅批信访件330件次，区、镇两级领导共接待群众来访5000余人次，有效推动一批信访事项解决。

【重大节会保障】 2023年，越城区围绕重大时间节点信访保障工作，开展信访风险隐患“大起底大排查大化解”行动，精准摸排涉访事项，实行清单式销号管理，共销号33个。完成35项省、市、区重大信访问题清单整改销号，清单指数排名全市第1。全年，完成全国两会、杭州亚（残）运会、建区40周年信访保障任务，越城区信访局被绍兴市人民政府授予“杭州亚运会、亚残运会市级先进集体”称号。

【推进信访积案化解】 2023年，越城区实施信访问题“治重化积清源”行动，将“十大领域”信访突出问题集中治理和重件化解作为贯穿全年积案化解的工作主线，越城区委主要领导深入镇街下访接访，听取工作汇报，分析化解措施；各包案区领导，镇街包案领导、村社干部、第三方力量真联真包、真调真解；落实日提醒、周晾晒、“一案一小专班”推进机制，压茬推进积案化解。全年，3批共344件国重件及116件“十大领域”案件实现动态清零，越城区连续两年获得省级“无信访积案县（市、区）”称号，越城区信访局获得“全省治重化积及依法维护信访秩序工作成绩突出集体”称号。

2023年7月，群众上门感谢上河之城信访事项化解（谢伟根　摄）

【强化民生服务】 2023年，越城区围绕“服务企业、服务群众”工作目标，开展政务热线强基行动，依托人民网“领导留言板”平台继续走好网上群众路线，化解群众身边“千千结”。全年，全区信访事项按期办结率达100%，营商环境事项一次性化解率达100%，政务热线满意率达99.99%，越城区信访局连续3年被人民网授予网上群众工作“民心汇聚单位”称号。

【推动信访创新】 2023年，越城区坚持数智赋能，承建省委信访局“民呼我为”平台综合分析应用场景，围绕“智能感知、智能分析、智能参谋、智能评估”四大功能，形成“一舱、两库、三屏”整体架构，至年底，综合分析实现上线使用并被全省推广。开展人民建议征集，推广“浙智汇”应用，方便群众通过网络渠道提出意见建议，及时转送各职能部门办理，全年实现区、镇、村三级站点全覆盖，人民建议转化率达100%。开展信访工作法治化建设，严格执行“五化四到位”（即预防、受理、办理、监督追责、维护秩序法治化；转办督办到位、按时处理到位，坚决问责到位、及时依法处理到位），要求落实信访核查事项公开听证等措施，全区352个村社召开村（居）民代表大会完成村规民约修订，将依法信访纳入村规民约。（区信访局　谢伟根）

老干部工作

【概况】 2023年，越城区老干部局贯彻落实市委办公室《关于进一步加强新时代离退休干部党的建设工作的通知》（绍市委办综〔2023〕7号）精神，研究制定《离退休干部党的建设工作重点任务清单》、《离退休干部党的建设工作重点任务清单》对各镇街、部门落实离退休干部党的建设工作补贴、执行好干部荣誉退休制度、按期做好离退休干部党支部换届工作等11个方面进行具体明确和部署。培育“三强六好”党支部，区委办机关第四党支部、区人大常委会机关第二党支部、区政协机关第二党支部、绍兴市塔山小学教育集团退休党支部等4个离退休党支部被评为全省“三强六好”党支部。

【老年教育】 2023年，越城区老干部局结合市对区考核清单，全方位、多层次落实老年教育工作。7月20日，越城区召开老年教育联盟指导委员会2023年度第一次工作会议，越城老年教育联盟委员会主任周春参加并讲话，副主任毛访蒲主持。2023年，在绍兴市老年大学教学管理中心、区委老干部局、区民政局、区五邻社区学院四方联合办学的框架下，办好30个老年教育机构，开设77门课程，招收老年学员2300余人。截至年底，越城区已建镇（街）规范化老年学校17个、规范化村（社）老年学堂91个，完成市对区年度考核目标。

【活动开展】 2023年，越城区老干部局组织开展区级退休干部“循迹溯源悟思想 感恩奋进谱新篇”学习考察活动和“点赞新成就 奋进新征程”作品征集活动，共征集到绘画作品13件、书法作品23件、摄影31件、文学作品19件，根雕作品1件、锡器制作1件。推选老干部在传承践行新时代“枫桥经验”方面的特色做法、典型案例、工作成果9个；推选老干部践行新时代“枫桥经验”标志性成果8个。（区老干部服务中心　李苗翡）

党校工作

【概况】 2023年，越城区委党校以习近平总书记对党校初心“为党育才、为党献策”的重要论述为遵循，紧紧围绕“八八战略”实施20周年、越城建区40周年、学习贯彻习近平新时代中国特色社会主义思想主题教育等中心工作，统筹抓好党的理论教育、党性教育和专业化能力培训，深化领导班子政治建设，开展主题教育，聚焦教学科研培训主责主业，加强人才队伍管理，推动党校事业发展迈上新台阶。全年共举办各类培训、承接会议及活动70期，《以新时代“千万工程”引领乡村振兴的越城实践》《“腾笼换鸟、凤凰涅槃”的越城实践与思考》2门课程获得全市党校系统教学竞赛优秀奖。年内结对3个村社，搭建送党课、助发展、送服务“三服务”实践平台，主动解决社区难题10个，认领微心

2023年4月21日，市直（越城区）离退休干部党支部书记（委员）示范培训班举办（区老干部服务中心　提供）

2023年7月12日上午，越城区领导干部政治能力进修班（第二期）在苏州工业园开展现场教学（复旦培训团队　提供）

愿 10 项。

【开展培训】 2023 年，越城区委党校完成科级领导干部学习贯彻党的二十大精神集中轮训班等主体班次 15 期，全年主体班次党性教育和党的理论教育占比达到 83.11%；协助镇街、局办等其他单位开展教育培训，承办社会班次 22 期；承接会议及活动 33 期；覆盖党员干部 5539 人次。

【改造提升现场教学点】 2023 年，越城区委党校改造提升浙东运河博物馆、越都社区、集成电路小镇等现场教学点 8 处，其中绍兴集成电路新产业平台现场教学点获评浙江省现场教学示范点，也是越城区首个省级现场教学示范点，浙东运河博物馆、安桥头村、中国黄酒博物馆获评绍兴市第四批干部教育培训现场教学示范基地。

【科研工作】 2023 年，越城区委党校完成越城建区 40 周年改革成就评估重大课题，形成《越城建区 40 周年发展研究》一书，包括 1 篇总报告与“产业篇、文化篇、党建篇、城市篇、创新篇”5 篇子报告，总结越城建区 40 周年成就、做法。立足区情积极开展专题调研并进行成果转化，2 项课题获厅级、市级立项，《共建共治共享视域下基层治理现代化的普适性范式研究——基于对绍兴市社会治理三种做法的经验分析》等 8 篇理论文章获省市奖项，4 篇咨政报告获区领导肯定性批示，其中一篇关于越城区民宿发展现状的决策参阅获得区主要领导批示。在《绍兴研究》《江南论坛》等刊物上发表理论文章 24 篇次。

【团队建设】 2023 年，越城区委党校招聘副高级教师 1 名、高校应届硕士生 1 名，在岗教师具有硕士研究生及以上学历学位在所有教师中占比达到 86%。全年开展“图强赋能训练营”4 期，纵深推进“五化五力”干部能力建设。与柯桥、诸暨等兄弟党校联合开展师资培训，组织教师参加市委党校年轻教师能力提升班，提升教师专业能力。（区委党校　钱秦）

2023 年 11 月，新录用公务员班赴浙东运河博物馆开展现场教学（胡悠　摄）

绍兴市越城区人民代表大会

重要会议

【概况】 2023年，绍兴市越城区人民代表大会常务委员会依法召开常委会会议9次、主任会议13次，审议专项报告14个，听取工作汇报19项，作出决议决定、审议意见14个，开展调研、视察24次，任免国家机关工作人员89人次。组织集中视察14次、执法检查7次

【区十届人大二次会议】 2023年1月17—19日，绍兴市越城区第十届人民代表大会第二次会议在绍兴大剧院召开。会议应到区人大代表323名，列席人员115名。会议听取和审议了政府工作报告、绍兴市越城区人民代表大会常务委员会工作报告、绍兴市越城区人民法院工作报告、绍兴市越城区人民检察院工作报告，审议区发展和改革局提交的关于绍兴市越城区2022年国民经济和社会发展计划执行情况与2023年国民经济和社会发展计划（草案）的报告、区财政局提交的关于绍兴市越城区2022年预算执行情况及2023年预算（草案）的报告，并通过相应决议。会议对区政府2022年民生实事项目完成情况开展满意度测评，票决确定区政府2023年民生实事项目。会议选举产生越城区第十届人民代表大会常务委员会委员4名。

会议期间，举行预备会议1次，全体会议4次，主席团会议5次。会议收到人大代表10人以上联名提出的议案1件，经大会主席团讨论决定，改作代表建议、意见处理，收到其他建议、意见151件，共计152件。

【区人大常委会会议】 2023年1月5日，越城区第十届人大常委会召开第九次会议。会议听取和审议区政府2023年民生实事候选项目情况的报告，审议区十届人大二次会议议程（草案）、日程（草案），区人大常委会工作报告（送审稿），区十届人大二次会议各类名单（草案），选举办法（草案），区政府民生实事项目票决办法（草案），民生实事项目完成情况满意度测评办法（草案）和区人大常委会代表资格审查委员会关于区第十届人民代表大会代表资格审查情况的报告。会议根据区人民政府区长钱林江提出的有关人事任免议案，进行人事任免。

3月8日，越城区第十届人大常委会召开第十次会议。会议听取和审议区人大街道工委工作报告，根据区人大常委会主任会议、区人民政府区长钱林江、区人民法院院长蔡立刚提出的有关人事任免议案，进行人事任免。

4月24日，越城区第十届人大常委会召开第十一次会议。会议听取和审议区检察院关于数字检察工作情况的报告、区生态环境分局关

于2022年全区环境状况和环境保护目标完成情况的报告、区农水局关于深入实施农业“双强”行动工作的报告，听取和审议《区政府关于提请审议绍兴市越城区国土空间分区规划(2021—2035年)的议案》。会议根据区人大常委会主任会议、区人民法院院长蔡立刚提出的有关人事任免议案，进行人事任免。

6月20日，越城区第十届人大常委会召开第十二次会议。会议开展区人民法院部分法官履职情况评议，听取和审议区教体局关于学前教育工作情况的报告、区应急管理局关于自然灾害防范应对工作情况的报告，审议通过有关人大工作制度(修订)。会议根据区人大常委会主任会议、区人民法院院长蔡立刚提出的有关人事任免议案，进行人事任免。

8月25日，越城区第十届人大常委会召开第十三次会议。会议听取和审议钱林江区长所作的关于全区经济社会发展情况的报告。

8月30日，越城区第十届人大常委会召开第十四次会议。会议听取和审议区财政局关于2022年度财政决算及审计情况的报告、区残联关于残疾人保障工作情况的报告、区发改局关于上半年国民经济和社会发展计划执行情况及财政预算执行情况的报告，对区文广旅游局、区人力社保局工作进行评议。会议根据区监察委员会主任程许东提出的有关人事任免议案，进行人事任免。

10月25日，越城区第十届人大常委会召开第十五次会议。会议听取和审议区政府办公室关于区十届人大二次会议代表建议、批评和意见办理工作情况的报告，区司法局关于2023年度法治政府建设工作情况的报告，市名城办关于绍兴古城保护利用工作情况的报告，区文广旅游局、区人力社保局关于区人大评议意见整改落实情况的报告。会议根据区人大常委会主任会议、区人民政府区长钱林江、区监察委员会主任程许东、区人民法院院长蔡立刚提出的有关人事任免议案，进行人事任免。

11月24日，越城区第十届人大常委会召开第十六次会议。会议听取和审议区发改局关于越城区“十四五”规划和二〇三五年远景目标纲要实施情况的中期评估报告、区财政局关于要求调整2022年度区级财政预算情况的报告和关于2022年越城区、滨海新区新增地方政府债务限额有关情况报告。会议根据区人民法院院长蔡立刚、区人民检察院检察长周江提出的有关人事任免议案，进行人事任免。

12月26日，越城区第十届人大常委会召开第十七次会议。会议审议通过关于召开区十届人大三次会议的决定和关于许可对个别人大代表采取行政拘留措施事项。会议根据区人民政府区长钱林江、区监察委员会主任程许东提出的有关人事任免议案，进行人事任免。

【区人大常委会主任会议】 2023年1月4日，越城区十届人大常委会召开第十一次主任会议。会议听取区府办关于2023年民生实事候选项目情况的汇报，讨论区十届人大常委会第九次会议建议议程及相关内容。

3月7日，越城区十届人大常委会召开第十二次主任会议。会议研究确定2023年国有资产专项监督内容、2023年重点支出审查监督项目、《区人大常委会深入开展“四大行动”督查工作推进方案》和区人大常委会2023年工作安排，讨论区十届人大常委会第十次会议建议议程及相关内容。

4月10日，越城区十届人大常委会召开第十三次主任会议。会议听取区政务服务办公室(区公管办)关于招投标工作情况的汇报，研究确定区人大常委会关于2023年度对区人民法院法官开展履职评议的工作方案，讨论区十届人大常委会第十一次会议建议议程及相关内容。

4月24日，越城区十届人大常委会召开第十四次主任会议。会议讨论区十届人大常委会第十一次会议建议议程及相关内容。

5月30日，越城区十届人大常委会召开第十五次主任会议。会议听取区自然资源和规划分局关于《绍兴市村庄规划建设条例》贯彻实施情况的汇报、区气象局关于极端天气“村安工程”建设情况的汇报、区信访局关于信访工作现代化建设情况的汇报，研究确定对区文广旅游局、区人力资源和社会保障局进行工作评议的方案和有关人大工作制度修订。

6月15日，越城区十届人大常委会召开第十六次主任会议。会议听取区经信局关于全区工业企业投资情况的汇报、马山街道2022年财政预算执行情况的汇报、府山街道2022年财政预算执行情况的汇报，讨论区十届人大常委会第十二次会议建议议程及相关内容。

6月20日，越城区十届人大常委会召开第十七次主任会议。会议讨论区十届人大常委会第十二次会议相关内容。

7月26日，越城区十届人大常委会召开第十八次主任会议。会议听取区发改局关于全区重点项目进展情况的汇报、区市场监管局关于知识产权保护工作情况的汇报，研究确定关于开展《浙江省民营企业发展促进条例》《浙江省促进中小微企业发展条例》执行情况检查的实施方案。

8月29日，越城区十届人大常委会召开第十九次主任会议。会议听取区人民法院关于落实司法为民工作举措的汇报、区综合执法局关于城市清洁行动工作情况的汇报，讨论区十届人大常委会第十四次会议建议议程及相关内容。

9月22日，越城区十届人大常委会召开第二十次主任会议。会议听取区政府关于2023年民生实事项目进展情况的汇报、关于《浙江省民营企业发展促进条例》《浙江省促进中小微企业发展条例》贯彻实施情况的汇报、东湖街道半年度预算执行情况的汇报、陶堰街道半年度预算执行情况的汇报，研究2024年预算重点审查监督部门和《绍兴市越城区人大代表履职经费管理办法(草案)》。

10月24日，越城区十届人大常委会召开第二十一次主任会议。会议听取区财政局关于国有资产管理情况的汇报和关于重点支出项目绩效评价情况的汇报、区审计局关于重点支出项目审计情况的汇报、区农业农村和水利局关于未来乡村建设工作情况的汇报、区法院关于区人大常委会法官履职评议整改落实情况的汇报，讨论区十届人大常委会第十五次会议建议议程及相关内容。

11月21日，越城区十届人大常委会召开第二十二次主任会议。会议听取区科协关于科技成果转化工作情况的汇报、听取区人大常委会“四大行动”各督查组关于督查情况的报告，研究确定2023年度优秀代表建议和代表建议办理工作先进单位、区十届人大三次会议筹备工作计划，讨论区十届人大常委会第十六次会议建议议程及相关内容。

12月22日，越城区十届人大常委会召开第二十三次主任会议。会议听取区审计局关于2022年度区级预算执行和其他财政收支审计查出问题整改情况的汇报，研究区人大常委会工作报告(送审稿)，讨论区十届人大常委会第十七次会议建议议程及相关内容。

视察调研

【概况】 2023年，越城区人大常委会围绕年度监督议题，组织开展视察12次，开展浙东运河文化遗产保护传承利用、基层医疗应急扩面、教育设施提升、交通基础设施提升等调研10项，形成有关调研报告和审议意见，提升监督工作实效。

【视察小微企业园和上市企业培育】 4月25日，越城区人大常委会组织视察全区小微企业园和上市企业培育工作，常委会组成人员和部分区人大代表实地踏看海圣医疗、拓邦新能源、智能家电产业园及冠友众谷青创文化社区等，提出意见建议。

【视察极端天气“村安工程”建设】 4月27日，越城区人大常委会组织极端天气“村安工程”建设专题视察，通过视察凤凰山雷达站、气象监测站，提出意见建议，推动工程进度提速、质量提高、效能提升，加快将该项民生实事落到实处。

【视察学前教育】 5月18日，越城区人大常委会组织视察学前教育工作，常委会组成人员和部分区人大代表实地踏看柯灵幼儿教育集团百盛园区（斗门街道）、镜湖幼儿教育集团滨江园区（灵芝街道）、元培幼儿教育集团大叶池园区（北海街道），提出意见建议。

【视察智慧养老】 5月25日，越城区人大常委会组织视察智慧养老工作，常委会组成人员和部分区人大代表实地踏勘灵芝街道敬老院、塔山街道居家养老中心、智慧养老服务平台，提出意见建议。

【视察高水平网络大城市重点片区】 6月14日，越城区人大常委会组织视察高水平网络大城市重点片区建设，常委会组成人员和部分区人大代表实地踏看绍芯谷片区、轨道交通地铁2号线、镜湖湖东片区，提出意见建议。

【视察重大水利工程项目】 6月21日，越城区人大常委会组织重大水利工程项目专题视察，通过视察绍兴市新三江闸排涝配套河道拓浚工程（越城片）、浙东运河文化园（浙东运河博物馆）工程，推动相关部门（单位）加快水利项目建设，确保水利工程安全高效运行、提质提效。

【视察跨境电商发展】 7月3日，越城区人大常委会组织视察全区跨境电商发展工作，常委会组成人员和部分区人大代表实地踏看睿奇纺织服饰、华沁家纺、跨境电商产业园等，提出意见建议。

【视察国民经济和社会发展计划执行及重点项目】 7月18日，越城区人大常委会组织视察全区国民经济和社会发展计划执行及重点项目进展情况，常委会组成人员和部分区人大代表实地踏看则水牌2号地块商业中心项目、越城区建筑装修副产品资源化处理中心项目、比亚迪IGBT功率半导体项目及知行药业有限公司年产2.6万吨兽药原料药及制剂一体化生产项目等，提出意见建议。

【视察城市清洁行动】 8月11日，越城区人大常委会组织视察“城市清洁行动”工作，常委会组成人员和部分区人大代表实地踏勘古城微更新项目（绍兴博物馆）、葛公祠公园及公厕、迎恩天地垃圾分类收运体系、杭州湾会计学院周边景观提升，提出意见建议。

【视察基层应急和消防一体化建设】 9月13日，越城区人大常委会组织视察基层应急和消防一体化建设情况，常委会组成人员和部分区人大代表实地踏勘沥海街道、斗门街道、东浦街道应急和消防一体化建设，提出意见建议。

【视察绍兴古城保护利用】 9月19日，越城区人大常委会组织视察绍兴古城保护利用工作，常委会组成人员和部分区人大代表实地踏看风越里、孙清简祠、北纬30° 展示馆和孑民图书馆等项目，提出意见建议。

【视察未来乡村建设】 10月18日，越城区人大常委会组织未来乡村建设专题视察，通过视察东浦街道南村村、陶堰街道泾口村、富盛镇上旺村未来乡村建设工作情况，提出要加大特色培育力度、优化运营管理、促进富民增收，进一步督促政府有关部门和镇街有力有效推进我区未来乡村建设。

执法检查

【概况】 2023年，越城区人大常委会共组织专题执法检查4次，形成4个执法检查报告，提出意见建议，推动法律法规贯彻落实。

【《绍兴市村庄规划建设条例》执法检查】 2023年，根据市人大常委会关于市、县、乡三级联动开展《绍兴市村庄规划建设条例》执法检查的统一部署，3—5月，区人大常委在全区范围内组织开展《绍兴市村庄规划建设条例》执法检查，制订执法检查实施方案，成立由徐荻主任任组长、钱伟平副主任任副组长的执法检查工作领导小组，先后召开区级有关部门和11个镇街座谈会以及部分村支部书记和区人大代表座谈会，认真听取各部门、镇街和人大代表的意见建议，实地检查陶堰街道泾口村、横旦村，东浦街道壶觞村和鉴湖街道王家葑村、坡塘村，全面掌握全区村庄规划编制情况，形成《绍兴市村庄规划建设条例》执法检查报告，提请区人大常委会主任会议审议，推动提高村庄规划编制的科学性、实用性。

【《浙江省民营企业发展促进条例》《浙江省促进中小微企业发展条例》执法检查】 2023年，根据省人大常委会关于省、市、区三级联动开展《浙江省民营企业发展促进条例》《浙江省促进中小微企业发展条例》（以下简称两部《条例》）执法检查的统一部署，7—9月，区人大常委在全区范围内组织开展两部《条例》执法检查。成立由徐荻主任任组长，宋国兴副主任任副组长的执法检查工作领导小组，制订执法检查实施方案，并召开专题部署会，传达省人大常委会关于两部《条例》执法检查动员部署视频会议精神，明确开展执法检查的重点任务和相关要求。执法检查组结合部门自查、实地检查、座谈走访等形式，深入查找两部《条例》执行中存在的突出问题和薄弱环节，广泛听取意见建议，形成《浙江省民营企业发展促进条例》《浙江省促进中小微企业发展条例》执法检查报告，提请区人大常委会主任会议审议，着力推动法律法规贯彻实施，切实解决一批中小微企业发展中遇到的实际问题和困难，取得良好成效。

【《绍兴市居家养老服务条例》执法检查】 2023年，根据市人大常委会关于市、县、乡三级联动开展《绍兴市居家养老服务条例》执法检查的统一部署，6—11月，区人大常委会在全区范围内组织开展《绍兴市居家养老服务条例》（以下简称《条例》）执法检查。执法检查在区人大常委会领导下进行，成立执法检查工作组，制订执法检查工作方案，确定执法检查重点和方式途径，及时与有关部门进行沟通协调，部署执法检查相关工作，组织参加执法检查视频动员会。执法检查组结合部门自查、实地走访、发动代表“随手拍”、网上征求意见等形式，深入查找《条例》执行中存在的突出问题和薄弱环节，广泛听取意见建议，在此基础上形成执法检查报告，推动提升全区居家养老服务品质，提高老年人幸福指数。

【《浙江省全民健身条例》执法检查】 2023年，根据省人大常委会关于省、市、区三级联动开展《浙江省全民健身条例》执法检查的统一部署，3—5月，区人大常委会组织开展《浙江省全民健身条例》执法检查，制订执法检查实施方案，成立执法检查工作领导小组，先后召开区级有关部门和11个镇街座谈会以及部分村支部书记和区人大代表座谈会，听取各部门、镇街和人大代表的意见建议，实地走访、检查迪荡街道蕺山社区、北海小学教育集团龙洲校区、越城区体育中心、X健身俱乐部，重点了解“七个一”情况，全面掌握全民健身工作开展情况，形成《浙江省全民健身条例》执法检查报告，提请区人大常委会主任会议审议，推动全民健身深入普及。

工作评议

【概况】 2023年，越城区人大常委会对区文广旅游局、区人力社保局工作和区人民法院部分法官履职情况开展评议，推动部门工作效能提升和法官队伍建设。

【区人民法院法官履职情况评议】 2023年3—10月，区人大常委会开展对区人民法院部分法官履职情况评议。4月召开评议工作动员会，以随机抽取的方式确定盛跃等六位法官为被评议对象。4—6月，评议工作组通过走访座谈、个别谈话、案卷评阅等方式深入开展调研，先后向市中级人民法院、区人大代表、各镇街和区级有关部门征集意见，与法院班子成员、相关法庭工作人员等19人进行个别谈话，并从每位被评议对象近两年内办理的案件中筛选出有代表性的十件案件进行评阅，全方位了解掌握被评议对象履职情况。6月底，区人大常委会专题听取和审议被评议法官履职情况报告和评议组调研报告，开展满意度测评。会后进行跟踪监督，通过评议测评，促进法官队伍依法履职能力和政治业务素质提升。

【区人社局工作评议】 2023年5—10月，区人大常委会对区人社局开展工作评议。6月中旬至8月中旬，评议工作组通过召开座谈会、实地查看、查阅资料、发放测评表等形式开展评议调研，运用数字化改革成果，在“基层单元”平台向社会公开征求意见，共有290名代表、群众参与，收到有效意见建议76条。发动全区17个镇街648名人大代表、议政会成员和企业家代表对区人社局进行测评，收到问题和意见建议125条，其中市区部门、镇街49条，人大、企业代表、群众76条。8月底，区人大常委会听取区人社局工作情况报告，进行满意度测评，提出评议意见和问题清单，会后进行跟踪监督。

【区文广旅游局工作评议】 2023年5—10月，区人大常委会对区文广旅游局开展工作评议。5—8月，评议工作组先后调研区文广旅游局、部分下属事业单位和相关基层站点，听取区文广局工作汇报，走访市文广旅游局、区纪委、区委组织部听取意见，召开部门、镇街意见建议征求座谈会，委托镇人大主席团、街道人大工委组织辖区内人大代表、议政会成员和企业家开展民主测评。评议过程中，收集到共计5个方面20条意见建议，收回测评表648份。8月底，区人大常委会听取区文广旅游局工作情况报告，进行满意度测评，提出评议意见和问题清单，会后进行跟踪监督。

人大代表工作

【概况】 2023年，越城区人大常委会切实做好代表工作，积极拓宽代表履职途径，抓好代表建议督办落实，深化推进全过程人民民主基层单元建设，努力提高代表机关活力。

【全过程人民民主基层单元建设】 2023年，越城区人大常委会以绩效评价和活力指数为抓手，深化推动全过程人民民主基层单元建设，各镇街利用联络站码等功能，运行维护好基层单元，提高代表的使用度、活跃度、接受度，全年通过两码共收集和处理选民意见建议7464条，参与意见征求3964人次。推进区代表联络总站建设，建成数字议政系统，基本实现横向到区块，纵向到代表，线上线下齐发力的三级联络站工作架构。

【创新"代表进直播间"活动】 2023年，越城区人大常委会以北海、陶堰、东浦、沥海等4个街道为试点，开展"代表进直播间"活动，聚焦"文商旅融合""经济政策""民生实事"等主题，组织人大代表与基层群众线上互动交流、答疑解惑。全年共组织开展"代表进直播间"活动8场，点赞超10万人次，相关做法先后在《民主与法制时报》《浙江日报》等媒体宣传推广。

【代表履职培训】 2023年，越城区人大常委会全年共举办《浙江省内部审计工作规定》《浙江省生态环境保护条例》《中华人民共和国乡村振兴促进法》《浙江省乡村振兴促进条例》等4部法律的专题讲座；组织105名基层人大代表和人大工作者赴浙江大学，开展人大履职能力提升专题培训，重点围绕党的二十大后国内外形势、法治思维和营商环境、全过程人民民主、乡村振兴等内容开展培训辅导，有效激发基层人大代表的工作激情；结合主题教育，组织人大干部赴浙东四明山抗日根据地旧址、浙东运河博物馆开展"循迹溯源学思想促践行"活动，推动习近平新时代中国特色社会主义思想落地生根、开花结果。

【举办越城人大40年展陈活动】 2023年，在绍兴撤地建市、越城建区40周年及越城人大设立40年之际，越城区人大常委会策划举办"砥砺奋进四十载、昂首阔步新时代"越城人大40年展陈活动，印制《春华秋实四十年》宣传手册，分发给全体区人大代表，全面回顾越城人大发展历程，生动展示、持久推动全过程人民民主在越城的探索实践。

【代表意见办理】 2023年，越城区十届人大二次会议及闭会期间，共收到涉及越城区事权的代表建议152件，区人大常委会通过健全机制、领导重点督办、各工委（室）归口督办、满意度测评等方式，督促区政府及相关部门进一步规范完善办理程序，提升办理成效。全部建议均在法定期限内办理并答复代表。已经解决或基本解决的共142件，占总数的93.4%；正在解决或列入计划解决的共7件，占总数的4.6%；因职能、政策或客观条件所限暂时不能解决，已向代表解释清楚的共3件，占总数的1.97%。（区人大常委会办公室 张科清）

绍兴市越城区人民政府

综　述

2023 年，在上级和区委的坚强领导下，越城区政府坚持以习近平新时代中国特色社会主义思想为指导，全面贯彻党的二十大精神，认真落实中央、省、市和区委决策部署，感恩奋进、实干争先，较好完成各项目标任务，“首位立区、幸福越城”建设迈出坚实步伐。全年实现地区生产总值 1330 亿元，增长 7.4%、固定资产投资增长 9.9%，社会消费品零售总额增长 6.0%，进出口总额增长 32.1%，一般公共预算收入增长 4.5%，城乡居民人均可支配收入分别增长 5.8%、7.3%。

重要会议

【概况】 2023 年，越城区政府召开 2 次全体扩大会议，即十届区政府第三次全体（扩大）会议、第四次全体（扩大）会议暨廉政工作会议，均由区委副书记、区长钱林江主持；召开 14 次区政府常务会议，即十届区政府第十六次至第二十九次常务会议，均由区委副书记、区长钱林江主持。

【十届区政府第三次全体（扩大）会议】 2023 年 2 月 9 日，十届区政府第三次全体（扩大）会议召开。会议深入学习贯彻习近平新时代中国特色社会主义思想，全面落实区委十届四次全会、区两会和新年“两区”干部大会的总体部署，动员全区上下进一步统一思想、凝心聚力，树牢抓项目强落实的导向，掀起大开发大建设的热潮，交出高质量高得分的报表。区委副书记、区长钱林江作重要讲话，区委常委、常务副区长金均海部署区政府 2023 年度重点工作，相关单位作表态发言。

【十届区政府第四次全体（扩大）会议暨廉政工作会议】 2023 年 8 月 8 日，十届区政府第四次全体（扩大）会议暨廉政工作会议召开。会议强调全区政府系统要深入学习习近平总书记重要指示精神，贯彻落实省市有关会议精神，按照区委十届五次全会部署要求，以“做到极致、狠抓落实”的状态作风，奋力完成全年目标任务，在打造中国式现代化区域实践范例中，展现更大作为、作出更大贡献。区委副书记、区长钱林江作工作报告。

【区政府常务会议】 2023 年 1 月 17 日，十届区政府第十六次常务会议召开。会议听取关于 2022 年度区级有关表彰奖励、通报表扬评选推荐工作的情况汇报；传达学习市安全生产工作相关会议精神，研究部署全区春节前后安全生产工作；听取2022年度越城区区长质量奖评审工作情况汇报；听取2022年度领导批示件办理情况的汇报；讨论审议《越城区关于进一步落实关心关爱医务人员激励保障政策的通知》及相关经费保障情况；听取关于对全区养老机构发放纾困帮扶补贴的情况汇报。

1月30日，十届区政府第十七次常务会议召开。会议传达越城区滨海新区“敢为敢闯、真抓实干”工作会议精神；观看2022年长江经济带生态环境警示片；听取关于区“1+9+3”政策（1.0版）修订的情况汇报；讨论审议《越城区、滨海新区2023年政府（国有企业）投资项目计划（送审稿）》；讨论审议《越城区打造最清洁城市样板区实施方案（送审稿）》《越城区打造最清洁城市样板区考核细则（送审稿）》；听取关于市区媒体合作的情况汇报；听取关于新能源产业基金项目合作协议的情况汇报；听取关于2022年第四季度预算资金追加的情况汇报。

2月25日，十届区政府第十八次常务会议召开。会议听取关于长江经济带生态环境警示片涉及洄涌湖水域问题整改的情况汇报；听取关于区“1+9+3”政策（第二轮）制定的情况汇报；听取关于2021年度越城区工业企业“亩产效益”综合评价的情况汇报；听取关于浙江绍兴三锦石化有限公司、浙江绍兴三圆石化有限公司返租事项的情况汇报；听取关于第五次全国经济普查工作的情况汇报；听取关于“南绍北代和润天下”战略合作协议的情况汇报。

3月22日，十届区政府第十九次常务会议召开。会议传达学习习近平总书记关于统计工作的重要批示精神及全省统计工作座谈会精神，听取越城区贯彻落实意见的汇报；讨论审议《绍兴市越城区国家生态文明建设示范区创建实施方案（2023—2024）（送审稿）》；讨论审议《越城区政府投资项目工程变更管理办法（试行）（送审稿）》；讨论审议《关于进一步优化提升各类工业小区 推动工业全域治理 促进经济高质量发展专项行动计划（送审稿）》；听取关于斗门街道柯灵、鸿滨社区变更为马山街道柯灵、鸿滨社区和新建斗门街道湖畔社区的情况汇报；听取关于越城区2023年度电子政务项目实施计划的情况汇报；听取关于做好全区高龄津贴发放工作的情况汇报。

4月21日，十届区政府第二十次常务会议召开。会议解读《检察公益诉讼制度》；传达学习省市安全生产和防汛工作电视电话会议、市安全生产紧急会议精神，听取越城区贯彻落实意见的汇报；听取关于越城区、滨海新区深入实施“八八战略”强力推进创新深化改革攻坚开放提升工作推进情况的汇报，审议深入实施“八八战略”强力推进创新深化改革攻坚开放提升三个专题组《意见》、三个“一号工程”《方案》；听取关于越城区、滨海新区贯彻落实省政府“十项重大工程”情况的汇报，审议《越城区、滨海新区体系化推进“十项重大工程”工作总体方案》、十个重大工程《方案》；听取关于第一季度全区经济运行情况的汇报；解读《绍兴市工程建设项目招标投标办法》；听取《关于加大招商激励调整滨海新区工业用地出让起始价的实施意见》部分条款修改情况的汇报；听取《滨海新区、越城区关于规范精准招商引资流程的实施办法（试行）》起草情况的汇报；听取关于《浙江省投资促进中心与绍兴市越城区人民政府、滨海新区管委会战略合作框架协议》起草情况的汇报；听取关于《中国纺织品进出口商会与绍兴市越城区人民政府战略合作框架协议》起草情况的汇报；听取关于恒信银行部分职工养老金补差方案的情况汇报；听取关于申请区人大代表联络总站建设经费的情况汇报；听取关于申请拨付绍兴越城国有资本投资运营集团有限公司部分注册资本金的情况汇报；听取关于申请拨付绍兴城发资产经营公司部分注册资本金的情况汇报；听取关于2023年第一季度预算资金追加情况汇报。

5月21日，十届区政府第二十一次常务会议召开。会议传达学习市委书记温暖在调研文旅项目和古城保护利用时的讲话精神，听取越城区贯彻落实意见的汇报；听取关于《越城区承载浙江（绍兴）RCEP高水平开放合作示范区建设方案（2023—2025年）》起草情况的汇报；听取关于与省投资促进中心共建海外商务联络处情况的汇报；听取关于新和（绍兴）绿色照明有限公司征收工作的情况汇报；听取关于《迪荡街道瓦窑头居（运河以北）地块国有土地上房屋征收补偿方案》的情况汇报；听取关于申请“大型科研仪器设备开放共享一指办”应用迭代升级经费的情况汇报；听取关于申请增加越城区义务教育学校专项编外教师（聘用制教师）的情况汇报；听取关于《浙江省人民医院越城医院（一期）医疗设施设备采购管理和资金拨付工作方案》起草情况的汇报；听取关于中芯绍兴三期12英寸数模混合集成电路芯片制造项目落户方案及定向基金设立方案的情况汇报。

6月26日，十届区政府第二十二次常务会议召开。会议解读行政规范性文件合法性审查有关内容；传达学习近期上级关于安全生产及防汛工作重要指示批示精神，听取关于全区安全生产隐患大排查大整治行动及防汛工作开展情况的汇报；听取关于《绍兴市越城区农村人居环境整治提升督查考核管理办法》起草情况的汇报；听取关于《绍兴市越城区农村乱占耕地建房住宅类房屋专项整治试点工作实施方案》起草情况的汇报；听取关于2023年度区政府重大行政决策事项建议目录的情况汇报；听取关于2023年区两会建议提案有关情况的汇报；听取关于《越城区创建国家全域旅游示范区暨省5A级景区城实施方案》起草情况的汇报；听取关于《2023年越城区行政区域粮食订单收购政策》起草情况的汇报；听取关于《越城区人民政府 中国联通绍兴市分公司共同推进数字化改革战略合作框架协议》起草情况的汇报；听取关于迪荡街道新建迪荡湖社区的情况汇报；听取《越城区人民政府 物产中大金石集团有限公司关于越城区养老领域共同富裕合作协议》起草情况的汇报；听取关于《绍兴数智产业园项目战略合作框架协议》《绍兴数智产业园项目战略服务项目合作协议》起草情况的汇报；听取关于《香港贸易发展局与越城区人民政府加强经贸合作框架协议》起草情况的汇报；听取关于申请拨付2023年度浙江省人民医院越城院区（一期）设施设备及总务物资采购资金的情况汇报；听取关于申请落实浙江省人民医院越城院区（二期）预缴土地指标费的情况汇报；听取关于G65-2地块收回处置方案的情况汇报；听取关于埃斯特维华义制药有限公司有关资产收购工作的情况汇报。

7月26日，十届区政府第二十三次常务会议召开。会议传达学习习近平总书记在全国生态环境保护大会上的重要讲话精神、省委第三生态环境保护督察组督察绍兴市工作动员会议精神，听取越城区贯彻落实情况的汇报；听取关于越城区2023年上半年经济运行情况的汇报；听取关于《越城区、滨海新区共建研究院建设运行综合评价体系实施方案（试行）》起草情况的汇报；听取关于越城科技风险投资资金退出浙江同创越诚健康科技有限公司股权的情况汇报；听取关于《绍兴市越城区产业基金管理办法》起草情况的汇报；听取关于《越城区“台门招商”工作实施方案（试行）》起草情况的汇报；听取关于《金融赋能越城区高质量发展战略合作框架协议》起草情况的汇报。

8月29日，十届区政府第二十四次常务会议召开。会议听取关于绍兴市越城区解南公路2号二期地块边坡与场地平整综合治理工程建筑用石料（砂岩）矿有关问题处置情况的汇报；听取关于2023“同心·越城”大会筹备情况的汇报；听取《关于完善绍兴市越城区储备粮管理有限公司体制机制和管理模式的实施意见》起草情况的汇报；听取关于申请追加有关经费的情况汇报；听取关于申请追加全区干部人事档案及党员档案管理工作经费的情况汇报；听取关于要求拨付2022年度第二批服务业企业吸纳大学生稳岗就业补贴的情况汇报；听取关于要求拨付应急防疫物资采购费用和储备管理费用的情况汇报；听取关于2023年第二季度预算资金追加情况的汇报。

10月11日，十届区政府第二十五次常务会议召开。会议听取关于灵芝街道等6个街道城乡社区规模优化调整情况的汇报；听取关于贯彻落实《越城区有效化解行政争议实现行政诉讼“双下降”的实施意见》（越政办发〔2022〕23号）三个配套制度起草情况的汇报；听取关于《越城区农贸市场品质提升三年攻坚行动实施方案(2023—2025年)》起草情况的汇报；听取关于《越城区农贸市场示范创建和长效管理考核奖补办法》起草情况的汇报；听取关于《越城区“十四五”规划和二〇三五年远景目标纲要实施情况中期评估报告》起草情况的汇报；听取关于《滨海新区、越城区关于国土规划和建设领域强服务优流程助推产业项目落地开工实施意见》起草情况的汇报；听取关于开展越城区产业基金管理公司公开遴选工作的情况汇报；听取关于《绍兴市越城区关于深化改革促进城乡医疗卫生健康体系发展的实施方案》起草情况的汇报；传达全国全省统计法治工作会议精神，听取我区贯彻落实意见和第五次全国经济普查工作推进情况的汇报；听取关于申请追加困难群众救助资金的情况汇报；听取关于申请追加2023年春季退役士兵一次性经济补助经费的情况汇报；听取关于追加2023年度绍兴市越城区消防救援大队车辆装备等经费的情况汇报；听取关于追加2023年度绍兴滨海新区消防救援大队车辆装备经费的情况汇报。

10月18日，十届区政府第二十六次常务会议召开。会议传达学习贯彻习近平总书记在金砖国家领导人第十五次会晤上的重要讲话精神；传达学习贯彻习近平总书记在听取新疆维吾尔自治区党委和政府、新疆生产建设兵团工作汇报时的重要讲话精神；传达学习贯彻习近平总书记在中央财经委员会第二次会议上的重要讲话精神；传达学习贯彻习近平总书记在全国生态环境保护大会上的重要讲话精神和在首个全国生态日之际作出的重要指示精神；传达学习贯彻习近平总书记在江西考察时的重要讲话精神；传达学习贯彻习近平总书记在进一步推动长江经济带高质量发展座谈会上的重要讲话精神和省委常委会会议精神；解读《中华人民共和国科学技术进步法》有关内容；听取关于《商务部商务研究院与绍兴市越城区人民政府战略合作框架协议》起草情况的汇报；听取关于《中国汽车流通协会与绍兴市越城区人民政府战略合作框架协议》起草情况的汇报；听取关于《绍兴市越城区人民政府 科大讯飞股份有限公司战略合作协议》起草情况的汇报；听取关于《绍兴市越城区人民政府 财通证券股份有限公司战略合作框架协议》起草情况的汇报；听取关于塔山片区旧城改造工作有关情况的汇报；听取关于环球“双子楼”处置有关工作情况的汇报；听取关于越城区2022年度区属国有企业人员薪酬核定情况的汇报；听取关于2023年第三季度预算资金追加情况的汇报。

11月3日，十届区政府第二十七次常务会议召开。会议传达学习习近平总书记在中央金融工作会议上的重要讲话精神；传达学习习近平总书记在第三届“一带一路”国际合作高峰论坛开幕式上的重要讲话精神；传达学习习近平总书记在新时代推动东北全面振兴座谈会上的重要讲话精神；传达学习习近平总书记同中华全国总工会新一届领导班子成员集体谈话时的重要讲话精神；传达学习省、市深入实施“八八战略”强力推进创新深化改革攻坚开放提升工作例会暨第三季度经济社会形势分析会精神；解读《绍兴市大运河世界文化遗产保护条例》；听取关于越城区第三季度经济运行情况的汇报；听取关于越城区2023年用地保障和耕地保护工作情况的汇报；听取《关于优化政策举措促进房地产市场平稳健康发展的通知》起草情况的汇报；听取关于收购绍兴市维晟色纺有限公司房产、土地等有关资产的情况汇报；听取关于《中国国际黄酒产业博览会永久落户绍兴黄酒小镇(东浦)合作协议书》起草情况的汇报；听取关于《“绍兴美好生活”合作框架协议》起草情况的汇报；听取关于越城区行政事业单位工会经费拨缴基数调整建议的情况汇报；听取关于追加2023年民生实事工程缺口资金的情况汇报。

12月5日，十届区政府第二十八次常务会议召开。会议传达学习贯彻习近平总书记在中央全面深化改革委员会第三次会议上的重要讲话精神；传达学习贯彻中共中央政治局会议精神(11月27日)；传达学习贯彻习近平总书记在深入推进长三角一体化发展座谈会上的重要讲话精神；传达学习贯彻习近平总书记在二十届中央审计委员会第一次会议上的重要讲话精神；解读《浙江省审计条例》；传达学习习近平总书记近期关于安全生产和消防安全重要指示精神、省市有关会议精神，听取越城区贯彻落实意见的汇报；“9·27”火灾事故相关工作责任街道、部门作书面检查；听取关于落实耕地保护和粮食安全责任制工作的情况汇报；听取关于《越城区物业服务企业满意度测评办法(试行)》起草情况的汇报；听取关于《绍兴市越城区人民政府关于调整塔山街道办事处等5个镇(街道)综合行政执法事项的公告》起草情况的汇报；听取关于《越城区完善高质量充电基础设施网络体系促进新能源汽车下乡实施方案(2023—2025年)》《越城区电动汽车充电基础设施三年建设布局》起草情况的汇报；听取关于《中国酒业协会与绍兴市越城区人民政府产业端深度合作框架协议书》起草情况的汇报；听取关于《越城区单用途商业预付卡规范整治工作方案》起草情况的汇报；听取关于《越城区推动夜间经济发展实施意见》起草情况的汇报；听取关于申请追加越城区汽车博览会期间消费者购车补贴经费的情况汇报；听取关于要求追加2023年度就业困难人员社保补贴资金的情况汇报；听取关于要求追加2023年课本作业本费等经费的情况汇报；听取关于申请追加越城区高速公路差异化收费项目结算分担费用的情况汇报；听取关于要求追加水生态修复及蓝藻防控专项经费的情况汇报；听取关于要求追加极端天气“村安工程”项目预算资金的情况汇报；听取关于追加新增消防救援站点人员经费的情况汇报。

12月27日，十届区政府第二十九次常务会议召开。会议传达学习贯彻中共中央政治局会议精神(12月8日)；传达学习贯彻习近平在第十个国家宪法日时的重要指示精神；传达学习贯彻习近平总书记对低温雨雪冰冻灾害防范应对工作作出的重要指示精神及省委省政府、市委市政府、区委领导重要批示精神；传达学习贯

2023 年越城区民生实事项目完成情况一览表

表 13

序号	民生实事项目	项目内容	完成情况
1	“越急救”基层医疗应急扩面工程	拓展袍江、沥海方向农村地区基层急救网点，增设4个“120”急救站点	已完成马山、斗门、孙端、沥海等4个急救点建设，并已通过绍兴市急救中心验收
2	“越温暖”教育设施提升工程	提档升级公办中小学(幼儿园)卫生间1000间以上，中小学校冬季洗手用水全部改造为恒温供水，温暖学生小手	已完成公办幼儿园卫生间提档升级1284间，冬季洗手用水全部实现恒温供水
3	“越卫生”公厕改造提升工程	改造提升35座公共卫生间、17座小便处，实现古城内公厕改造提升全域覆盖	已完成公共卫生间改造提升35座、小便处改造提升14座，剩余3座小便处因纳入拆迁改造范围现已拆除
4	“越平安”基层消防能力提升工程	提档升级古城内社区、老旧小区微型消防站器材装备，在历史街区合用场所配置消防6件套，在室外消火栓安装水压测压装置并配备消防器材柜	在塔山、府山街道各设立消防指挥中心1处，已完成古城内2072家沿街店铺、1465户木结构民房、21个村社微型消防站、130处沿街道路灭火器配置点消防安全“十大改造”
5	“越救援”应急救援体系规范行动	新建4个镇街综合应急救援队，提档升级8个综合应急救援队和5支专职消防队，实现综合应急救援队体系全覆盖	已完成4支镇街综合应急救援队新建，8支综合应急救援队、5支专职消防队提档升级
6	“越颐养”老年群体关爱工程	对全区所有养老机构实施“阳光厨房”改造，提档升级消防设施并统一纳入远程监控系统	已完成全区12家养老机构“阳光厨房”改造，已提档升级全区18家养老机构消防设施并统一纳入远程监控系统
7	“越畅通”交通基础提升工程	新(改)建公交候车亭20个，优化公交线路7条，新增公交线路1条，更新新能源出租车100辆	已新(改)建公交候车亭23个，优化公交线路7条，新增公交线路1条，更新(新增)新能源出租车117辆
8	“越洁净”古城环境卫生综合提升工程	实施古城环境卫生综合提升工程，在重点区域打造“席地而坐”先行区	部署实施古城环境卫生综合提升工程，累计完成问题整改12000余条，提升路面保洁3万余米，改造提升府山西路等绿地面积950平方，开展古城微更新提升改造154处，完成城市基础设施专项整治22项
9	“越反诈”全民反诈深化工程	组建预警劝阻专业队伍，打造前端资金防范拦截平台，从严从快打击电信网络诈骗及关联犯罪，全年打处数同比上升10%以上、电信网络诈骗警情同比下降10%以上、追赃率达10%以上、全年开展反诈宣传2000场次以上	部署开展“钱潮”“雷霆”等系列专项行动，打击电信网络诈骗犯罪嫌疑人744人，全年打处数同比上升10%以上；发起全国集群战役3起，打击境外诈骗嫌疑人58人，追赃挽损3000余万元，追赃挽损率达16%，全年电诈警情同比下降25%；全年共开展反诈宣讲5073场，举办各类反诈主题宣传活动210余场
10	“越安息”殡葬服务提升工程	建设1个省级节地型生态示范公墓，新增生态墓穴400穴、安息堂700位	陶堰街道义峰山公墓成功创建第三批省级节地型安葬示范点，新增生态墓穴588穴、安息堂骨灰存放格位1000个

彻中央经济工作会议精神；传达学习贯彻省委经济工作会议精神；传达学习贯彻中央农村工作会议精神；传达学习习近平总书记关于全面加强知识产权保护工作的重要指示精神及听取我区贯彻落实意见的情况汇报；听取关于2022年度越城区工业企业“亩均效益”综合评价情况的汇报；听取关于《越城区打造教育科技人才“三位一体”高质量发展试验区核心区建设方案》起草情况的汇报；听取关于2023年越城区区长质量奖评审工作的情况汇报；听取关于2023年越城区食品安全工作情况的汇报；听取关于《绍兴“古城青年创客”项目创业租金奖励实施细则》起草情况的汇报；听取关于《绍兴古城传统民居区微更新试点工作实施方案》起草情况的汇报；听取关于《越城区开展“1616”专项行动打造现代服务业高质量发展样板区实施方案》起草情况的汇报；听取关于《绍兴市越城区人民政府 安邦护卫集团股份有限公司战略合作框架协议》起草情况的汇报；听取关于《越城区优化生育政策（试行）》起草情况的汇报；听取关于《关于在全区城乡建设中加强历史文化保护传承的实施意见》起草情况的汇报；听取关于向区级财政申请借款的情况汇报；传达学习浙江省体育局关于体育强省建设有关精神及听取越城区“体育现代化区”创建工作的情况汇报（书面汇报）。

【政务信息】 2023年，越城区编报《越城信息》（每日动态）240期，上报市政府办公室224条（篇）、省政府办公厅信息23条（篇），被市录用信息86条（篇）、省录用17条（篇）、国办约稿录用51条（篇），得到省、市领导批示条17次。

【政务督查】 2023年，越城区政府办公室定期对《政府工作报告》确定的100项重点工作任务、十方面民生实事、政府领导批示指示、区政府重要会议精神及各专项工作进展情况开展督查，督促各相关部门、镇街按时间节点要求落实好工作任务。（区政府办公室 王涛）

电子政务

【概况】 2023年，越城区大数据中心聚焦省委三个“一号工程”和省政府“十大工程”战略部署，在“首位立区、幸福越城”大场景中找准定位，围绕中心、服务大局，着力建好用好管好一体化智能化公共数据平台，持续赋能创新深化、改革攻坚、开放提升。年内，越城区入选全省第一批公共数据授权运营试点地区，综合考核排名全市第一。发挥越城区“数字联盟”作用，组织10个作品参加省、市数据创新利用大赛，其中4个入围市级决赛，1个获得市赛创新奖。

【一体化智能化公共数据平台】 2023年，越城区大数据中心常态推进公共数据目录编制、归集、共享、治理，全年全区注册应用104个，数据编目3254条，归集数据11.7亿条，回流数据7.18亿条，目录编制覆盖应用率、数据共享满足率100%。持续开展“一数一源一标准”（指每一条基础数据有且只有一个法定采集机构，该法定采集机构负责数据的真实性和准确性，对每一条基础数据进行贯标处理）数据治理，全年提交数据质量工单295条，数据质量问题平均处理时间17.9小时。围绕营商环境、城市治理等重大专题，协同打造数据产品3个（基层数据简减通、企业取排水异常研判、养老助餐人员精准化）、上架省域组件1个（档案数字化成果质检）。组织开展国家数据共享直达基层数据共享申请，完成53张回流表梳理编目，落实接口封装管理规范，依托市级统一网关系统，完成接口迁移注册13个、下线442个。

【优化“浙里办”推进“掌上办事”】 2023年，越城区完成“浙里办”越城城市频道建设，做好同质同源发布和规范上下架服务，截至年底，全区注册人数84.93万人，注册率80.43%，百万人口日均活跃数4.27万人。11月，企业服务综合平台上线试运行，入驻“政务e点通”“越快兑”“浙里招标”等十余个涉企高频服务应用，汇聚多个涉企“一类事”联办等，设置投资服务、要素保障、跨境贸易、科创人才四大服务专区，同时向企业提供政策查询、咨询、诉求等一系列全链条式服务。

【优化“浙政钉”推进“掌上办公”】 2023年，越城区大数据中心紧紧围绕“掌上办公之区”建设目标，聚焦“全面提升掌上办公能力、全力保障政务协同效能”，深入挖掘“浙政钉”功能，切实加大技术保障力度，全面开展办文、办会、办事等相关业务集成上“钉”。全年接入机构数587个，用户数16550人，用户活跃率达93.02%，活跃工作群5175个，汇聚整合各类应用62个，累计发送信息数6720万条。

【互联网+政务服务】 2023年，越城区大数据中心聚焦政务服务事项“快办优办”工作目标，持续推进政务服务2.0应用，进一步压缩事项受理办理时限，提高政务服务审批效能。牵头的全区依申请政务服务事项高质量“一网通办”率作为营商环境优化提升“一号改革工程”中的五项晾晒指标之一，连续3个季度排名全市第一、全省第一档。持续开展“浙里办”“浙政钉”上架应用的漏洞扫描和应用状态检测，建立7×24小时巡检能力，及时发现、排除安全隐患和应用故障，可靠性达99.99%。创新开发应用可用性监测工具，实时监控应用不可用情况，并通过“浙政钉”通知应用相关负责人，加速不可用情况的处置恢复工作。全年征集申报省定高

2023年越城区数据产品情况一览表

表14

序号	牵头单位	数据产品名称	产生数据清单	产品加工逻辑及成效
1	大数据中心	基层数据简减通	1. 社区居民信息 2. 社区居民人房关系 3. 社区房屋信息 4. 社区居民标签信息	依托一体化智能化公共数据平台承接分发基层治理“四平台”等上级平台下沉回流数据资源，通过回流数据和系统中的居民信息根据身份证进行碰撞比对，完善社区的居民学历、婚姻等基础信息，以及矫正、帮扶等各类标签数据，为基层治理和服务提供更全面精准的数据支撑，赋能基层治理的“最后一公里”，有效提升越城区公共服务和基层治理的能力与水平。已在3个街道完成试点，继而全区推广
2	农水局	企业取排水异常研判	企业取排水异常状态研判	基于区域取水、供水、排水全过程各环节数据归集，通过水量平衡分析模型，实时分析展示企业取水量、用水量和污水排放量信息，及时预警存在的异常情况。通过分析市场主体信息了解越城区民宿、客栈经营主体经营情况，及时跟踪问题整改及处理结果，实现取供用排的全链条闭环管理，形成水利与其他部门联动管水的新模式
3	民政局	养老助餐人员精准化	助餐老人信息	依托“浙里办”“浙政钉”，以“浙里养”智慧养老服务平台为基础，通过对分析整理越城区老人信息，先处理得到70周岁以上老人，根据死亡、底边低保特困等数据的对比，得出相关符合助餐的老人信息，生成享受服务的老人进行补贴发放。以更精准地满足居家老年人多元养老需求，加强对养老服务市场的质效管理，提升养老服务端和治理端的数字化水平。已在全区推广使用

频涉企事项创新优化建议 125 条，省级采纳录用 30 条。截至年底，全区超期受理率 0.09%，超期办理率 0.01%，按期率排名全市第 3。

【协同办公系统信创改造】 2023 年，越城区大数据中心启动越城区协同办公系统信创改造建设工作。从服务器、数据库、中间件、客户端全面完成信创适配，提高自主可控水平。在原统一工作门户、掌上办公、公文管理、无纸化会议管理、综合事务管理、越智汇常务会议系统、项目管理系统等功能的基础上新增接待管理、敏感词检测、浙里干部之家对接、全省公文交换系统对接等功能，优化项目管理系统，提升“集约化办会办事”数字赋能能力。

【电子政务项目管理】 2023 年，越城区大数据中心推进集约节约建设、系统互联互通、数据共享和业务协同，实现全区电子政务项目全生命周期可管可控。以建设类项目“做强底座、叠加应用”、运维类项目“巩固已有、实用为主”，从源头上严把准入关口。全年共评审 139 个电子政务项目，总申报金额为 14786 万元，取消实施 2 个，暂缓实施 12 个，审定金额 10663 万元，核减金额 4123 万元，核减率达 27.89% 加强对实施进度、资金使用、项目质量等情况的监督检查，优化前置验收标准和绩效考核指标体系，推进应用规范日志改造工作，共前置验收项目 32 个，促进数据编目 485 条，数据归集 394 个，申请数据 79 个，使用组件 54 个。

【政务云资源统一管理】 2023 年，越城区持续推进全区政务云资源统一管理，加强政务云资源的规范管理和高效运行。2023 年 9 月制定《越城区电子政务云资源管理办法（试行）》，全年完成云服务器申请 490 台，云数据库 65 台，累计支撑 106 个应用，政务云平台及核心服务稳定性达 100%，CPU（中央处理器）、内存和存储平

“亚运在线”绍兴平台（区大数据中心　提供）

均利用率分别为16.27%、37.44%、36.72%。年内建设云资源监测管理系统，并依托系统加强云资源日常监控，落实月度减配，全年累计减配77台云主机，共节约CPU 277核、内存786G。

【政务网络安全体系迭代升级】 2023年，越城区大数据中心强化技防＋人防，全面开展政务网络安全体系迭代升级，积极推广应用“网络安全智治”安全防护软件，推进政务信息系统等保备案。截至年底已完成8415台电脑终端的注册安装，全区IRS（一体化数字资源系统）上登记政务信息系统105套，完成等保备案92套，等保完成率达87.6%。年内共开展全区范围内5次漏洞扫描、4次基线检查，参加省、市、区各级攻防演练及护网7次，完成70个系统代码审计，32个系统渗透测试，共计发现并处理网络安全问题348起。其中，高危漏洞69起，高危端口82起，高危外联148起，弱口令24起，木马事件25起。

【护航杭州亚运会】 2023年，越城区大数据中心全力护航杭州亚运会和亚残会，配合市大数据局完成“亚运在线”绍兴平台建设，全力支撑平台贯通应用，服务保障越城区亚运会专班平台功能使用及日常运行维护，确保平台运行平稳可靠。6月，制订《护航第19届亚运会和第4届亚残会越城区电子政务系统网络安全保障工作方案》，组织开展政务外网资产摸排及安全隐患整改专项行动。围绕风险防范和城市治理提升切实加强网络数据安全风险隐患排查整治，完成亚运会安保相关点位路线、标签设定，并有效落实重点部位管控相关的数据和视频资源支撑。全年共计参加省、市、区各级攻防演练及护网7次，完成70个系统代码审计、32个系统渗透测试，依托省、市大数据局和公安组织的网络攻防实战演练及护网，开展对重保对象全覆盖、多轮次自查检查和技术检测，发现并处理网络安全问题348起，实现亚运会期间全区政务网络公共数据零报告零事故。（区大数据中心　谢婷婷）

政务服务

【概况】 2023年，越城区共实现1464个接入政务服务2.0事项100%“全省通办”，事权范围内101个事项已实现“跨省通办”，13个“一件事一次办”事项实现区、镇两级政务服务平台全覆盖，“政银企社”联动事项达106项，群众与企业满意率持续提高。

【优化提升政务环境】 2023年，区政务服务办全面承接省、市、区营商环境优化提升“一号改革工程”五大环境中的政务环境优化提升工作，制定年度工作要点和专项小组工作推进机制，牵头推进完成政务环境领域各项量化指标。截至年底，政务环境领域81条量化指标，除持续性开展的工作外，全部完成。

【完成智慧大厅升级】 2023年，区政务服务办优化“政务e点通”功能，升级页面、操作步骤，强化适老化界面，引入语音输入与识别、高频事项精准推送等功能，不断优化群众使用体验。实现17个镇街便民服务中心排队取叫号系统及预约功能全覆盖，不断强化镇街便民服务中心办事效能。

【深化“全域通办”改革】 2023年，区政务服务办按照“涉企事项全链条集中办，涉民事项下基层就近办”的总体原则，构建“三区四点”服务格局。通过补全完善投资项目审批全链条和设置通办综合服务窗口，打通所有涉企审批服务事项，实现越城区、滨海新区、镜湖新区三区1105项涉企政务服务事项“全域通办”。同时推动不动产及配套业务下沉镇街便民服务中心，实现更多涉民政务服务事项“就近可办”。实现镇街便民服务中心 258 项政务服务事项可办。

【推进政务服务增值化改革】 2023 年，区政务服务办从服务理念、服务范围、服务周期、服务主体、服务阵地 5 个维度出发，聚焦空间、时间、内容、信息、集成五大增值，制订越城区、滨海新区政务服务增值化改革工作实施方案，构建越城区“15558”增值服务体系，提升企业和群众体验感和满意度。

【完善服务机制】 2023 年，区政务服务办在越城区本级政务服务大厅、17 个镇街便民服务中心全面实施延时办错时办预约办机制，确保与企业、群众日常生活密切相关的公安、人社、医保、不动产等高频事项周六可办。目前越城区区级政务服务大厅有 251 项事项提供周六错时办服务。

【营商环境优化提升】 2023 年，区政务服务办开展对越城区工业、商贸、房地产项目联合验收的材料审查、现场踏勘、牵头组织验收工作，2023 年共开展联合验收项目 6 个。开展袍江开发区项目履约保证金退还工作，解决相关遗留问题，2023 年共完成 6 家企业项目履约保证金退还审核手续，涉及金额 1700.55 万元。

【一体化咨询服务体系】 2023 年，区政务服务办打造全市首个政务服务咨询中心“政务 e 问通”，实现“智能主打，人工托底”的 24 小时不打烊咨询服务模式。2023 年，对市场监管等 7 个部门，颗粒化梳理高频事项 479 个，重构场景 569 种。2023 年，共接待电话咨询 29360 人次，线上咨询 2691 人次，实现问答对话 12905 轮次，线上咨询答复率达 95% 以上。

【越城区“双最”评议活动】 2023 年，区政务服务办开展“双最”（最佳、最差）基层站所（科室）评选活动，出台《2023 年度全区“群众满意度最佳”基层站所（科室）、“群众满意度最差”基层站所（科室）行风效能评议活动实施方案》对全区与经济发展、企业服务关系密切的 177 个基层站所（科室）进行分类评议。（区政务服务办　封哲萍）

机关事务管理

【概况】 2023 年，越城区机关事务管理服务中心常态化举办后勤实事交流座谈会和驻院驻点大走访大调研活动；以“契约共建”活动为抓手，积极参与全国文明城市测评迎检等社区志愿服务 36 人次，认领微心愿 20 个；派出干部参与驻村驻企 4 人次。完成亚运会运动员住宿点保障、区两会、推进大会、省委巡视、市委提级巡察等重大活动的后勤服务工作。完成会议中心音视频系统改造，累计保障各类会议 2279 场次，其中视频会议 263 场次，服务 5.15 万人次。

【“数字 +”智慧后勤】 2023 年，区机关事务管理服务中心上线智慧后勤一体化服务平台，整合线上线下后勤业务资源，依托智慧后勤移动端和 PC 端双平台，建立集智慧餐厅、智慧生活、维修管理等于一体的 6 个核心业务应用场景，延伸推进 N 个服务事项，打造“2+6+N”的整体架构。全面推进机关事务业务流程重塑，提供全天候专业服务和运营管理，应用日均点击率超过 2000 人次。

【资产管理】 2023 年，区机关事务管理服务中心编制《关于进一步加强区级党政机关办公用房管理的通知》《关于规范区级党政机关办公用房维修改造有关事项的通知》等指导性文件，对办公用房“五统一”管理和维修改造审批程序作出详细规定。完成全区办公用房产权排查，摸排租用（使用）市级国有企业房产 176 处。规范租房管理清单，完成调整租用面积 80680 平方米。完成测绘面积 20 余万平方米，完成 CAD（计算机辅助设计）平面绘制楼宇 38 幢，办公用房基础数据完整入库；同步录入单位人员信息，实现办公用房管理可视化、一体化。协助完成区市场监管局、区文广旅游局、区房征办、区卫生健康行政执法队、税务稽山所等5家单位办公用房搬迁保障。全年完成固定资产清查10372件，更新贴码3361件；累计通过虚拟公物仓应用借用、共享闲置资产827件，节支78万元。

【房屋管理】 2023年，区机关事务管理服务中心完成区应急指挥室和联合指挥中心建设、科创一期电梯安装、区人武部维修、行政中心二楼会议室大屏更新、延安路18号G楼、F楼维修等重点项目建设任务11项，完成工程造价约350万元。

【公车管理】 2023年，区机关事务管理服务中心落实公务用车前置审批，累计完成车辆处置、更新、租用等相关审批6次。以"1+X"专项督查为抓手，通过实地检查、公安天网系统排查、监控系统抽查等方式，检查单位公车使用情况30家，发出整改提醒单3张。完成公车卫星定位系统全轨迹4G升级79辆。加强司勤人员服务培训，召开安全行车教育例会10次，签订安全行车责任书49份，完成车辆更新4辆，公车安全行驶里程约41万千米，提供用车保障服务总计约3400车次（区域内约1900车次、区域外约1500车次）。

【节能引领】 2023年，区机关事务管理服务中心制定《2023年越城区公共机构节约能源资源工作要点》《2023年度越城区公共机构生活垃圾分类工作实施方案》等文件，成立专项督查小组，落实党政机关事业单位垃圾分类、有序用电、光盘光瓶督查全覆盖、月通报机制。获年度公共机构生活垃圾分类暗访全省（县、市）区第四名。在省分类办发布的全省各县（市、区）生活垃圾分类工作评估情况的通报中，获评工作成效显著，居第一档，在全市排名第一。完成节约型机关创建16家，总创建率达82%，完成垃圾分类示范单位创建93家，创建率80%，完成节水型机关复评28家，完成无废机关创建15家。推进行政中心、治理中心等4处机关大院公共机构空调负荷柔性调控建设，累计完成改造单位51家，空调1324台；完成机关大院太阳能、感应式照明灯更换371盏，全年预计节约用电量20%。

【食堂管理】 2023年，区机关事务管理服务中心通过供应"半份菜"、创新"边角料"菜品、后台数据分析等方式，减少餐饮浪费，机关食堂日均用米量较上年减少38%，餐厨垃圾减少41%。开展"迎亚运·镇街特色菜品"进机关展示活动，在传统节日供应特色小食。各机关食堂累计供餐79.6万人次，完成接待公务、招商团队共380批次、3762人次。8月，区机关事务管理服务中心获全省机关事务技能比拼（厨艺）大赛优胜奖。为环卫工人提供爱心午餐2313份；累计完成马边、开化等对口地区消费帮扶任务475万元；增设"农创优鲜＋越州青农"服务点，通过团购秒杀、线上预订等方式开展促销、宣传等活动，助农增收；班子领导带队走访调研第三方服务企业9次助企纾困。

【物业管理】 2023年，区机关事务管理服务中心开展除险保安专项行动，召开安全生产专题培训会暨安全隐患自查自纠工作部署大会，组织反恐防暴、消防演练、AED（自动除颤仪）专项培训等活动12次，常态化开展环境卫生治理、控烟劝导、绿化等工作；大楼立面清洗2次，环境卫生专项整治4次，清理曝光违停车辆150起，通过车辆秩序专项集中整治行动，梳理更新大院车辆数据3800余条。提供免费凉茶4处，提供共享车位250个。（区机关事务管理服务中心　单清旸）

外事管理

【概况】 2023年，区外办坚持以习近平外交思想为指导，在区委、区政府和市外办的正确领导下，全力服务越城区社会经济高质量发展，不断贡献外事力量。

【外事接待】 2023年，区外办先后做好斐济副总理、亚洲国家驻华使节团、日本驻上海总领事、日本南砺市市长、意大利阿斯蒂省省长、斐济部长团等政要团组赴越来访工作，独立完成东帝汶前总理接待工作，组织完成“外宾品浙江”50余人次外宾到越城活动；提前做好亚运会期间有关外宾接待各项准备工作，建立区外办英语翻译志愿者队伍，充实工作力量。

【外事服务】 2023年，区外办用好“外事一件事系统”，让企业“最多跑一趟”或“一趟都不跑”，提升外事政务服务水平，预审通过邀请外国人来华150余单，打通“请进来”快捷通道；完成10个因公出国团组，其中区级组团6个，创新制定《越城区因公出国所需材料及流程指引》，配备翻译机，顺畅“走出去”对外交流。

【重要活动】 2023年，区外办根据相关工作要求，完成区对外友好协会换届大会工作；高效完成省、市外事系统首场“外事惠企为民服务”活动承办工作，争取到全市首家外事服务站落户东浦街道，该项活动得到市外办高度肯定，活动信息被浙江外事转发；开展区友协换届筹备工作，做好绍兴上海国际推介会、友协迎新联谊会相关组织工作。（区政府办公室　王涛）

应急管理

【概况】 2023年，越城区全年无自然灾害事故发生，且未发生较大及以上事故，安全生产形势持续总体稳定。全年共发生各类生产安全事故9起，死亡8人，同比分别下降10%、11.1%。其中，生产经营性道路交通事故7起，死亡7人；火灾事故2起，死亡1人。全年共发生火灾656起，无人员伤亡，火灾起数同比上升25.0%。

【镇街综合应急消防救援】 2023年，越城区立足市民生实事“快响直达”应急救援网建设工程和区民生实事“越救援”项目，新建4个救援站点，对其他站点进行提档升级，民生实事“快响直达”8个站点全部完成，区级“越救援”民生实事新建站点2个完成建设，提档升级12个基本完成；结合“越救援”民生项目，制订建设方案，指导组建22支专业化救援队伍，同时印发应急救援队伍管理办法。

【亚运会保障协调】 2023年亚运会期间，越城区制订外围保障方案，编制3个大项21个小项65个细化项工作任务，参照省、市保障协调组工作规则，运行“日会商、日调度、日报告、日督办、日值守”制度机制，编辑每日动态29期，下发交办单16个，市保障协调组、区综合办和外围机动队交办的66个问题完成整改闭环，制订应急保障方案并开展亚运会安保圈层查控、危险化学品泄漏、城市防汛防台、棒垒球馆亚运会专网中断等10余场亚运会安保演练。

【地质灾害防治】 越城区地质灾害种类主要为崩塌、滑坡、泥石流、岩溶地面塌陷、地面沉降五大类型。其中崩塌、滑坡、泥石流主要分布于南部低山丘陵区及平原区孤丘地带，岩溶地面塌陷主要分布于鉴湖街道南部覆盖型岩溶发育区，地面沉降主要分布于北部滨海平原一带。2023年，越城区开展3轮地质灾害隐患大排查，新发现地质灾害隐患2处（皋埠街道牌口村鸡笼山南侧养鸡场滑坡、皋埠街道坝口村龙祥门窗有限公司西南侧边坡崩塌），全区共计地质灾害风险防范区45处，已治理待销号8处。全年

实施地质灾害综合治理工程11处，地质灾害风险防范区销号16处，新建地下水监测井3口。（区应急管理局　周晓明）

【古城消防救援圈建设】 2023年，越城区推进古城消防一体化智治平台建设，打造古城消防救援圈，鲁迅故里、阳明故里、古城（书圣故里）3个古城消防救援站建成并投用，创新“勤务双肩包、民情登记册”的背包勤务模式，省长王浩视频调度并进行了慰问，书记温暖、主任谭志桂到实地调研了解相关情况。

【消防隐患治理】 2023年，越城区对2020家古城沿街商铺、1472户木结构民房、21个村社微型消防站及景区130处沿街道路实施消防提升改造，完成市、区两级31家重大火灾隐患整治工作，共检查社会单位5061家，处罚544家、责令“三停”78家、临时查封58处。

【护航亚运会】 2023年亚运会期间，越城区建立火情通报、风险提醒机制，早、中、晚开展用火用电用气安全流动宣传和敲门入户行动，对28个场馆周边、火炬传递沿线出入口道闸滚动开展消防安全提示。34名指战员入驻3个场馆驻勤保卫，建成消防备勤室、指挥调度系统，制定“一馆一册”消防安保方案、赛前运行阶段每日工作清单，对涉亚场馆及周边500米范围开展584次，重点部位错时巡逻742次，列入“不放心清单”26处，督促隐患589处，培训工作人员、志愿者8500余人次。

【“园中园、厂中厂”整治】 2023年，越城区对256家“园中园”“厂中厂”出租方、实控人、分管安全工作人员约谈培训，重点针对未经消防审批擅自投入使用、擅自改变建筑使用性质、违规搭建改建扩建的建筑、违章建筑占用消防车道影响消防车通行等情况开展明察暗访，其间对占用防火间距、堵塞占用消防车道等违章进行告诫处理、立案查处，累计处罚金额10.5万元。在消防安全大排查大整治专项行动中，对重点危化品使用企业开展地毯式检查，检查出隐患1680个，完成整改1636个，整改率达97.4%。针对存在严重消防安全隐患的企业单位，依托《中国消防杂志》《浙江法治报》《绍兴晚报》等媒体网络上对单位隐患进行曝光，并同步在“今日越城”平台上予以曝光。（区消防救援大队　黄泽楠）

中国人民政治协商会议绍兴市越城区委员会

综　述

【区政协六届二次会议】 2023年1月17—19日，中国人民政治协商会议绍兴市越城区第六届委员会第二次会议召开。会议审议通过越城区政协第六届委员会常务委员会所作的工作报告、越城区政协第六届委员会常务委员会所作的提案工作情况报告，听取和讨论政府工作报告及其他报告，听取并讨论区人民法院工作报告、区人民检察院工作报告，对上述报告表示赞同，并提出意见建议。会议增补政协绍兴市越城区第六届委员会副主席1名，常务委员3名。

【区政协六届四次至八次常委会会议】 2023年1月18日，区政协六届常委会第四次会议召开。会议听取区政协六届二次会议各组讨论情况汇报，通过区政协六届委员会增补副主席及常务委员候选人名单（草案）、区政协六届二次会议《选举办法（草案）》、区政协六届二次会议总监票人和监票人名单（草案）、区政协六届二次会议提案审查情况报告（草案）、区政协六届二次会议决议（草案）。

2023年3月17日，区政协六届常委会第五次会议召开。会议听取全区党风廉政建设和反腐败工作情况通报，审议通过关于授权区政协主席会议必要时审议决定六届政协有关委员变动、处置和专委会主任、办公室主任任免等人事事项的决定和有关人事事项。

2023年8月14日，区政协六届常委会第六次会议召开。会议听取区法院、区检察院有关工作情况通报，审议通过有关人事事项，部署区政协常委向常委会述职的有关工作。

2023年10月30日，区政协六届常委会第七次会议召开。会议传达学习贯彻习近平总书记在浙江考察时的重要讲话精神，协商“越城区文旅资源融合提升”课题，提出要深刻领会习近平总书记对浙江工作的新要求和对绍兴文化的新期望，认真落实区委、区政府的部署安排，找准文化资源和旅游产业相互叠加的优势所在、关键所在，在核心定位、产业打造上再做探索、再下功夫，推动文化和旅游深度融合，区政协要发挥智力密集的优势，持续开展调查研究，在推动文旅深度融合发展中展现“政协作为”。

2023年12月28日，区政协六届常委会第八次会议召开。会议听取区政府关于区政协六届二次会议以来提案办理落实情况的通报和常委年度履职述职，书面听取各专委会年度工作述职，审议通过区政协六届三次会议有关事项和有关人事事项，授权区政协主席会议协商决定区政协六届三次会议相关未尽事宜。会议决定增设环境资源界。

【“越城区文旅资源融合提升”课题调研】 2023年，区政协组建“越城区文旅资源融合提升”课题组，通过调研、走访、座谈等多种形式，充分听取有关部门单位和镇街的意见，并赴外地学习考察，广泛收集资料。对越城区文旅资源融合提升的现状、意义、目标、路径和措施进行深入研究，并就闲置文旅资源有效利用和整合提升、融合发展提出了积极的意见建议。课题调研成果经多层次、多方面讨论协商，形成14600余字的课题调研主报告和《新消费 新机遇 新举措——越城文旅融合发展的几点思考》等6个子报告，为区委、区政府决策提供参考。

专题协商

【概况】 2023年，越城区政协围绕“发挥网络化大城市核心引擎作用”“增进民生福祉、推进共同富裕”“深化‘腾笼换鸟 凤凰涅槃’行动，推进越城区产业提档升级”“新时代提案质量提升”“以诉源治理推进基层善治，探索新时代‘枫桥经验’的越城实践”“顺应后疫情时代，提升我区医疗服务能力”等主题，邀请委员、议政专家、市民代表等与相关职能部门面对面进行协商。全年共组织开展“请你来协商”活动6次；开辟“一讲坛两沙龙”协商交流平台，收集掌握基层情况，助力有关问题解决。

【举办6次“请你来协商”座谈会】 2023年1月18日，越城区政协召开“发挥网络化大城市核心引擎作用”“请你来协商”座谈会。8名区政协委员在座谈会上发表意见建议。滨海新区管委会主任、越城区委书记徐军应邀与会听取意见。同日，越城区政协召开“增进民生福祉、推进共同富裕”“请你来协商”座谈会。7名区政协委员在座谈会上发表意见建议。区委副书记、区长钱林江应邀与会听取意见。

2023年6月28日，越城区政协召开“深化‘腾笼换鸟 凤凰涅槃’行动，推进越城区产业提档升级”“请你来协商”座谈会。8位企业代表、智库专家、区政协委员在座谈会上发表意见建议。副区长祁力峰应邀与会听取意见。区委人才办、区经信局、区交通运输局、区自然资源和规划分局、滨海新区招商二局、袍江更新办负责人应邀参加协商。

2023年9月20日，越城区政协召开“新时代提案质量提升”“请你来协商”座谈会。5位区政协委员在座谈会上发表意见建议。区政协副主席陈国芬应邀与会听取意见。区府办、区发改局、区教体局、区建设局、区文广旅游局、区综合执法局负责人应邀参加协商。

2023年9月22日，越城区政协召开“以诉源治理推进基层善治，探索新时代‘枫桥经验’的越城实践”“请你来协商”座谈会。9位智库专家、区政协委员在座谈会上发表意见建议。副区长张康杰应邀与会听取意见。区委政法委、区委信访局、区经信局、区公安分局、区司法局、区人社局、区住建局、区卫健局、区法院、东湖街道、鉴湖街道、灵芝街道负责人应邀参加协商。

2023年10月25日，越城区政协召开“顺应后疫情时代 提升我区医疗服务能力”“请你来协商”座谈会。9位智库专家、区政协委员在座谈会上发表意见建议。区委常委陶榕发应邀与会听取意见。区卫健局、区委编办、区财政局、区人社局、区自规局、城南街道、皋埠街道负责人应邀参加协商。

【“一讲坛两沙龙”协商交流平台】 2023年，越城区政协开辟“一讲坛两沙龙”协商交流平台，以更加自由开放、更接地气的形式，把最基层最真实的情况掌握起来。举行两期“书香讲坛”，涉及越城文化、数字化生活、法治建设、新能源创新驱动等多个领域。聚焦企业所难和企业发展开展两场“经济沙龙”,进一步提振企业发展信心。召开两场“民生沙龙”,收集群众对社会民生事业的真知灼见,助推有关问题解决。

民主监督

【概况】 2023年,越城区政协以“围绕‘四个聚焦’积极履职 助推愿景变成现实”为主题,开展

2023年度越城区优秀提案一览表

表15

序号	提案名	提案人(单位)
1	《重视知识产权 助推我区经济高质量发展》	科学技术界活动组
2	《关于抓好未来乡村创建,探索共同富裕地的建议》	民进越城区基层委
3	《关于“多条腿走路”共建共享,重燃古城“烟火气”的建议》	赵博等
4	《关于区内目前及未来建设的科技园区或孵化器硬件提升的建议》	孟虎
5	《关于探索“黄酒+文旅”乡村振兴路径的建议》	东浦街道政协工委
6	《关于加大对富盛镇富硒生态循环农业发展支持力度的建议》	九三学社越城区基层委
7	《关于高端生物医药两大省“万亩千亿”新产业平台发展的建议》	祁玲等
8	《关于加快小微企业产业园高质量发展的提案》	孟兴宇
9	《关于高水平建设网络大城市中完善高能级产业平台配套的建议》	民盟越城区基层委
10	《关于规范建设工程5G通信基础设施配建的建议》	民革越城区基层委
11	《关于充分发挥名人故居展示教育功能的建议》	凌国良
12	《守护和传承越地非遗 助力“越味”文化建设》	教育体育界活动组
13	《关于美化西施山遗址公园,提高公园品位的建议》	朱轶尔等
14	《推进沥海所城非遗建设,建立越城滨海文化优势》	沈钧
15	《关于加强文创园创新发展的有关建议》	工商联活动组
16	《丰富托育形式 优化托育体系的建议》	吴舞等
17	《关于进一步提升小区物业管理水平的建议》	俞超等
18	《关于进一步加强法治越城建设方面的建议》	黄长江
19	《做好人本化文章 合力打造共富裕基本单元未来社区建议》	张樱樱等
20	《关于高起点推进基层教育优质均衡发展的提议》	陈祥平等
21	《关于推动我区屋顶“空中花园”建设 拓展城市绿化空间 助力碳达峰、碳中和的建议》	鉴湖街道政协工委
22	《关于提升城市生活垃圾分类处理的建议》	谢卫等

界别系列活动月活动；围绕“深化‘千万工程’、建设美丽乡村”“迎亚运 助推三大提升行动”“营商环境优化提升一号改革工程”开展专项集体民主监督活动；紧扣区委中心工作，对《绍兴古城保护利用条例》实施情况、教育“双减”工作、未来社区建设情况、浙东运河文化园（浙东运河博物馆）建设工程情况、公共体育健身设施建设与管理工作情况、科创平台及共建研究院建设运行工作情况、绍芯谷产业先导区建设情况等开展视察。

【“围绕‘四个聚焦’积极履职 助推愿景变成现实”界别系列活动月活动】 2023年，区政协组织开展“围绕‘四个聚焦’积极履职 助推愿景变成现实”界别系列活动月活动。各界别活动组主动与“四个聚焦”牵头部门（单位）联系沟通，了解工作开展情况，深入管理服务对象和基层走访调研，广泛收集意见建议，印证部门取得的成效。经整理汇总，此次活动共取得“惠企奖励政策进一步落地”等15个方面的工作成效，委员们对下步工作共提出“注重政策承接准度、提升政策扶持精度”等16个方面意见建议。

【开展3次专项集体民主监督】 2023年5—6月，由越城区政协主席会议成员带队，组成6个监督小组，分赴陶堰、皋埠、北海、鉴湖、孙端、东浦等街道开展“深化‘千万工程’、建设美丽乡村”专项集体民主监督。监督小组重点对吼山村等11个村开展民主监督，挖掘典型案例7例。同时，借助浙政钉、越城政协E履职平台，线上线下同步开展，179名区政协委员在“浙江政协·协商在线”等协商平台开展主题议政，提出意见建议112条。

2023年7月，越城区政协组织教育体育、文化文艺、农业农村等界别委员采用“四不两直”方法，围绕“迎亚运 助推‘城市品质’‘城市治理’‘城市文明’三大提升行动”联动开展专项集体民主监督，并提出意见建议。

2023年10月，越城区政协组织部分委员组成监督小组，通过现场查看、观看专题片、听取职能部门汇报和委员提问反馈等形式开展“营商环境优化提升一号改革工程”三级政协专项集体民主监督，共总结工作成果4例，形成难点堵点清单。

提案及社情民意信息工作

【概况】 2023年，越城区广大政协委员和政协各参加单位、专门委员会、界别组及镇街政协工作委员会立足区委、区政府中心工作和人民群众关注的热点问题建言献策。全年共立提案228件，报送社情民意信息《越城民情》38期。

【年立提案304件】 区政协六届二次会议以来，广大政协委员和政协各参加单位、专门委员会、界别活动组及镇街政协工作委员会，以提案形式提出意见建议236件，经审查，立案228件，占总数的96.6%。所立提案中，集体提案和委员联名提案108件，占总数的47.4%。提案内容涉及强化引才留才、充分发挥名人效应、推动未来社区建设、提升垃圾分类实效等多个方面。

【报送《越城民情》38期】 2023年，越城区政协编辑报送《越城民情》38期（篇），其中市政协录用16期（篇）。社情民意信息内容涉及新能源发展、重点项目推进、乡村振兴、共同富裕等多个方面。（区政协办公室 牛慷慷）

中共绍兴市越城区纪律检查委员会 绍兴市越城区监察委员会

综　述

【概况】 2023年，越城区委推进全面从严治党，扛起管党治党政治责任，扎实推进勤廉越城建设，良好政治生态不断涵养巩固。全区各级纪检监察组织在区委的坚强领导下，坚定拥护“两个确立”、坚决做到“两个维护”，充分发挥监督保障执行、促进完善发展的职能优势，深入推进党风廉政建设和反腐败斗争，推动纪检监察工作高质量发展。全省第三方民意调查显示，越城区全面从严治党成效度达98.74%，持续走在全市前列，为实现“首位立区、幸福越城”提供坚强纪律保障。

【教育整顿】 2023年，越城区纪委深入贯彻落实中央和省、市纪委部署要求，推进纪检监察干部队伍教育整顿，以最高标准、最实举措、最严要求加强纪检监察干部队伍建设。深入开展学习教育，组织全区纪检监察干部集中参加省纪委“周课堂”，开展各类学习教育共计28场次，覆盖13批1600余人次。推进整改整治，做好中央纪委、省纪委教育整顿反馈和自查自纠发现问题整改。从严抓实队伍整肃，大力实施“强基工程”，分类分层开展大练兵大比武，创新开展学习情况、工作纪律、履职成效“一月三查”工作机制，推动监督融入日常、抓在经常。

【勤廉建设】 2023年，越城区纪委推动构建严管厚爱激励干部担当作为工作体系，营造“干净加干事、干事且干净”的浓厚氛围。把严的基调和“三个区分开来”的要求贯通起来，第一时间会同组织部门出台容错纠错操作细则，明确10方面可以容错和10个方面不予容错的情形，督促相关职能部门分层次、分领域探索制定容错免责清单，共对6名党员干部容错免责。常态化推进澄清正名、回访教育，共为9名党员干部和2个单位澄清正名，对69名干部开展暖心回访，进一步激励受处分干部放下包袱、重燃斗志。推动监督关口前移，开展党风廉政建设大走访，结合“大走访大调研大服务大解题”要求，进村入企访干部，深入了解掌握各方面情况，强化法纪法规教育，实现法纪法规巡讲全覆盖，勤廉宣传深入人心。

【区纪委十届二次全体会议】 2023年2月10日，中国共产党绍兴市越城区第十届纪律检查委员会第二次全体会议召开。全会以习近平新时代中国特色社会主义思想为指导，全面贯彻落实党的二十大精神，按照二十届中央纪委二次全会、省纪委十五届二次全会、市纪委九届二次全会和区委十届四次全会的部署，回顾总结2022年纪检监察工作，部署2023年任务。会议

2023 年度越城区漠视侵害群众利益问题专项治理一览表

表 16

序号	问题	牵头单位
1	中小学校食堂采购问题专项治理	区教体局
2	电信网络诈骗专项治理	区公安分局
3	特困供养机构管理问题专项治理	区民政局
4	职业技能培训领域突出问题专项治理	区人力社保局
5	农村回迁安置慢专项治理	区房征办
6	噪声污染专项治理	区生态环境分局
7	老旧小区改造监管不到位问题专项治理	区建设局
8	村经济合作社领域腐败和作风问题专项治理	区农水局
9	燃油加油机计量准确性问题专项治理	区市场监管局
10	口腔种植医疗服务提质降费专项治理	区医保分局
11	国企资产租赁领域突出问题专项治理	区财政局
12	农村集体经济合同专项清理	区农水局

通过程许东代表区纪委常委会所作的《监督保障执行 促进完善发展 全面贯彻落实党的二十大精神为奋力谱写中国式现代化越城新篇章提供坚强纪律保障》工作报告。

党风政风监督

【概况】 2023 年，越城区纪委聚焦“五大环境”（优质一流的惠企环境、首位争先的干事环境、高效廉洁的政务环境、公正透明的行权环境、能上能下的用人环境），开展“作风提升”专项行动，实行作风行风指数和服务企业指数、依法行政指数、清廉指数等干部作风“1+3”指数体系，有效倒逼全区作风建设不断深化。压茬式推进党员干部赌博，酒醉驾，违规借贷、经商等“三项专项整治”，深入开展违规吃喝、违规收送礼品礼金礼卡“两违”专项整治，对顶风违纪行为一律严查快处，绝不包庇纵容。全面开展“指尖上的形式主义”专项治理，梳理纳入整治范围应用 10 个，删减 6 个，实现 60% 删减目标。

【党纪政务处分】 2023 年，越城区纪委查处违反中央八项规定精神问题 32 起，党纪政务处分 33 人次，党纪处分率同比增长 17.6%，比例居全市前列，查处“四风”质量评价指数居全市第二。压茬推进党员干部赌博，酒醉驾，违规借贷、经商等“三项专项整治”，会同组织部门出台最严禁酒令，党纪政务处分和组织处理并用，酒醉驾一律先免职，2023 年以来已查处党员干部酒醉驾 53 人，人数全市较低，其中公职人员 3 人，同比下降 50%；赌博 75 人、违规借贷 8 人、违规经商 7 人。深入开展违规吃喝、违规收送礼金礼卡“两违”专项整治，全年党纪政务处分 18 人次，同比增长 38.5%。

纪律审查和监察调查

【概况】 2023 年，越城区纪委以零容忍的决心态度推进反腐败斗争，实现不敢腐、不能腐、不想腐同时发力、同向发力、综合发力，积极构建“集约化、实体化、协作化”强融合、全贯通的反腐败工作格局，紧盯国企、招投标、执法司法、医药等重点领域腐败问题专项治理，一严到底推进正风肃纪反腐，查处了区城发集团原总经理陈冲等重大违纪违法案件。

【以案示警】 2023年，越城区纪委深化以案促改、以案示警，最大限度教育、转化、挽救人，全区制发纪检监察建议书18份，推动建立健全重点领域权力运行制度机制。拍摄廉政警示教育专题片《警钟长鸣 以案为鉴》，以身边案教育警醒全区广大党员干部存戒惧、知敬畏、守底线。

【正风反腐】 2023年，越城区纪委实施集约化初核有力保障“大要案”快速突破，深化实体化联查有力提升基层办案能力，推进协作化办案有力突破重点领域案件，全年查处职务犯罪案件18件，立案数全市第一，同比增长500%；同级管理干部立案13件，同比增长225%。重点领域腐败案件数及占比、监督检查审查调查发现问题线索转立案率、职务犯罪案件立案数等多项核心数据均居全市第一位，派驻机构、镇街自办案件较早实现全覆盖，审查调查工作成效度创历史新高。（区纪委监委　钱思韬）

巡视巡察

【概况】 2023年，越城区委巡察机构深入学习贯彻习近平总书记关于巡视巡察工作重要论述和考察浙江重要讲话精神，认真贯彻落实上级关于巡视巡察工作新部署新要求，围绕全区中心工作，持续深化政治巡察，发挥巡察利剑作用，为加快打造“首位立区、幸福越城”，在谱写新时代胆剑篇中争先示范提供坚强保障。

【常规巡察】 2023年，越城区委巡察机构制订《2023年区委巡察工作计划》，紧盯被巡察党组织职能责任、紧盯“一把手”和领导班子、紧盯人民群众反映强烈的突出问题，发现和纠正政治偏差。组织十届区委第四轮、第五轮、第六轮巡察，对20家单位、65个村社党组织开展常规巡察，共发现问题501个。全年共整改反馈问题405个，整改率99.02%。责任追究345人次，其中党纪政务处分1人，组织处理1人。收缴违纪违法款及挽回经济损失788.9万余元，推动完善制度175项。

【安全生产领域专项巡察】 2023年，越城区委巡察机构对标对表省委巡视办、市委部署要求，组建专项巡察组，对应急管理局、经信局、建设局、商务局、文广旅游局、市场监管局、综合执法局等7个专业安全委员会部门开展安全生产领域专项巡察，深入查找被巡察党组织在落实安全生产责任上存在的突出问题、共性问题9个，协同纪委监委抓好专项巡察问题整改，整改率100%。

【协助迎检省委巡视】 2023年，越城区委巡察机构配合区委办全程参与巡视迎检，加强与省委巡视办、省委巡视组的对接，统筹做好巡视期间全区面上资料提供、上情下达等。协助区委推进省委巡视反馈36个问题整改工作，建立问题、任务、时间、责任“四张清单”，取得阶段性成果。

【强化提升监督治理效能】 2023年，深化巡察监督贯通融合“4+N”机制，进一步推进巡察监督与其他监督紧密结合，加强巡察机构与纪检监察、组织、审计、信访等部门在情况通报、成果运用、整改监督等方面的协作配合，深化形成巡前信息共享、巡中快办快核、巡后点面协同的监督格局。全年组织实施巡审同步3次，并探索出台巡审联动长效机制，切实提高监督效能。（区委巡察办　王文思）

民主党派　工商联

民革越城区基层委员会

【概况】 2023年，中国国民党革命委员会绍兴市越城区基层委员会（以下简称“民革越城区基层委”）新发展党员3名，转正党员4名，截至年底共有3个支部，共计党员80名，其中人大代表6名、政协委员19名。2023年撰写调研课题4篇，提交提案、议案23篇，社情民意17篇。民革越城区基层委被评为2023年度反映社情民意工作先进集体。《关于规范建设工程5G通信基础设施配建的建议》获评2023年度区政协优秀提案，《当前我国动力电池储运难问题日益凸显四大制约因素亟待破解》被民革中央、省委统战部、省民革录用。

【参政议政】 2023年，民革越城区基层委在区两会上递交集体提案2个，25名代表委员共提交建议案、提案23个，内容涉及城市建设、行政执法、文化旅游等多领域。民革越城区基层委被评为2023年度反映社情民意工作先进集体。《关于规范建设工程5G通信基础设施配建的建议》获评2023年度区政协优秀提案，《当前我国动力电池储运难问题日益凸显四大制约因素亟待破解》被民革中央、省委统战部、省民革录用。

【社会服务】 2023年，民革越城区基层委开展“大走访大调研大服务大解题”活动，赴坡塘小学开展“博爱润童心 民革伴你行”助学帮教活动，调研文商旅深度融合加强古城保护利用，举办“翰墨书香·相见云松”金秋朗诵会助力区域文化建设，组建红十字志愿服务队守护群众生命健康，开展“打造最清洁城市样板区”专项民主监督活动。（朱飞骏　潘晓明）

2023年民革越城区基层委参政议政情况一览表

表17

类别	姓名	名称
调研课题	高伟伟	擦亮集成电路金名片，打造发展新引擎
	沈罗煦	关于做好“非粮化”整治后半篇文章保障粮食安全的建议
	尹政威	越城区文旅资源的融合提升
	尹政威	加强古城文旅资源深度融合提升

续表 17

类别	姓名	名称
提案/议案	陈明军(基层委议题)	关于规范建设工程5G通信基础设施配建的建议
	陈明军	关于全面推动渣土(泥浆干化土)资源化利用的建议
	秦哲峰	关于开启智慧化小区管理,创造"幸福邻里坊"模式的建议
		关于一社区一食堂的建议
	俞　伟	建议保留马山街道尚巷村 促进农旅文融合发展
	边丹红	关于进一步深化越城区3岁以下婴幼儿照护服务发展的建议
	陈毓新	大力推广绿色产品认证助力我区经济发展
	吴国伟	在滨海新区建设围垦纪念馆的建议
	刘　蕾	关于进一步加强食品安全执法检查的建议
		关于进一步规范网约车运营管理的建议
	王永刚	关于铺设迪荡湖公园塑胶跑步道的建议
		关于提高社区人员待遇的建议
	尹政威	建议恢复千年府学宫中轴线建筑
	蒋皎峰	紧抓亚运契机发展棒垒球等特色运动"以球会友"促进两岸一家亲
		基层反映中小学体育教育仍存三个问题亟须关注
社情民意	秦师余	新生代农民工发展面临的困难问题及对策
	黄建丽	基层反映老旧小区充电桩改造存三难
	俞　伟 蒋皎峰	基层反映中小学体育教育仍存三个问题亟须关注
	陈明军	新形势下咨询行业易成为国家秘密泄露新渠道亟须引起警惕(民革中央录用)
	马添相 高伟伟	关于对误捕国家二级水生野生动物海马进行合理利用的建议
	楼　力	关于有序引导规范流动摊贩的建议
	章　遥	关于进一步合理化"农村集体三资"管理的意见建议
	张洪豪	关于发挥非物质文化遗产在助力乡村振兴中作用的建议
	叶　敏	基层反映推进"惠民保"工作存三方面问题需关注
	潘晓明	中小学生书包过重影响身心健康 建议出台量化制度 切实减轻青少年"肩"负(市民革录用)
		基层反映发展家政服务业市场吸纳就业存多方面问题亟待解决
		爆火下的研学游乱象丛生 亟待加强规范和监管
		基层反映部分抗辐射药可能成为群众消费的"智商税"
		当前我国动力电池储运难问题日益凸显四大制约因素亟待破解(市政协-合/省民革,省委统战部,民革中央录用)
		绍兴传统小吃整体呈"低小散弱"产业转型发展面临困境亟待突破(市民革录用)
	尉剑平	古城热岛效应及其未来相关建议
		关于改善服务人员职业现状,提升服务人员社会尊重性的思考

民盟越城区基层委员会

【概况】 2023 年,中国民主同盟绍兴市越城区基层委员会(以下简称"民盟越城区基层委")发展新盟员 3 人,截至年底,综合一支部有盟员 31 人、综合二支部有盟员 38 人、离退休支部有盟员 17 人。盟员秦琴撰写的《数字化背景下智慧教育助推教育公平路径研究》在第十届民盟教育论坛获评优秀论文,并作为嘉宾交流发言。基层委获民盟浙江省委会"2021—2022 年社会服务工作先进集体"称号,被越城区政协评为 2023 年度反映社情民意工作先进集体。

【参政议政】 2023 年,民盟越城区基层委向各级两会提交提案及意见建议 16 件(包含集体提案 4 件),《关于高水平建设网络大城市中完善高能级产业平台配套的建议》被区政协评为优秀提案。全年报送的社情民意信息被民盟中央录用 1 篇、报送省政协 5 篇、盟省委录用 8 篇、市政协录用 5 篇、区政协录用 7 篇。基层委被区政协评为 2023 年度反映社情民意工作先进集体。

【法助营商】 2023 年,民盟越城区基层委贯彻落实省、市、区委优化营商环境"一号改革工程"部署,谋划制定《助力服务保障营商环境优化提升"一号改革工程"方案》,在"汇聚统战力量助力'一号工程'"越城区统一战线第七届"同心·越城"社会服务专项行动启动仪式上作项目推介。发挥法官盟员、行政执法盟员的岗位职能,由 10 位盟员牵头联合结对 10 家高新技术企业,开展法治宣讲进企业、法律指导进企业、诉源治理进企业、依法治理进企业的"四进"活动,助力营商环境优化提升。

【社会服务】 2023 年,民盟越城区基层委承办民盟绍兴市委会与民盟杭州电子科技大学委员会战略合作协议签订仪式暨首场校企"直通车"活动,联合建功中学教育集团举办"五育融合提质效、团队协同绘新篇——'双新'背景下的建功行动"活动。年内,在绍兴第一初级中学龙山校区建立绍兴市莲花落(少儿莲歌)教学基地,举行戏曲非遗"迎亚运校园戏临门"专题演出。斗门街道卫生院盟员孟锋赴乐山马边援医,文澜中学盟员朱竹君赴新疆阿瓦提县鲁迅中学援教。(董越标)

2023 年民盟越城区基层委员会参政议政工作情况一览表

表 18

	序号	名称	姓名
提案/议案	1	关于进一步推进我区行政诉讼"双下降双提升"工作的建议	董越标
	2	关于进一步加强校外培训机构进校内工作的建议	董越标
	3	巩固"双减"成果 重塑教育生态	汤晓幸
	4	数字赋能,助力长三角最具文化标识度城市建设	汤晓幸
	5	关于加快会稽山片区 KJS-05-01 地规划Ⅱ号路和永胜路拓宽建设工程的建议	汤晓幸
	6	关于农民自建房管理的几点建议	章　彪
	7	关于提升女性就业质量问题的提案	徐凤娟

续表 18

	序号	名称	姓名
提案/议案	8	关于提升企业管理能力和现代化水平方面的建议	徐凤娟
	9	关于高水平建设网络大城市中完善高能级产业平台配套的建议	金锦林
	10	关于进一步采取措施提高农村老年人群体生活质量的提案	潘文婷
	11	关于越城区三级矛调中心运行的提案	颜　丰
	12	抓文化乡建,促乡村共富	张雪芳
	13	融媒时代新闻从业者角色能力适调的建议	王一杰
	14	关于加强社区心理服务体系建设的建议	王一杰
	15	加快基层医疗机构卫生人才培养的建议	陶　娟
	16	以人文为魂在传承中创新,做实古城新颜的“后半篇文章”	陶　娟
社情民意	1	关于进一步采取措施提高农村老年人群体生活质量的建议	董越标
	2	关于加快制订《中学阶段学生档案管理意见》的建议	汤晓幸
	3	优化教育资源配置,提前部署应对义务教育段生源断层下滑之困境	汤晓幸
	4	关于加快推进重点产业项目落地见效的几点建议	金锦林
	5	关于加强对生物医药行业自主创新药支持建议	金锦林
	6	加强信用信息共享应用、促进中小微企业融资的建议	金锦林
	7	基层反映第三方中介服务事项多负担重	刘　伟
	8	防止集体经济厂房成为安全隐患重灾区	刘　伟
	9	关于持续深化“亩均论英雄”改革 提升亩均效益的建议	刘　伟
	10	关于全面推进乡村振兴过程中以政策引流研究解决乡村人口持续流失问题	潘文婷
	11	关于修订《全国年节及纪念日放假办法》增加各省、直辖市、民族自治区制定当地特色节日的建议	潘文婷
	12	关于未来20年夕阳宜居城市定位我市城市发展风格的初步建议	潘文婷
	13	关于改造解放大道与凤林西路交叉口安全岛,以及在投醪河路与新建南路交叉口设置交通信号灯的建议	潘文婷
	14	关于农村劳动力就业创业的几点思考	钟　鸣
论坛论文	1	智慧教育在数字化背景下助推教育公平的路径	秦　琴

民建越城区基层委员会

【概况】 2023年,中国民主建国会绍兴市越城区基层委员会(以下简称“民建越城区基层委”)下设6个支部,共有会员95名。其中,市政协委员4人,区人大代表3人、区政协委员13人。2023年,民建越城区基层委被民建绍兴市委会评为年度先进集体,民建越城区基层委获评2023年度区政协反映社情民意工作先进集体。

【参政议政】 2023年，民建越城区基层委委员、会友撰写社情民意及提案，被各级录用共计39篇，报送市、区两会提案建议共24篇，市政协个人提案7篇，集体提案1篇，区政协个人提案12篇，集体提案2篇，区人大建议2篇。其中，《擦亮特色服务品牌，奋力绘就共富"同心圆"》获省委会主委陈小平批示肯定。基层委主委、省政协委员周江在省政协大会提交的两篇提案《关于高质量打造浙江共富大社保体系建设的建议》《关于加强教育资源统筹应对义务教育入学小高峰的建议》获民建省委会2023年度参政议政优秀成果三等奖。提案《坚持和发展新时代"枫桥经验" 为民营经济高质量发展保驾护航》由会员陆梁在市政协"在社会基层坚持和发展新时代'枫桥经验'专题界别协商会"上发言，获市委书记温暖批示。

【理论研究】 2023年，民建越城区基层委共有29篇文章发表于《绍兴民建会刊》，对标省市重点调研课题任务，围绕经济政策制定、"千万工程"实施、空气质量优化等方面存在的问题和不足，先后形成《县域政策体系激发民营市场主体活力过程中存在不足和对策建议》《关于优化"千万工程"助推农村共同富裕的建议》《关于多措并举着力提升区域空气质量的建议》等报告材料。

【特色品牌】 2023年，民建越城基层委继续打造"思源慈善基金"、"汀咖啡"民建驿站、小微企业服务平台、"越城再就业帮扶联盟"、"越芯享"工作品牌。其中"思源慈善基金"累计捐款捐物价值近200万元，服务100多人次。打造"汀咖啡"民建驿站、名企学习行、委员工作室为载体的"小微企业服务平台"，开展金融政策、法律法规咨询活动20余次，被区政协评为A级工作室。"越城再就业帮扶联盟"吸纳会员企业20余家，助力新增就业140余人次，入选"2022年度浙江民建助力共同富裕实践基地"。(周高阳)

2023年越城区"再就业帮扶联盟"会员企业一览表

表19

序号	企业	序号	企业
1	坤茂建设集团有限公司	11	绍兴第一健康医疗管理有限公司
2	浙江阿啦丁国际货运代理有限公司	12	绍兴市中正商标事务所有限公司
3	绍兴市晨禾餐饮管理服务有限公司	13	绍兴市和盛复合有限公司
4	绍兴白塔酿酒有限公司	14	浙江富得利木业有限公司
5	绍兴华越资产评估事务所	15	新海天生物公司
6	绍兴家尔雅丽纺织有限公司	16	麦华(浙江)智能家居有限公司
7	浙江豪宇生态科技有限公司	17	绍兴时代联合会计师事务所
8	绍兴寻宝记餐饮管理有限公司	18	浙江讴歌文化发展有限公司
9	老渔翁集团	19	浙江毓昌生物技术有限公司
10	广西吴越农产品配送有限公司	20	浙江金剑国际货运有限公司

2023年民建越城区基层委员会参政议政工作情况一览表

表20

	内容	作者	录用部门
议案/提案	关于加快智能制造步伐，推动"未来工厂"建设的建议	刘伯福	—
	重塑"古城水乡"文化，重现"绍兴大街"景象	应　晓	—
	倡建绍兴市非物质文化遗产馆（新馆）的提案	应　晓	—
	关于加强对农村"流动厨房"规范管理的建议	罗利惠	—
	关于生育政策配套措施扎实落地的若干建议	陆　梁	—
	依法保障女职工孕产期间相关待遇　共同促进生育与职业发展平衡	陆　梁	市政协课题报告
	坚持和发展新时代"枫桥经验"为民营经济高质量发展保驾护航	青年联合会 陈　锋、陆　梁	市政协发言稿获市委书记温暖批示
	做大做强文化产业　推进幸福越地建设	冯晓燕、周　江	市政协集体提案
	关于加快社区卫生院等基层医疗机构建设的建议	刘伯福	—
	关于调整企业二次建设（技改工程）标准的建议	王国权	—
	关于进一步提升小区物业管理水平的建议	俞超等人	区政协优秀提案
	建议办好少年军校，培育新时代好少年	俞超等人	—
	融媒时代新闻从业者角色能力适调的建议	俞超等人	—
	以本土名师资源带动城市文明建设的建议	俞　超	区政协集体提案
	关于加强教育资源统筹应对义务教育入学小高峰的建议	俞　超	区政协集体提案
	关于"加强皋埠片区商业配套，提升集成电路产业竞争优势"的几点建议	罗　燕	—
	落实财政专项资金　实现我区基层医疗机构CT全覆盖	秦　伟	—
	关于我区建筑业现存矛盾与发展的几点建议	陈锋等人	—
	关于加强居民委员会对业主大会设立及表决的指导和协助	全坚浩	—
	如何激活农村闲置住房的建议	陶华锋	—
	关于加快小微企业产业园高质量发展的建议	孟兴宇	区政协优秀提案
	优化顶层设计，助推本土小微企业发展	周江等人	—
	打造小区服务平台子模块，赋能和谐社区建设	冯晓燕	—
	关于解决世纪街柯灵小学校门口交通拥堵的建议	单国炳	—

续表 20

	内容	作者	录用部门
社情民意	关于做好“公转铁”政策兑现问题协调的建议	孙越峰、楼春森	—
	关于打通我区多式联运最后一公里短驳的建议	孙越峰	区委统战部
	宠物友好商场建设应三思!	俞　超	区政协
	擦亮特色服务品牌,奋力绘就共富“同心圆”	楼春森、陈杰东	区委统战部约稿
	关于明确物业保修金有关事项的建议	章　炯	—
	关于关注工业企业经济效益严重滑坡的建议	王小燕、章　炯	区委统战部
	关于优化建筑市场环境的建议	鲁泽峰(会友)	区委统战部
	打通信息壁垒　盘活存量资产　助力企业解决产业工人住房难题	罗　燕、赵秀芳	省委会、区政协、区委统战部
	加强新型研发机构参观接待信息安全管理　谨防国家科技信息泄密	罗　燕	省委会、市政协
	共同营造美好环境	章　婷	—
	呼吁网络评论实名制早日实施	周　江、潘　涛	区政协、区委统战部
	关于改造解放大道与凤林西路交叉口安全岛,以及在投醪河路与新建南路交叉口设置交通信号灯的建议	邱莉华、潘文婷	区政协
	关于绍兴市中级职称初评的一点建议	邱莉华(会友)	—
	关于公共停车场服务的一些建议	邱莉华(会友)	—
	关于推进数字经济、实体经济深度融合的方案建议	汪菊玲	—
	重现古城府河风貌　激活古城水乡旅游	应　晓	—
	关于调整九年制义务教育的建议	应　晓	—
	破解人口问题的对策	陈　飞	区委统战部
	关于加快小微企业产业园高质量发展的提案	孟兴宇	区政协、区委统战部
	当前大学生就业心态亟须关注	周　江	区委统战部
	关于深化“腾笼换鸟 凤凰涅槃”行动,推进产业提档升级的建议	牛慷慷	—
	医院网上预约平台漏洞引发“黄牛”提前挂号严重扰乱医疗秩序亟须引起重视	陈杰东	—
	互联网加持下引诱、介绍、组织未成年人卖淫呈现“三个精准化”新特征亟须引起重视	陈杰东	—

续表 20

	内容	作者	录用部门
社情民意	基层反映老旧小区加装电梯遇到瓶颈急需破题	王熠明	区政协、区委统战部
	电信网络诈骗问题亟待关注	夏　颖	区委统战部
	关于以社会主义核心价值观为导向、完善社会主义荣誉体系建设、推动实现共同富裕的建议	王熠明	区委统战部
	出租车广告应严管!	冯晓燕	—
	关于优化市区公交线路的建议	冯晓燕	区委统战部
	关于“基层减负”,基层有话要说	王熠明	区委统战部
	关于老年人道路交通安全精准宣教信息采集工作亟待优化的建议	王熠明	区政协、区委统战部
	基层反映赌石直播骗局需警惕	骆　赟(会友)	省委会
	城市犬只管理存在问题	骆　赟(会友)	—
	关于结合《绍兴市信访问题“治重化积清源”行动方案》推进提升信访工作的建议	王熠明	—
	文商旅融合　打造新农村振兴共富高地	陶永伟	区委统战部
	加强中小学、幼儿园暑期零星维修、改造工程监管　筑牢校园施工“安全网”	何勇伟	—
	关于传统纺织行业助推“三个一号工程”的若干建议	周　丽(会友)	—
	关于加强学生上下学交通安全教育管理的若干建议	周　丽(会友)	—
	关于助推越城区传统实体企业的若干建议	周　丽(会友)	—
	关于提升我区技能人才队伍建设的建议	周　丽(会友)	—
	关于完善居家养老服务优化、积极发展“银发经济”的建议	周高阳	—
调研课题	县域政策体系激发民营市场主体活力过程中存在不足和对策建议	楼春森	—
	关于高质量打造浙江共富型大社保体系建设的建议	单国君、童　珂、周　江	省委会参政议政优秀成果三等奖
	关于加强教育资源统筹应对义务教育入学小高峰的建议	周　江	省委会参政议政优秀成果三等奖

民进越城区基层委员会

【概况】 2023年，中国民主促进会绍兴市越城区基层委员会（以下简称“民进越城区基层委”）围绕“明道、笃行、聚力、求新”总体工作要求，不断加强参政议政、社会服务和自身建设，为“首位立区、幸福越城”贡献力量。截至年底，民进越城区基层委下设9个支部，共有会员150名。其中，市政协委员1人、区政协委员19人、区人大代表4人。两会期间基层委递交集体提案3件、政协提案21件、人大建议6件。

【社情民意】 2023年，民进越城区基层委共上报社情民意信息50余篇，其中委员张樱樱的《基层反映推进统一大市场建设尚存三方面堵点》获民进中央参政议政三等奖、省委会参政议政二等奖；《关于发展古城“夜经济”的建议》《聚焦营商环境痛点堵点难点打造高效清廉最优政务环境》获市委会参政议政成果二等奖；《公考培训存在三大问题亟待引起关注》1篇信息被民进中央录用；《后疫情期有效推动消费持续发展的建议》等3篇信息被省委会录用。基层委8篇社情民意被区政协录用并报市、省政协。张樱樱撰写党派建言资政直通车《我市夜经济面临问题及建议》及《关于发展古城“夜经济”的建议》，连续获得区委书记徐军和市委书记温暖批示。《多点发力 打强组合拳 奋力谱写基层组织新篇章》获省民进省委会主委、省政协副主席蔡秀军批示肯定。

【品牌建设】 2023年，民进越城区基层委利

2023年民进越城区基层委员会获得荣誉一览表

表21

荣誉	获奖集体／个人
民进全省优秀基层组织负责人	刘金晓
省委会参政议政二等奖	张樱樱
省委会教育论坛征文优秀奖	陈海虹
市级先进支部	越城区机关支部、越城区塔山学区支部、越城区北海支部
市委会优秀会员	陈海虹、黄柏芳、张樱樱、杨玲萍、郑勇刚、陈霞、马国萍、蒋珊珊、沈建芳、丁江华、丁宝祥、严　佳
市级参政议政先进个人	李包方、胡金晶、崔继平
市级信息先进个人	周　琳、胡　芳、章坚森
市级社会服务先进个人	陆树森、蔡建伟、王志钢
市级社情民意信息优秀个人一等奖	张樱樱
市级社情民意信息优秀个人二等奖	胡金晶
市级参政议政成果二等奖	张樱樱
市级参政议政成果三等奖	寿　瑢、张樱樱
市政协年度反映社情民意工作先进个人	张樱樱

用主界别会员优势打造袍江中学开明教育基地、塔山中心小学开明名师课堂基地、三园（塔山·文汇园、实验幼儿园、继昌幼儿园）国际象棋教育帮扶基地3个社会服务基地，提供常态化社会服务。开展塔小支部原创大型科学秀进校园活动、北小支部心理关爱进课堂活动等10余起，举办“携手同心·共迎亚运”首届“开明杯”越城区国际象棋亲子趣味赛，推动全国国际象棋之乡建设。（民进越城区基层委员会　提供）

2023年10月17日，民进越城区塔山学区支部在绍兴市秀水小学开展“开明”课堂之科学秀之送教活动（第八场）（民进越城区基层委员会　提供）

2023年民进越城区基层委员会参政议政工作情况一览表

表22

类别	序号	姓名	名称
调研课题	1	张樱樱	我市夜经济面临问题及建议
	2		关于发展古城“夜经济”的建议
	3		聚焦营商环境痛点堵点难点打造高效清廉最优政务环境
	4		多点发力 打强组合拳 奋力谱写基层组织新篇章
	5	胡　芳	拟定基层委“打造最清洁城市样板区”专项民主监督调研
	6	陈海虹、李包方、丁宝祥	规范使用教辅教材 持续推进“双减”落地——义务教育阶段“教材教辅”的现状与分析
	7	丁江华	基于共同富裕背景下乡村产业振兴的理论思考和实践
	8	张　晶	中小学校内外素质教育资源整合机制研究
提案/议案	1	张樱樱	关于进一步规范社区志愿者招募及管理的建议
	2		集中有限财政资金整体提升我区新闻舆论影响力的建议
	3		做好人本化文章 合力打造共富裕基本单元未来社区建议
	4	丁江华	基于共同富裕背景下乡村产业振兴的理论思考和实践
	5	张　晶	中小学校内外素质教育资源整合机制研究
	6	谢　卫	关于进一步推动我区老年银发经济发展的建议
	7	崔继平	守正创新 优化营商环境
	8	陈海虹	探寻非遗旅游新路径 做好“文旅融合”大文章
	9		关于把洁牙纳入医保支付的建议
	10	丁宝祥、陈海虹	创建我区区平安校园亟待加强保安人员队伍的建议
	11	谢　卫、陈海虹	关于提升城市生活垃圾分类处理的建议
	12	杨玲萍、陈海虹	关于加强我区社区心理服务体系建设的建议
	13	谢荣美	关于破解幼儿园招不满读不进两难问题的建议
	14	丁美娟	关于加快处理南池鉴园污水废水管堵塞的建议

续表 22

类别	序号	姓名	名称
社情民意	1	胡金晶	“网红”水上游乐项目的打造不能忽视安全“高压线”
	2	胡金晶	1158 万高校毕业生就业面临新情况亟待解决
	3	胡金晶	警惕企业将“来料加工”包装成“进料加工”骗取出口退税
	4	张樱樱	公考培训存在三大问题亟待引起关注
	5	张樱樱	部分保险龙头企业滥用市场支配地位或引发车检行业商业贿赂
	6	张樱樱	部门暗设市场准入三大卡 严重损害营商环境亟待引起关注
	7	陈海虹	分层开展课后服务 做实“双减”的后半篇文章
	8	陈海虹	建议我市立即停止健康体检(验血)项目进校园 确保学生生命安全的提议
	9	陈海虹	立足地域特色 打造劳动教育的特色样板
	10	李包方	建议重视新型农民的培养
	11	高亚娣	建议早教培训班公益性发展
	12	雷馨蓓	关于职业技能等级认定理论与实操考核的问题及相关建议
	13	蔡建伟	“双减”更需“让教育回归”这个加法
	14	许江萍	关于预防学生近视的几点建议
	15	胡　琳	基层反映养老服务人才队伍建设亟待完善(1)
	16	胡　芳	关于加强医院护工管理设立数字平台建设的建议
	17	胡　芳	关于“隐私面单”落实相关法律规定 保护消费者个人信息
	18	周　琳	给书包“减肥”,给孩子“减负”
	19	戴丽霞	关于加强对随地吐痰不文明行为的劝导和处罚力度 助力打造最清洁城市样板区的建议
	20	俞月萍	关于推动“家委会”良性发展的建议
	21	郑佩丹	关于在小学高段开设“学农活动”的社情民意
	22	谢桂芳	秸秆焚烧好处多多,当务之急必须取消农村秸秆焚烧禁令,保存祖先智慧
	23	许　瑾	关于在各单位建立母婴室的建议
	24	许　瑾	关于统一小学生着装的建议
	25	许　瑾	关于在黄酒小镇地铁站增设共享电动单车网点的建议
	26	赵正男	新冠病毒感染康复人员身心健康及生活就业状况调查分析(1)
	27	赵正男	关于越城区旅游发展的几点见解
	28	杨玲萍	关于加强我省重点单位微型消防站建设的建议
	29	杨玲萍	关于尽快出台浙江省中考统一命题文件的意见和建议
	30	邵玉根	基层反映校园食堂食品安全面临三重困境亟待关注
	31	蒋珊珊	建议袍江世纪街中心绿化带整改
	32	谢　卫	共享单车健康发展(科技经贸支部)
	33	何震辉	关于改进检测报告书的一点建议
	34	戴　菲	高考志愿填报服务存在三大乱象亟待改善

续表 22

类别	序号	姓名	名称
社情民意	35	戴　菲	关于加大政府对孤独症儿童融合教育支持力度的建议
	36	张樱樱	我市夜经济面临问题及建议
	37	胡金晶	保障消费者的知情权，预制菜亟须“标签化”
	38	寿　瑢	第 19 届杭州亚运会后体育场馆等设施后续利用问题亟须关注
	39	寿　瑢	当前综艺娱乐节目乱象分析及对策建议
	40	沈建芳	关于优化学校心理学师资配备并开展学生心理健康教育的建议
	41	薛向静	办好“社区食堂”，解决老人吃饭问题
	42	张　晶	关于恶劣天气防止高空坠物的建议
	43	赵正男	网络虚假广告现状及应对措施
	44	阮小芳	关于广场舞扰民事件引发的一些思考与建议
	45	何震辉	斗门街道新合作村、新皇甫村被征土地系曹娥江滩涂围垦而成，应属于国有
	46	何震辉	中共“一大”代表李汉俊是否出席了南湖游船会议？

农工党越城区基层委员会

【概况】 2023 年，中国农工民主党越城区基层委员会（以下简称“农工党越城区基层委”）下设综合支部、医卫支部、文教支部 3 个支部，截至年底，共有党员 54 人，其中区政协委员 9 人，全年发展新党员 2 人。

2023 年，农工党越城区基层委被农工党浙江省委会授予 2023 年度宣传工作优秀集体称号；文教支部被农工党绍兴市委会授予 2023 年度先进集体称号；党员陈新创被农工党浙江省委会授予 2023 年度社会服务工作先进个人称号；党员孙丹被授予绍兴市委、市政府“中国式现代化市域实践突出贡献奖”和先进个人称号；基层委主委陈康被越城区政协评为 2023 年度反映社情民意工作先进个人；党员马亮被越城区政协评为优秀政协委员；党员王元元、张飞娟被农工党绍兴市委会评为 2023 年度参政议政先进个人。张飞娟撰写的《基层抗疫实战中发现“健康码转码”管理模式亟待改善》被农工党中央《信息专报》采用上报全国政协；党员赵博提出的《关于“多条腿走路”共建共享，重燃古城“烟火气”的建议》被政协绍兴市越城区委员会评为 2023 年度优秀提案，党员张笑荣、李伟琴、朱美华被农工党绍兴市委会评为 2023 年度优秀党员。党员李鑫盛获绍兴市院前急救优秀管理者称号；党员张春霞获越城区“枫桥式”平安校园先进个人称号；党员倪昶花获越城区优秀耕耘教师称号；党员王志文获越城区德育优秀工作者称号。

【参政议政】 2023 年，农工党越城区基层委被录用宣传信息 20 余篇，在新华网等媒体上发表信息 3 篇，委员以个人或联名形式提交提案若干件，内容涵盖医疗卫生、青少年关爱、养老服务、文化传承、城市管理等多项主题。其中《关于“多条腿走路”共建共享，重燃古城“烟火气”的建议》被评为优秀提案，主委陈康代表区基层委做联组发言，获得区长钱林江点评肯定，被区政协评为2023年度反映社情民意工作先进个人。全年报送社情民意信息15篇，其中被市政协、农工党浙江省委会、浙江省委统战部录用1篇。《基层抗疫实战中发现“健康码转码”管理模式亟待改善》被农工党中央补录用并上报全国政协。

【调研工作】 2023年，农工党越城区基层委确定制造业高质量发展的课题方向，赴区经信局、区金融办、斗门和马山街道等处实地考察，形成《关于推动我市金融服务制造业高质量发展的建议》调研报告。根据区委统战部关于越城区各民主党派、工商联“打造最清洁城市样板区”专项民主监督工作的统一部署，基层委对区综合行政执法局、区垃圾分类办及马山街道开展监督调研工作，形成《关于越城区垃圾分类收运提升工作的调研报告》以及相关政协提案。上报直通车《加强景区食品安全监管促进古城旅游健康发展》获得区委书记徐军批示。

【社会服务】 2023年，农工党越城区基层委深耕“农工党·越乡情”社会服务品牌，以“越乡大讲堂”为品牌名，赴基层开展各类宣教，发挥党派界别优势，整合区内优质医疗资源，开展“名医专家乡村行”活动。年内，在鉴湖街道坡塘云松自然村探索建立全区首个“健康驿站”，与区慈善总会共建“同心共富”社会服务实践基地，在云松健康驿站、中节能绍兴环保产业园区、香莲公寓等地开展义诊和健康教育大讲堂活动。（陈康）

2023年5月17日，农工党越城区基层委在马山街道群贤社区举办“越乡大讲堂”健康教育进社区巡回讲座（农工党越城区基层委员会 提供）

2023年农工党越城区基层委参政议政工作情况一览表

表23

	序号	名称	姓名
提案/议案	1	关于为我区70岁以上老人免费参保“越惠宝”的建议	集 体
	2	关于加大对越城区人民医院财政保障的建议	集 体
	3	关于创新产学研融机制的建议	马 亮
	4	关于进一步加强我区中企业数字化改造工作建议	孙 丹
	5	关于挖掘文化主题，提升开放景区品质的建议	王志文
	6	关于建立义务教育阶段教师退出机制的建议	章雪江
	7	关于“多条腿走路”共建共享，重燃古城“烟火气”的建议	赵 博
	8	关于优化我区老年人健康体检的建议	娄菊花

续表 23

	序号	名称	姓名
社情民意	1	网红飙车亡人事故频发，运动型摩托车亟待加强管理	陈　康
	2	关于加强农村基层医疗机构 CT 诊断机装备提高新冠感染诊断能力的建议	陈　康
	3	拆迁村古建筑构件保护亟待加强	陈　康
	4	在校学生 HIV 感染者增长迅速，建议政府积极干预	章雪江
	5	关于加强家庭应急物资储备引导的建议	沈小芳
	6	关于加强“预制菜”管理工作建议	沈小芳
	7	关于优化我区城乡居民医保筹资标准和缴费标准的几点建议	许　风
	8	关于提高奖补政策兑现便捷化助力经济高质量发展的建议	许　风
	9	监管缺位 儿童游乐场所卫生亟待加强	马　亮
	10	深化“最多跑一次”改革打造便民服务零距离	马　亮
	11	小学及学前教育中男女教师比例严重失调现象亟待解决	袁文娟
	12	推进医疗信息互通共享 为市民提供全生命周期健康服务	张飞娟
	13	“应众人捧柴火，而非釜底抽薪”——关注薄弱学校，努力实现教育均衡	倪昶花、王志文、单美琴
	14	关于缓解城区交通拥堵的建议	钟珺红
	15	关注园社 1＋1，合力撑起“幸福伞”	张春霞
直通车	1	加强景区摊点食品安全监管，促进古城旅游健康有序发展	陈　康
调研课题	1	关于推动我市金融服务制造业高质量发展的建议	王元元
	2	关于越城区垃圾分类收运提升工作的调研报告	庄育菁

九三学社越城区基层委员会

【概况】 2023 年，九三学社绍兴市越城区基层委员会(以下简称“九三学社越城区基层委”)转正社员 1 人，列入发展对象 3 人，截至年底共有正式社员 53 名，发展对象 3 名。其中，市人大代表 1 名、市政协委员 4 名，区人大代表 2 名、区政协委员 11 名。

2023 年，九三学社越城区基层委获评 2022 年度九三学社浙江省组织建设先进集体；九三学社绍兴集成电路产业创新服务基地获评第三批省级社会服务示范基地；7 月，“九三学社浙江省传统教育基地”陈建功旧居揭牌。

【两会履职】 2023 年两会期间，九三学社越城区基层委共有 11 位区政协委员、2 位区人大代表参会。委员代表围绕青少年近视防控、发展工业旅游、减少家庭药品浪费等方面共提交人大建议3件，联名提案7件。基层委从推动绍兴集成电路人才发展、土地综合整治等角度着眼撰写提交集体提案4件；3件提案获评2022年度优秀提案，2名社员获评2022年度优秀政协委员。

【社会服务】 2023年1月12日，九三学社越城区基层委员会连续第七年开展新春助学活动，打造“越九三·越温暖”公益慈善品牌，为困难儿童送去爱心助力款；1月13日，在复旦科技园开展“越九三·越有福”新春送福送对联专场活动；9月5日，联合城南街道走进华侨社区开展“反诈普法维护‘侨益’，温暖‘侨’心幸福城南”活动；9月30日，联合稽山街道在森海社区开展“海富圈”同心共富集市活动，并为居民提供现场医疗咨询服务；10月14日，联合府山街道党派综合服务站在眼科医院开展“关注健康 共享‘睛’彩”主题科普义诊活动，为青少年和社区居民提供公益检查和眼健康咨询服务。（朱轶尔）

2023年九三学社越城区基层委员会参政议政情况一览表

表24

序号	社情民意调研报告题目	撰稿人
1	全产业链整顿与扶持，促进我区建筑高质量发展	张　军
2	聚焦万亿级黄金赛道打造长三角医械高地	谷　丰
3	关于加强集成电路产业集群招商引资的几点建议	曹桂莲
4	关于抢抓国产替代机遇、促进我省医疗器械产业高质量发展的建议	谷　丰
5	关于推进“幸福河湖试点县”建设方面的建议	赵　栋
6	“护航亚运”——益壤环保在行动	罗春晖
7	突破数字化“智理”瓶颈 助推城市精细化管理的建议	盛　鸿
8	关于对地方完善饲养动物管理体系的建议	盛　鸿
9	电瓶车规范充电问题亟待关注	聂兴成
10	关于进一步做好“消失建筑”收储记录的建议	沈　伟
11	关于进一步提升“双减”政策效果的建议	宋振亚
12	关于优化充电桩规划建设的建议	王　浩
13	当前形势下在村集体推广数字化存在的困难及意见建议	王　坚
14	打造“十五分钟便民生活圈”推广建设“邻里型智慧微菜场”	王　凯
15	关于增强杭州亚运宣传氛围的建议	王　凯
16	关于“基层人员少、编制紧的问题”的一些建议	徐彦博
17	关于优化绍兴市“E类”高层次人才认定条件的建议	杨治崇

续表 24

序号	社情民意调研报告题目	撰稿人
18	城市绿化切勿“铺张攀比”	詹叶娜
19	关于优化信访工作机制，引导合理信访的建议	章子南
20	沈定庵纪念馆建设	周娇娥
21	迎恩门美食特色街建设	周娇娥
22	关于提高绍兴居住小区建筑间距的建议	周　莹
23	关于加强无人机监管 治理无人机“黑飞”“乱飞”现象的建议	朱轶尔
24	关于优化冬季呼吸道传染病防治措施的建议	宋振亚
25	先进半导体材料现况与产业建设建议	李宗怿

越城区工商业联合会

【概况】 2023 年，越城区新成立越城开化商会，区工商联指导稽山、孙端 2 个区属商会完成换届，孙端街道商会被评为全国“四好”商会，城南街道商会被评为全省“四好”商会，马山街道商会、东浦街道商会被评为全市“四好”商会，皋埠街道商会入选全省百家示范商会。12 月，越城区工商业联合会召开第四届三次执委会，新增执委人数 20 人，其中新生代 11 人，目前新生代执委占比已达总商会执委 30% 以上。

2023 年 3 月 24 日，越城区“商会会长话发展”座谈会召开（区委宣传部　提供）

2023 年，越城区工商业联合会获 2022—2023 年度全国“五好”县级工商联、2022 年上规模民营企业调研先进单位、浙江省红十字会捐赠工作成绩突出集体等称号，《商会“共享法庭”打造法治化营商环境》入选全省乡镇街道商会建设工作实践案例。

【企业家理想信念教育】 2023 年，越城区工商联以习近平新时代中国特色社会主义思想为指导，以“越商永远跟党走”为主线，紧扣党的二十大、“八八战略”实施 20 周年、越城建区四十周年等主题，开展学习宣讲、交流研讨、考察调研等活动 20 余场，参与企业家近千人。结合习近平总书记在浙江考察时的重要讲话精神，在全区工商联系统深入开展习近平新时代中国特色社会主义思想教育。组织商会企业赴日本、新加坡、中国澳门地区、合肥、宁波等地参观考察优秀企业，拓宽企业家全球化视野，提升现代化管理能力。

【新时代越商精神弘扬】 2023 年，越城区工商联推出新生代民营企业家热议《中共中央 国务院关于促进民营经济发展壮大的意见》报道 2 期，分享亲身感悟；开展“激荡四十年 · 风云越商”活动，通过“身边人讲身边事”“企业家讲、讲给企业家听”，增强教育引导感染力、感召力。参与“与企同行、共襄未来”爱企行动，讲述越商好故事、宣传越商好典型、弘扬新时代越商精神，选树“风采越商”2名、“新锐越商”4名。

【推进同心共富行动】 2023年，越城区工商联组织商会会员投身“东西部协作”“山海协作”等共富工程，26家企业投身东西部协作，组织商会企业赴马边考察交流，深入结对地区实打实推进项目落地。推进全区定向招工式共富工坊建设，截至年底建成定向招工式共富工坊51个，吸纳就业人数1606人，“御茶村共富工坊”获评省级示范点。各基层商会筹建“云石”“热诚”“堰商”等教育基金达2100余万元，相关信息被人民网等媒体报道。

【数字变革助推民企】 2023年，越城区工商联以考察、沙龙等形式开展“民企数字行”活动，区总商会会长团走进中科大校友创新园、科大讯飞人工智能体验馆等地学习研讨。组织区工商联界别组政协委员聚焦数字经济、集成电路产业，到绍芯实验室、集成电路小镇、鉴水科技城开展专题调研活动。发挥数字金融功能，与恒信农商银行等金融机构建立战略合作关系，为基层商会提供融资支持，综合授信达30亿元。定期摸排上报民营企业融资需求，上报融资需求企业52家，资金需求9.3亿元，成功对接融资资金达8.47亿元，有效缓解中小微企业融资难、融资贵问题。

【“亲清直通车·政企恳谈会”】 2023年，越城区工商联创新“亲清直通车·政企恳谈会”向基层镇街延伸，助力宣贯和推介各项惠企政策，倾听中小微企业诉求建议并帮助解决困难问题，全年共召开“亲清直通车·政企恳谈会”19场，参与企业197家，收集交办问题建议239个，全部得到反馈或解决，交办件反馈满意率达97%，受到企业普遍好评，相关做法被人民网、《中华工商时报》、《浙江日报》等多家主流媒体报道。

【优化法律服务】 2023年，越城区工商联加强与公检法司的合作，举行企业家法治会客厅检察联络员聘任仪式，新聘任20名商会检察联络员；法院“商会工作室”成功调解案件81件，涉案标的1156.34万元，调撤率达55.2%，孙端商会《商会“共享法庭”打造法治化营商环境》做法在《人民日报》刊登。中成集团、浙江医药入选2023年度浙江省清廉民企建设示范单位，喜临门、盛洋科技、振德医疗、长业集团、咸亨集团等14家单位成为全市第一批清廉民企（商会）创建标杆。

【“越商行天下”行动】 2023年，越城区工商联聚焦在外越商发展情况，通过数据摸排、问卷调查、实地走访等形式摸清在外企业家发展基本情况和企业投资情况，推动越商返乡创业；发挥区内外商会力量助力家乡建设，协助举办2023同心·越城大会，100多位越商齐聚一堂，畅叙乡情友谊、共谋发展新篇。年内开展“在外越商故乡行”系列活动，优势互补、开放合作，共同打造更具韧性、更具活力、更具竞争力的越城“地瓜经济”。围绕“内强总部、外建基地”，引导振德医疗、喜临门、精工重钢等企业开展全球化布局。（李卓亚）

群众团体

绍兴市越城区总工会

【概况】 2023年，绍兴市越城区总工会(以下简称区总工会)在区委、区政府和市总工会的坚强领导下，主动融入中心大局，在助推“三个一号工程”、助力共同富裕中积极贡献工会力量。全区共有基层工会组织1554家，其中单建工会1205家，职工总数17.87万人。年内，新建基层工会51家，其中单建43家、联建8家，发展会员6300余人；积极推进快递、货运物流等新业态新就业群体建会入会，新建新业态工会21家，覆盖企业300余家，新增会员5600余人。依托区、镇街两级“两新组织”，协同构建联系紧密、覆盖广泛、形式创新的镇街“越新”联合工会网络，共有镇街“越新”联合工会10家(其中年内新建5家)，发展会员6000余人。9月，越城区总工会在全省“守好红色根脉·班前十分钟活动”系列推进活动中获得领讲员业务交流展示银奖和优秀案例展评银奖；越城区总工会代表队获绍兴市首届工会集体协商技能竞赛二等奖；11月，“八字桥”工作室劳动争议联动解纷工作法获绍兴市“十佳枫桥室工作法”比赛二等奖；12月，《绍兴市越城区总工会推动“越工周记”工作机制走好新时代“枫桥经验”的工会实践路》《绍兴市越城区总工会激发“产改”新动能迈向“共富”新征程》2个项目获“2023年绍兴市工会改革创新项目创新先锋奖”。

【越城区直属机关工会联合会第二次委员大会】 2023年7月19日，越城区直属机关工会联合会第二次委员大会召开，选举产生新一届越城区直属机关工会联合会常务委员会和经费审查委员会。

【越城区外卖行业联合工会成立】 2023年7月17日，越城区外卖行业联合工会第一次代表大会召开，选举产生越城区外卖行业联合工会第一届委员会和经费审查委员会。

【产业工人队伍建设改革】 2023年，区总工会制定《越城区“推进新‘产改’·助力高质量·建功共富路”2023年重点工作清单的通知》；开展“区‘产改’助‘共富’星级企业”选树工作，选树四星级企业35家、三星级企业149家；推进“镇街工匠”评选工作，命名“镇街工匠”200名。

2022—2023年度越城区第一批“产改”助“共富”星级企业一览表

表25

星级	企业	星级	企业
四星级	浙江医药股份有限公司	四星级	喜临门家具股份有限公司
四星级	浙江盛洋科技股份有限公司	四星级	浙江古纤道绿色纤维有限公司
四星级	绍兴中芯集成电路制造股份有限公司	四星级	振德医疗用品股份有限公司
四星级	浙江中成控股集团有限公司	四星级	绍兴中新电器有限公司
四星级	浙江仁本生活服务集团有限公司	四星级	绍兴市天龙锡材有限公司
三星级	浙江七色彩虹控股集团有限公司	三星级	浙江佳人新材料有限公司
三星级	浙江绍兴苏泊尔生活电器有限公司	三星级	绍兴三花新能源汽车部件有限公司
三星级	长业建设集团有限公司	三星级	浙江绍兴形尔尚居家空间有限公司
三星级	浙江安盛爆破工程有限公司	三星级	埃斯特维华义制药有限公司
三星级	鲁易建设集团有限公司	三星级	中节能(绍兴)环保产业园发展有限公司
三星级	绍兴瑞凯防护用品有限公司	三星级	浙江虬晟光电技术有限公司
三星级	绍兴民生医药股份有限公司	三星级	浙江苏泊尔制药有限公司
三星级	浙江锦盛新材料股份有限公司	三星级	浙江中清大建筑工业有限公司
三星级	绍兴市兆山建材有限公司	三星级	绍兴金江机械有限公司
三星级	浙江博盟精工轴承有限公司	三星级	绍兴翔宇绿色包装有限公司

2022—2023年度越城区第二批“产改”助“共富”星级企业一览表

表26

序号	所在镇街	企业
四星级		
1	北海街道	绍兴金德隆文化创意有限公司
2		绍兴京越地铁有限公司
3	稽山街道	绍兴瑞凯防护用品有限公司
4		浙江虬晟光电技术有限公司
5	城南街道	长业建设集团有限公司
6	灵芝街道	浙江环宇建设集团有限公司
7		华汇工程设计集团股份有限公司

续表 26

序号	所在镇街	企业
8	斗门街道	浙江佳人新材料有限公司
9		浙江安盛爆破工程有限公司
10		浙江绍兴苏泊尔生活电器有限公司
11		埃斯特维华义制药有限公司
12		浙江精工重钢结构有限公司
13		浙江富陵控股集团有限公司
14		绍兴中科通信设备有限公司
15	皋埠街道	长电集成电路(绍兴)有限公司
16		浙江京华激光科技股份有限公司
17	马山街道	浙江七色彩虹控股集团有限公司
18		绍兴金江机械有限公司
19		中节能(绍兴)环保产业园发展有限公司
20		浙江中成建工集团有限公司
21		浙江德创环保科技股份有限公司
22	孙端街道	鲁易建设集团有限公司
23	沥海街道	绍兴三花新能源汽车部件有限公司
24		浙江锦盛新材料股份有限公司
25		浙江医药股份有限公司昌海生物分公司
三星级		
1	塔山街道	绍兴咸亨集团股份有限公司
2		浙江希望包装有限公司
3		绍兴金帝银泰购物中心有限公司
4	府山街道	绍兴沈园堂健康文化传播有限公司
5		绍兴市国商大厦有限责任公司
6		中富建设集团有限公司
7		绍兴明牌珠宝销售有限公司
8	北海街道	绍兴市北卫物业管理有限公司
9		绍兴市鹏程设备安装实业有限公司

续表 26

序号	所在镇街	企业
10	稽山街道	浙江奇彩环境科技股份有限公司
11		绍兴禹庄开元酒店管理有限公司
12		绍兴市一禾餐饮管理有限公司
13		浙江东城建设管理有限公司
14		绍兴虎彩激光材料科技有限公司
15		绍兴市交通运输有限责任公司
16		绍兴福清卫生用品有限公司
17		浙江优特格尔医疗用品有限公司
18		绍兴鲁周服饰有限公司
19	城南街道	新景建设有限公司
20		绍兴中远海运集装箱运输有限公司
21		浙江耀锋动力科技有限公司
22		浙江清爽环保科技有限公司
23	迪荡街道	浙江中包派克包装有限公司
24		浙江旭日轴承有限公司
25		浙江伟丰文化有限公司
26		浙江华剑智能装备股份有限公司
27	东湖街道	浙江越宫钢结构有限公司
28		绍兴港现代物流集团有限公司
29		浙江圣塔绍兴酒有限公司
30		浙江宏钦建设有限公司
31		绍兴市恒兴亚麻纺织科技有限公司
32		绍兴港峰医用品有限公司
33		绍兴创举汽车同步器齿环有限公司
34		绍兴中亚工贸园有限公司
35		绍兴市悦达泳装服饰有限公司
36	灵芝街道	绍兴城建集团有限公司
37		绍兴市第一园林工程有限公司
38	东浦街道	中粮孔乙己酒业有限公司
39		浙江欣业建设集团有限公司
40		浙江鼎盛交通建设有限公司
41		绍兴市新丝路布业有限公司

续表 26

序号	所在镇街	企业
42	鉴湖街道	浙江益森科技股份有限公司
43		绍兴泰荣电器有限公司
44		绍兴三川机械有限公司
45	斗门街道	浙江佳宝新纤维集团有限公司
46		浙江海圣医疗器械股份有限公司
47		绍兴东湖高科股份有限公司
48		浙江泰达作物科技有限公司
49		凯泰特种纤维科技有限公司
50		绍兴睿阳纺织有限公司
51		浙江乐祥铝业有限公司
52		绍兴宝顺汽车销售服务有限公司
53		绍兴华立电子有限公司
54		浙江汽车仪表有限公司
55		浙江贝得药业有限公司
56		浙江巴鲁特服饰股份有限公司
57		绍兴市冠友众谷园区管理有限公司
58		浙江思科机电制造有限公司
59		绍兴路德行汽车有限公司
60		绍兴市集亚物流基地有限公司
61		浙江越星汽车有限公司
62		绍兴梅塞尔气体产品有限公司
63		浙江物产元通国际汽车广场有限公司
64		浙江特立宙动画影视有限公司
65		浙江中发薄膜有限公司
66		绍兴市晟虎体育用品有限公司
67		绍兴市机动车检测站有限公司
68	皋埠街道	浙江资溪面包有限公司
69		绍兴市龙腾餐饮管理有限公司
70		浙江海森纺机科技有限公司
71		浙江时光家纺有限公司
72		养乐多(中国)投资有限公司绍兴分公司
73		绍兴怡华电子科技有限公司
74		绍兴菲滋意式餐饮服务有限公司

续表 26

序号	所在镇街	企业
75	陶堰街道	绍兴旗滨玻璃有限公司
76		浙江新海天生物科技有限公司
77		浙江绍兴勇大针纺工艺有限公司
78		绍兴永盛建材有限公司
79	马山街道	绍兴中成热电有限公司
80		绍兴国周纺织新材料有限公司
81		绍兴凤登环保有限公司
82		浙江冠明电力新材股份有限公司
83		浙江中柏特种纤维有限公司
84		绍兴大发布业有限公司
85		绍兴京山汽车配件有限公司
86		绍兴闻铭机械制造股份有限公司
87		绍兴市诚信达针纺有限公司
88		浙江新威机械有限公司
89		浙江杰泰英达纺织服饰有限公司
90		浙江瑞德电子科技有限公司
91		浙江百翔科技股份有限公司
92		绍兴市华沁家纺有限公司
93		绍兴美冠针织服饰有限公司
94		绍兴师爷酒业有限公司
95		亚旭昌(绍兴)食品有限公司
96		绍兴明业化纤有限公司
97		绍兴市天天肉食品有限公司
98		麦华(浙江)智能家居有限公司
99		绍兴市利源纸品有限公司
100		绍兴百丰纺织有限公司
101		绍兴持正链传动有限公司
102		浙江贝思特钉业有限公司
103		绍兴通威生物科技有限公司
104		绍兴守仁医疗健康科技有限公司
105		浙江思达电缆有限公司
106		浙江瑞浦热工自控仪表有限公司
107		浙江好百年针织有限公司

续表 26

序号	所在镇街	企业
108	孙端街道	绍兴博利豪家纺有限公司
109		绍兴顺兴金属制品有限公司
110		绍兴达易厨房电器有限公司
111		绍兴爱德新型建筑材料有限公司
112	沥海街道	浙江创新生物有限公司
113		浙江昌海制药有限公司
114		绍兴市锦升塑业有限公司
115		浙江海申新材料有限公司
116		浙江三友包装有限公司
117		纳诺科技有限公司
118		浙江世宏实业有限公司
119		浙江美科光电有限公司
120		绍兴中瑞彩印包装有限公司
121		绍兴市新弘包装有限公司
122		浙江鑫磊包装有限公司
123		浙江普施康生物科技有限公司
124		绍兴市雅美包装有限公司
125		绍兴市安吉尔净饮水科技有限公司
126		浙江知行药业有限公司
127	富盛镇	绍兴御茶村茶业有限公司
128		绍兴市维晟色纺有限公司
129		绍兴红葡萄纺织装饰品有限公司

2023 年越城区“镇街工匠”一览表

表 27

所在镇街	姓名	企业
塔山街道	卢克利	浙江盛洋科技股份有限公司
	汪国清	浙江盛洋科技股份有限公司
	罗小刚	浙江盛洋科技股份有限公司
	夏伟龙	浙江希望包装有限公司
	钱立华	绍兴咸亨大酒店有限公司
	诸　慧(女)	绍兴市咸亨酒店有限公司

续表 27

所在镇街	姓名	企业
府山街道	冯金罗	绍兴市国商大厦有限责任公司
	李小磊	绍兴沈园堂健康文化传播有限公司
北海街道	丁棋良	绍兴京越地铁有限公司
	孙　强	绍兴市新桥江水环境治理有限公司
	金钢良	绍兴广成绍迪新能源汽车有限公司
	赵香娣(女)	绍兴京越地铁有限公司
	姜纪德	浙江绍兴形尔尚居家空间有限公司
	钱　波	绍兴市鹏程设备安装实业有限公司
	徐　斌	浙江宝城工程设计有限公司
	高建程	浙江宝城工程设计有限公司
	傅得伟	上海建工(浙江)水利水电建设有限公司
稽山街道	毛　兵	浙江奇彩环境科技股份有限公司
	华　萌	浙江东城建设管理有限公司
	刘自成	绍兴虎彩激光材料科技有限公司
	严　强	绍兴市一禾餐饮管理有限公司
	吴　杰	绍兴虎彩激光材料科技有限公司
	陈国民	浙江虬晟光电技术有限公司
	赵　军	绍兴虎彩激光材料科技有限公司
	夏利萍(女)	绍兴瑞凯防护用品有限公司
	钱枞诚	浙江奇彩环境科技股份有限公司
	诸　浩	绍兴越淘网络技术有限公司
	尉宵宵(女)	绍兴禹庄开元酒店管理有限公司
	潘莎帅(女)	绍兴瑞凯防护用品有限公司
	魏澄超	浙江虬晟光电技术有限公司
城南街道	丁建浩	长业建设集团有限公司
	任悦萍(女)	新景建设有限公司
	许国利	浙江清爽环保科技有限公司
	余博识	绍兴市清安环境科技有限公司
	应立锋	绍兴市舜安水利工程管理有限公司
	沈建海	长业建设集团有限公司
	宋鸿天	绍兴市中合建设有限公司
	施涯东	绍兴市中合建设有限公司
	钱立群	新景建设有限公司

续表 27

所在镇街	姓名	企业
迪荡街道	陆树松	浙江中包派克包装有限公司
	陈　芳	浙江华剑智能装备股份有限公司
	郑慧峰	绍兴旭日绵轴承有限公司
	章立锋	浙江旭日轴承有限公司
	梁卫林	同创工程设计有限公司
东湖街道	王金金	浙江圣塔绍兴酒有限公司
	朱建刚	浙江大越绍兴酒有限公司
	向国满	绍兴创举汽车同步器齿环有限公司
	李　丹(女)	绍兴市恒兴亚麻纺织科技有限公司
	李刚明	绍兴中亚工贸园有限公司
	余嘉毅	浙江东盛精密机械有限公司
	宋志坤	绍兴振腾医疗用品有限公司
	骆金耀	绍兴市振杨机械有限公司
	傅珠荣	绍兴市天龙锡材有限公司
	潘一彪	绍兴咸亨食品股份有限公司
	戴树峰	绍兴市天龙锡材有限公司
灵芝街道	丁佳丽(女)	华汇工程设计集团股份有限公司
	王燕华	喜临门家具股份有限公司
	方　永	喜临门家具股份有限公司
	蒋　杭	喜临门家具股份有限公司
	张墨墨(女)	绍兴市越城区安邦职业技能培训有限公司
	林鑫乔	浙江联合建工设计研究院有限公司
	郑文杰	浙江君泰生态环保科技有限公司
	顾文强	浙江环宇建设集团有限公司
	钱国权	华汇工程设计集团股份有限公司
东浦街道	丁　钶	中粮孔乙己酒业有限公司
	李梦瑶(女)	中粮孔乙己酒业有限公司
	封伟英(女)	中粮孔乙己酒业有限公司
	吴帅斌	绍兴市丰瑞针纺有限公司
鉴湖街道	边占梅(女)	浙江金楠建工集团有限公司
	余航斌	浙江益森科技股份有限公司
	钱如荣(女)	浙江绍兴爱米乐餐饮管理有限公司
	徐叶青	绍兴荣泰电器有限公司
	董　瑛(女)	浙江华颐房地产集团有限公司

续表 27

所在镇街	姓名	企业
斗门街道	王松尧	浙江绍兴华东包装有限公司
	王涛涛	绍兴中科通信设备有限公司
	王　鑫	浙江佳宝聚酯有限公司
	车　飞	绍兴市华冠新型建材有限公司
	方虹天	中纺院(浙江)技术研究院有限公司
	邓　鹭	绍兴天普塑料制品有限公司
	石　峰	浙江光特科技有限公司
	卢国荣	浙江佳人新材料有限公司
	吕恒源	绍兴中科通信设备有限公司
	刘清波	绍兴中科通信设备有限公司
	冯　裕(女)	埃斯特维华义制药有限公司
	阮建梁	埃斯特维华义制药有限公司
	孙祖光	埃斯特维华义制药有限公司
	杨少华	浙江古纤维绿色纤维有限公司
	肖仕远	浙江绍兴苏泊尔生活电器有限公司
	张　解	浙江绍兴苏泊尔生活电器有限公司
	吴　昊	绍兴和诚海昌汽车销售有限公司
	陈　凤(女)	浙江古纤维绿色纤维有限公司
	陈　伟	浙江乐祥铝业有限公司
	陈林江	浙江佳人新材料有限公司
	范立峰	凯泰特种纤维科技有限公司
	罗建方	绍兴翔宇绿色包装有限公司
	金　勇	浙江安盛爆破工程有限公司
	周永刚	浙江佳宝聚酯有限公司
	郑　立	绍兴华立电子有限公司
	胡容霞(女)	中纺院(浙江)技术研究院有限公司
	胡满意	浙江越星汽车有限公司
	袁　洋	浙江精工重钢结构有限公司
	寇宗宪	浙江精工重钢结构有限公司
	袁江梁	绍兴中科通信设备有限公司
	徐华良	绍兴中科通信设备有限公司
	郭学峰	绍兴中科通信设备有限公司
	黄成龙	绍兴中科通信设备有限公司

续表 27

所在镇街	姓名	企业
斗门街道	黄见太	浙江古纤维绿色纤维有限公司
	韩新明	浙江佳宝新纤维集团有限公司
	曾世祥	绍兴华立电子有限公司
皋埠街道	田　宇	中芯越州集成电路制造(绍兴)有限公司
	刘成刚	振德医疗用品股份有限公司
	刘　新	长电集成电路(绍兴)有限公司
	张章龙	长电集成电路(绍兴)有限公司
	劳彬彬	浙江奔惠建设有限公司
	何华鑫	吉光半导体(绍兴)有限公司
	汪贵生	浙江资溪面包有限公司
	张弓玉帛	绍兴中芯集成电路制造股份有限公司
	张良敏	绍兴中芯集成电路制造股份有限公司
	屈文晶	绍兴中芯集成电路制造股份有限公司
	陈　明	振德医疗用品股份有限公司
	陈　怡(女)	振德医疗用品股份有限公司
	尚松川	中芯先锋集成电路制造(绍兴)有限公司
	赵友亮	振德医疗用品股份有限公司
	胡俊武	振德医疗用品股份有限公司
	姜怡雯(女)	中芯越州集成电路制造(绍兴)有限公司
	倪洽凯	长电集成电路(绍兴)有限公司
	高冰玲(女)	绍兴中芯集成电路制造股份有限公司
	董静思	绍兴中芯集成电路制造股份有限公司
	蒋水姣(女)	振德医疗用品股份有限公司
	傅可锋	浙江海森纺机科技有限公司
	潘　波	长电集成电路(绍兴)有限公司
陶堰街道	孙佳平	绍兴旗滨玻璃有限公司
	吴永强	浙江绍兴勇大针纺工艺有限公司
	董　雄	绍兴旗滨玻璃有限公司
马山街道	丁和鑫	绍兴中成热电有限公司
	丁原章	浙江百翔科技股份有限公司
	王　夫	绍兴中成热电有限公司
	王　鹏	天津大学浙江国际创新设计与智造研究院

续表 27

所在镇街	姓名	企业
马山街道	刘志根	浙江新威机械有限公司
	刘　鹏	浙江华晨动力机械有限公司
	孙海峰	绍兴京山汽车配件有限公司
	沈乡情(女)	浙江康思特动力机械有限公司
	沈　亮	绍兴金江机械有限公司
	张永兴	浙江港龙织造科技有限公司
	陈小琴(女)	绍兴金江机械有限公司
	陈玉明	绍兴柯利华汽车配件有限公司
	陈继刚	绍兴京山汽车配件有限公司
	金国祥	浙江恒业成有机硅有限公司
	郑克祥	浙江苏泊尔制药有限公司
	胡炎峰	浙江博盟精工轴承有限公司
	钟月标	绍兴金江机械有限公司
	段小文	浙江港龙织造科技有限公司
	奕海江	浙江博盟精工轴承有限公司
	姚盛炜	绍兴凤登环保有限公司
	徐赛华	绍兴明业化纤有限公司
	徐　樑	浙江华晨动力机械有限公司
	凌　亮	浙江华晨动力机械有限公司
	高水英(女)	浙江杰泰英达纺织服饰有限公司
	董建福	浙江德创环保科技股份有限公司
	傅秀珍(女)	绍兴明业印染有限公司
	熊德超	浙江百翔科技股份有限公司
	黎胜宁	绍兴明业化纤有限公司
孙端街道	李校林	绍兴中新电器有限公司
	张　锋	绍兴中新电器有限公司
	单鑫梁	鲁易建设集团有限公司
	施国兴	绍兴中新电器有限公司
沥海街道	马　新	浙江钠创新能源有限公司
	王奇男	纳诺科技有限公司
	王胜强	浙江锦盛新材料股份有限公司
	田恒生	浙江欧尔赛斯科技有限公司

续表 27

所在镇街	姓名	企业
沥海街道	史德超	浙江医药股份有限公司昌海生物分公司
	朱浩军	浙江海申新材料有限公司
	任胜科	浙江医药股份有限公司昌海生物分公司
	杨同生	浙江鑫磊包装有限公司
	吴银桥	浙江三友包装有限公司
	吴雄炜	浙江医药股份有限公司昌海生物分公司
	何建忠	绍兴三花新能源汽车部件有限公司
	沈乾柄	浙江医药股份有限公司昌海生物分公司
	宋春莲(女)	浙江医药股份有限公司昌海生物分公司
	张　旭	浙江昌海制药有限公司
	张　林	绍兴三花新能源汽车部件有限公司
	陆黄鹏	浙江芳原馨生物医药有限公司
	陈卫忠	浙江知行药业有限公司
	陈红芳(女)	浙江医药股份有限公司昌海生物分公司
	陈　琦	绍兴市锦升塑业有限公司
	邵立峰	浙江世宏实业有限公司
	邵江峰	绍兴三花汽车热管理科技有限公司
	苗建森	纳诺科技有限公司
	范奇苗	浙江德琪制药有限公司
	周巧丽(女)	浙江昌海制药有限公司
	郑建峰	浙江医药股份有限公司昌海生物分公司
	胡海金	浙江捷发科技股份有限公司
	俞沛沛(女)	浙江医药股份有限公司昌海生物分公司
	袁　洁(女)	浙江创新生物有限公司
	徐建林	绍兴毅龙镭射科技有限公司
富盛镇	邓修文	绍兴市维晟色纺有限公司
	李春晓	浙江天隆智造股份有限公司
	沈　炜	绍兴御茶村茶业有限公司
	徐海霞(女)	绍兴御茶村茶业有限公司
	戴伟祥	绍兴红葡萄纺织装饰品有限公司

2023 年 4 月 26 日，越城区劳动模范、模范集体合影（区总工会　提供）

【劳模工匠选树培育】 2023 年，区总工会开展越城区劳动模范和模范集体评选工作，评选区劳动模范 77 人、区模范集体 20 个；成功推荐省五一劳动奖状 1 个，省五一劳动奖章 4 人，省级工人先锋号 4 个，浙江绍兴恒信农村商业银行股份有限公司营业部被表彰为全国五一巾帼标兵岗；创建区级劳模工匠创新工作室 40 家，成功申报省级劳模工匠创新工作室 1 家，市级劳模工匠创新工作室 6 家；联合越城区人力社保局评选“越城工匠”30 人；举办越城区、滨海新区庆祝“五一”国际劳动节大会，广泛宣传劳模工匠先进事迹，切实发挥劳模工匠的示范引领作用。

2023 年越城区获浙江省五一劳动奖状、奖章和工人先锋号一览表

表 28

荣誉称号	集体和个人
五一劳动奖状	绍兴中芯集成电路制造股份有限公司
五一劳动奖章	陈国青（绍兴市越城区府山街道社区卫生服务中心主任）
	陈岳诚（喜临门家具股份有限公司监事会主席、运营中心总经理）
	朱剑雄（浙江耀锋动力科技有限公司技术部部长）
	郑华东（浙江希望包装有限公司设备动力部经理）
工人先锋号	浙江康思特动力机械有限公司技术中心
	浙江虬晟光电技术有限公司 LED 事业部自动组
	绍兴翔宇绿色包装有限公司自控维修组
	绍兴市越城区人民法院袍江人民法庭
	浙江康思特动力机械有限公司技术中心

2023 年越城区劳动模范和模范集体一览表

表 29

姓名	企业名称 / 职务
劳动模范	
马志敏	绍兴市培新小学教师
马赵君	绍兴宏奥汽车销售服务有限公司销售顾问
方美华（女）	浙江越王珠宝有限公司区域经理

续表 29

姓名	企业名称 / 职务
王　勤(女)	浙江中成控股集团有限公司审计负责人
王仁刚	浙江百翔科技股份有限公司研发中心主任
王玉莹(女)	绍兴市元培幼儿园园长
王如松	越城区斗门街道社区卫生服务中心副书记、副主任
王建木	绍兴市越城区富盛镇中学教师
王圆圆(女)	绍兴市抱龙山酒业有限公司研发部主管
邓　刚	绍兴虎彩激光材料科技有限公司研发部部长
冯　坚	浙江大公律师事务所主任
冯玉龙	绍兴市双良针织有限公司生产厂长
卢晓锋	浙江医药股份有限公司昌海生物分公司车间主任
叶盛洋	浙江盛洋科技股份有限公司副总经理
刘　娜(女)	绍兴市越城区人民法院民二庭庭长
孙　军	越城区东浦街道总工会主席、建设管理办公室主任
孙国樑	绍兴市咸亨酒店有限公司副总经理、厨师长
孙建刚	绍兴中科通信设备有限公司生产主管
朱福欣	浙江一景生态牧业有限公司技术主管
朱潮龙	绍兴市越城区东湖街道郦家埭完全小学负责人
阮全均	绍兴市兆山建材有限公司生技科科长
严舜尧	绍兴圣孚运达服饰有限公司业务经理
何建立	绍兴市鹏程设备安装实业有限公司项目经理
余　波	浙江普施康生物科技有限公司总经理
劳光亮	浙江华颐房地产集团有限公司董事长
吴国祥	越城区迪荡街道蕺山社区支部书记、主任
宋　燕(女)	越城区稽山街道鹤池社区支部书记、主任
应森源	浙江中清大建筑产业化有限公司技术总监
张二晓(女)	绍兴菲滋意式餐饮服务有限公司区经理
张月萍(女)	绍兴市悦达泳装服饰有限公司总经理
张伟勇	绍兴市越城区交通运输行政执法队副队长
张兴祥	越城区富盛镇义峰村党总支书记、主任
张华潮	浙江环宇建设集团有限公司项目经理
张建伟	绍兴市越城区疾病预防控制中心副主任

续表 29

姓名	企业名称 / 职务
张震华	绍兴拓邦新能源股份有限公司董事长
李　莎(女)	越城区灵芝街道外滩社区支部书记、主任
李根生	绍兴市越城根生家庭农场场主
杨飞燕(女)	绍兴市越城区人民检察院第二检察部主任
沈　炜	绍兴御茶村茶业有限公司总经理助理
邵林海	华汇工程设计集团股份有限公司党委书记
邵德夫	绍兴中新电器有限公司总经理、智能改造攻关小组组长
陈　琳	绍兴市越城区综合行政执法局中队长
陈巨松	喜临门家具股份有限公司智能制造副总监
陈幼强	浙江华剑智能装备股份有限公司电机维修售后工人
陈永锋	绍兴市一禾餐饮管理有限公司总经理
陈利娟(女)	越城区灵芝街道总工会(机关工会)主席
陈建英(女)	越城区塔山街道罗北社区支部书记、主任
单江荣	越城区马山街道社区卫生服务中心中医科主任
单岳良	越城区沥海街道办事处农业农村办公室工作人员
周坚阳	浙江旭日轴承有限公司电工班长
林卫国	绍兴市环成清洁服务有限公司维修车间副主任
罗　斌	绍兴中芯集成电路制造股份有限公司制造经理
苗明利	越城区孙端街道后双盆村党总支书记
俞仙国	越城区东浦街道金家村党总支书记、主任
胡　珂(女)	绍兴市越城区卫生健康局公卫科科长
胡美丽(女)	越城区鉴湖街道事业综合服务中心主任
贺永宝	绍兴大发布业有限公司董事长
赵伟忠	越城区东湖街道夯前村党总支书记、主任
赵明华	越城区陶堰街道白塔头村党总支书记、主任
夏书良	浙江锦盛新材料股份有限公司办公室主任
徐　钢	浙江康思特动力机械有限公司研究院副院长
徐　燕(女)	绍兴市蔬菜果品批发交易市场有限公司蔬菜部经理
徐祖良	越城区皋埠街道坝头山村党支部书记、主任
钱光耀	绍兴市公安局越城区分局刑侦大队技术室副主任
顾美丽(女)	越城区北海街道快阁苑社区支部书记、主任
高　勇	浙江海圣医疗器械股份有限公司注塑班长

续表 29

姓名	企业名称 / 职务
高思敏	绍兴市城市广场管理有限公司管理部经理
梁　兵	越城区迪荡街道办事处党政办负责人、人武部副部长
梁勇锋	浙江绍兴恒信农村商业银行股份有限公司城东支行长
章金波	绍兴市越城区文化广电旅游局办公室负责人
葛海刚	浙江全邑农业开发有限公司负责人
蒋　平	中富建设集团有限公司项目负责人
谢峰峰	浙江绍兴勇大针纺工艺有限公司计划部经理
韩明海	绍兴市新丝路布业有限公司总经理
裘文娟(女)	绍兴市越城区财政局经济建设科工作人员
潘江峰	浙江佳人新材料有限公司 RD 生产执行经理
潘莎帅(女)	绍兴瑞凯防护用品有限公司人力行政经理
模范集体	
1	绍兴三花新能源汽车部件有限公司
2	绍兴市越城区城南街道长城社区居民委员会
3	绍兴市越城区人力资源服务中心
4	绍兴市北卫物业管理有限公司
5	绍兴市越城区陶堰街道泾口村民委员会
6	浙江滨海新区投资发展集团有限公司
7	同创工程设计有限公司
8	绍兴市越城区不动产登记服务中心
9	浙江欣业建设集团有限公司
10	国家税务总局绍兴市越城区税务局
11	绍兴高新区医疗器械创新服务综合体(绍兴澜北投资管理有限公司)
12	绍兴市越城区医疗保障管理服务中心
13	绍兴市越城区府山街道书圣故里社区居民委员会
14	绍兴市越城区建筑市场管理处
15	浙江德创环保科技股份有限公司
16	绍兴市越城区孙端街道村头村村民委员会
17	绍兴市历史文化名城保护服务中心
18	浙江绍兴苏泊尔生活电器有限公司
19	绍兴市镜湖中学
20	绍兴市越城区城南街道社区卫生服务中心

第十三批浙江省劳模工匠创新工作室一览表

表 30

工作室名称	建设单位
李明工匠工作室	浙江古纤道绿色纤维有限公司

2023 年绍兴市劳模(工匠)创新工作室一览表

表 31

序号	工作室名称	建设单位
1	孙刚劳模(工匠)创新工作室	浙江佳人新材料有限公司
2	崔文明劳模(工匠)创新工作室	浙江精工重钢结构有限公司
3	竺少铭劳模(工匠)创新工作室	浙江医药股份有限公司昌海生物分公司
4	吕钢劳模(工匠)创新工作室	绍兴三花新能源汽车部件有限公司
5	邢国然劳模(工匠)创新工作室	浙江中成建工集团有限公司
6	徐金辉劳模(工匠)创新工作室	绍兴中芯集成电路制造股份有限公司

2022 年度越城区区级劳模工匠创新工作室一览表

表 32

序号	工作室名称	建设单位
1	崔文明电焊创新工作室	浙江精工重钢结构有限公司
2	富洪志聚酯生产技术研究创新工作室	浙江佳宝聚酯有限公司
3	孙刚化学法再生创新工作室	浙江佳人新材料有限公司
4	陶永明制药设备创新工作室	绍兴民生医药股份有限公司
5	崔桂新功能性纤维创新工作室	中纺院(浙江)技术研究院有限公司
6	邢国然建筑技术创新工作室	浙江中成建工集团有限公司
7	杨军汽车维修创新工作室	绍兴德之林汽车有限公司
8	吕钢 CCD 视觉研发创新工作室	绍兴三花新能源汽车部件有限公司
9	竺少铭技术创新工作室	浙江医药股份有限公司昌海生物分公司
10	李祥生环保创新工作室	浙江医药股份有限公司昌海生物分公司
11	张建喜检验技能创新工作室	浙江创新生物有限公司
12	徐金辉车规级 IGBT 工艺良率改善工作室	绍兴中芯集成电路制造股份有限公司
13	张水江电线电缆工艺技术创新工作室	浙江盛洋科技股份有限公司
14	王凯数字化设计工作室	同创工程设计有限公司

说明:越城区 2022 年度区级劳模工匠创新工作室名单,2023 年 7 月发文命名。

2023年度越城区区级劳模工匠创新工作室一览表

表33

序号	工作室名称	建设单位
1	孙国樑烹调技艺创新工作室	绍兴市咸亨酒店有限公司
2	蒋平建筑创新工作室	中富建设集团有限公司
3	陈小彩基层治理创新工作室	绍兴市北卫物业管理有限公司
4	金卫维设备改良创新工作室	绍兴市鹏程设备安装实业有限公司
5	潘莎帅职业规划创新工作室	绍兴瑞凯防护用品有限公司
6	王圆圆黄酒开发创新工作室	绍兴市抱龙山酒业有限公司
7	周坚阳电气编程创新工作室	浙江旭日轴承有限公司
8	彭孜电子焊接新材料创新工作室	绍兴市天龙锡材有限公司
9	王洪祥工程项目管理创新工作室	浙江宏钦建设有限公司
10	赵正旺钢结构焊接技术创新工作室	浙江越宫钢结构有限公司
11	陈巨松智能制造创新工作室	喜临门家具股份有限公司
12	陈岳诚精益创新工作室	喜临门家具股份有限公司
13	张华潮道桥施工技术创新工作室	浙江环宇建设集团有限公司
14	劳光亮房地产业发展创新工作室	浙江华颐房地产集团有限公司
15	金玉林冲压模具设计创新工作室	浙江思科机电制造有限公司
16	俞国平光通信技术创新工作室	绍兴中科通信设备有限公司
17	陈雷刚集成电路可靠性创新工作室	中芯先锋集成电路制造(绍兴)有限公司
18	黎哲功率模块技术创新工作室	吉光半导体(绍兴)有限公司
19	朱松烘焙技能创新工作室	浙江资溪面包有限公司
20	傅国松汽车配件创新工作室	绍兴金江机械有限公司
21	王仁刚智能手套机研发创新工作室	浙江百翔科技股份有限公司
22	陈国青社区康复团队创新工作室	府山街道社区卫生服务中心
23	陈卫刚健康指导创新工作室	城南街道社区卫生服务中心
24	高学文儿童哮喘诊治创新工作室	城南街道社区卫生服务中心
25	王如松中医技能创新工作室	斗门街道社区卫生服务中心
26	单江荣中医中药治疗创新工作室	马山街道社区卫生服务中心

2023年"越城工匠"一览表

表34

姓名	工作单位
马　琴	绍兴我愿意珠宝设计有限公司
王大伟	浙江锦盛新材料股份有限公司
王芝祥	绍兴市七度空间装饰设计有限公司
王洪祥	浙江宏钦建设有限公司
王敏芳	绍兴建科工程检测有限公司
方红敏	浙江盛洋科技股份有限公司
孔　良	绍兴市一禾餐饮管理有限公司
田定江	绍兴万年青水泥有限公司
冯幼强	振德医疗用品股份有限公司
朱冬林	绍兴中成热电有限公司
刘慧宇	浙江古纤道绿色纤维有限公司
吴建国	绍兴民生医药股份有限公司
吴琦琪	绍兴市大成供电服务有限公司
余成海	绍兴锦绣农业开发有限公司
陆勤松	绍兴市陶堰畜牧专业合作社
张万峰	绍兴市鹏诚设备安装实业有限公司
金玉林	浙江思科机电制造有限公司
郑　杰	绍兴宝城建筑工业化制造有限公司
孟建洋	绍兴京山汽车配件有限公司
赵红海	绍兴市杭港眼镜有限公司人民路分公司
俞国平	绍兴中科通信设备有限公司
彭　莹	绍兴市越城区尚升职业技能培训有限公司
董国英	浙江省欣业建设集团有限公司
蒋茂建	绍兴旗滨玻璃有限公司
傅国松	绍兴金江机械有限公司
谢叶苹	绍兴明业印染有限公司
蒲荣华	绍兴华立电子有限公司
谭仕满	绍兴路德行汽车有限公司
潘　永	同创工程设计有限公司
潘荣根	老猫雕刻工作室

【劳动和技能竞赛】 2023年，区总工会广泛举办技能竞赛、“三重一新”立功竞赛，举办2023年省级十大重点项目半导体分立器件和集成电路微系统组装工职业技能竞赛；联合举办区级技能竞赛12场，举办各级技能竞赛385场；成功申报市级立功竞赛示范项目5个。

【普惠服务】 2023年，区总工会开展“幸福越城——留越职工送温暖”系列活动，送温暖活动资金95万余元，惠及职工3万余人；开展常态化送温暖活动，慰问困难职工62人，慰问资金8.7万元；摸排建档困难职工，慰问建档困难职工92人次，慰问资金49.31万元。全区职工医疗互助保障参保人数89406人，参保金额536.43万元。

【法律服务】 2023年，区总工会全面深化推进能级工资集体协商，越城区已建工会企业集体合同签订率动态保持率84.11%，其中实现省、市、县三级产改试点企业110家全覆盖，市级以上劳动关系和谐企业（园区）92家，开展率100%，规上建会企业开展137家，覆盖率63.4%，越城区已有专职集体协商指导员15人。推动“枫桥式”劳动争议多元化解“八字桥”平台体系建设，构建区、镇街和园区三级联动的职工维权帮扶机制，全年已受理劳动争议调解案件902起，其中涉及线上调解265起，调撤结案688起，涉及金额1290.07万元；开展“尊法守法·携手筑梦”公益法律服务活动17场，服务职工3458人。

【职工文体活动】 2023年，区总工会举办庆“五一”迎亚运暨建区四十周年城市漫步活动，承办全省“弘扬劳模精神传承时代匠心”2023学年全省“劳模工匠进校园”示范活动。结合“宣贯党的二十大精神主线”与“守好红色根脉·班前十分钟”活动，组建成立“越城职工2010领讲团”，开展多主题宣讲2000余场；开展“越城职工大讲堂”宣讲活动100场，5000余名职工参加；举办第二届“越城里·越工学堂”书画培训班及“非凡四十载奋进新征程”——“越城里·越工学堂”学员书画作品展、全区职工工间操培训班暨进一步开展工间操健身活动、“健康亚运我行动”绍兴市越城区机关趣味运动会等文体活动，万余名职工参加；持续打响“越城里·幸福派”青年职工交友品牌，开展相亲交友活动29场，参与职工1195人，成功牵手83对；举办工会“爱心托班”服务活动25场；选树市级“妈咪暖心小屋”示范点11家。

2023年第八批绍兴市越城区劳动关系和谐企业一览表

表35

序号	企业	序号	企业
1	浙江古纤道绿色纤维有限公司	9	绍兴市诚信达针纺有限公司
2	绍兴港现代物流集团有限公司	10	长电集成电路（绍兴）有限公司
3	绍兴中芯集成电路制造股份有限公司	11	华汇工程设计集团股份有限公司
4	浙江德创环保科技股份有限公司	12	绍兴市一禾餐饮管理有限公司
5	绍兴翔宇绿色包装有限公司	13	绍兴大发布业有限公司
6	绍兴拓邦新能源股份有限公司	14	浙江精工重钢结构有限公司
7	长业建设集团有限公司	15	绍兴市第一园林工程有限公司
8	浙江宏钦建设有限公司	16	浙江世宏实业有限公司

【"越工周记"工作机制】 2023年，区总工会建立"越工周记"工作机制，工会干部每周常态化联系走访镇街总工会及基层企业，开展调查研究，动态收集企业及职工需求，多措并举为企业、职工纾困解难。全年累计开展走访企业529家，有效收集职工需求447条，落实解决402条。2023年11月，"越工周记"工作法获中华全国总工会党组书记、副主席、书记处第一书记徐留平批示肯定。

【"工享社团"建设行动】 2023年，区总工会充分发挥优秀职工文化阵地示范引领作用，挖掘全区重点企业优秀文体社团，通过加强指导和政策、经费等支持，协助企业社团理顺管理机制、推动企业社团活动的深度和广度。全年推选越城区首批社团管理优秀企业工会11家，下拨专项补助资金29万元；获评绍兴市星级职工活动中心五星级1家、四星级2家、三星级1家，"职工悦享家"示范点1家，市职工文体标杆社团1家，市职工文体优秀社团8家。（区总工会　谢竞）

中国共产主义青年团绍兴市越城区委员会

【概况】 2023年，中国共产主义青年团绍兴市越城区委员会(以下简称"团越城区委")高举习近平新时代中国特色社会主义思想伟大旗帜，认真贯彻党的二十大精神，深入学习贯彻"八八战略"，把围绕中心、服务大局作为工作主线，主动担当作为、锐意改革进取，获评全国大学生"返家乡"社会实践先进单位，新增共青团城市基层组织改革省级试点一项，承办第四届浙江省"红领巾学院"思政微队课大赛，获全国五四红旗团支部等国家级集体荣誉称号2项，获全国优秀共青团员等国家级青年个人荣誉称号4项、市级青年个人荣誉称号16项、集体荣誉称号10项，获中央媒体报道9篇、省级媒体报道6篇。截至年底，越城区共有团组织1659个，其中团的领导机关1个，团委42个、团工委6个、团总支23个、团支部1588个。团员总数18615名，其中学校970名、企业4327名、机关事业单位1354名、社会组织369名、城市社区5017名、农村6578名。

【实施"青春领航"行动】 2023年，团越城区委累计发动近20万人次青年开展青年大学习，开展"学习二十大"、习近平新时代中国特色社会主义思想、五四主题团日活动等主题教育实践活动90余场，开展第三届寻找"越城区杰出青年"、美德少年、"两红两优"、青年文明号、青年岗位能手等先进评选活动，累计获评全国五四红旗团支部等国家级荣誉12项、省市级青年个人荣誉16项、集体荣誉10项，数量全市第一。

【举办清华大学学生软件设计大赛】 2023年，团越城区委以"赛课结合"办赛模式举办清华大学学生软件设计大赛，吸引清华大学党委副书记及欧洲科学院外籍院士等近20名领导专家以及60余名清华学子到访越城，大赛获新华

2023年11月4日，团越城区委开展越青·秋收共富市集直播助农活动，联合本地青年农创客以及四川云州帮扶等单位直播推介农产品(团区委　提供)

网、《人民日报》、中国蓝新闻等多家媒体报道。

【获评全国大学生“返家乡”社会实践活动表扬单位】 2023年，团越城区委作为浙江省唯一区县市代表在共青团中央举办的2023年“返家乡”社会实践工作培训班作先进典型代表发言，并被评为全国大学生“返家乡”社会实践活动表扬单位。

【保障亚运会志愿服务】 2023年，团越城区委组织青少年参与运河净滩、垃圾分类、“青春故乡行”等12场“助力亚运青春有为”主题活动，结合少先队员暑期社会实践小队活动，开展“家门口的亚运我来画”主题宣传活动6场。协助省、市两级招募管理1184名“小青荷”，完善“高校—场馆”一对一负责机制。

【打造“越青”系列活动品牌】 2023年，团越城区委参与越城区“第二届古城咖啡节”“热风音乐节”等“古城过大年”“古城青春季”系列活动，举办黄酒小镇宋韵水乡集体婚礼、吼山桃花节、古城春日嬉游记、“越青市集”“越青恋”“青耘越城·助农直播”等特色活动20余场，累计吸引游客100万人次，获新华网、人民网、新华社等多个国家级媒体报道。

【拓展“越青治”基层治理】 2023年，团越城区委推进“越青治”大学生参与基层社会治理项目，扁平化下沉全区6所高校开展“在和社区契约化共建中绽放青春”巡讲，招募30余名常态化入驻村社的大学生“青春合伙人”，开展“青春议事厅”助力基层矛盾调解等志愿服务活动50余场。组织20余名亚运小青荷优秀骨干志愿者签署“越青治·青春合伙人”协议，以“枫桥式”标志性实践成果“越青治”项目为基础，创新延伸亚运会志愿服务内涵。

【困难儿童“微心愿”认领】 2023年，团越城区委联合四川马边团县委、衢州开化县委、新疆阿拉尔市三地开展“东西山海情，点亮童心梦”六一儿童节关爱困难儿童点亮微心愿主题活动，组织社会爱心人士为150名三地困难儿童送上六一儿童节礼物。（团区委　张诗哲）

绍兴市越城区妇女联合会

【概况】 2023年，越城区妇女联合会（以下简称“区妇联”）贯彻落实习近平总书记在浙江考察时的重要讲话精神，持续强化妇女群众思想引领，带领女性创业创新，推进家庭阵地建设和服务提升，在“首位立区、幸福越城”的前进乐曲中唱响巾帼旋律。

【花开三月 幸福越城】 2023年3月7日，区妇联举办“花开三月 幸福越城”——庆祝三八国际妇女节113周年主题活动，表彰区级最美家庭、最美共富领头雁、最美敬业她力量、最美幸福守护者、最美贴心娘家人等五类突出女性和家庭。

【沈跃跃调研越城】 2023年4月28日，全国政协副主席沈跃跃调研走访灵芝街道外滩社区家庭服务阵地，对社区开设银龄互助团、假期托管“四点半课堂”“粉色巾帼外滩妈妈”“婚恋生育指导服务点”等特色服务品牌表示肯定，要求以现代社区建设为主线，加强部门、社区、企业和

2023年3月7日，越城区妇联举办“花开三月 幸福越城”活动，现场表彰“最美共富领头雁”（区妇联　提供）

社会组织间的交流协作，打造具有区域特色的党建治理品牌。

【乡村儿童书屋】 2023年5月22日，区妇联、富盛镇妇联携手爱心女企业家，在富盛镇义峰村举行“儿童之家”启动仪式暨六一儿童节活动，开设“喜迎亚运·童心筑梦”趣味动手能力活动课，“新海天”书屋等乡村儿童之家组织学习阅读、小型沙龙、亲子讲座、手工课堂、电影等亲子活动。

【地铁一号线“爱心母婴室”落成】 2023年5月24日，绍兴地铁一号线“爱心母婴室”落成仪式在城市广场举行，由越城区妇联、越城区女企业家协会认领建设的6个“爱心妈妈·关爱母婴”绍兴地铁1号线母婴室正式投入使用，分别位于火车站站、城市广场站、鲁迅故里站、梅山广场站、大滩站、城南大道站等6个人流较大、旅客较多的地铁站点，为广大带娃出行的家长、孕产妇等群体打造温馨的休息服务阵地。

【举办“越姐姐·幸福家庭节”】 2023年12月16日，区妇联在省级儿童友好乡村皋埠街道坝头山村举办“以家风为帆 让幸福启航”为主题的首届“越姐姐·幸福家庭节”，选树在幸福越城建设当中涌现出来的绿色家庭、和美庭院和家庭教育领域的示范引领者，展现越地好家风。现场发布“习经典 诵家风”亲子诵读、“我们和孩子的故事”征文两项活动的获奖作品，表彰在“迎亚运 展家风”寻找和美庭院女主人活动中涌现出的典型女性78人。

【“枫桥式”妇女之家】 2023年，区妇联全方位升级区本级“枫桥式”调解站点示范点——“越姐姐·家事调解中心”，与区法院联合设立共享法庭，全面建设基层“枫桥式”妇女之家256个，实现镇街婚姻家庭纠纷调解工作室100%全覆盖。推出“点单式”服务模式，因需导向推出宣传教育、权益维护、技能培训、家事调解、困难帮扶等服务菜单，向广大妇女群众提供优质服务。

【巾帼共富工坊】 2023年，区妇联以共富工坊为载体，推进农村妇女家门口就业，助力“扩中提低”，佳祥家庭农场“巾帼共富越工坊”、海妹子“巾帼共富越工坊”、金钻“巾帼共富越工坊”、西湖兜篮“巾帼共富越工坊”、安奇鞋业“巾帼共富越工坊”、沃宝农场“巾帼共富越工坊”、生活北海“巾帼共富越工坊”等7个集体创建为市级巾帼共富工坊。

【妇女儿童驿站】 2023年，区妇联全域打造基层“妇女儿童驿站”和“家庭教育指导服务站”，府山街道越都社区妇女儿童驿站创建为省级三星级驿站，北海街道河山桥社区妇女儿童驿站等7家单位创建为市级二星级驿站，塔山街道鲁迅故里社区妇女儿童驿站等65家单位创建为区级一星级驿站。（区妇联 龚森杰）

2023年5月22日，“喜迎亚运·童心筑梦”趣味动手能力活动课在富盛镇义峰村“儿童之家”举行（区妇联 提供）

2023年“花开三月 幸福越城”越城区“最美家庭”一览表

表36

家庭	所在镇街	家庭	所在镇街
何　捷家庭	塔山街道	盛水兴家庭	东浦街道
梁培玲家庭	府山街道	劳卓娜家庭	鉴湖街道
陈亚娟家庭	北海街道	谢春香家庭	斗门街道
孙绍青家庭	稽山街道	陆伟东家庭	皋埠街道
葛紧跟家庭	城南街道	金富强家庭	陶堰街道
孙洁慧家庭	迪荡街道	沈　雅家庭	马山街道
王　萍家庭	迪荡街道	樊月平家庭	马山街道
鲁益琴家庭	东湖街道	顾水根家庭	孙端街道
成海明家庭	灵芝街道	丁芦英家庭	沥海街道
吴颖珊家庭	灵芝街道	蔡海英家庭	富盛镇

2023年“花开三月 幸福越城”越城区“最美”一览表

表37

姓名	单位	姓名	单位
“最美共富领头雁”			
李　静	浙江伊贤食品有限公司	叶　瑾	浙江锦蓝钻信息科技有限公司
王江莹	金钻家政服务有限公司	严幼美	东浦街道鲁东村涂层厂
孙梦兰	绍兴鸿志进出口有限公司	谢素珍	鉴湖街道王家葑四季青葡萄园
张奇奇	绍兴安奇鞋业有限责任公司	楼员台	绍兴市钱江钉业有限公司
傅　颖	浙江骏业体育用品有限公司	邵利霞	沥海街道“海妹子”共富工坊
“最美敬业她力量”			
赵　敏	府山街道府山社区	李　春	灵芝街道小善村
钱林君	北海街道信达社区	金玉琴	陶堰街道社区卫生服务中心
傅艮烂	稽山街道秀水社区	秦素凤	马山街道社区卫生服务中心
盛托亚	城南街道南苑社区	陈浓浓	沥海街道社区卫生服务中心
罗兰兰	东湖街道中心小学	梁海庆	富盛镇人民政府

续表 37

姓名	单位	姓名	单位
“最美幸福守护者”			
周筱儿	塔山街道鲁迅故里社区	姚雅琴	东湖街道居家养老服务中心
胡吉芳	绍兴沈园堂健康文化传播有限公司妇联	李　莎	灵芝街道外滩社区
傅　丹	北海街道寨下社区	吴文萍	鉴湖街道办事处
江月美	稽山街道森海社区	施建英	马山街道“马大嫂”调解室
孙丽珠	迪荡街道龙洲花园社区	高书芳	浙江海申新材料有限公司
“最美贴心娘家人”			
金葛菲	塔山街道滨河社区	陆丽娟	皋埠街道坝头山村
赵之英	府山街道西小路社区	章姣妮	马山街道两江社区
钱一萍	城南街道阳明社区	朱　湘	孙端街道吴融村
王国琴	灵芝街道阳嘉弄居委会	杭华君	沥海街道郭渎村
俞建红	斗门街道王家池社区	沈施丽	富盛镇人民政府

2023 年越城区市级及以上妇女儿童驿站一览表

表 38

驿站等级	驿站
省级三星级妇女儿童驿站	越城区府山街道越都社区妇女儿童驿站
市级二星级妇女儿童驿站	越城区塔山街道罗门社区妇女儿童驿站
	越城区府山街道白马社区妇女儿童驿站
	越城区北海街道河山桥社区妇女儿童驿站
	越城区稽山街道森海社区妇女儿童驿站
	越城区迪荡街道洞桥社区妇女儿童驿站
	越城区迪荡街道蕺山社区妇女儿童驿站
	越城区灵芝街道外滩社区妇女儿童驿站

越城区科学技术协会

【概况】 2023 年，越城区科学技术协会（以下简称“越城区科协”），加强全区科技创新能力和科普能力建设，突出重点，擦亮品牌，围绕省科协“智行天下”专项行动，深入实施“党建赋能”“平台赋力”“人才赋智”“科普赋新”四大工程。年内，区科协被评为 2023 年全国科普日优秀组织单位，主办的 2 项活动入选 2023 年全国科普

2023年10月14日，医学前沿女科学家论坛在绍兴市越城区举行（越城区科协　提供）

日优秀活动。新增国家级学会服务站1家，省级博士创新站1家、市级博士创新站17家，专家工作站3家。

【医学前沿女科学家论坛】 2023年10月14日，越城区科协以“聚巾帼力量 筑健康未来”为主题的医学前沿女科学家论坛在越城区举行，论坛汇聚“两院”院士黄荷凤、李兰娟，海外院士莫尔及20余位院士候选人、高校领导和国内外知名专家，分享交流生命健康相关科学海内外最新前沿科技成果，增进女科学家与绍兴的交流和友谊。

【本地高校合作】 2023年，区科协与绍兴合作引入国家级学会和中外院士资源，共同举办2023年绿色智能建造学术峰会、2023酿造食品科技创新与大健康国际学术会议、全国绿色低碳纺织品创新开发与产业发展论坛和2023年绍兴市能源低碳发展战略论坛，搭建交流平台，活跃学术氛围。

【基层科协组织】 2023年，区科协指导浙大绍兴研究院、浙工大绍兴研究院、天大创智院成立科协组织，指导浙江最成半导体科技有限公司等7家单位成立企业科协。同时把建设党组织作为建立科协组织的必要条件，确保党建和科协工作双建双促。

【开展“一家三站”平台建设】 2023年，区科协充分发挥大湾区院士之家“院士创新联合体”辐射功能，全年新建院士专家工作站3家（浙江领蔚生物技术有限公司、绍兴诺芯半导体科技有限公司、浙江从余新材料科技有限公司），累计34家；新增进家院士1位（王松灵），累计30位；新建博士创新站17家，累计44家，数量位列全市第一。

【人才成长良好生态】 2023年，区科协关心关爱区内科技工作者，于2023年全国科技工作者日期间积极开展科技工作者活动；推荐的浙江医药股份有限公司维生素研发创新团队成功入选绍兴市科技先锋岗；推出“点亮精神火炬、凝聚前进力量”科技工作者宣传系列视频，宣扬区内科技工作者实干精神，展现区内科技工作者良好风貌。

【科技工作者之家】 2023年，区科协实施科技工作者之家提升改造工程，科技工作者之家面貌焕然一新；落实专人，加强管理，丰富活动，做到每月一主题，月月有活动，切实提升科技工作者满意度、获得感、幸福感。（区科协　李恬）

绍兴市越城区归国华侨联合会

【概况】 2023年，越城区归国华侨联合会（以下简称“侨联”）持续强化为侨暖心服务，在政治引领、阵地建设、暖侨惠侨等方面取得新成效，越城区新中文化艺术交流中心先后被评为2022年度省级“五星级侨胞之家”及全国侨联系统“侨胞之家”典型选树单位。

【侨联五届二次全委会召开】 2023年4月19日，越城区侨联五届二次全委会暨基层阵地建设推进会召开，会上审议通过区侨联全委会工作报告，举行省星级侨胞之家授牌仪式。

【阵地建设】 2023年，越城区侨联举行迎恩门风情水街侨韵街区建设招商推介会，发布侨韵

2023年4月19日，越城区侨联五届二次全委会暨基层阵地建设推进会上，为省星级侨胞之家授牌（区委统战部　提供）

街区规划方案和街区logo、IP形象，举行涉侨阵地、侨创客授牌、“悦侨苑”为侨服务中心、侨界委员工作室揭牌仪式；省级侨韵精品酒店——托斯卡纳城堡酒店获中国侨联党组书记、主席万立骏一行专题调研；来自38个国家和地区的70余位海外乡贤参加浙江省旅外乡贤回归投资考察团到越城活动。

【暖侨惠侨】 2023年，越城区侨联与青田县侨联缔结为友好侨联，年内开展“2023浙籍侨媛故乡行”活动走进越城、“筑巢引凤·越见未来”、绍兴市“之江同心·越侨越好”推进大会等专场活动，接待来自28个国家和地区的80余位浙籍侨媛代表。（区委统战部　徐烨）

绍兴市越城区文学艺术界联合会

【概况】 2023年，越城区文学艺术界联合会（以下简称越城区文联）以习近平新时代中国特色社会主义思想为指导，认真贯彻落实区委区政府各项决策部署，团结广大文艺、社科工作者，始终坚持“二为”方向和“双百”方针，认真履职、扎实工作，不断推动越城文艺事业、哲学社科事业再上新台阶。

【组织基地建设】 2023年，区文联三届二次全委会召开，选举主席1名，增补委员4名，通过《越城区文联所属协会管理制度》。年内，东浦街道、皋埠街道、城南街道相继召开基层文联成立大会，全区实现基层文联组织全覆盖。培育打造国家级大师“技艺展承坊”13个，选送申报“文艺采风基地”15处，挂牌市级基地3个。

【文艺展示交流】 2023年，越城区文联组建完成专家库，入选具有影响力的文艺家63人，鉴湖街道文联与嵊州市剡湖街道文联结对，深化区县、镇街各级文联的资源共享和文化交流。年内，举办主题创作和展览展演展示活动，展出文艺作品780余件，选送《我家住云松》《稽山草》等6件优秀作品登上“学习强国”学习平台，由区作协、区诗词楹联协会开展“八八战略”主题创作研讨活动，征集诗歌、散文、小说等作品80余件，区摄协主办“漫步古城”摄影作品展、“影像里的越城”——越城区建区40周年鲁慧川纪实摄影展等活动。

【文艺精品奖励】 2023年，《越城区优秀文艺作品奖励办法》出台，激励文艺界出精品、出人才、出品牌，全年获得各类国家级文艺奖项17件、省级127件、出版书籍4项，省级以上文艺期刊发表越城主题作品21篇。年内，鉴湖街道云松艺术馆落成启用，承办绍兴市“行走乡村 文化润乡”优秀美术作品展、越城区民间艺术展、越城区曲艺新秀大赛等大型展览展演活动6场，展示各艺术门类精品力作300余项。年内，区文联承办绍兴市文联主办的“我在绍兴迎亚运”乡村书法运动会，在赛事中获团队第一，创作的10米长幅书法作品被亚组委收藏。

【深化艺术乡建】 2023年，越城区文联对文化特色村镇、艺术展承坊、文艺宣讲团队等工作进行品牌提升和培育，东浦街道南村村、鉴湖街道坡塘村、皋埠街道坝头山村、孙端街道安桥头村入选市级艺术特色村；越城陆游书院、越城惠醸良酒手工制酒工坊、越城稽山书场、越城越州书苑、越城大树江戏曲工作坊、越城越青堂青瓷艺术基地入选市级技艺展承坊；挂牌东湖街道后堡村、东浦街道南村村、鉴湖街道坡塘村等“文艺采风基地”11处。年内，市、区、镇三级联办文艺活动200余场，孙端街道、东浦街道等基层文联举办清廉文艺书法活动、亚运诗词笔会、“周恩来与鲁迅的红色遗产”青年学术论坛等各类活动60余场。（区委宣传部　张珂欣）

绍兴市越城区残疾人联合会

【概况】 2023年，越城区残疾人联合会（以下简称“越城区残联”）认真贯彻落实党的二十大提出的“完善残疾人社会保障制度和关爱服务体系，促进残疾人事业全面发展”精神，秉持“平等、共享、参与”新时代残疾人事业发展观，以残疾人所急所盼为导向，坚持增进残疾人福祉与促进残疾人自立自强相结合，助力残疾人共建共享“首位立区、幸福越城”发展成果。

全年共向2616人次残疾人发放无固定收入补贴387.56元、向101人次托安养对象发放重度残疾人护理补贴差额部分补贴28.77万元；向217名残疾学生及残疾人家庭子女发放助学补贴129.82万元，为30名残疾人大学生减免学费与住宿费32.53万元；向126名残疾人机动轮椅车主发放燃油补贴3.27万元；康复救助40名7—14周岁“三残”儿童、205名0—6周岁（缓学放宽至未满9周岁），发放基本康复训练费用补助437.08万元；向14595人次18周岁以上残疾人发放“爱心家园”通信补助171万元；向661人次残疾人提供基本型辅助器具适配服务；继续为残疾人免费投保人身意外伤害保险和机动轮椅车第三者责任险，36名残疾人获赔39.32万元。8月，越城区助残点亮行动入选全区幸福实验室年度十大幸福实验项目。

【民生实事】 2023年，越城区残联办好新增残疾人稳定就业、康复救助孤独症儿童、重要公共服务场所无障碍改造三项助残省民生实事，全年新增残疾人稳定就业70人，康复救助孤独症儿童70人，无障碍改造重要公共服务场所19处，完成率分别达155.6%、116.6%、158.3%。

【康复救助】 2023年，越城区残联出台因病因伤功能障碍人员早期康复救助办法，对已脱离急性治疗期且早期有康复训练价值的截瘫、偏瘫、脑瘫、肢体残损的功能障碍人员，一个疾病时间周期（不超过90天）在定点医疗机构康复中心接受康复训练的，按低保或低保边缘户最高每人每天120元、其他对象最高每人每天60元标准按时予以救助，提高因病因伤人员康复积极性，着力减轻残疾的发生发展。年内，共有6名因病因伤人员受惠，合计报销基本康复训练费用3.24万元。

【残疾人之家升级】 2023年，越城区残联开展“做精一批、稳固一批、提低一批”三个一批行动，鉴湖街道残疾人之家、府山街道残疾人之家、东湖街道残疾人之家、灵芝街道残疾人之家等4家三星级残疾人之家提升为四星级，稽山街道残疾人之家提升为五星级残疾人之家。

【残疾人“微心愿”】 2023年，越城区残联推出千名党员点亮千个残疾人“微心愿”活动，在困难残疾人入户访视过程中收集残疾人的心愿清单，并通过“契约共建”平台发布，发动全区党员、干部认领、点亮，帮助残疾人办实事、做好事、解难事。全年共点亮1118个“微心愿”。

【首个助残基金成立】 2023年5月20日，越城区残联通过越城区红十字会成立首个助残基金——助残共富点亮基金，用于开展生活慰问、急难救助、就业创业扶持、残疾人服务设施建设、辅具适配、爱心捐赠等帮扶。年内，共筹集资金46.5万元，支出12.5万元用于救助5户生活发生重大变故后陷入困顿的残疾人家庭，慰问7户生活困难的残疾人家庭，每户最高3万元、最低5000元。

【设立123个辅具借用服务点】 2023年，越城区残联按照先社后村、分步实施的工作思路，在全区123个社区中设立辅具借用服务点，配置轮椅、腋拐、四角拐、助行器等辅具若干，免费向周边有需要的残疾人等特殊人群提供短时借用服务。

【无障碍改造】 2023年，越城区残联大力实施省级无障碍社区创建、重要公共服务场所无障碍改造、困难残疾人家庭无障碍改造三大工程，串联起残疾人从家门到社会的无障碍通行路线。年内，新增北海街道越西社区、灵芝街道梅山社区2个省级无障碍社区，完成19处重要公共服务场所、120户残疾人家庭无障碍改造，投入资金320余万元。

【助残志愿服务】 2023年，越城区创建“点亮幸福”助残志愿服务品牌，成立“帮帮盲”“搭把手”“透口气”“游绍兴”“宣讲团”5支助残志愿服务队伍，吸纳1250余名爱心志愿者，全年开展助残志愿服务活动97场次，惠及3100人次。

【“枫桥式”乡镇残联创建】 2023年，越城区残联有效探索将“枫桥经验”融入基层残疾人组织建设，聚焦残疾人“小事不出村、大事不出镇、矛盾不上交、服务不缺位、共富不掉队”目标，全域创建“枫桥式”乡镇残联。年内，塔山街道残联、北海街道残联、斗门街道残联、沥海街道残联被命名为市级“枫桥式”乡镇残联，区本级残疾人来信来访件同比下降59%。

【迎亚运行动】 2023年，越城区残联聚力两个亚运同样精彩，推出“决战决胜 为国争光”“益起亚运 志愿助残”“特殊窗口 提质展示”“氛围宣传 乐享亚运”“融合共享 文体强基”“有爱无碍 环境优化”“暖心服务 平安护航”“创标引领 基层善治”“党建联建 点亮心愿”“越企献爱 合力助残”迎亚运十大支持行动，共组织亚运会知识答题活动1场，亚运会场馆无障碍体验活动5场，举办手语、推轮椅等助残志愿服务培训20余场次，排查消除残疾人服务机构安全隐患10余个。

【残疾人竞技体育创最好成绩】 2023年8月，越城区籍残疾人运动员蒋裕燕参加2023年残疾人世界游泳锦标赛获得4枚金牌、2枚银牌。10月，越城区籍残疾人运动员蒋裕燕、余钦权参加杭州第4届亚残运会获8枚金牌、1枚铜牌，创造越城区残疾人事业发展史上最好成绩。蒋裕燕、余钦权作为开幕式唯二运动员代表宣誓，蒋裕燕担任闭幕式中国代表团旗手。11月，越城区残联组织参加绍兴市第四届残疾人运动会获得6枚金牌、8枚银牌、6枚铜牌，承办区第二届运动员残疾人组比赛，共设3个大项6个小项，有114名残疾人参加。

【就业服务】 2023年，越城区残联助力残疾人实现高质量充分就业，组织残疾人专场招聘会2场，推送岗位120余个，举办盲人按摩、电商直播、中西式面点、客服等职业技能培训班20余

2023年10月22日，在杭州第4届亚残运会开幕式上，蒋裕燕（右）、余钦权（左）作为残疾人运动员代表宣誓（区残联 提供）

2023年越城区重要公共服务场所无障碍改造点位一览表

表39

序号	点位	序号	点位
1	陶堰街道养老服务中心	11	迪荡街道文化活动中心
2	塔山街道文化活动中心	12	皋埠街道文化广场
3	孙端街道新时代文明实践所	13	府山街道卫生服务中心
4	马山街道文化活动中心	14	斗门街道卫生服务中心
5	灵芝街道梅山社区党群服务中心	15	北海街道快阁苑社区邻里中心
6	鉴湖街道卫生服务中心	16	北海街道越西社区党群服务中心
7	越城区群团中心	17	北海街道越西社区卫生服务站
8	东湖街道后堡村游客中心	18	灵芝街道广发银行绍兴分行
9	越城区新时代文明实践中心	19	沥海街道图书馆
10	富盛镇文化活动中心		

2023年越城区助残志愿服务队服务内容一览表

表40

序号	志愿服务队	服务内容
1	帮帮盲	通过探访关爱、出行就医等志愿服务，助力视力残疾人“走出家门、融入社会”
2	搭把手	在残疾人创业产品商业化、市场化转化过程中提供帮助，促进残疾人自强致富
3	透口气	向重度、困难残疾人提供短时看护等喘息服务，让家庭有空“放个假”
4	游绍兴	以“推着轮椅游绍兴”等活动为载体，推动残疾人共享古城的“诗与远方”
5	宣讲团	积极讲好扶残助残故事，进一步唤起社会对于残疾人的关心关爱

2023年越城区运动员参加杭州第四届亚残运会成绩一览表

表41

序号	参赛运动员	项目	成绩
1	蒋裕燕	女子S6级100米仰泳	第一名
2	蒋裕燕	S6级50米蝶泳	第一名
3	蒋裕燕	S6级50米自由泳	第一名
4	蒋裕燕	S7级100米自由泳	第一名
5	蒋裕燕	S6级400米自由泳	第一名
6	蒋裕燕	男女混合20分4×50米混合泳接力	第一名
7	蒋裕燕	男女混合34分4×400米自由泳接力	第一名
8	蒋裕燕	S6级200米混合泳	第三名
9	余钦权	男子盲人门球	第一名

2023年5月20日，在越城区第三十三次全国助残日——助残点亮系列行动启动仪式上，4家助残共富工坊授牌成立（区残联　提供）

期，受训372人次，向1406名残疾人灵活就业人员发放社保补贴725.1万元。“一对一”跟踪帮扶17名应届残疾人大学生，提供服务50余次，有就业意愿的8人全部落实就业。

【公益性岗位】 2023年，越城区制订出台《越城区残疾人公益性岗位管理及补贴实施方案》，大力开发保洁、保绿等公益性岗位安置残疾人，且全市首创在残疾人之家开发全日制公益性岗位，托底安置就业困难残疾人（城镇零就业家庭、低保低边家庭中的失业人员和农村低保低边家庭劳动力）。年内，累计推出残疾人公益性岗位26个，其中全日制形式4个。

【助残共富工坊】 2023年，越城区残联聚焦精神、智力及行动不便的重度残疾人就业增收难，以党建为引领，依托越城区新时代文明实践中心、塔山街道残疾人之家、陶堰街道残疾人之家、绍兴安奇鞋业有限公司成立4个助残共富工坊，就近就便带动100余名残疾人就业，每人每月可增收100—3000元。

【文化助残】 2023年，越城区残联开展文化助残“六个一”（即读一本书、订一份报、游一次公园、看一次演出、看一场无障碍电影、参加一次文创展览），丰富残疾人精神文明生活。年内，结合全国助残日、国际残疾人日等重要节点，共举办“爱同行 享芬芳”文艺会演、“游古城 看新城”参观游览、无障碍观影、读书会等活动80余场次，惠及5000余人次，残疾人文体活动参与率达97%。

【扶残助残】 2023年，越城区残联与《绍兴日报》（今日越城版面）、绍兴公共频道（日新“越”异栏目）合作打造残疾人宣传窗口，围绕残疾人重点工作、残疾人自强人物等发布报道100余篇，被央视《新闻联播》报道1条，《人民日报》头版综合报道1篇。拍摄投放残疾人事业宣传片《不同人生 同样精彩》，组建肢残人励志公益演讲团，大力弘扬自强自立精神。（区残联　章叶楠）

绍兴市越城区红十字会

【概况】 2023年，越城区红十字会开展救护员培训9274人，普及红十字现场救护知识4.7

2023年越城区残疾人及助残人荣誉一览表

表42

序号	姓名	荣誉
1	余钦权	全国优秀共青团员
2	杨宝林	首届“最美浙江人·最美残健同行引领者”
3	蒋裕燕	越城区建区40周年模范人物
4	沈　彪	第二季度“绍兴好人”
5	沈　彪	第五届越城区道德模范
6	张奇奇	第五届越城区道德模范

万人次，培训完成比例位居全市第一。造血干细胞采样入库212人，实现捐献1例；人体器官（遗体、组织）捐献登记857人，实现捐献12例，生命关爱各项工作均居全市前列。募集社会爱心款物617万元，支出使用472万元，网络筹资工作连续3年获省红会表扬。区红十字会获评绍兴市红十字工作年度考核先进单位，获全国青少年自救互救知识竞赛组织奖一等奖。

【"救在身边"生命急救线建设工程】 2023年，"救在身边"生命急救线建设工程被列入绍兴市十大民生实事项目名单，完成7个镇街应急救护培训基地建设，其中市级民生实事项目斗门街道红十字应急救护培训基地受到市委主要领导现场视察并充分肯定。年内，在公共场所配置AED（人体体外自动除颤仪）20台，并为每台AED配备志愿者、救护员。实施"救在身边"九大专项行动，全年开展普及培训4.7万人，持证培训9274人。

【博爱助企行】 2023年，区红十字会围绕建筑业、外贸出口业、旅游业、物业等重点行业从业人员开展急救知识培训，共开展应急救护持证培训48期，取证1954人；普及52期，受益企业379家，员工9979人次。发动救援队结对企业，协助企业处置突发状况，保障景区商铺安全经营，护航安全生产。长假期间，重点面向外来务工人员集居企业，组织"'小候鸟'夏令营活动"，让子女快乐度假、父母安心工作。

【"救在身边·亚运同行"专项行动】 2023年，区红十字会围绕亚（残）运会，开展"救在身边·亚运同行"专项行动，协助完成工作人员、赛事志愿者、城市志愿者等救护员培训、演练，动员振德医疗用品股份有限公司、福清卫生用品有限公司等理事单位向环卫工人、公安交警、建筑工人等一线高温工作者捐赠"降温马甲"1.5万套。年内，在文理学院开展大学生亚运志愿者应急救护技能培训，组织红十字志愿者保障鲁迅故里、黄酒小镇等重点景区节假日出行安全。

【防溺水"一圈一杆一绳"项目】 2023年，区红十字会设立"防溺水'救'在身边"网络筹资项目，采取线上线下专项筹集的方式筹措资金20余万元，在山塘水库、河道湖泊等重点区域设置点位达500余处，安装伸缩式不锈钢救生杆、救

2023年越城区新建镇街应急救护培训基地一览表

表43

序号	基地	地址
1	沥海街道红十字应急救护培训基地	绍兴市越城区沥海街道成人文化技术学校
2	斗门街道红十字应急救护培训基地	绍兴市市场监督管理局斗门镇市场监督管理所
3	北海街道红十字应急救护培训基地	绍兴市越城区北海街道西湖社区居民委员会
4	马山街道红十字应急救护培训基地	绍兴市越城区马山街道越中新天地（钱陶公路）
5	灵芝街道红十字应急救护培训基地	绍兴市越城区灵芝街道灵芝居民委员会
6	府山街道红十字应急救护培训基地	绍兴市越城区白马社区党群服务中心
7	塔山街道红十字应急救护培训基地	绍兴市越城区鉴湖新村14幢

生圈、救生绳、警示牌等物件。与教体、公安等部门联动,围绕“珍爱生命,预防溺水”主题,普及水域安全知识和防溺水技能,共开展防溺水知识宣讲39场,普及1981人次。

【“人道关爱”行动】 2023年,区红十字会新设立助残共富点亮基金、蔚蓝新领先助学基金等公益基金,实施“博爱送万家”“越师情”等人道救助项目,发放救助款68万元,惠及3299人;实施公益项目9个,组织爱心企业向马边困难群众捐赠冬衣棉服4900件。开展“5·8”人道公益日和“99公益日”网上捐款活动,在腾讯公益上线“博爱送万家温暖行动”等7个项目,组织全区6.3万余人次参与“一起捐”,全年网络筹资总额达162万余元。筹款总额、总人次均位列全市第一,其中“99公益日”参与人次位居全省第二,连续3年受省红会通报表扬。

【博爱家园提档升级】 2023年,区红十字会新建2个博爱家园,升级3个“枫桥式”博爱家园,“越地红标 博爱家园”工作入选越城区共富最佳实践案例。培育打造鉴湖街道王家葑村为省级示范性博爱家园,该村连续13年开展“博爱一日捐”活动,共筹得村互助金231.24万元,当年收到捐款18.35万元,村户捐款率达98%,创历史新高。该村“村筹区管民用”的救助金管理模式在《中国红十字报》以专版形式刊登。

【三项捐献】 2023年,区红十字会联合市红十字会在生态陵园开展清明捐献缅怀纪念活动,开展“小桔灯”捐献家庭助学项目。实现器官、遗体等组织捐献12例,登记857人,位居全市首位。在世界献血者日等重大纪念日组织志愿者和镇街红会开展现场造血干细胞采样登记,完成2017—2022年登记志愿者回访工作。实现造血干细胞登记212例、捐献1例。

【打造“博爱育人”品牌】 2023年,区红十字会在学生群体中分龄分众实施“生命教育计划”,广泛深入开展以认识生命、珍爱生命、保护生命为重点的生命价值教育。举办“红十字青少年夏令营”“生命关爱进高校”等系列活动,组织参加全国“探索人道法”项目学生学习成果大赛,皋埠中学获全国征文类三等奖。区红十字会举办红十字青少年防灾避险知识竞赛等,获全国组织奖一等奖。鉴湖街道王家葑村名誉会长祁志良获评全国红十字会会员之星,6家企业或个人获评省捐赠工作成绩突出集体和个人,1人获评省救援工作突出个人。(区红十字会 李卓华)

2023年8月15日,红十字青少年夏令营参观市中心血站(区红十字会 提供)

法 治

政法委与综治

【概况】 2023年，越城区委政法委全面推进政法工作现代化建设，聚焦亚运维稳安保主线，深入开展风险防范行动和城市治理大提升行动，全面开展平安越城建设，持续推进“枫桥经验”60周年系列活动，实现平安建设“十九连冠”，捧回全省首批“二星平安金鼎”，获得2022—2023年全省平安建设先进集体、2023年全省平安护航亚运系列重大活动成绩突出集体、全市杭州亚（残）运会先进集体等称号。

【平安建设基层基础提升年活动】 2023年，越城区全面贯彻落实省、市平安建设基层基础提升年活动部署要求，印发平安建设类文件9期、专项通报52期，对发现问题和整改情况实时通报。抓好省、市、区三级平安暗访工作，其中省级平安暗访2次，发现问题数44个，整改率100%；市级平安暗访4次，发现问题数57个，整改率100%；市亚运维稳安保督导35次，发现问题数202个，整改率100%；区级平安暗访7次，发现问题数2928个，整改率97.85%。平安建设“一感两率”测评4次。

平安二星金鼎（区委政法委 提供）

【风险防范行动】 2023年，越城区常态化推进风险隐患大排查大化解大整治，动态摸排历史积案、矛调纠纷、风险隐患“三张全量清单”，12轮风险隐患问题摸排，57267个风险隐患实现100%管控。开展全域“敲门行动”，发动网格员、派出所民警等力量3.01万人次，走访129.32万人，全面做好户籍（境外）人口、流动人口等6类基础信息的排查和共享。

【“枫桥经验”创新实践】 2023年，越城区开设“善治‘枫’景在越城”专题专栏，刊发报道210余条，在省级以上主流媒体刊出20余篇，新媒体平台阅读量54万余人次。越城区社区共建活动中心、越都社区作为全省坚持和发展新时代“枫桥经验”大会现场考察点位，“580”“一站式”大调解工作法入选全省新时代“枫桥式工作法”。鉴湖街道坡塘村、府山街道越都社区在新时代新征程中全面推进“枫桥经验”的实践做法，受中央电视台《平安中国 2023》大型融媒体行动直播采访。相关典型案例入编全国《法治获得感典型案例汇编（2023）》，获评全国“2023 社会治理创新优秀区”。

【数字法治建设】 2023 年，越城区深化重大决策社会风险评估试点工作，开展风险评估“应评尽评”工作，截至年底累计完成各类重大决策评估项目 265 个，促进 180 个重大政策（措施）、69 个重大项目、16 个重大活动平稳落地，协同省委政法委开展的《重大决策社会风险评估规范化建设》获得 2023 年度浙江省改革突破奖银奖。“阅卷精灵”智能辅助办案应用获评 2023 年第一批全省“数字法治好应用”，亮相北京·国家会议中心举行的 2023 政法智能化建设技术装备及成果展浙江公安“办案一件事”集成改革展区和浙江省委政法委展区；越城区检察院被最高检确定为“每案必评”工作试点单位，自主研发“慧眼鉴案”评查智能辅助系统在全市检察机关推广试用。

【纵深推进扫黑除恶斗争】 2023 年，越城区保持对黑恶势力犯罪“零容忍”态度，聚焦套路贷，网络催债，软暴力催债，把持和操纵基层政权，侵吞农村社区集体财产，在村社组织从事涉黄、赌、毒、抢的黑恶势力及其保护伞等重点，持续加大依法打击整治力度，共立七类涉黑涉恶案件 303 起，破 157 起，破案率为 51.8%，共打处七类涉黑涉恶人员 407 名，移诉 381 名，其中七类接触性涉黑涉恶案件共立案 150 起，破案 150 起，破案率为 100%；摧毁恶势力犯罪集团 2 个、团伙 3 个，打处涉黑涉恶人员 53 人，移送起诉 49 人。

2023 年，中央电视台《平安中国 2023》大型融媒体行动直播采访走进府山街道越都社区（区委政法委 提供）

【法学会建设】 2023 年，越城区委政法委联合政法单位，组织参加第二十届长三角法学论坛、“枫桥经验”调研成果征集等调研论文征集比赛，加强法学会研究成果的收集、展示、推广和应用。在全市“枫桥经验”优秀调研成果中获一等奖 1 篇、二等奖 1 篇、三等奖 5 篇。发挥法学会镇街联络站的新时代基层法学会阵地建设作用，组织引导法学法律工作者下沉一线，靠前服务，围绕企业常见的法律风险防范、经济合同的法律风险开展宣讲，增强企业抗风险能力，为企业和群众排忧解难。组织区首席法律咨询专家等依法化解各类基层矛盾纠纷，提高全民法治意识。（区委政法委 陈海超）

法治政府建设

【概况】 2023 年，越城区坚持党对法治政府工作的领导，新收行政复议案件 884 件，审结 590 件，纠错 18 件，调解 360 件，复议后无一例纠错案件。受理以越城区行政机关为被告的一审行政诉讼案件 308 件，较上年同期（281 件）上升 9.61%，结案 288 件，败诉 8 件，败诉率为 2.78%，较上年同期（4.43%）下降 1.65 个百分点；调撤一审行政诉讼案件 124 件，调撤率 43.06%，高于绍兴市平均调撤率，达到市对区 40% 以上考

2023 年越城区民主法治村(社区)一览表

表 44

镇街	村(社)
省级民主法治村(社区)	
富盛镇	义峰村
陶堰街道	邵家溇村
稽山街道	东江社区　涂山社区
马山街道	洋泾湖社区
塔山街道	鲁迅故里社区
城南街道	南苑社区　华侨社区
北海街道	快阁苑社区
府山街道	团结社区
市级民主法治村(社区)	
北海街道	朱家岙村
城南街道	外山村　念亩头居　和平村　庄里村　凤凰村
迪荡街道	龙洲花园社区　塘湾村
东湖街道	小皋埠村　杨浜村
灵芝街道	西蚌潭村　大善村　小善村　梅东村　林头村　前王村　阳嘉弄居　水产村　洋江社区
东浦街道	清水闸村　鉴湖村　行宫山村　炬星村　合心村　塘湾居
斗门街道	袍渎居　斗门居委会　洋江村
皋埠街道	前孟葑村　后孟葑村
陶堰街道	成章社区
马山街道	安城社区　两江社区
沥海街道	二渡村　城西村　南汇村　三汇居委
富盛镇	辂山村

核要求;行政机关负责人出庭率保持 100%。

307 名律师担任越城区 17 个镇街 352 个行政村(社区)法律顾问,法律顾问覆盖率达 100%。组建专业性调解委员会 7 个、驻点律师调解室 5 个,法律宣讲 80 余场,提供法治体检 400 余次,梳理合同违约问题 70 余次;组建"民企律师服务团"和"公益律师服务团",参与企业矛盾纠纷调处 40 次,解决企业困难 84 个。

2023 年,"大综合一体化"行政执法改革成效进入全省第一方阵;"重大决策社会风险评估规范化建设"项目被省委改革办授予 2023 年度改革突破银奖。"八五"普法中期顺利通过省级验收;“一句话普法”被评为全市十大普法影响力事件;皋埠街道“580”一站式大调解工作法被省委政法委评为全省新时代“枫桥式工作法”;“企业家法治会客厅”被评为全省高质量发展建设共同富裕示范区最佳实践。2023年度浙江省万家民营企业评营商环境报告中,越城区“法治环境”居全省前十位。越城区营商环境监测指标“民商事纠纷调解与诉讼比”进入全省前30位。“助企纾困快速响应机制”被评为绍兴市法治政府建设“最佳实践案例”。“以法治刚性保障大运河文化之美”被省文旅厅推荐为全省法治“最佳实践案例”。2023年,创建市级民主法治村、社区38家,省级民主法治村、社区10家。

【完善依法行政制度体系】 出台《2023年度区政府重大行政决策事项目录》,4项政府决策事项纳入目录管理。17个镇街、28个部门公布本单位重大行政决策事项目录,实现决策目录制定全覆盖。“探索建立重大行政决策与重大决策社会风险评估及‘三重一大’事项的衔接机制”成功通过2023年度重大行政决策源头治理专项行动“揭榜挂帅”项目验收。建立区级合法性审查中心,出台《绍兴市越城区乡镇(街道)合法性审查质效提升工作实施意见》。2023年,11件区级行政规范性文件通过合法合规审查,实现向市备案率100%。

【提升依法行政能力】 2023年,梳理全区5254项执法事项,其中综合执法事项1476项,占比28.09%;梳理调减镇街赋权事项至400项左右,赋权事项实施率提升至76.41%;开展“综合查一次”联合检查8364次,减少扰企4235次。综合执法、公安、民政等15个部门实现基层智治平台与执法监管数字应用贯通。迭代升级鉴湖国家湿地公园监管系统2.0版,湿地监管新模式在省委改革办《竞跑者》刊发。组织开展道路交通安全和运输执法领域突出问题专项执法监督和涉企执法“多头检查、重复检查”专项监督,核实重复检查线索767条,核实未同步开展联合检查线索186条,对行政执法单位开展问题整改,整改率达100%。评查行政执法和处罚案卷218卷,行政许可案卷110卷,通过提出整改意见、下发监督通知书等形式予以督促处置整改;处置执法监督相关线索34条,对16件行政复议纠错案件下发复议意见书,督促规范执法。贯通融合免罚轻罚“三张清单”,535项涉企免罚轻罚事项落实情况纳入依法行政考核。动态调整“轻罚不罚”事项,全区全年共简案快办案件800余件,占案件总量的70%以上。

【多元协同化解矛盾纠纷】 2023年,以“14517”(“1”即全区性诉前调解中心,“4”指4个交通事故处理中心,“5”为5个基层法庭,“17”是17个镇街矛调中心)为总脉络,构建“一站式”诉前调解实体网络。全面起底全区40个小区38家物业公司4000余件存量案件,开展专案化解。2023年,全区各类调解组织(室)累计化解矛盾纠纷9137件,调解成功率达99.6%。组织开展行政诉讼“双下降、双提升”攻坚行动,实行“一把手”包案和“实时+半月”报送等5项制度,化解风险案件120余件;发挥行政复议化解行政争议主渠道作用,建立17个基层受理点,开通网络受理平台,实现行政复议“零次跑”。全年新收行政复议申请884件,审结590件,纠错18件,调解360件,复议后无一例纠错案件,完成省级“行政复议员”工作改革试点。

【公开透明行政权力运行】 2023年全年发布各类政务信息4067条,解读改善民生、“十四五”规划、营商环境优化等重要政策35条。收到政府信息公开申请402件,申请数量较上年上升28%,申请事项实现100%全答复。2023年,对迪荡街道、北海街道、区医保分局、区文广旅游局、区应急管理局、区生态环境分局等6家单位开展法治巡察，同步落实法治巡察整改要求。开展领导干部经济责任审计和自然资源资产离任（任中）审计，重点对政府重大投资项目、民生项目、生态环保项目及资金、财政预决算执行情况开展全方位审计监督。全省率先出台《村（社）主职干部离任经济责任事项交接办法》，强化对村社主职干部离任审计工作。（区司法局 李菊花）

公 安

【概况】 2023年，越城区公安分局累计接报处置各类警情107667起，其中刑事治安警情25382起，纠纷警情3871起，举报类警情7434起，求助类警情17244起，火警335起，其他类报警3387起，联动非警务类警情50014起。全年立刑事案件3919起，命案破3起，五类案件破10起，“两抢”案件破1起。移送起诉犯罪嫌疑人2204人；查处治安案件2324起，行政处罚4986人，其中行政拘留3358人；破获各类经济案件45起，移送起诉112人，为群众挽回经济损失8900万元。

是年，区公安分局被国家体育总局、中国残疾人联合会、中共浙江省委、浙江省人民政府联合评为“杭州亚运会、亚残运会先进集体”，另获“全省平安护航系列重大活动成绩突出集体”“全省平安护航党的二十大成绩突出集体”等荣誉称号。

【亚运会安保】 2023年，越城区公安分局实体化运转分局亚运会安保工作领导小组与“1+7”安保指挥体系［即越城公安分局安保办＋情报指挥和社会面管控（大巡防）指挥部，赛域安保指挥部，圈层查控指挥部，要人警卫指挥部、支撑保障指挥部，反恐处突、政治和网络安全指挥部，打击整治指挥部］，明确运行方案以及责任清单149项，制定日、周、月任务清单276项与安保行事历756项。全量排查化解不安定因素613起，排查矛盾纠纷142起、化解117起，化解信访积案81件。检查危化企业2663家次，处罚230家，开具反恐罚单107张。部署全区“敲门行动”，累计走访47.1万户、120.7万人，其中走访流动人口31.8万人、出租房9.9万间，完成原底数的107%。高标准完成安保任务，累计出动警力1.94万人次，完成火炬传递现场安保、3个亚运会场馆共计20个比赛日58场次赛事安保以及运动员住宿点17个国家（地区）597名运动员24小时安保任务，累计安检27.6万人次，收缴查获违禁品1300余件，处置各类突发事件6起；全区62个检查站点、应急拦截点、网格巡逻点与源头查控点累计检查车辆163744辆、盘查人员480411人，查获违法犯罪人员30人。

【犯罪打防】 2023年，越城区公安分局全面推进“雷霆”“金盾”、夏季治安打击整治等专项行动，累计破获各类案件2709起，其中部督8起、省督11起，采取刑事强制措施2369人、治安处罚4986人，特别是部督“10·28”窃听窃照专案与“2·24”医保诈骗案获省领导批示肯定。强化对突出犯罪的精准防范，刑事治安、传统侵财以及涉黄、涉赌警情同比分别下降11.0%、33.0%、17.3%、13.2%，特别是组建反诈宣防与预警劝阻专业队，举行反诈宣讲5073场45万余人次，劝阻19万人次，拦截资金3300万余元，电诈警情、案损额同比分别下降25.1%、47.95%；创新未成年人犯罪打防治理机制，研发“猫头鹰预警平台”，未成年人异地盗窃商铺案件数环比下降42%。

【护航企业发展】 2023年，越城区公安分局出台《越城区公安分局护航三个“一号工程”实施方案》，深化“枫桥式”护企优商模式，完成42

个警企联络室、3个在外越城商警务联络室建设，为企业提供7个“一类事”、39项综合服务，累计走访企业1810家次，开展法律服务200余次，帮扶化解企业困难59处。累计侦办侵企案件26起、恶意逃废债案件21起，清理涉企挂案19起，帮助企业挽回经济损失5400余万元；完善涉企案件受理“绿色通道”，明确57项涉企轻微违法行为不予处罚情形；成立企业信用修复小组，为498家受行政处罚企业信用修复提供便利。护航企业赴境外抢市场，为苏泊尔电器、振德医疗等160余家企业800余名员工提供出境“绿色通道”服务；在全区19个公安窗口推广“一窗通拍、全域应用”，为20名A类外籍高端人才缩短办证期限。

【深化“枫桥式”系列创建】 2023年，越城区公安分局治安防控治理中心作为全省示范点并成功举办全省现场攻坚活动，城南派出所以优异成绩入围“省枫所”评比；实体化运行7个高校警务站，成功举办高校警务站建设全市现场会，相关工作获省、市领导批示肯定；完成7个中心警务站（室）与299个社区警务团队建设，形成“一站带多室”社区警务新架构；持续推进情报指挥中心、府山派出所、斗门派出所综合指挥室、迪荡联勤警务站等样板参观点打磨提升，全年共接待全国各地参观考察团153批1900余人次。

【做实执法监督管理】 2023年，越城区公安分局制订出台《新警法律素养培养方案》，常态举行全警法律考试、警检沙龙、庭审旁听与法制员跟班学习，组织开展优劣质典型案例、季度执法之星评选等活动，切实提升全警执法素养；制定出台《法制员工作管理规定》《社会治安整治“六个一律”规定》《进一步加强取保候审案件办理的刚性规定》，开展“有案不受”“久侦不决”等执法公信力提升年专项行动，累计排查警情2.7万余起，督促整改问题700余件，清理取保候审1812人，发布执法通报262期，专题部署采取强制措施人员立功线索专项核查工作，梳理相关案件32起；护航亚运安保配套出台多个执法规范指引，完成斗门派出所亚运安保办案场所建设，拍摄制作相关教学片并全省推广。

【全市首家“外事服务联络站”设立】 2023年，越城区公安分局着重推广APEC商务旅行卡，帮助企业拓展大气污染治理海外业务。设立出入境“服充禁务企业专窗”，深入实施周六正常受理、平日延时办理等增值服务模式，通过专窗受理、专人跟进、专时办理方式，实现区级有制证权事项当日办结，助企“抢单拓市”，为160余家企业800余人次提供快速出境服务。

【打防治未成年违法犯罪】 2023年，越城区公安分局自主研发“猫头鹰预警平台”，构建未成年人前科、高危地区协助流窜等精准数据库和夜间首次入城高危地区车牌、夜间遮阳板下翻车辆模糊数据库，以越城区8个高速卡口为首道预警圈，对入圈人员通过图像技术、视频AI等大数据手段确定位置，并以云喇叭、发送短信等形式警示。严格落实“现发打链”机制，由专业打击队牵头、辖区派出所协同、技网支撑，对幕后、销赃、交通等环节开展全链条研判、全环节打击；探索警企联合打防治理机制，针对未成年人作案的销赃模式，联合顺丰、京东等寄递公司，对赃物在运输链条进行拦截查获。与全区228所中小学、幼儿园建立安全护航发展规划，由兼任法治副校长民警为各年龄段学生制订“一揽子”安全法治教育计划，联合街道，由社区干部、社区民警定期上门对“问题青少年”进行走访教育，组建“1名社区民警+1名老师+1名学员领导+N名学生”帮扶团队矫正学生不良行为。（区公安分局　赵梦莎）

检 察

【概况】 2023年，越城区检察院忠实履行司法办案职责，共办结审查批捕案件468件645人，同比分别增长45.3%、37.5%；审查起诉案件1826件2732人，同比分别增长12.6%、5.7%，人均办案数量居全市第一。年内，越城区检察院工作经验被最高检、省检察院转发、推广8篇次，办理案件获评全国典型案例4件，多个集体和个人分获“全省检察机关数字检察工作成绩突出集体”“浙江省知识产权保护工作成绩突出集体”“全省打击治理电信网络新型违法犯罪工作成绩突出个人”等荣誉称号20余项，干警个人在市级以上各类调研刊物发表文章27篇。

【刑事检察】 2023年，越城区检察院着力打击严重暴力犯罪，批捕12人、起诉17人；着力打击多发性侵财犯罪，批捕227人、起诉467人；开展打击治理电信网络诈骗犯罪专项行动，批捕37人、起诉231人，其中办理的张某海、韩某桐等人诈骗案，被评为“全省检察机关打击治理电信网络诈骗及关联犯罪典型案例”。加大刑事侦查和审判活动监督力度，提出抗诉1件1人，提请抗诉1件1人，发出纠正违法检察建议书6件。加大对司法工作人员职务犯罪自侦办案力度，查办3件4人；加强与区监委衔接配合，合力推进反腐败工作，起诉移送案件8件11人。办理社区矫正对象收监执行审查案件10件，针对社区矫正对象因违法被行政拘留、暂予监外执行情形消失而刑期未满等情形，及时向监管部门提出纠正建议，防止“应收未收”。

【民事检察】 2023年，越城区检察院共办结各类民事监督案件81件，其中裁判结果监督案件28件，发出再审检察建议17件，法院裁定再审17件；办结执行监督案件46件，向法院发出检察建议39件；办结审判活动监督案件7件，发出检察建议5件，均获采纳。持续强化对民间借贷、房屋买卖合同纠纷领域虚假诉讼打击力度，自行初查并移送公安机关立案4人。运用监督模型，探索实践“个案办理、类案监督、社会治理”的监督路径，共有5起案件被省检察院评为民事检察优质案件，2起案件获评市检察院精品案件。

【行政检察】 2023年，越城区检察院参与行政实质性化解20件，实现争议化解6件，发出行

2023年越城区检察院所办案件获评全国典型案例情况表

表45

案件	全国典型案例
钱某诉某街道办事处不履行征收安置补偿职责检察监督案	最高检、全国妇联发布的维护农村妇女涉土地合法权益行政检察典型案例
邓某某刑事申诉案	最高检控告申诉检察部门办理不服不起诉刑事申诉案件典型案例
赵某某重复信访案	最高检重复信访积案实质性化解第二批典型案例
督促保护“水心庵”行政公益诉讼案	最高检文物和文化遗产保护典型案例

政裁判结果监督检察建议3件，发出行政违法行为监督检察建议2件，发出行政审判活动监督检察建议1件，发出行政非诉执行监督检察建议5件，均获采纳整改。办理的钱某诉某街道不履行征收安置补偿职责检察监督案被最高检、全国妇联评为“维护农村妇女涉土地合法权益行政检察典型案例”。开展道路交通安全和运输执法领域行政检察专项监督，就有危险驾驶、交通肇事等犯罪记录的人员出租汽车从业资格问题，开展类案监督，获全市推广。

【公益诉讼检察】 2023年，越城区检察院立案办理行政公益诉讼案件36件、民事公益诉讼案件6件、提起民事(含刑事附带民事)公益诉讼案件6件。围绕运河生态环境、文物和文化遗产保护，办理公益诉讼案件10件。牵头与鉴湖湿地管委会签订协同保护合作意见，共建检察创新实践基地，设立检察官联络站，承担惩治犯罪、法治教育、生态修复“三位一体”司法保护职能，共同守护湿地生态环境。推动防空地下室历史遗留问题整改，守护人民群众生命财产安全。对销售有毒有害食品、侵犯公民个人信息等涉及民生民利违法犯罪行为，在追究刑事责任的同时，提起民事公益诉讼，让违法者为受损公益“买单”。

【优化营商环境】 2023年，越城区检察院立足检察职能和司法办案，助力营商环境优化提升“一号改革工程”。与区工商联出台《关于进一步强化协作配合 选任企业家法治会客厅检察联络员的若干规定(试行)》，聘任20名企业代表担任检察联络员，发放检察治理白皮书、政策读本400余册，帮助企业从源头防范化解风险，经验做法被《人民日报》点赞。依托皋埠检察室发挥驻绍兴集成电路产业园知识产权检察工作站作用，加大集成电路和生物医药两大“万亩千亿”平台司法保护力度。结合落实省检察院护民企“啄木鸟”法律监督专项行动，严厉打击职务侵占、合同诈骗等侵犯企业合法权益犯罪，办理相关案件121件207人，挽回经济损失2000多万元。

2023年3月10日，越城区企业家法治会客厅检察联络员聘任仪式举行(区检察院 提供)

【未成年人保护】 2023年，越城区检察院办理各类涉未成年人检察案件106件186人，贯彻“教育、挽救、感化”理念，联合区妇联等部门举行“心中有灯塔，家庭伴成长”感恩仪式，挽救“迷途”少年。加大未成年人综合司法保护力度，办理民事支持起诉案件14件、公益诉讼案件6件，1起案件获评“全省检察机关未成年人司法保护典型案例”。结合“六一”国际儿童节、寒暑假、开学季等时间节点，通过组织检察开放日、《未成年人网络保护条例》宣传，开设反诈小课堂、模拟法庭等，开展中小学校普法活动20余场，受众师生16000余人。

【践行新时代“枫桥经验”】 2023年，越城区检察院设立全市首个驻人大代表联络站检察工作室，构建人大监督与法律监督融合贯通大格局，全面履行“四大检察”职能，发挥深入基层群众、了解社情民意的重要载体作用。组建公益诉讼志愿者队伍，在统战、司法、团委等部门支持下，选拔60名政治素质好、专业能力强且热心公益事业的“益心为公”检察云平台志愿者，做法获《人民日报》报道。在成功化解一起多年信访积案中，针对当事人的生活困境，市、区两级检察机关开展联动救助，发放司法救助金15万元，并与区妇联会签实施意见，建立“检察＋妇联＋N”协作机制，保护困难妇女群体权益；在办理一起刑事申诉案件中，积极与政法委等多部门及街道对接，合力做好处置工作，促使申诉人息诉息访，实质性化解矛盾，2起案件均入选最高检典型案例。

【数字专项监督】 2023年，越城区检察院出台《2023年度数字检察工作计划》，以月度成绩单展示、季度专刊分析等形式晾晒进度，激发数字检察工作活力。先行研发“交通碰瓷”诈骗数字检察模型，在省、市检察机关指导下，形成类案办理指南，全市检察机关通过该模型立案监督、追诉18人，并向全省检察机关移送监督线索106条，完成第一批立案监督、追诉57人，获评全省“十佳大数据法律监督模型”。依托医保诈骗类案监督模型，持续做好案件审查起诉工作，起诉12件117人。扎实推进省检察院“一本账”数字专项监督，共成案涉民营企业刑事“挂案”数字监督、危化品类案专项监督等13个专项，成案件数130件，数量居全市前列。

【完成“每案必评”试点】 2023年，越城区检察院在被最高检确定为全国“每案必评”试点单位后，及时出台实施方案、工作指引、评查计划等，迅速建立起制度体系，并自主研发“慧眼鉴案”评查智能辅助系统，探索“系统初评＋人工评查”模式，有效解决案件质量评查“数、质、效”之间的矛盾，大幅提升评查质效。2023年6月底，该系统在全市检察机关推广试用，经验做法在最高检案件质量评查专题培训班上交流，并被最高检《案件管理工作情况》、省检察院《检察工作交流》刊发推介。

【打造“检护名城”品牌】 2023年，越城区检察院找准数字检察与古城保护结合点，依托绍兴古城保护公益诉讼检察创新实践基地，主动对接数字化古城信息管理平台，实现市、区两级34个部门302类涉古城保护数据归集共享，快速获取监督信息、提升监督质效。先后办理古桥、名人故居、环城河、无障碍环境建设等涉古城保护公益诉讼案件11件，创新数字检察工作方式，保护绍兴古城经验做法先后被《光明日报》《检察日报》报道。（区检察院 李晓兰）

法 院

【概况】 2023年，越城区人民法院新收各类案件21041件，办结19859件（含旧存），同比分别上升12.81%和3.77%。法官人均结案数332.86件，居全市第一位，主要办案质量、效率、效果指标持续在合理区间良性运行。年内，皋埠法庭新审判大楼启用，袍江法庭被评为“浙江省工人先锋号”，坡塘村共享法庭获评全省示范共享法庭。21篇调研文章在省市级以上刊物发表获奖，14篇案例入选全国典型案例。3人被授予全市法院审判业务专家称号，2人获评高层次后备人才，数量为历年之最。“悦法先锋”党建品牌入选区直机关十大机关党建品牌，获全市法院党建项目比赛一等奖。

2023年，越城区法院积极争取党委政府支持，推动召开首次区委法院工作会议暨诉源治理工作推进会。年内，与区司法局协同推动诉前调解改革试点落地见效，设立全市首家法院调解服务中心，化解纠纷7074件，化解数量达历年之最。通过立案预警、司法建议、示范裁判等方式一揽子化解涉众纠纷7批700余件，劳动争议、金融和物业纠纷收案数同比下降18.64%、35.13%和52.81%，相关工作经验在“学习强国”平台刊登。建立完善“有信必复”来信办理机制，重点重复访事项和国重件核销率

2023年5月26日，越城区人民法院皋埠人民法庭新审判楼启用（区法院 提供）

100%，依法打击非法访案件4件，全力护航亚（残）运会、“枫桥经验”60周年等。

【刑事审判】 2023年，越城区法院审结刑事案件1172件1895人，同比增长23.50%和16.62%。审结恶势力案件8件34人，审结中实投资、中海微银等非法吸收公众存款犯罪案件10件82人，严惩电信网络诈骗、跨境网络赌博、侵犯公民个人信息等网络犯罪案件28件50人，审结危害食品药品安全、醉酒驾驶、高空抛物等犯罪案件238件247人，审结贪污、贿赂、渎职等职务犯罪案件9件13人。

【商事审判】 2023年，越城区法院审结商事案件6302件，同比增长11.48%。开展营商环境优化提升“一号改革工程”，构建快立快审、集约集成的商事纠纷高效化解机制，解决商业纠纷用时同比减少37.86天。开展助企纾困专项行动，组织送法进企、法治体检等“悦法·悦商”主题活动60次，依法采取“活封”“活扣”等柔性措施，恢复被执行企业信用719家，促成涉诉企业达成诉讼调解、执行和解1469件，帮助企业执行到位14.17亿元，助推越城区营商“法治环境”企业满意度跻身全省前十。用好企业破产重整、执转破等制度，审结破产案件87件，结案量创历年新高，开展破产管理专项整治，盘活土地98.4亩、房产46.42万平方米。推进环球“双子楼”破产清算，助推“西城广场”转型升级。民一庭、滨海法庭获评“高质量发展共同富裕突出贡献奖”先进集体。

【民事审判】 2023年，越城区法院审结民事案件5151件，同比下降9.79%，平均审理天数同比缩短10.17%。审结婚姻、继承、赡养、抚养等家事案件980件，签发人身安全保护令和家庭教育指导令数量居全市前列。会同民政、妇联、共青团等部门组建“亲稚护航”联合会，与全区中小学共建法治辅导员制度，常态化开展“开学第一课”“法治剧本杀”等活动。审结劳动争议案件321件，为465名务工人员追回欠薪1273.59万元，处置逾期交房、迟延办证等涉房地产纠纷1000余件。妥善调处越都社区一则相邻权纠纷案登上央视《社会与法制》栏目，设立东鉴湖湿地公园共享法庭，守护浙东运河生态环境，揭牌古城保护司法实践基地，擦亮“青绿绘江南”特色环资品牌，王某非法买卖、储存危险物质案入选联合国环境规划署案例。发挥司法救助“托底”作用，依法缓缴减免诉讼费49.4万元，发放司法救助80万元。

【行政审判】 2023年，越城区法院坚持监督支持依法行政和维护群众合法权益相结合，实质化运行行政争议调解中心，促成涉征地拆迁、行政处罚等各类行政诉讼和解撤诉141件，调解成功率达42.7%，鉴湖法庭化解骆家葑征拆纠纷案入选“枫桥式人民法庭”绍兴十佳实践案例。举办法治讲座，开展风险论证、问题会商等送法进机关服务26次，向企事业单位、行政机关等发送司法建议100条。推进行政机关“一把手”包案化解，近四年行政机关负责人出庭应诉率保持100%，行政机关败诉率持续下降至2.42%，达历史新低，相关工作获最高法院官微推介肯定。

【“枫桥式”法庭建设】 2023年，越城区法院研究出台人民法庭高质量发展“双十条”举措，率先推行“无差别”诉讼服务，探索构建“一体化”

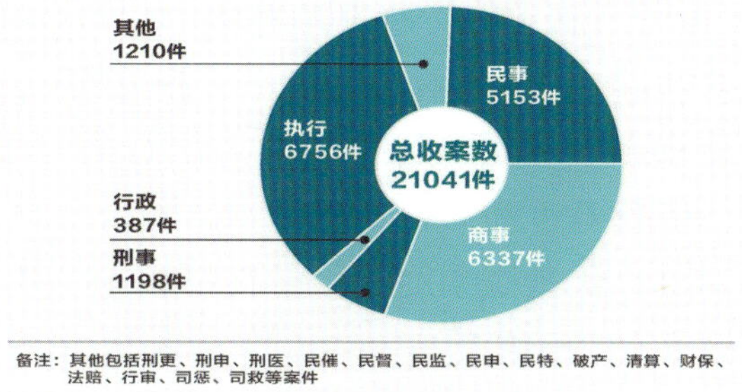

2023 年越城区收案情况(区法院 提供)

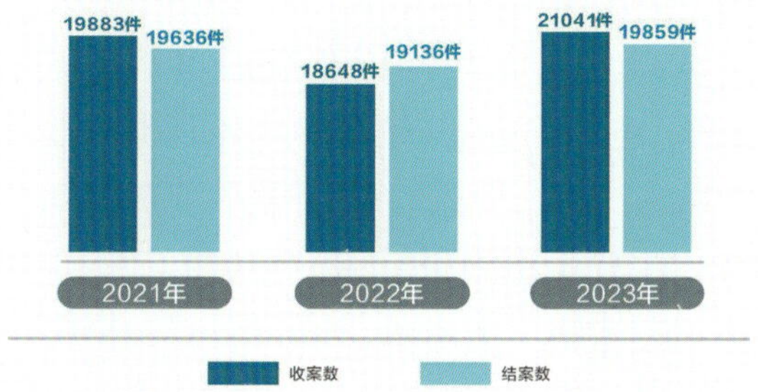

2021—2023 年越城区收案、结案情况(区法院 提供)

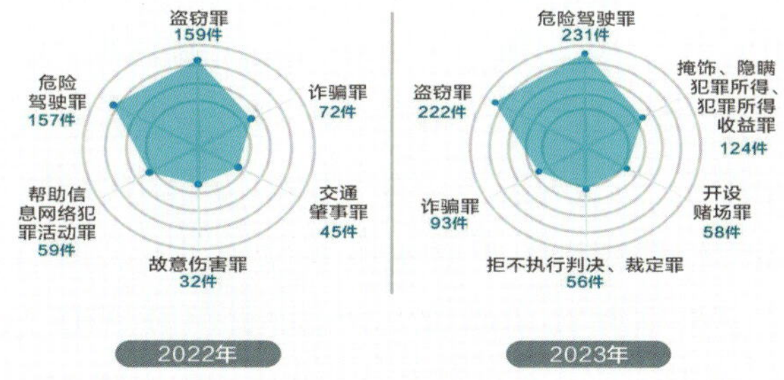

2022—2023 年刑事收案主要案件情况(区法院 提供)

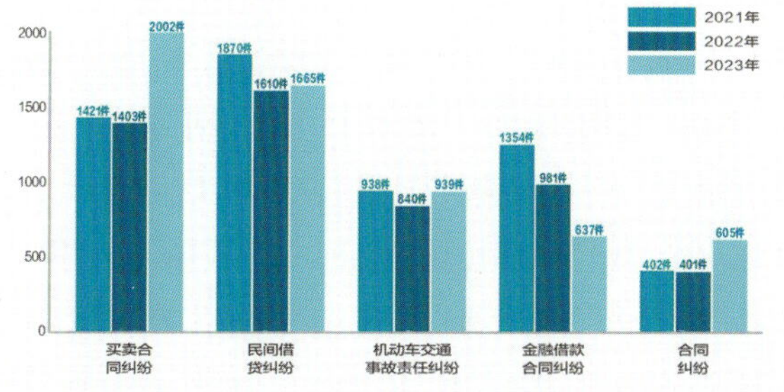

2021—2023 年民商事前五大收案案由(区法院 提供)

立调审执体系，有效解决“异地立案难”“办案流程长”等问题，构建起“枫桥式”司法服务矩阵作为先进案例推报最高法院，皋埠法庭“一步到庭”工作法入选越城区新时代十佳“枫桥式工作法”。设立运行全市首个庭务主任工作室，商会共享法庭成为全市唯一入选省级优秀案例，坡塘村共享法庭获评全省示范共享法庭，并被列为纪念“枫桥经验”60 周年市级示范参观点。

【数助决策】 2023 年，越城区法院深入推进“全域数字法院”建设，积极参与案款“一件事”智能开发应用，诉讼费平均退费时长同比减少 10 天，应用获评 2023 年全省首批“数字法治好应用”。构建保险“一件事”、薪金“一件事”、拘留“一件事”等模块功能，实现冻结、扣划、拘留等协执事项全流程在线办理，涉金融保险领域执行平均用时同比缩短 25%。年内，联合呈报的《涉超龄劳动者确认劳动关系纠纷的决策参考》获最高法院院长和市委主要领导批示肯定。

【执行完毕率、执行标的到位率居全市第一】 2023 年，越城区执结案件 5714 件，同比下降 6.05%，执行到位金额 19.48 亿元。首创“执行畅联直通车”工作机制，全网公开执行干警联系方式及接待日程，有效纠治“执行法官难找”问题，执行完毕率、执行标的到位率居全市第一，妥善执结巨力文化欠薪、1051 文创园腾退等一大批涉企涉民生执行案件。持续擦亮“越剑执击”执行品牌，形成执行威慑，拘留罚款 759 人次，58 人因拒执罪被判处刑罚，同比增长 2.7 倍，实刑率达 98.21%，违法制裁率保持全市第一位、全省前列。

【清廉法院建设】 2023 年，越城区法院开展执行力和落实力不够等九类突出问题专项整治，分层次开展谈心谈话 2 轮 422 人次，开展“制度建设年”活动，新立修订制度 45 项，强化用制度管人、管事、管案。深入推进“清廉法院”建设，严格落实“一案三查”等正风肃纪提能十条举措，主动填报防止干预司法“三个规定”情况510条，效能扣分33人次，运用监督执纪“四种形态”处理21人次。（区法院　傅眉佳）

司法行政

【概况】 2023年，越城区共有各级调解员1266人，其中专职调解员169人，调委会380个，其中区级调委会1个，镇街17个，村社居352个，行业性专业性调委会10个。越州公证处办结各类公证事项5405件，收费870万元。

【枫桥司法所】 2023年，城南司法所、斗门司法所被中共绍兴市委政法委员会、绍兴市司法局命名为第六批市级“枫桥式”司法所（绍司发〔2024〕1号文件），累计创建省级“枫桥式”司法所1个，市级“枫桥式”司法所7个。创建省级民主法治村（社区）10个、市级38个，全区累计创建全国级民主法治村3个、省级民主法治村73个、市级民主法治村233个，全区实现民主法治村全覆盖。

【法律援助】 2023年，越城区法律援助中心受理法律援助案件1170件，其中民事540件，刑事630件。在全区17个司法所设立市域通办援助点，明确市域通办的范围和类别。全年共为受援人挽回或避免经济损失达1729.84万元；受理38起涉稳群体性法律援助案件，涉及344人，5起案件已结案。配合法院做好死刑指定辩护案件及未成年人指定辩护案件的指定辩护工作，承办率达100%；办理法律援助未成年人指定辩护刑事案件168件，结案54件。

【“三个一”开展全民普法】 2023年4月启动“一句话普法”征集活动，围绕“物业那点事”“家庭那点事”两个生活热点主题，借力抖音、快手等自媒体平台，共吸引28个省市群众参与，3167人投稿10555条，开展“一句话普法”网络投票，共参与修改意见征集200余人次，网络票7.4万人次，30万余人次浏览。6月，在斗门街道试点“一件事普法”开展以不佩戴安全头盔为重点的电动自行车交通违法行为专项法治宣传教育行动，入户走访宣传1200余户，累计发放宣传折页5000份，悬挂横幅187条，安装喇叭87个，涉及交通事故易发路段64处，置换标准头盔500余顶，志愿者劝导不佩戴头盔等违法违规行为500余人次，交警开展主要道路路口执法检查10余次，教育处罚群众32人次。试点街道电动自行车交通事故量同比下降23%，电动自行车交通事故死亡率同比下降16.7%。一类人普法，在全区中小学开展“12·4”国家宪法日主题教育，加强宪法学习教育、开展宪法实践体验三大举措，培养新一代普法人。

【夯实“精准矫治”帮扶根基】 2023年，出台《越城区社区矫正对象分类教育工作指引》，以“一所一类”形式开展涉赌类、涉诈类、盗窃类等分类教育；全覆盖落实“入矫、矫中、解矫”三段式教育；结合矫正对象的年龄特点、心理特点和实际需要，开设未成年讲座团辅、女性专题讲座。入矫教育摸排矫正对象犯罪类型、特长，解矫教育安排回归社会心理讲座，共组织开展分类教育13场，开设心理讲座27场，教育访谈222人次，开展重点人员走访及谈话128人次。联合顾问律师开设涉企矫正对象专题讲座10余场，法治教育活动85场，参与矫正对象达2150人次，累计走访调查涉企社区矫正对象48人次，开展法治体检19场次，提供法律意见5次。联合越城区教体局制订《越城区社区矫正对象“学历技能提升”三年行动实施方案》，在6个街道成校开设学习指导班，采用“互联网+教育”“学历+培训”等教育形式，通过“在浙学”App线上学习，共90人次报名学习，79人完成学历提升。创建“学习新技能，开启新人生”课程系列，开设茶道艺术、短视频剪辑、化妆造型、中医养生、普法讲座等专项课程，为社区矫正对象提供技能培训，再就业成功率27.5%。（区司法局　李菊花）

军 事

综 述

【概况】 2023年，越城区人武部在军分区党委和越城区委的坚强领导下，深入贯彻落实省军区、军分区党委扩大会精神，突出“稳字当头、稳中求进”工作主基调，维护核心铸忠诚，聚焦使命抓备战，强基固本打基础，坚持从严抓安全，保持了向上向好的整体发展态势。

【亚运会安保】 2023年，越城区人武部成立亚运会安保领导小组和专班，从塔山、城南、稽山、灵芝、东浦等5个街道抽组基干民兵进行安保培训和政治考核。9月22日至10月28日，累计出动民兵参加银泰、世贸2个商圈安保巡防任务，完成亚运会安保任务。

【双拥共建】 2023年，越城区人武部与区人民法院成立双拥“共享法庭”，协调区双拥办和驻地部队开展“粽叶飘香进军营、军民共话鱼水情”迎端午、“送健康进军营”等双拥系列活动，浓厚尊崇关爱军人的氛围。

国防教育

【学生军训】 2023年，越城区扎实抓好军训商业化、市场化专项整顿治理，严密组织军训教官选拔、教育培训和资格认证，严格贯彻军训“十个严禁”纪律要求，完成9所高中和3所高校共20549名学生军训任务。

【先进宣传】 2023年，越城区加强国防教育，落实“八一光荣榜”，在《绍兴日报》、今日越城、越城发布和全区中小学、大型商圈户外电子屏等播放宣传二等功、三等功、“四有”优秀军人等越城籍现役官兵、文职人员先进事迹。

党管武装

【干部训练】 2023年，越城区严抓战备规范，组织值班室清理整治和要素完善，开展值班业务培训和值班分队拉动点验，年度接受战区和省军区日常抽点实现“零失误”。紧抓首长机关和专武干部训练。邀请南京陆军指挥学院教授陈西钢到绍授课，以“大学习大交流大提升”活动和军分区夜学为平台，主官带头备课示教。5月，保障科科长朱新义参加省军区保障处（科）长集训获全省第5名，文职参谋姜嘉羿参加省军区骨干参谋集训获省第12名、军分区第2名。政工科干事徐伟能获军分区嘉奖，军事科职工李云海被军分区表彰为“优秀职工”。

【作风建设】 2023年，越城区人武部统筹开展军地交叉地带“五查五纠”清理整治、“严禁违规喝酒，严防酒驾醉驾”专项教育整治、“保密专项整顿”等专项活动，严肃组织1起领导干部违规饮酒反面典型案例警示教育，定期组织思想形势分析和心理健康评估，盯住官兵现实关切，及时做好一人一事工作。从严纠治网赌网贷、酒驾醉驾等行为。

【武装工作】 2023年12月22日，越城区召开区委常委议军会暨党管武装工作会议和四套班子领导军事日活动，为镇街党工委书记发放民兵营政治教导员任命证书并组织集体谈话。建立健全武装干部培养储备机制，通过公务员招录、转业安置等方式先后将5名年轻干部充实到镇（街道）人武部任职、2名专武部部长转岗交流、1名优秀副部长提任专武部部长，专武干部队伍结构进一步优化。

民兵 兵役

【民兵工作】 2023年，越城区编实建强全区基干民兵队伍，整组点验先后2次接受省军区电话和视频抽点无扣分。以“亚运安保”和“保交护路”为课题，开展民兵任务行动训练。7月，参加军分区第六届民兵岗位练兵比武取得1个科目第二名、1个科目第三名。召开基层武装部和村社民兵连规范化建设现场推进会，开展“评星挂牌”达标活动，实现样板建设效能辐射。陶堰、孙端、沥海、鉴湖、东浦街道武装部被军分区评为“五星级基层武装部”，鉴湖街道原部长唐贺被军分区表彰为“优秀专武干部”，陶堰街道民兵陶勇鑫被评为绍兴市十大“最美民兵”。

【兵役征集】 2023年，越城区创新征兵宣传模式，拟制统一的教案课件，采取挂钩划片方式在全区17个镇街、7所高校、2所中专组织“征兵宣讲进高校、进镇街”活动，采取线下宣讲线上直播方式，实现征兵宣传全覆盖。全过程抓好征兵新闻宣传，累计在《浙江征兵》报道11篇，排名全市第一。周密组织役前教育，邀请区“四套班子”主要领导参加欢送新兵仪式，开展“送法进军营”、书画艺术家进军营、“老兵宣讲团”进军营教育慰问新兵活动。以“五率”考评为牵引，以兵员质量为核心，完成年度征兵任务，各类指标均超过上级规定要求。全流程抓好廉洁征兵，实现“无责任退兵、无廉洁征兵问题”目标。（区人武部　安丰达）

2023年度越城区现役军人立功官兵一览表

表46

序号	奖励	姓名	性别	部队	所在街镇及村（社区）
1	二等功	王陈钧	男	32145部队	斗门街道百盛社区
2	三等功	秦海峰	男	94973部队	塔山街道滨河社区
3	三等功	谢浩栋	男	91602部队	塔山街道罗北社区
4	三等功	陈　豪	男	69241部队	府山街道白马社区
5	三等功	吴东俊	男	91715部队	北海街道越西社区
6	三等功	孟之侃	男	武警绍兴支队	稽山街道森海社区
7	三等功	水达黎	女	92118部队	稽山街道门前江社区

续表 46

序号	奖励	姓名	性别	部队	所在街镇及村（社区）
8	三等功	胡期竣	男	91236 部队	城南街道南苑社区
9	三等功	丁　浩	男	91257 部队	迪荡街道洞桥社区
10	三等功	单洋伟	男	92877 部队	灵芝街道大树江南区
11	三等功	吴永超	男	32358 部队	灵芝街道立岱村
12	三等功	沈泽阳	男	武警警官学院	东浦街道强头村
13	三等功	周建浩	男	武警部队第二机动总队直升机支队	东浦街道行宫山村
14	三等功	劳文光	男	73022 部队	鉴湖街道骆家葑村
15	三等功	郑辉亮	男	96792 部队	鉴湖街道春风社区
16	三等功	诸觐豪	男	武警机动第三支队支援大队工兵中队	斗门街道斗门村
17	三等功	高子牧	男	海军航空大学	斗门街道王家池社区
18	三等功	娄伟兴	男	东部战区空军参谋部	皋埠街道皇埠村
19	三等功	蒋水芳	女	海军军医大学	皋埠街道胜利村
20	三等功	施金锦	男	武警宁波支队执勤一大队执勤三中队	马山街道永乐村
21	三等功	俞丽琴	女	91937 部队	马山街道安城社区
22	三等功	俞黎明	男	91428 部队 30 分队	沥海街道华东村
23	三等功	孙国潜	男	武警陕西省总队西安支队执勤二大队	沥海街道舜海村
24	三等功	曹培锋	男	73131 部队	富盛镇倪家溇村
25	三等功	娄沪畅	男	陆军边防第三五六团	富盛镇凤旺村

2023 年度越城区现役军人和文职人员“四有”优秀个人一览表

表 47

序号	所在街镇或学校	姓名
1	塔山街道	谢泽栋　谢浩栋　胡世杰　黄天宇
2	府山街道	章达军　司马浙楷
3	北海街道	汤田鑫　陈书志　曹震武　金永茂
4	稽山街道	俞森钰　吴浩栋　范雨峥
5	城南街道	虞　铖　马世浣
6	迪荡街道	董　越
7	东湖街道	沈江浩　吴全强
8	灵芝街道	樊金豪　张家豪　单洋伟　王洁清　孙煜泽　莫金波　丁锦涛　诸家栋　金泰作

续表 47

序号	所在街镇或学校	姓名
9	东浦街道	邵　杰　单棋锋　胡立洋　于嘉兴　金陈超　严棋烽　陈佳俊
10	鉴湖街道	沈洪泽　许飞涛　王可杰　祝鹏垚
11	斗门街道	高子牧　高鲁鹏　黄　捷　丁　成　钟松波　王飞鸿
12	皋埠街道	金玉龙　郦佳伟　马栋栋　唐颖莹　于铁毅 鲁淳斌　陶迪森　蒋通宇　唐江泽　余泽鸣
13	陶堰街道	戴铖梁　田　辉　陈华森　陈琦铭　陶狄栋 陶豪成　鲍正威　陶雨豪　孟超杰　邵之杰
14	马山街道	章豪敏　劳杰威　金张杰　傅金荣　陈浩楠　万超权　冯佳明　张佳波
15	孙端街道	鲁元刚　王卓栋　许　臻　顾铭豪　卢浩雄　许浩栋
16	沥海街道	俞黎明　陈润栖　张壕凯
17	富盛镇	韩佳荣　娄祖寅　娄立冰　童烨晖　金　康 金超宇　董卫军　王栋斌　徐浩浩　杨　程
18	绍兴文理学院	邹福强
19	绍兴职业技术学院	金玉龙
20	浙江越秀外国语学院	董至康　徐　硕
21	浙江农业商贸职业学院	石　荣
22	浙江工业职业技术学院	刘　扬　李建奥　陈金友

人民防空

【概况】 2023 年，越城区持续提升人防服务城市发展能力。不断充实人防专业队伍力量，整组人防专业队伍 20 支、1101 人，实装开展专业队伍拉动点验。加强人防业务指导，实现全区 8 家重要目标单位人防防护全覆盖，牵头完成重要目标防护研究 2 项，完成 15 个地块人防设施配置要求编制。落实人防工程日常维护管理检查，组织人防工程日常维护管理培训 2 次，结合“双随机”检查、亚运会安全保障等工作，累计开展执法检查项目超 100 个。

【人防信息化建设】 2023 年，越城区强化数字赋能，推动人防信息化预警。依托“浙里人防在线”数字化平台，落实人防警报设施数字化、网格化维护管理。加强人防警报系统建设，新增建设人防警报点多处，并提前完成年度任务。顺利实施“5・12”“9・18”防空防灾警报试鸣，警报覆盖率达到 100%。

【宣传教育】 2023 年，越城区扎实推进人防“五进”宣传教育工作，积极普及防灾知识，重点做好全区 76 所中、小学 2 万余名学生的人防教材征订工作，强化人防课堂教育。结合“3・1”国际民防日、“5・12”全国防灾减灾日等重要节点，走进社区、学校开展人防宣传演练，提升全民防灾减灾能力，通过三大运营商和国家突发公共事件预警信息发布平台推送 2 万条警报试鸣信息。（区发改局　薛亚云）

退役军人事务

【概况】 2023 年，越城区退役军人事务局在区委、区政府的正确领导下，认真贯彻落实习近平总书记关于退役军人工作的系列重要指示批示精神和上级决策部署，平稳完成各项重点难点任务，积极争创省级“双拥模范区”，推进退役军人服务保障体系建设提档升级。

【体系建设】 2023 年 12 月 31 日，17 个镇街全部完成省“枫桥式”服务站创建，实现全覆盖，创建率全市第一；退役军人事务部权益维护司司长，省退役军人事务厅党组书记、厅长等领导先后到越城调研退役军人工作，均给予高度肯定；接待青海省退役军人事务厅、新疆阿克苏地区退役军人系统等省内外 32 批到越城考察、交流。

【就业创业】 2023 年，区退役军人事务局平稳完成一批转业军官转业士官安置任务，并接收自主就业退役士兵。举办全省首个 2023 年春季退役军人新年专场招聘活动，现场 38 家企业推出 640 余个岗位，多人达成就业意向。认定绍兴工业职业技术学院等 7 家学校（机构）为新一轮越城区退役军人定点培训机构，并组织多人参加 2023 年春季退役士兵适应性培训工作。

【双拥创建】 2023 年，区退役军人事务局首次争创省级“双拥模范区”。打造具有越城辨识度的迪荡湖双拥主题公园，建成鲁迅故里、上大路、迎恩门等 3 条双拥示范街和水街双拥文化广场，加盟拥军商家 85 个，为全国现役、退役军人和“三属”等优抚对象提供消费打折服务。联合区人武部政工科、区法院探索建立全市首个“双拥共享法庭”。组织全区党政军民代表 140 余人赴吼山烈士陵园举行“9·30”向烈士敬献花篮仪式；联合属地街道、驻越部队创新开展“粽叶飘香进军营 军民共话鱼水情”等军地交流活动 8 场。

【社会化优抚】 2023 年，区退役军人事务局与越城区物业协会、8 家商业银行，联合为烈属、抗美援朝老兵等对象开展关心关爱服务 6 场，受益 1370 人次，总计慰问物资 50 余万元。指导区关爱退役军人协会开展实体化运作，结合八一建军节、春节，开展走访慰问，累计走访 70 余户，支出资金约 10 万元；向绍兴武警支队机动大队捐赠 2 台立式空调，价值约 3 万元；结合主题教育，与四川马边签订合作结对协议，定期开展考察交流；积极发动协会企业家结对认领，开展困难退役军人子女助学助困活动，倡导企业提供免费培训专业，促进退役军人就业创业。

（区退役军人事务局　虞华锋）

2023 年 2 月 28 日，越城区组织 11 名立功受奖现役官兵家属集体送喜报活动（退役军人事务局　提供）

财 税

财 政

【概况】 2023年,绍兴市越城区(滨海新区)实现地区生产总值1330.15亿元,按可比价格计算,增长7.4%。其中:第一产业增加值17.20亿元,增长3.8%;第二产业增加值568.09亿元,增长7.9%;第三产业增加值744.86亿元,增长7.1%。三次产业结构比为1.29∶42.71∶56.00。社会消费品零售总额792.97亿元,增长6.0%。外贸进出口总额1107.31亿元,增长32.1%。全区城镇常住居民人均可支配收入74596元,农村常住居民人均可支配收入48866元,分别增长5.8%和7.3%。常住人口计算,人均生产总值118078元,增长6.8%。全年实现财政总收入145.66亿元,同比增长6.3%;其中:一般公共预算收入90.22亿元,同比增长4.5%,税收收入77.61亿元,同比增长8%。全区财政收支平衡。

2023年,越城区财政局持续巩固拓展主题教育成果,班子成员带头深入一线宣传宣讲7次,全年共计发放学习资料445册,组织开展党员干部集中学习12次、党日活动12次、周一夜学50余次。强化"清风财政·红色管家"特色党建品牌提质升级,获得"星级机关党建品牌"荣誉称号。全年共提任中层正职2名,中层副职2名,35周岁以下中层干部占比达41.7%。年内,越城区财政局获评"越城区清廉机关创建十佳示范点"。2023年2月,区财政局获"全省清廉财政建设成效突出单位"相关经验做法在绍兴新闻综合频道"方圆视点"栏目专题展播。

【组织财政收入】 2023年,越城区实现财政总收入145.66亿元,其中一般公共预算收入90.22亿元,一般公共预算收入占财政总收入的61.9%,税收收入实现77.61亿元,占一般公共预算收入的86.0%,其中纳入一般公共预算管理的非税收入12.61亿元,占一般公共预算收入的14.0%。全年新增债券27.40亿元,其中新增专项债券25.40亿元,一般债券2.00亿元。

【落实减税降费】 2023年,越城区持续落实减税降费支持政策,新增减税降费14.22亿元,完成留抵退税23.07亿元,助力企业轻装上阵、创新发展。加大力度释放助企纾困政策红利,加快省"8+4"及市"1+9"政策体系落地落细,累计兑现各类惠企政策资金11.38亿元。

【"政采贷"授信融资】 2023年,越城区财政局持续提升政策效能,灵活使用"政采贷""履约保函"等政府采购金融服务产品,拓宽企业融资渠道,全年办理"政采贷"授信902笔,规模达7260万元,放款895笔,总金额3998万元。加大政府采购对中小企业的支持力度，政府采购授予中小企业合同金额11.95亿元，占比达92.9%。

【房产交易契税补贴】 2023年，越城区出台《关于优化政策举措促进房地产市场平稳健康发展的通知》（以下简称"越城房产新政25条"）延续房产交易契税等财政补贴政策，共计6127套商品房享受契税财政补贴4672万元，有效释放潜在刚需及改善型需求，维护房地产市场健康稳定发展。

【民生保障】 2023年，越城区扎实做好民生保障工作，发放困难群众、残疾人、优抚对象、孤儿及困境儿童等帮扶救助资金8820万元；持续加大社会保障体系投入力度，城乡居民养老保险提标、基本公共卫生服务补助、义务兵优待金和退役士兵生活补助等民生政策执行到位。

【聚焦"三农"】 2023年，越城区统筹安排区级"大三农"政策资金2.36亿元，重点突出粮食、耕地、科技等核心关键，优化政策资金扶持方向和支出结构，累计兑现支农政策资金7269万元，发放各类粮食补贴5780万元。安排7800万元用于强化耕地和基本农田建设保护，全年土地出让收入用于农业农村比例达8.1%，全力助推乡村振兴。

【基础设施建设】 2023年，越城区加大民生基础设施建设投入力度，着力保障教育网点优化，安排专项资金3.49亿元，推进23所学校新改扩建，新增学位2760个。持续加大医疗卫生资源投入力度，加快医疗网点建设，安排专项资金1.59亿元，有效保障浙江省人民医院越城院区等项目推进。

【稳健财政运行】 2023年，越城区持续加强财政动态监控，深入推进三个"一号工程"（指数字经济创新提质"一号发展工程"、营商环境优化提升"一号改革工程"、"地瓜经济"提能升级"一号开放工程"），成功认领"非税代理银行动态监控"省级试点。加强国库集中支付动态监控，把严把紧预算支出关口，强化资金动态跟踪问效，累计监控资金107.52亿元，发现并纠正违规支付资金239万元。组织开展财经纪律各项检查，聚焦减税降费政策落实、基层"三保"、地方政府债务、财政暂付款管理、惠民惠农财政补贴资金"一卡通"等九大类问题。全面落实债务监管责任，防范化解地方政府债务风险。加强债务率风险管控，做好债务增量和可用财力测算，控制政府债务增量规模。

【深化国企改革】 2023年，越城区有效推进国企"1+4+X"发展体系，提升国企监管水平，做好"整合资源、做强增量、做优存量"。引导区属国有企业优化调整业务板块，国企总资产突破千亿元，新增1家AA+，2家AA信用评级企业。以区产业基金、集成电路母基金、"415X"专项基金为抓手，助推集成电路、高端制造等新兴产业的引进和培育。推进资产确权办证，强化问题攻坚，力争办证政策新路径，对297处合计面积约27.6万平方米的无证房屋进行确权办证，提升资产价值，确保后续资产并购融资。（区财政局　王赛）

税　务

【概况】 2023年，国家税务总局绍兴市越城区税务局以习近平新时代中国特色社会主义思想为指导，全面贯彻党的二十大精神，认真落实区委区政府和市局党委的各项决策部署，扎实开展学习贯彻习近平新时代中国特色社会主义思想主题教育，深入学习习近平总书记考察浙江重要讲话精神及对税务工作的重要指示批示精神，健全"抓好党务、干好税务、带好队伍"机制体系，真抓实干推动各项工作稳进提质，为服务越城高质量发展作出新贡献。全年组织税费收入 210.4 亿元，同比增长 4.4%。其中税收收入 120.8 亿元，同比增长 8.7%；社保费（不含职业年金）收入 69.3 亿元，同比增长 0.4%；非税收入 17.3 亿元，同比下降 6.6%；直接出口退税 46.9 亿元，同比下降 9.1%。组织地方级税收 73.5 亿元，同比增长 8.7%，占全部税收 60.8%。完成一般公共预算税收收入 68.8 亿元，同比增长 8.7%，增幅居全市第四位。税收一般公共预算收入占一般公共预算收入比重为 89.1%，居全市第一位，超过全市平均 11.4 个百分点。

【减税降费和退税缓费政策】 2023 年，越城区税务局严格落实各项减税降费、退税缓费政策，落实增值税留抵退税 20.1 亿元，惠及企业 238 户；新增减税降费 13.3 亿元；阶段性缓缴企业社会保险费 105.5 万元。深化 E 体化税情感知中心建设，扩充税费网办事项，推动“最多跑一次”向“一次都不用跑”转变，网上综合办税率达 97.9% 以上，税务系统“好差评”好评率达 99.9% 以上。组建精准推送工作专班，灵活运用“纳税人画像”精准匹配各类需求群体，实现从“人找政策”到“政策找人”的转变，推动惠企利民红利直达快享，已精准推送政策超过 200 批次，辅导纳税人缴费超过 120 万户次。

【税费优惠政策】 2023 年，越城区税务局多措并举落实延续优化完善的系列税费优惠政策，确保市场主体政策红利应享尽享。其中，落实增值税小规模纳税人减按 1% 征收增值税政策涉及 8133 户次，减免税额 9945 万元；享受生产生活性服务业减免政策涉及 770 户次，减免税额 2578 万元；落实研发费用加计扣除政策，研发费用加计扣除惠及 886 户，减免税额 4.92 亿元；小型微利企业减免企业所得税共计 11669 户，减免税额 6.59 亿元。辖区内环境保护税享受减免共计 519.61 万元，其中，纳税人综合利用的固体废物，符合国家和地方环境保护标准减免 476.57 万元，同比增长 42.86%。此项减免政策切实增强企业环保意识，有助于减少污染物排放，保护和改善环境，不断推动生态文明建设。

2023 年 4 月 21 日，越城税务干部走进鉴湖街道王家葑村四季青葡萄生态园，上门宣传最新的办税缴费举措（区税务局 提供）

【成品油消费税管理】 2023 年，越城区税务局不断加强成品油消费税管理。开展特种油、敏感油品以及非成品油发票核查工作，对于核查出违规开具的发票，点对点辅导企业红冲收回，提醒企业据实开具成品油发票，2023 年核查工作涉及 59 户企业共计 310 份发票。开展加油站基础信息采集工作，为后期申报比对等工作夯实基础，组织 17 户开展加油站信息采集工作，为 17 个加油站采集软件安装运行工作 13 户。开展成品油经销企业新增归类审核工作。严格按照消费税重点品目内部管理和风险管理工作模板进行下户核实，根据核实结果据实形成工作底稿，2023 年累计新增成品油经销企业归类 16 户。

【新增施工扬尘环保税征收】 2023 年，经过前期点对点施工扬尘环保税纳税人的精准税源辅导后，夯实税源基础信息，越城区税务局稳妥推进施工扬尘环保税第一个征期工作，辖区内共 116 户企业，212 条税源信息进行申报，申报率达 100%。

【部分街道城建税税率调整】 2023年,越城区税务局按照部署,做好城建税税率的前期测算和后期调整工作,确保涉及调整的孙端街道和陶堰街道共4184户纳税人的城建税从5%平稳有序地调整到7%。

【强化出口退税风险防控】 2023年,越城区税务局不断加强出口退税企业管理,实现风险管理质量与效率的有效提升。通过自主研判、自主分析,发现全区首个涉嫌“低值高报”类出口骗税典型案例,并成功移送稽查。结合省局风险核查任务,成功识别6户涉嫌“买单配票”出口骗税企业移送公安和稽查,对区内出口企业起到极大的震慑作用。2023年,越城区税务局切实做好“严审快退”,保证企业“应退尽退、应享尽享”,共计办理退税额46.86亿元,免抵税额9.53亿元。并严格按照总局和省局要求,对符合条件的一类、二类企业在3个工作日内办结退税业务,平均办理时间在0.6个工作日。

【完成对外支付信息核实440户次】 2023年,越城区税务局修订完善对外支付申报操作指引和后续管理操作指引,挖掘对外支付信息的价值,提升风险识别分析与应对能力;做好非居民企业税收政策落实工作,非居民汇算清缴申报率达到100%。利用后续管理指引,挖掘对外支付信息的价值,提升风险识别分析与应对能力,完成对外支付信息核实440户次,补缴增值税8.75万元,企业所得税7.45万元。

【开展“走出去”企业专题走访工作】 2023年,越城区税务局动态调整存量和增量企业信息,开展“走出去”企业专题走访工作,全面掌握了解走出去企业情况。截至年底,越城区税务局有“走出去”企业32户,涉及境外被投资企业49户,一对一提供政策解读与税务支持,增强企业对外投资的信心和决心。

【林草两费平稳划转】 2023年,越城区税务局提前调研,对标落实,完成森林植被恢复费和草原植被恢复费(以下简称林草两费)划转工作。目前,林草两费已实现部门间费源信息互联互通。截至2023年年底,累计征收入库森林植被恢复费21户次,金额总计785.73万元。

【入库残保金7584万元】 2023年,越城区税务局推送残保金优惠政策41386户次,全年入库残保金7584万元,比上年同期增长6.19%,应申报户数41386户,申报率达96.82%。

【推进统一社会保险费征收模式】 2023年,越城区税务局积极响应社保费征收体制改革,完善缴费信息关联、职工参保信息、缴费工资申报预处理以及征收入库反馈流程,将“社保部门核定、税务部门征收”模式统一到“缴费人自行申报”模式,实现参保用人单位和个人参保人员自行向税务部门申报缴纳社保费。改革涉及全费种、全人群,多部门、多层级职能调整,实现“两统一、两规范、两优化、两强化”,即统一申报缴费方式、统一征收管理制度,规范申报缴费期限、规范政策执行口径,优化部门职责分工,提升优化缴费服务水平,强化科学技术支撑、强化法治机制保障。截至2023年年底,越城区所属2023年度的社会保险费征收金额为69.27亿元。

【数电发票覆盖率达到90%以上】 2023年,越城区税务局推广数电发票试点纳税人4万余户,数电发票覆盖率达到90%以上。同时,对成品油等特殊行业在风险可控的前提下逐步推广数电发票,确保开用一体。召开“乐企”应用辅导会,辅导开票大户积极应用乐企系统,帮助企业在进行数电改造的同时,优化管理系统,节约财务成本,提升智慧水平。

【开展“工业园区”提质增效行动】 2023年,越城区税务局积极发挥税收共治作用,与区政府相关部门和街道联合开展“工业园区”提质增效行动。对350余个工业园区开展全方位政策辅导和风险排查,降低相关税务风险,规范园区内纳税人的税务处理,入库税款超过6500万元,有效提升亩均贡献,深化工业全域治理,进一步提升工业园区征管质量,促进园区提档升级。

【开展“便民办税春风行动”】 2023年,越城区税务局全力落实营商环境优化提升“一号改革工程”,开展“便民办税春风行动”,形成两批61条便民办税服务措施;开展“个体工商户服务月”、“春雨润苗”专项行动、“中小企业服务季”等活动,切实提升中小企业和个体工商户税费服务水平。开展优化营商环境大走访,一线收集纳税人缴费人意见建议,解决问题超过200个。落实关于推进政务服务事项“全域通办”工作要求,契税窗口下沉至斗门、灵芝、马山3个街道便民中心。

【深化E体化税情感知中心建设】 2023年,越城区税务局持续深化E体化税情感知中心建设,依托技术手段试点运用“数字员工”,扩充“云办税”线上业务办理平台功能,推送办税缴费从“最多跑一次”向“一次都不用跑”转变;在“税小蜜”线上咨询的基础上,建设征纳互动运营中心,共开展人工互动1831次;组建精准推送工作专班,深化“纳税人画像”运用,点对点推送业务提醒和操作指南,已精准推送政策近900批次,涉及纳税人超过126万户次。感知中心工作经验入选绍兴市创新深化改革攻坚开放提升最佳实践案例;服务品牌“越行越满E”,获评2023年度全省纳税宣传辅导“价值品牌”。

【获评“全国税务系统先进集体”】 2023年,绍兴市越城区税务局纳税服务股(办税服务厅)获得“全国税务系统先进集体”称号。越城区税务局纳税服务股(办税服务厅)以数字化、信息化思维布局新时期纳税服务,以新时代“枫桥经验”引领服务创新,创新打造E体化税情感知中心,创设“税云小站”税收共治点,组建矛盾化解团队,提供兜底服务“不满意请找我”专窗,线上线下全面提升纳税服务体验。

【首次举行从税年限纪念仪式】 2023年,越城区税务局首次举行税务干部特定从税年限纪念仪式暨2023年度荣休仪式。为从税10周年、20周年、30周年及40周年(女35周年)以上的税务干部颁发纪念章,同时举办2023年度干部荣誉退休仪式和新录用公务员集体宪法宣誓仪式,完成税务干部新老传承。

【全域全员“枫桥式”建设】 2023年,越城区税务局认真落实上级工作要求,因地制宜落实“五本账”建设工作,积极报送“枫桥式”税务创新实践工作法。鉴湖税务所获浙江税务系统2023年新时代“枫桥式”税务所、绍兴税务系统2023年新时代“枫桥式”税务所命名,稽山税务所获绍兴税务系统2023年新时代“枫桥式”税务所命名。

【文明创建志愿活动】 2023年,越城区税务局积极参与迎亚运圣火、助力文明城市创建、税收宣传月、为高考学子服务等多样化志愿服务。全局志愿者218人,全年累计服务时长为5919小时。组织开展“慈善一日捐”活动,筹得捐款24400元。获市厅级荣誉称号2个(2个基层单位获评省税务系统“枫桥式税务所”),县处级荣誉称号8个[浙江省财贸(金融)系统模范职工小家、越城区模范集体、绍兴市优秀共青团员、2022年“绍兴金蓝领”、2022年度优秀社员、民进绍兴市2022年度先进会员、民进绍兴市2022年度反映社情民意信息先进个人、绍兴市巾帼建功能手]。

【清廉税务单元建设】 2023年,越城区税务局明确分解落实《关于纵深推进清廉税务建设的实施方案》相关责任,持续深化4个专项整治工作。深入开展“六个一”活动,强化家庭助廉工作,开展集体家访,走访干部家庭236户,廉政谈话 237 次，发放廉洁家书 226 份。

【推进政治机关建设】 2023 年，紧扣省局党委纵深推进“双建争先”实施路径和“一体系一清单三机制”部署安排，不断提高“市局主抓，县局主建”的思想认识和政治站位。出台涵盖 5 个方面 16 项 39 条具体任务的落实方案，逐一明确责任部门、时间节点、工作目标，着力解决“谁来压”“怎么压”“压什么”“压到位没有”的问题。相关专报《区税务局聚焦“四色”融合推动政治机关建设走深走实》获得越城区委书记徐军肯定性批示。

【开展“万名党员进万企，领导干部下基层”活动】 2023 年，越城区税务局积极开展“万名党员进万企，领导干部下基层”活动，共计走访企业 1340 户，开展党员志愿服务 19 次，为群众办实事 69 个，征求意见建议 36 个，解决纳税人困难问题 62 个。

【举办“同唱劳动赞歌 共建首位越城”文艺晚会】 2023 年，越城区税务局举办“同唱劳动赞歌 共建首位越城”庆祝五一国际劳动节文艺晚会，广泛宣传劳动精神，弘扬热爱劳动、歌颂劳动的价值理念，打造精彩纷呈的视听盛宴。活动相关视频及图文浏览量超 38 万人次，宣传效果显著。

2023 年 4 月 24 日，越城区税务局组织开展“同唱劳动赞歌　共建首位越城”庆祝五一国际劳动节文艺晚会(区税务局　提供)

【基层文化设施】 2023 年，越城区打造 29 个“15 分钟品质文化生活圈”，新建 3 家城市书房、1 家省级文化驿站、2 家省级和 3 家市级乡村博物馆。举办“书尚越城”越城区第十九届读书节活动，实现全民阅读系列活动全域覆盖，同时开放东湖分馆、树兰书房中兴馆等 5 家图书分馆、城市书房。

【一体推进“三不”机制建设】 2023 年，越城区税务局始终坚持“严”的主基调，多措并举全面深化“三不”机制建设。严格落实违规吃喝专项工作部署，严查微权腐败及以权谋私行为，组织中层以上干部及新进公务员共计 69 人签署“三不”廉洁承诺书，对中层领导干部违规经商办企业情况开展自查共计 5 人次。为防范下户风险创新设立“廉政监督卡”，开展干部下户“码”上监督，全年累计 117 家次企业扫码填报，提前预防节假日违法违纪风险，就重点风险事项督促全局干部严防“节日腐败”，发送廉政短信 1228 条。

【建立“轻舟晓税”矛盾调解室】 2023 年，越城区税务局鉴湖税务所进一步创新运用新时代“枫桥经验”，建立“轻舟晓税”矛盾调解室，分级调解矛盾，实现涉税矛盾就地解决。调解室成立“蓝湖调解联盟”，邀请包括当地知名的律师、税务师、会计师、资产评估师等在内共 16 名本土乡贤名士担任特邀调解员，参与调解室调解工作。2023 年，“轻舟晓税”矛盾调解室共化解各类税费矛盾 369 件，均成功化解在问题产生一线。

开放合作

外商投资

【概况】 2023年,越城区新批外商投资企业30个,引进总投资1000万美元及以上项目7个,其中3000万美元及以上项目1个,完成合同外资18921万美元,实际利用外资19763万美元。截至12月底,在越城区投资过的国家和地区达73个。

【外商服务】 2023年,越城区以营商环境优化提升"一号改革工程"为引领,大力实行外商投资企业准入前国民待遇加负面清单管理制度,进一步放宽外资企业市场准入。全年办理外商投资企业信息报告195个,组织457家企业参加2022年度外商投资企业联合年报。印发《外商投资企业投诉办事指南》,成立外商投诉处理机构,在省商务厅网站统一公布机构、人员信息。当年累计拨付外资政策资金2402.57万元。

【对外经济合作】 2023年,越城区新批境外投资企业11家,中方投资额9280.2万美元,其中3000万美元及以上的项目2个,投资国别前三位分别是肯尼亚、墨西哥、加拿大,对外直接投资6253.06万美元。境外工程营业额4646.6万美元。振德医疗用品股份有限公司入选2023年度省本土民营跨国公司"领航企业",实现越城企业在该领域"零的突破"。

对外贸易

【概况】 2023年,越城区自营进出口共计11075940.8万元,同比增长32.2%,其中,出口8604140.2万元,同比增长20.3%,全国占比万分之36.2,占比完成进度110.4%;进口2471800.7万元,同比增长102.4%。全区纺织品出口共计3622018.2万元,同比增长2.0%,占全区出口总额的42.1%。其中服装出口908853.6万元,同比增21.9%。全区机电产品出口1616366.2万元,同比增长38.3%,占全区出口总额的18.8%。全区高新技术产品出口242170.1万元,同比增长36.6%。进口额超5000万元的主要进口产品有按重量计铜含量超过99.9935%的精炼铜阴极、其他未锻轧的精炼铜、制造半导体器件或集成电路用的化学气相沉积装置(CVD)等62类产品,62类产品共进口2219903.2万元,占全区进口总额的89.8%。全区机电产品进口960747.8万元,同比增长41.0%,高新技术产品进口855365.9万元,同比增长28.8%。

【外贸实绩企业】 2023年,越城区有出口实绩企业2783家,出口超5000万元企业共350家。进出口国家和地区共计231个,其中出口超5000万元的国家和地区114个。在15个主要出口国家和地区中,出口前三位的是美国、越南、墨西哥,分别出口794547.1万元、500295.0万元、348276.1万元,增幅排在前三位的分别是马来西亚、俄罗斯、越南,分别增长67.9%、65.8%、63.2%。

【"一带一路"进出口】 2023年,越城区向共建"一带一路"国家或地区出口共计3746181.6万元,同比增长34.1%,其出口额占出口总额的43.5%,共涉及63个国家(地区),其中:出口额前五位的国家和地区为越南、俄罗斯、印度、孟加拉国和印度尼西亚,分别出口500295.0万元、326328.9万元、271249.6万元、230183.1万元和213137.3万元,增幅分别为63.2%、65.8%、6.6%、-6.0%和32.5%。向共建"一带一路"国家或地区进口764378.3万元,同比增长272.5%,其进口额占全区进口总额的30.9%,共涉及48个国家(地区)。

【RCEP进出口】 2023年,越城区深化全省首批RCEP高水平开放合作示范区建设,出台《越城区承载浙江(绍兴)RCEP高水平开放合作示范区建设方案》,全面开展RCEP货物贸易规模提升、数字贸易发展提速等八大行动。全区向RCEP成员国出口共计2204142.9万元,同比增长42.7%;其中出口额占出口总额的25.6%,共涉及15个亚太国家(地区)。全区向RCEP成员国进口共计1124069.1万元,同比增长89.5%;其中进口额占进口总额的45.5%,共涉及15个亚太国家(地区)。

【服务贸易】 2023年,1—12月全区实现服务贸易进出口31.08亿元,同比增长181.04%。其中,出口9.61亿元,同比增长140.99%,进口21.47亿元,同比增长203.63%。在十二大类服务贸易领域中,旅行服务进出口额为6.53亿元,同比增长33.40%,在服务贸易中的占比为21.01%,其他商业服务进出口额为4.58亿元,同比上升84.81%,在服务贸易中的占比为14.74%,知识产权使用费进出口额为18.08亿元,在服务贸易中的占比为58.18%,以上三类占总额的93.03%。出口方面,知识产权使用费出口6.09亿元,占服务贸易出口的63.31%;其他商业服务出口2.05亿元,同比上升126.73%,占服务贸易出口的21.30%。进口方面,知识产权使用费进口12亿元,占服务贸易进口的55.89%,列各项服务进口首位;旅行服务进口6.42亿元,同比增长36.85%,占服务贸易进口的29.91%。

【"地瓜经济"提能升级"一号开放工程"】 2023年,越城区建立健全推进机制,建立开放提升专题组和"一号开放工程"专班,制定《越城区、滨海新区关于高质量推进"地瓜经济"提能升级"一号开放工程"的实施意见》和《越城区、滨海新区关于贯彻落实"地瓜经济"提能升级"一号开放工程""1415"行动方案》,明确具体目标、举措和相应责任主体。夯实开放型经济基础,打通投资促进渠道,在全省各区(县、市)层面第一个揭牌成立驻德国(欧洲),畅通企业参展渠道,与欧洲法兰克福展览公司、中国纺织品进出口商会、中国服装协会、香港贸易发展局建立战略合作,全力把"地瓜藤蔓"伸向全球。做优增值化开放服务,出台特色政策,健全商法服务,构建全域覆盖的原产地证自助打印点网络,将自助打印服务延伸至银行、社区,发挥省、市、区三级商事调解联络点联动效应,加强涉外知识产权维权和纠纷调解,成功争创全省首批商务领域营商环境创新实践试点,夯实肥沃"地瓜土壤",《越城区创新培育开放型经济实现跨越提升》入选全省首批"一号开放工程"最佳实践案例,2023年获"浙江省十佳外贸强县(市、区)"称号。

【组织企业参展】 2023年，越城区在全市率先开展“百团千企”行动、“越货行天下”等活动，打响“越时尚越世界”抢单拓市越城品牌，累计组织2100余家企业参加上海面料展、香港时装节等80场境内外展会，意向订单超5.8亿美元。（区商务局 郭佳红）

【绍兴综合保税区】 绍兴综合保税区总规划面积1.72平方千米（2581亩），分2期建设，其中一期1366亩，二期1215亩。截至2023年年底，绍兴综合保税区内高端制造产业园、两岸集成电路产业园、保税物流分拨中心等项目均完工投用，保税研发中心（一期）、二期市政基础设施工程东段全面开工建设，综保跨境电商中心开园运营，科迪华首台“中国制造”喷墨打印设备成功出货，设立全国首个“枫桥式”外汇服务驿站，国家级增值税一般纳税人资格试点全面推进，京东、菜鸟、抖音三大头部电商平台签约落户，累计入区企业83家，实现进出口额171.3亿元，同比增长8.03倍，进出口额排名全国第78位，提前完成“百亿百强”年度目标。（绍兴综合保税区服务促进中心　沈孝禄）

2023年9月，绍兴综合保税区进出口额首次突破100亿元。图为载货车辆入保税区（绍兴综合保税区服务促进中心　提供）

农业农村

综　述

2023年，越城区深入实施农业“双强”（科技强农、机械强农）行动、全域推进和美乡村建设，促进农业转型升级、农村全面进步、农民持续增收，加快推进农业农村现代化。全年粮食播种面积21.77万亩，总产量9.37万吨（含滨海新区），实现农林牧渔业总产值为39.9亿元，同比增长3.9%。2023年，越城区村级集体经济组织共创总收入8.76亿元，农村居民人均可支配收入48866元，比上年增长7.3%。低收入农户人均可支配收入24404元，比上年增长15.2%。全面消除经营性收入低于50万元的43个区级经济相对薄弱村。越城区入选省农业标准地改革、“粮补直达”“肥药两制”改革两项试点。

2023年，越城区共有粮食生产功能区面积11.23万亩（含沥海），种粮面积50亩以上的种粮大户396户，总承包面积10.62万亩；市级认定“菜篮子”蔬菜基地10家，合计面积5056.9余亩。全年创建市级水稻高产百亩示范方3个，50亩以上粮食复种面积16.54万亩。

种植业

【完成粮食播种面积21.77万亩】 2023年，越城区出台《加快推动“三农”高质量发展若干政策》及配套实施细则，通过抓好春耕备耕、“双抢”协调，及早部署冬种生产等工作，有效稳定粮食播种面积，积极提高粮食总产，实现全区粮食播种面积21.77万亩，总产量9.37万吨。

【新技术品种推广】 2023年，越城区引进推广“中早39”“甬籼15”“中组18”“中组53”“舜达135”“嘉67”“浙粳99”“秀水121”“浙优18”“浙粳优1578”“春优927”等18个水稻主导品种，玉米、油菜、小麦、马铃薯、茶叶、桑树等新品种20个；推广水稻叠盘出苗育秧技术、水稻机械精量湿润直播技术、优质稻全产业链关键技术、农作物病虫害绿色防控技术、水稻两壮“两高”栽培技术等30项种植业主推技术。

【特色农业政策性保险保障4.5亿余元】 2023年，越城区持续推广特色农业政策性保险，涵盖生猪、能繁母猪、水稻、小麦、油菜种植、农业设施大棚、葡萄种植等10余个农业保险品种，其中包含生猪价格指数保险、叶菜价格保险、茶叶低温气象指数保险等地方特色型保险，另有生猪养殖扩展保险金额保险1个商业型农业保险。全区1900余户农业主体参保，提供保险保障4.5亿余元。2023年，越城区共受理保险理赔案件2658件，办结2658件，结案率100%；全年累计向农户支付赔款6000余次，赔款总额3341.52万元，赔付率157.6%。

【化肥农药减量工程】 2023年，越城区推广应用省补商品有机肥，推进化肥农药减量工程。在全区范围内建设5个化肥定额制配套技术示范方，委托第三方完成420个（含袍江、滨海）耕地土样检测。配方发布26个，配方肥推广6823吨，按方施肥1877吨，推广应用总计8700吨。推广主要农作物病虫害统防统治11.3万亩，水肥一体化技术推广面积0.5万亩，实现不合理化肥减量92.43吨、农药减量3.79吨。全年回收农药废弃包装物72.49吨，处置101.96吨（含以前年度遗留未处置数）。

畜牧业

【概况】 2023年，越城区继续推进以标准化、绿色化、循环化、规模化、数字化、基地化"六化"引领的畜牧业高质量发展。全年肉类总产量9811.02吨；禽蛋产量531.60吨。生猪存栏4.2903万头，其中能繁母猪5614头，生猪出栏9.6797万头；家禽存栏13.9474万羽，出栏19.1521万羽；羊存栏1.9642万头，出栏量1.0584万头；蜜蜂规模养殖存栏数568箱；绍兴市天天肉食品有限公司生猪屠宰检疫3886批次305768头（其中省外调入1775批次）、家禽屠宰检疫612批次46.6276万羽（其中省外调入15批次）。全区累计创建省级美丽牧场13家。

【重大动物疫病防控】 2023年，越城区重点结合春、秋二季动物防疫突击预防行动计划，对全区畜禽实施强制免疫，全年重大动物疫病口蹄疫、猪瘟、小反刍兽疫和高致病性禽流感免疫密度达100%，免疫合格率达80%以上。全年接种免疫猪口蹄疫35.8512万头次、猪瘟27.7385万头次，羊口蹄疫1.625万头次、小反刍兽疫2.43万头次，牛口蹄疫1.3228万头次，免疫高致病性禽流感9.975万羽。存栏5000头以上生猪规模养殖企业全面建立非洲猪瘟病毒核酸PCR（聚合酶链式反应）检测自检制度，生猪屠宰场严格履行动物防疫和产品质量安全主体责任，并实施非洲猪瘟自检。全年养殖环节集中无害化处理病死猪38067头，处理率100%。备案食用动物肉品7581.181吨，副产品179.176吨。"牧运通"信息系统生猪运输车辆备案10辆，全年无重大动物疫情发生。

【推进畜牧业绿色发展】 2023年，越城区继续推进规范兽用抗菌药减量化及饲料环保化达标场创建行动，2家减量化部级授标场（浙江宝仔农业发展有限公司、浙江一景生态牧业有限公司）、1家饲料环保化示范场（绍兴市辉达生态养殖有限公司）通过省级复验，3家减量化达标场和3家环保化达标场通过复验，成功创建2家减量化部级授标场（绍兴市辉达生态养殖有限公司、绍兴咸亨绍鸭育种有限公司）、1家环保化达标场（绍兴市胖胖生猪养殖有限公司）。绍兴市辉达生态养殖有限公司通过国家级畜禽养殖标准化示范场复验。（区农水局　徐诗瑾）

林　业

【概况】 截至2023年年底，越城区森林面积19.24万亩，森林覆盖率26.01%。全区活立木蓄积97.19万立方米，以乔木为主，乔木蓄积为88.19万立方米，占总蓄积的90.74%。全区共有1个国有性质的林场（会稽山林场），林地总面积1.02万亩。全区有省级公益林7.21万亩，已落界国有天然商品林0.11万亩（以上来自2023年林草湿生态监测调查成果)。全区湿地面积为180.6亩,较2022年维持不变,保护率为100%(根据2023年国土变更最新上报成果)。全区林业产业总产值预计为361927元,较上年增长4.6%。

【推进国土绿化】 2023年,越城区已完成“千万亩”森林质量精准提升工程4289亩(均为美丽生态廊道建设),为市定任务的122.5%、省定总任务的164.96%。开展“一村万树”示范村建设,推荐富盛镇上旺村开展“一村万树”示范村建设,当年已顺利通过验收。

【加强森林资源保护】 2023年,越城区加强林地保护和林木管理,完成2022年、2023年全国森林督查调查工作。共下发问题图斑25个,已全部完成查处销号。

【森林防火能力建设】 2023年,越城区强化防火责任落实,将防火责任和措施逐层逐项分解落实到人、到林、到坟头,扎实开展森林防灭火工作。加强火源管控,集中开展风险隐患排查,共计进山巡护人次3000余次,劝阻野外用火210次,消除安全隐患10处。提升森林“防火码”使用率,实现火因可追溯、人员可查询。提升“技防”能力,在全区重点林区共建设高位热感监控22个。

【林业安全生产】 2023年,越城区强化宣传教育,开展“3·19”森林消防宣传日和森林防灭火安全警示教育活动;清明、五一国际劳动节等重要节假日期间,在人流集中的重要部位悬挂横幅100幅,张贴禁火令500份、彩旗300面、彩带1000根。开展应急演练,会稽山林场每月进行一次演练,并和宝业四季园防火队伍进行一年两次的联合演习。做好应急准备,对应急装备、机具等定期开展检修保养;加强值班值守,严格落实重点时段24小时值班和领导带班制度,确保信息通畅。全年实现了“零火灾、零事故、零伤亡”目标。

【松材线虫病除治】 2023年,越城区开展枯死松木“即现即清”除治,实施古松大树打孔注药,2023年对古松大树免疫剂打孔注药共实施注药20022瓶,保护株数11065株,涉及小班118个。开展疫木除治“回头看”工作,组织实施了2次无人机全区巡查、5轮区级抽样检测,并将检查情况通过林长制办公室通报下发至各镇街,敦促做好整改工作。年内全面完成松材线虫病疫区拔点任务,疫区拔除工作通过省级和国家林草局验收,成为全省4个、全市唯一的松材线虫病疫区拔点地区。

【林业产业发展】 2023年,越城区结合乡村实际,实施“千村万元”林下经济增收帮扶工程项目,在富盛镇金溪村发展林下养蜂300亩,项目已基本建设完毕,当年度创造产值260万元。加强食用林产品质量安全监管,完成春笋等食用林产品质量监测30批次。开展森林系列创建,鉴湖国家湿地公园建设成为生态文化基地,富盛镇倪家溇村建设成为现代林业经济示范区。

【“林长制”工作】 2023年,越城区按照区、镇(街道)、村(居、社区)三级林长+护林员模式的林长制管理体系,2023年全区共有三级林长100名,落实专职护林员42名。区委书记、区长担任区级总林长,2023年共同签发总林长1号、2号令,督促做好全区森林防火、松材线虫病疫区拔点工作。2023年全区三级林长完成巡林1083人次,其中区级总林长巡林22次,督促指导责任区域落实森林湿地资源保护管理措施,解决重点难点问题。(区自然资源和规划分局　李伟)

渔　业

【概况】 2023年,越城区渔业主要养殖品种为四大家鱼(指青鱼、草鱼、鲢鱼、鳙鱼)等常规品种以及甲鱼、青虾、南美白对虾、加州鲈鱼等名特优品种。完成1056万尾夏花增殖放流任务，其中鲢鱼536万尾、鳙鱼215万尾、草鱼305万尾;完成45.79万尾冬片增殖放流任务，其中白鲢28.16万尾、黄尾密鲴5.79万尾、花鲢11.84万尾。全年水产养殖面积96423亩，其中外荡养殖面积38550亩，池塘养殖面积45450亩，稻田养殖面积12423亩。水产品总产量45142吨，同比增长5.07%。休闲渔业经营主体全年共计接待游客6.6万人，产值942万元。

【水产品质量安全监管】 2023年，越城区累计开展初级水产品质量安全执法检查18次，检查企业83家;完成121批次水产品定量监测，合格率100%，其中省级监督监测38批次，省级投入品监督监测5批次，市级监督监测28批次，区级监督监测50批次。全年累计查处渔业行政执法案件34起，收缴罚没款10.2万元。

农业现代化建设

【概况】 2023年，越城区加快推进农业供给侧改革，提高农业生产的规模化、标准化、市场化水平和农民的组织化、信息化、市场化程度，壮大农业主导产业规模，实现产业项目落地集聚规模化发展，推动"三产融合、三生协调、五化联动"的现代都市农业发展。加速实施农业产业提升"2020计划"项目落地，推进农业生产经营体制创新，促进数字赋能农业生产，建设省级数字农业工厂。截至年底，认定省级农业龙头企业12家，市级农业龙头企业20家。市级认定"菜篮子"蔬菜基地5家，有30亩以上水产养殖基地350家、畜禽规模养殖企业17家。2023年，浙江一景生态牧业有限公司创建为国家级非免疫无布鲁斯菌病小区，浙江宝仔农业发展有限公司创建成为省级非洲猪瘟无疫小区。绍兴市辉达生态养殖有限公司、绍兴市绍鸭原种有限公司获得"兽药减量化"部级授标场。绍兴市北山牧业有限公司创建为省级"兽药减量化"达标场、绍兴市胖胖生猪养殖有限公司创建为省级"饲料环保化"达标场。绍兴市辉达生态养殖有限公司创建为省级"数字工厂"。

【重大项目投资额5.85亿元】 2023年，越城区农水局完成农业农村重大项目投资额5.85亿元，其中富盛镇全域共同富裕建设项目完成投资额6500万元，建设内容包括上旺乌石两村城乡风貌改造提升;越城区长三角农产品冷链智慧物流中心及农批市场项目完成投资额5.3亿元，建设内容包括先行区50亩招商中心B-1-1完成建设，配套冷库B-2和商铺B-1-2主体施工，东侧地块219亩开工。

【创建省级数字工厂1家】 2023年，位于越城区的绍兴市辉达生态养殖有限公司创建为省级数字工厂。

农业服务与监管

【概况】 2023年，越城区完善区、镇街、基地三级农产品检测监管体系，推动各涉农镇街农产品检测站正常运行并免费开放。推广主要农作物病虫害统防统治11.3万亩，水肥一体化技术推广面积0.5万亩，完成农用地污染区块耕地现状划分及种植户现状详查并开展整治。推广应用省补商品有机肥，实施化肥农药减量工程，实现不合理化肥减量92.43吨，农药减量3.79吨。

【完成各级定量抽检农产品1085批次】 2023年，越城区共完成省、市、区各级定量抽检农产品1085批次，其中不合格16批次，合格率为98.5%。完成2023年度镇街及生产主体检测室快速定性检测运行考核，全区涉及11个镇街11

家检测室通过考核，2023年镇街检测室开展定性检测3000批次。完善农产品质量安全追溯体系，9家农业生产主体被评为2023年市级农产品质量安全追溯示范点，15家农业生产主体被评为2023年区级农产品质量安全追溯示范点。对203家农业生产主体开展动态信用综合监管，其中1家信用级别A级，139家信用级别B级，63家信用级别C级。截至年底，全区共有绿色食品3个，农产品地标产品1个。

【农业“两区”土壤污染治理】 2023年，越城区继续开展省级农业两区污染监测点建设，委托浙江省农科院开展农业两区土壤污染监测点4个综合点和6个常规监测点稻谷、土样的采取工作。统筹开展田间试验。结合历年实施和田间试验开展情况，围绕主栽作物小麦因地制宜布局田间试验任务，发挥田间试验对科学施肥的指导作用。

【农作物耕种收综合机械化率达85.19%】 2023年，越城区重抓农机安全生产工作，各项工作顺利推进。农作物耕种收综合机械化率达85.19%、水稻栽植面积耕种收综合机械化率达95.31%，茶叶、蔬菜、畜牧等主导产业机械化持续发展，落实农业机械报废66台(套)。上牌照的农田拖拉机和收割机年检率100%，农业机械实地安全检验服务项目审核完成533台(套)；规范执行农机购置补贴工作实施方案，全年办理补贴机具333台，受益农户160户，总发放补贴资金409.4660万元。

2023年11月3日，“金秋丰收东鉴湖”2023年越城区丰收节启动仪式在富盛镇举行(区农水局　提供)

【参加各地农产品展示展销】 2023年，越城区组织16家农业主体参加国际国内各类展示展销，22家企业参加网上农博展示展销，组织6家企业开展24场网上直播，1家企业3个产品参加试吃活动，3家企业19种产品参加秒杀活动。成功举办2场2023年越城区农事节庆活动，在城南街道举办2023年越城区蓝莓节暨城南街道“政产学研”合作推进会活动，在推介越城区农产品的同时，进一步深化“政产学研”共建，与高校、企业等达成多项合作意向，越城区第一站就业创业基地也在大禹蚕种场正式落户；在陶堰街道举办以“金秋丰收东鉴湖”为主题的越城区丰收节，通过金秋稻田丰收节的举办，以节促旅、以旅活市，有效推动乡村振兴的健康发展。

【“三位一体”农合联改革】 2023年，越城区继续推进三位一体农合联建设，新建设绍兴市粮食农事服务中心、越城区葡萄产业农合联，继续完善和提升已建成的现代农业服务中心和产业农合联的服务内容和服务能力。

【省、市级示范性家庭农场创建】 2023年，绍兴市越城区华根家庭农场、绍兴市越城区会稽蜂匠家庭农场、绍兴越城区兴禾家庭农场新认定为绍兴市示范性家庭农场，绍兴市万国家庭农场有限公司、绍兴市越城区周周绿家庭农场2家新认定为省级示范性家庭农场。至2023年年底，越城区累计注册家庭农场275家，其中有省级示范性家庭农场13家、绍兴市示范性家庭农场16家、绍兴市级示范性特色家庭农场3家(绍兴市银龙农场和绍兴国明农场有限公司、绍兴腾凤农场有限公司)。

【累计获评省级示范性农民专业合作社5家】 2023年，全区累计注册农民专业合作社

2023 年度越城区省、市级示范性家庭农场一览表

表 48

农场等级	农场名称
省级示范性家庭农场	绍兴市越城区越娃子家庭农场 绍兴市越城区佳祥家庭农场 绍兴豌豆农场有限公司 绍兴市银龙农场 绍兴腾凤农场有限公司 绍兴市越城区根生家庭农场 绍兴市越城区忠彪家庭农场 绍兴新青马农场有限公司 绍兴国明农场有限公司 绍兴市纪明家庭农场有限公司 绍兴市勾山家庭农场有限公司 绍兴市万国家庭农场有限公司 绍兴市越城区周周绿家庭农场
绍兴市示范性家庭农场	绍兴腾凤农场有限公司 绍兴新青马农场有限公司 绍兴市万国家庭农场有限公司 绍兴市勾山家庭农场有限公司 绍兴市越城区忠彪家庭农场 绍兴市银龙农场 绍兴市越城区越娃子家庭农场 绍兴市越城区周周绿家庭农场 绍兴豌豆农场有限公司 绍兴市越城区佳祥家庭农场 绍兴市越城区冯海江(匡群)家庭农场 绍兴市纪明家庭农场有限公司 绍兴市越城区根生家庭农场 绍兴国明农场有限公司 绍兴市越城区会稽蜂匠家庭农场 绍兴越城区兴禾家庭农场
绍兴市级示范性特色家庭农场	绍兴市银龙农场 绍兴国明农场有限公司 绍兴腾凤农场有限公司

258 家，累计获评省级示范性农民专业合作社 5 家（绍兴绿油油蔬菜专业合作社、绍兴市滨海新城新田野农机专业合作社、绍兴市滨海新城舜盛水产专业合作社、绍兴绿野山地蔬菜专业合作社、绍兴市民乐粮油专业合作社）。

美丽乡村建设

【概况】 2023 年，越城区开展全域未来乡村建设，创成陶堰街道泾口村、东浦街道南村村、鉴湖街道王家葑村、富盛镇上旺村等 4 个省级、5 个市级、23 个区级未来乡村以及陶堰街道全域创建试点。对 13 个涉农镇街 131 个行政村开展“一分两清三化”的农村人居环境整治常态化评估和整治提升，在 8 个镇街 48 个行政村开展实施规划非保留村农村生活污水治理设施运维管理。创建省级和美乡村示范乡镇 1 个、省级和美乡村特色精品村 5 个；市级“和美越乡”

精品片区1个、市级和美乡村示范样板村2个。

【规划非保留村农村生活污水治理设施运维管理】 2023年，越城区对8个镇街共48个尚未拆迁的规划非保留行政村开展实施农村生活污水治理设施运维管理工作，共计受益农户12391户，区级补助资金59.3911万元。

【全域未来乡村建设】 2023年，越城区开展全域未来乡村建设，创建陶堰街道泾口村、东浦街道南村村、鉴湖街道王家葑村、富盛镇上旺村等4个省级未来乡村，陶堰街道泾口村、东浦街道南村村、富盛镇上旺村、鉴湖街道王家葑村、陶堰街道白塔头村5个市级未来乡村，上旺村、王家葑村、南村村、村头村、后双盆村、坝内村、吼山村、西湖畚村、泾口村、白塔头村、邵家溇村、金墅村、南湖村、横旦村、张家畚村、亭山村、茅洋村、陶堰村、浔阳村、乌石村、金溪村、倪家溇村、义峰村23个区级未来乡村以及陶堰街道全域创建试点。

【美丽乡村示范乡镇、精品村创建】 2023年，越城区陶堰街道创成省级和美乡村示范乡镇；东浦街道南村村、皋埠街道坝头山村、陶堰街道泾口村、孙端街道安桥头村、富盛镇乌石村5个村创成省级和美乡村特色精品村。陶堰街道创成市级“和美越乡”精品片区；鉴湖街道坡塘村、皋埠街道坝头山村创成市级和美乡村示范样板村。

【农村人居环境整治提升】 2023年，越城区制定《越城区农村人居环境整治提升督查考核管理办法》，组成区农村人居环境评估小组，每月会同第三方测评机构对13个涉农镇街131个行政村的“一分两清三化”农村人居环境常态化整治工作开展评估，每月对镇街排名和整治情况进行通报。对考评排名靠前、进步明显的

陶堰街道泾口村(区农水局　提供)

2023年度越城区乡村创建一览表

表49

镇街(村社)	村镇评级
皋埠街道坝头山	省级美丽乡村特色精品村、市级和美乡村示范样板村
陶堰街道	省级和美乡村示范乡镇、市级“和美越乡”精品片区
陶堰街道泾口村	省级未来乡村、省级美丽乡村特色精品村、市级未来乡村
陶堰街道白塔头村	市级未来乡村
孙端街道安桥头村	省级美丽乡村特色精品村
东浦街道南村村	省级未来乡村、省级美丽乡村特色精品村、市级未来乡村
鉴湖街道王家葑村	省级未来乡村、市级未来乡村
鉴湖街道坡塘村	市级和美乡村示范样板村

东浦街道南村村(区农水局　提供)

村予以资金奖励,全年共计发放奖励资金 2008 万元。对排名靠后的村给予“黄牌”“红牌”警告并进行为期一个月的专项整改。全年出动检查人员 1060 余人次,发现问题 59568 处全部完成整改,整改率达到 100%。建立市级季度考评复查、区级月度考评复查、曝光问题复查的“回头看”机制,确保农村人居环境整治常态化、不反弹。(区农水局　徐诗瑾)

工 业

综 述

【概况】 2023 年，越城区有规模以上工业企业 711 家，实现规模以上工业总产值 1650.5 亿元，同比增长 0.1%；工业增加值 428.1 亿元，同比增长 10.3%；营业收入 1412.0 亿元，同比增长 2.3%；利润总额 40.0 亿元，同比下降 23.7%；上缴税金 32.5 亿元，同比下降 6.8%。

【年整治高耗低效企业 155 家】 2023 年，越城区共整治高耗低效企业 155 家。创建市级“无废工厂”32 家，市级绿色工厂（园区）10 家，国家级“绿色工厂”1 家，省级节水型企业 7 家，组织 17 家企业开展浙江省清洁生产企业审核工作。

【数字经济一号工程】 2023 年，越城区实施数字经济创新提质“一号发展工程”，获半年度综合考评全省第一，全年度综合考评全省第四。《深化腾笼换鸟 加快创新驱动——绍兴市越城区狠抓数字经济促进区域发展蝶变转型》入选省委组织部实施“三个一号工程”第一批典型案例清单。入选省级数字经济创新发展试验区、省级未来产业先导区、省级集成电路产业集群核心区。

【工业企业梯度培育】 2023 年，浙江医药股份有限公司被评为“雄鹰企业”。浙江医药股份有限公司、浙江绍兴苏泊尔生活电器有限公司、浙江古越龙山绍兴酒股份有限公司 3 家企业评为绍兴市重点产业链“链主”企业。浙江新海天生物科技有限公司被评为省级“隐形冠军”企业。

【企业股改上市】 2023 年度，越城区新增股份公司 21 家，实现上市辅导 3 家，其中中芯集成上市成功，实现了全区科创板上市“零的突破”，首发上市募集资金额将近百亿元，创下全市上市企业资金募集量之最。全区上市公司队伍壮大到 12 家，其中 11 家境内上市公司总市值突破千亿元。

食品工业

【食品制造业】 2023 年，越城区有规模以上食品制造业企业 4 家。全年实现工业总产值 4.8 亿元，同比增长 17.9%；营业收入 4.9 亿元，同比增长 27.7%；利润总额 0.2 亿元，同比增长 32.7%。其中，焙烤食品制造企业 1 家，全年实现工业总产值 0.9 亿元，同比增长 21.8%；营业收入为 0.9 亿元，同比增长 20.0%；利润总额 0.02 亿元，同比增长 60.2%。糖果、巧克力及蜜饯制造企业 1 家，全年实现工业总产值 1.7 亿元，同比增长 61.8%;营业收入为 1.8 亿元,同比增长 59.6%,利润总额 0.1 亿元,同比增长 54.8%。方便食品制造企业 1 家,全年实现工业总产值 1.2 亿元,同比增长 15.7%;营业收入为 1.2 亿元,同比增长 15.7%;利润总额 0.02 亿元,同比增长 46.3%。其他食品制造企业 1 家,全年实现工业总产值 1.0 亿元,同比下降 21.2%;营业收入为 1.0 亿元,同比增长 8.1%;利润总额 0.04 亿元,同比下降 12.2%。

【农副食品加工业】 2023 年,越城区农副食品加工业企业 6 家。全年实现工业总产值 13.1 亿元,同比增长 39.2%;营业收入为 13.3 亿元,同比增长 30.8%;利润总额 0.6 亿元,同比增长 7.3%。

【酒、饮料和精制茶制造业】 2023 年,越城区酒、饮料和精制茶制造业企业 8 家。全年实现工业总产值 15.3 亿元,同比增长 5.0%;营业收入为 21.5 亿元,同比增长 18.5%;利润总额 5.7 亿元,同比增长 136.7%。

纺织业

【概况】 2023 年,越城区有规模以上纺织业企业 205 家。全年实现工业总产值 121.8 亿元,同比下降 18.4%;营业收入 109.0 亿元,同比下降 16.4%;利润总额 1.1 亿元,同比增长 513.7%。其中棉纺织及印染精加工企业 51 家,全年实现工业总产值 34.4 亿元,同比下降 36.5%,营业收入为 30.6 亿元,同比下降 35.5%,利润总额 -0.1 亿元,同比增长 92.4%;毛纺织及染整精加工企业 2 家,全年实现工业总产值 0.9 亿元,同比下降 14.8%,营业收入为 0.8 亿元,同比下降 18.7%,利润总额 3.8 万元,同比下降 98.8%;麻纺织及染整精加工企业 1 家,全年实现工业总产值 0.6 亿元,同比增长 27.0%,营业收入为 0.6 亿元,同比增长 21.3%,利润总额 355.7 万元,同比下降 41.1%;化纤织造及印染精加工企业 27 家,全年实现工业总产值 10.9 亿元,同比下降 17.9%,营业收入为 10.3 亿元,同比下降 22.1%,利润总额 0.6 亿元,同比增长 138.46%;针织或钩针编织物及其制品制造企业 71 家,全年实现工业总产值 49.3 亿元,同比下降 5.6%,营业收入为 43.1 亿元,同比增长 1.8%,利润总额 1.2 亿元,同比增长 0.7%;家用纺织制成品制造企业 44 家,全年实现工业总产值 20.8 亿元,同比下降 10.6%,营业收入为 19.3 亿元,同比下降 11.5%,利润总额 -0.6 亿元,同比下降 1360.2%;产业用纺织制成品制造企业 9 家,全年实现工业总产值 5.0 亿元,同比增长 2.2%,营业收入为 4.4 亿元,同比增长 3.4%,利润总额 132.3 万元,同比增长 148.3%。

【纺织服装、服饰业】 2023 年,越城区有规模以上纺织服装、服饰业企业 61 家。全年实现工业总产值 26.9 亿元,同比下降 8.5%;营业收入 25.8 亿元,同比下降 14.0%;利润总额 0.3 亿元,同比下降 38.8%。(区经信局 沈少莹)

高端生物医药产业

【概况】 2023 年,高端生物医药产业平台实现工业总产值 356.7 亿元,同比增长 9.4%,其中主导产业产值 243 亿元;实现固定资产投资 84.51 亿元,同比增长 23.2%;新引进生物医药产业项目 20 个,完成标志性项目投资 22.64 亿元,引进省级以上高层次人才 20 人。

【产业平台基础建设】 2023 年,越城区统筹推进与长三角、杭绍甬区域的互联互通,加快杭绍甬智慧高速滨海段、越东路连接线建设,智慧高速滨海新区段主线已全线合龙通车运行。兴湾精准医学产业园(一期)全面竣工,签约入驻浙江大学绍兴研究院生命科学分中心以及浙江迅识生物科技有限公司、赛福凯尔（绍兴）医疗科技有限公司、蝶和科技（绍兴）有限公司等多家细胞治疗、智能康复领域企业；沧海未来社区C区块3号楼结顶，深检集团华东总部基地主体施工，国科生命健康产业园（一期）完成竣工验收。

【产业发展动能培育】 2023年，平台集聚48个省级以上研发机构，拥有现代医药、医疗器械两大省级产业创新服务综合体及省食药检院药物安全评价研究中心、深检集团华东总部基地等公共服务平台，与省人民医院、浙一医院、浙二医院等6家省内顶尖医院达成临床试验中心合作意向。累计获得6项国家重大专项支持，4个Ⅰ类新药上市，另有32个新药已进入临床不同阶段。平台企业浙江普施康生物技术有限公司2023年7月入选国家级专精特新"小巨人"企业；浙江医药股份有限公司2023年12月成功列入全省首批雄鹰企业名单（技术领航型）。

【产才融合深化】 2023年，平台持续推行"免评审""双聘制""法人举荐制"等特色举措，"法人举荐制"入选首批省级科技人才发展体制机制"揭榜挂帅"改革试点，实体化组建运作全省首家开发区国有人才发展公司，实质性运作50亿元人才发展股权投资基金，构建"产业＋人才＋基金＋项目＋专业孵化器"的闭环生态。全年引进省级以上高层次人才20人，其中国家级领军人才13人、省级领军人才5人、创新团队2个。（新区经发局　提供）

冶金行业

【有色金属冶炼和压延加工业】 2023年，越城区有规模以上有色金属冶炼和压延加工业企业6家。全年实现工业总产值12.2亿元，同比下降15.2%；营业收入12.1亿元，同比下降20.8%；利润总额0.3亿元，同比下降25.2%。

【黑色金属冶炼和压延加工业】 2023年，越城区有规模以上黑色金属冶炼和压延加工业企业2家。全年实现工业总产值1.9亿元，同比增长3.8%；营业收入1.5亿元，同比下降11.9%；利润总额0.02亿元，同比增长164.8%。

汽车汽配

【概况】 2023年，越城区有规模以上汽车制造业企业9家。全年实现工业总产值22.2亿元，同比增长95.4%；营业收入20.9亿元，同比增长94.5%；利润总额1.5亿元，同比增长188.3%。

【整车制造】 2023年，越城区有整车制造规模以上企业1家。全年实现工业总产值0.002亿元，同比下降99.7%；营业收入0.002亿元，同比下降99.8%；利润总额－0.3亿元，同比增长78.5%。

【汽车零部件及配件制造】 2023年，越城区有汽车零部件及配件制造规模以上企业8家。全年实现工业总产值22.2亿元，同比增长104.8%；营业收入20.9亿元，同比增长108.9%；利润总额1.8亿元，同比增长1785.8%。

装备制造行业

【电气机械和器材制造业】 2023年，越城区有规模以上电气机械和器材制造业企业40家。全年实现工业总产值131.7亿元，同比下降0.3%；营业收入125.2亿元，同比增长2.5%；利润总额15.1亿元，同比增长11.9%。

【电子设备制造业】 2023年，越城区有规模以上计算机、通信和其他电子设备制造业企业28家。全年实现工业总产值124.6亿元，同比增长

24.8%；营业收入 152.8 亿元，同比增长 31.9%；利润总额 -24.6 亿元，同比下降 435.9%。

【通用设备制造业】 2023 年，越城区有规模以上通用设备制造业企业 24 家。全年实现工业总产值 26.4 亿元，同比增长 4.6%；营业收入 24.8 亿元，同比增长 1.3%；利润总额 2.4 亿元，同比下降 30.9%。

【专用设备制造业】 2023 年，越城区有规模以上专用设备制造业企业 34 家。全年实现工业总产值 41.9 亿元，同比增长 10.6%；营业收入 40.4 亿元，同比增长 12.7%；利润总额 2.1 亿元，同比增长 46.3%。

【金属制品业】 2023 年，越城区有金属制品业规模以上企业 30 家。全年实现工业总产值 23.7 亿元，同比下降 7.0%；营业收入 24.7 亿元，同比下降 1.2%；利润总额 0.6 亿元，同比下降 30.7%。

【仪器仪表制造业】 2023 年，越城区有规模以上仪器仪表制造业企业 5 家。全年实现工业总产值 5.9 亿元，同比增长 1.6%；营业收入 4.7 亿元，同比下降 13.1%；利润总额 0.3 亿元，同比下降 15.3%。（区经信局　沈少莹）

集成电路产业

【概况】 2023 年，绍兴集成电路产业平台锚定赛道，聚焦主导产业攀高峰，创新驱动拓新路，在全省“万亩千亿”产业平台考评中位列全省第二，持续领跑第一方阵，全年平台主导产业产值达 603.8 亿元。杭州电子科技大学集成电路产业学院入选 2022 年省级重点支持现代产业学院建设点名单；绍兴市越城区集成电路产业集群入选第一批“浙江制造”省级特色产业集群核心区创建名单；中芯集成（更名为“芯联集成”）正式上市科创板，成为平台首家自由培育的上市企业。全年共引进集成电路产业项目 12 个，协议投资额超 300 亿元，其中 100 亿元以上项目 1 个。

【产业链规模突破 600 亿元】 2023 年，集成电路产业园锚定设计、制造、封测三大领域持续发力，全年产值超 600 亿元。设计端方面，先导韦豪项目产值超 16 亿元，豪威集团晶圆测试及重构项目于 9 月试生产。同时推进集总部、研发、生产于一体的豪威微显示产业化基地项目建设，产品主要面向 AR、VR、汽车、通信等领域；制造端方面，芯联集成产值达 58.65 亿元，于 5 月 31 日完成中芯三期项目落户协议签订，20 天完成三期中试线项目市、区两级基金出资，21 天完成中芯三期地块土地出让成交，并于 9 月 20 日正式开工；封测端方面，长电集成全年产值达 4.51 亿元，项目自 2021 年年底实现投产以来，快速成长，目前已实现超高密度 Fan-out、2.5D、3D、chiplet 等规模量产，于 6 月发布最新开发的 FO-AiP 东湖晶圆级异构集成技术，在规模和技术上位居全国第一，并进入全球第一阵营。

【科创平台建设完备】 2023 年，集成电路产业园整合浙大绍兴研究院微电子研究中心、北大信息技术科创中心、杭电集成电路研究院三大

2023 年 12 月 19 日，复旦大学与越城区共同签署绍芯实验室平台合作意向书和复旦科创母基金合作备忘录（绍兴集成电路管委会　提供）

科研平台，加快核心技术攻关闯关，打造从研发—中试—量产一条龙技术成果转化服务，实现创新平台提能造峰；加快推进杭电绍兴校区建设和文理学院转型发展，打造“产教融合+校企双导”协同“引才育才”双重体系，加大本地化人才培育供给力度。年内，绍芯实验室被列入浙江省“千项万亿”高能级创新平台重大项目，12月，绍芯实验室与复旦大学正式签署绍芯实验室平台合作意向，瞄准国际集成电路发展前沿，打造立足长三角、面向全国的创新策源地。

【升级产业版图】 2023年，集成电路产业园以全面提升皋埠片区(集成电路小镇)产业发展能级与城市品质为目标，编制《皋埠片区(集成电路小镇)总体规划研究及重点区块空间设计》。加速土地出让达到项目用地需求，完成滨海新区模组110千伏变电站地块出让，保障吉光项目生产电力供给、完成滨海新区长电人才配套地块共计135.7亩土地出让，聚焦人才职住平衡，就近解决人才居住生活需求、完成省重大项目中芯三期一阶段第一次233.6亩土地出让。

【强化要素保障】 2023年，集成电路产业园持续提档电网建设，实施“电力补强、供排水保障”等系列工程，在完成产业园“三张电网”的同时，启动“第四张电网”110千伏电网补强工程(二期)，有效保障中芯吉光项目用电需求；推进污水二期管网建设，新增5万吨/日的污水排放量，实施水利项目，完成产业园临时排涝工程，保障中芯三期一阶段用地需求。完成绍兴集成电路产业展示中心提升改造工程和集成电路设计产业园(西园)项目建设，提供4万余平方米的办公科研场地。

【提质惠企稳企】 2023年，集成电路产业园不断加大产业政策、人才政策兑现力度，完成各类认定共507人次，累计兑现中芯一期项目基金13.5亿元，人才政策补贴约3.85亿元。利用1.5万方闲置厂房改建蓝领公寓(建芯家园)，提供309套住房，保障679人入住，满足产业人才住房需求。制定《绍兴集成电路产业园管委会驻企服务制度》，面向集成电路产业链上下游企业及相关科研院所共计50余家企业进行定期走访调研，累计收到问题反馈百余条，并已全部解决落实。(绍兴集成电路管委会　焦昳宁)

工业企业选介

【概况】 截至2023年年底，越城区共有规上工业企业711家，创建市级“无废工厂”59家，市级“绿色工厂”47家，省级“绿色工厂”2家，国家级绿色工厂2家，国家级绿色设计产品12个，省级节水型企业45家。

【企业股改上市】 2023年度，新增股份公司21家，实现上市辅导4家，其中芯联集成上市成功，实现了全区科创板上市“零的突破”，首发上市募集资金额将近百亿元，创下全市上市企业资金募集量之最。另有百翔科技进行上市报会，益森科技完成上市辅导，2家人才企业在浙江股权交易中心国际人才板挂牌。截至2023年12月末，越城辖内共有上市公司12家(含境外上市1家)，累计实现新三板挂牌企业16家、浙江股权交易中心挂牌企业103家。

【企业、园区选介】 **振德医疗用品股份有限公司** 位于越城区皋埠街道皋北工业区内，公司成立于1994年，中国A股上市公司(“振德医疗”，股票代码:603301.SH)，是中国领先的医疗护理与防护用品供应商。振德医疗以保障医疗安全，降低医护成本为使命，产品涵盖基础敷料、现代伤口、手术感控、传统伤口护理、压力治疗与固定、家庭护理运动防护、消毒清洁用品、养老健康等系列产品。公司在浙江、河南、安徽、

振德医疗用品股份有限公司（区经信局 提供）

新疆拥有四大生产基地，并设有覆盖国内 31 个省区市的销售网络。振德医疗的产品与解决方案已服务于以欧美为主的全球 73 个国家及地区和中国近万家医疗机构，以及 4 万多家药店。公司持续进行质量管理体系的建设与完善，产品通过美国 FDA、欧盟 CE、ISO 13485 医疗器械质量管理体系认证和中国 CFDA 认证。公司坚持人才战略为先导，专注于产品的研发投入与创新，建有省级工程技术研究中心、省级企业研究院、省级外国专家工作站等研发创新平台，专属研发团队 766 人，其中中级以上职称 168 人；现承担省级以上国家项目 5 项；作为国家知识产权优势企业，共拥有有效专利 348 项，其中发明专利 27 项，实用新型专利 284 项；主持和参与起草各项国标、行标等共计 13 项。

长电集成电路（绍兴）有限公司 位于越城区高新区，于 2019 年 11 月成立。引进企业是浙江省"十四五"规划重点建设项目，主要从事 300 毫米集成电路中道晶圆级先进封装的研发及量产，产品主要面向 5G 通信、人工智能、高性能计算及自动驾驶等大数据产业的应用，是行业先进的集成电路系统集成和封装测试服务企业，提供高性能晶圆级系统集成设计、技术开发、产品认证、多芯片重构、系统级封装制造、测试等一站式服务。企业研发并实现量产的 UHDFO 高密度晶圆级扇出型系统集成，是行业前沿的 2.5D/3D /Chiplet 芯片开发技术，主要应用于高性能计算、大数据处理；当前量产工艺已达到行业第一阵营的顶尖指标，对关键的 2.5D/3D/Chiplet 技术和制造已实现部分进口替代，已成为国内半导体行业的领军企业。公司员工近 1000 人，研发人员占比 40%，硕士及以上占比 27%。获批浙江省"未来工厂"、国家高新技术企业，拥有国家海外引才计划人才、浙江省领军型创新团队。申请专利 708 项，授权 639 项，发明专利占比 93%，专利技术分布于先进封装工艺的各个环节，涉及 3D、TSV、HDFO 等多个先进封装技术平台，支持 2.5D/3D/Chiplet 行业先进技术自主创新的持续发展。（区经信局 沈少莹）

长电集成电路（绍兴）有限公司（区经信局 提供）

建筑业

综 述

截至2023年年底，越城区有在建建筑工程97个，建筑面积约507.59平方米；新增项目89个，建筑面积约217.1万平方米；竣工项目104个，建筑面积约458.89万平方米。截至年底，共有建筑施工企业736家，其中特级企业5家，一级企业84家（总承包一级企业32家、专业承包一级企业52家），二级及以下企业647家（总承包二级及以下企业298家、专业承包二级及以下企业204家、劳务分包企业145家）。从事建筑活动技术人员21622人，其中注册建造师4381人。区内建设工程实现质量安全监督率100%，工程竣工验收合格率100%，新建民用建筑图审率100%，建筑节能实施率100%。全年实现建筑业省内产值598.9亿元，同比增长15.5%；排名全市第二，总产值977.6亿元，同比增长8.3%。

行业管理

【概况】 2023年，越城区开展建筑行业市场行为调查44次，对30起违法案件进行查处，共计作出30份行政处罚决定（涉及1家建设单位、17家施工单位、6家监理单位、1家建筑起重机械安装单位及5位从业人员）。

【组织消防验收备案】 2023全年共完成建设工程消防设计审查项目33个，消防验收项目32个，消防备案项目99个。开展市区联合检查1次，开展区级联合检查3次，参加1次全市建设工程消防管理业务培训，完成消防法贯彻实施情况汇报工作。

【扬尘管控】 2023年，区建设局通过严格落实扬尘管控要求、开展常态化督查检查、做好绿色工地认定、加大检查执法力度、健全扬尘管控长效机制等措施，打好建筑工地大气污染防治攻坚战。督促落实好建筑工地扬尘污染防治“八个100%”工作要求，符合安装要求的74个在建工程全部安装扬尘在线监测和视频监控系统。共组织开展扬尘巡查检查850余人次，使用“绍兴蓝天”小程序完成扬尘问题整改300余件。提交扬尘污染行政处罚建议12宗，已处罚9宗，共计42.3万元。打造绿色标杆，推进“绿色工地”“无废工地”创建。871项目AB地块一期一标（华润建筑）工地被评为2022年度百优“无废城市细胞”（无废工地），创省级优秀，已有20个项目申报“无废工地”，新增47个项目认定为“绿色工地”。

工程质量安全监管

【概况】 2023年，区建设局全年共抽检材料588批次，查处不合格材料8批次。全年共组织开展“双随机、一公开”抽查2次，开展在建工程质量安全综合季度大检查4次，各质量专项检查20余次，结合日常监督检查下发质量整改单267份，并整改闭环。实施信用惩戒2起，提交质量类行政处罚建议8宗。积极推进“浙砼管”应用全覆盖，完成区内13家商品砼企业信息录入，同时13家企业已全部完成工控机接入，进一步加强商品混凝土跟踪使用全程监管。年内，共有8个工程获浙江省建筑施工安全生产标准化管理优良工地称号，18个工程获市级称号，15个工程获区级称号。

【工程安全生产管理】 2023年，区建设局制定并印发了《2023年度建筑工程安全生产管理工作计划》《越城区建设工程重大安全质量事故应急预案》《越城区在建工程安全生产隐患大排查大整治行动巩固提升暨护航亚运百日攻坚工作方案》《越城区在建工程电气焊作业专项整治方案》等文件。持续开展各类风险隐患大排查大整治行动，共出动排查人员1500余人次，排查在建工地1200余次，发现1100余条隐患，隐患已全部整改，提交行政处罚建议书31件，已作出行政处罚22.3万元。累计摸排持有效电焊作业操作证209人，共有178台电焊机建立“一机一档”，检查电气焊作业458次，查处隐患30余条，提交行政处罚建议书8件。对1家存在违法行为的在建工地起重机械使用单位立案查处。

【优质工程获奖】 2023年，越城区内“青藤书屋周边综合保护项目”“绍兴市柯灵小学百盛校区建设工程”“绍兴市迪荡中学建设项目(一期)——食堂、风雨操场、报告厅、专用教学楼北”3个工程获浙江省钱江杯优质工程奖；“青藤书屋周边综合保护项目”“绍兴市柯灵小学百盛校区建设工程”“绍兴市儿童福利院迁建工程”“绍兴市迪荡中学建设项目(一期)——食堂、风雨操场、报告厅、专用教学楼北”“会稽路西侧4号地块配套小学建设工程”“绍兴市越城区育才学校异地新建工程”6个工程获绍兴市“兰花杯”优质工程奖；“绍兴文理学院扩建工程——一期工程(风则江大讲堂、行政服务中心及国际交流中心、高配房、主校门)”“蔡元培广场(纪念馆)项目”“阳明故里整体开发建设项目——阳明故居及纪念馆”“绍兴艺术学校改扩建工程”“古城入口改造提升项目(一期)”“城东环卫作业保障中心工程项目”“绍兴市稽山初级中学建设项目”“绍兴市强制隔离戒毒所项目”“两湖6号支路道路新建工程”9个工程获越城区“稽山杯”优质工程奖。

建筑节能

【绿色建筑发展】 2023年，越城区贯彻落实《浙江省绿色建筑条例》《绍兴市绿色建筑专项规划(2022—2030)》，2023年度全区城镇建设用地范围内(农民自建住宅除外)新建民用建筑实现一星级绿色建筑全覆盖，全区二星级及以上绿色建筑占新建民用建筑比例达到97.9%，三星级比例达到30.9%。全国首批“中瑞零碳建筑项目示范工程”之一的龙山书院培训中心项目，入选2023年度全省建筑领域碳达峰相关工作优秀案例，越城区获评2023年度建筑节能与绿色建筑优秀区、县(市)。

【建筑产业化】 2023年，越城区持续贯彻落实《绍兴市人民政府办公室关于加快推进绿色建筑和新型建筑工业化发展的实施意见》(绍政办发〔2021〕3号）文件，保障性住房、政府投资或以政府投资为主的新建公共建筑项目、中心城区出让或划拨土地上的新建项目全部实施装配式建造，全区建筑工业化项目新开工23个，实施总面积127.6万平方米，其中新开项目中公建项目15个，实施总面积45.4万平方米，新开工项目中住宅全装修项目4个，实施总面积48.9万平方米。新开工项目中钢结构住宅项目3个，实施面积7.58万平方米，越城区获评2023年浙江省建筑工业化考核优秀县市区。（区建设局　周鸣）

交通运输

综　述

【概况】 2023年，越城区重点推进实施类项目7个，完成综合交通投资20.69亿元。完成道路旅客周转量51961.5万人千米，完成道路货物周转量351835.1万吨千米。越东路北延智慧快速路（三江东路至海塘路段）、绍兴大禹快速路和绿云高架路正式通车；解放大道北延项目汤公高架路全线通车。完成水路旅客周转量50.7443万人千米，同比增长182.3%；完成水路货物周转量93710.8007万吨千米，同比增长13.8%。完成城市公共交通客运量4800万人次（不含轨道）。亚运会期间，牵头做好奥体中心赛事期间交通保障工作，开行接驳公交专线2条，调度接驳公交车辆80辆次，开行501趟次，接驳观众22707人。

【地铁2号线一期开通】 2023年7月26日，绍兴地铁2号线一期开通运营，线路始于镜湖新区镜湖医院站，终于袍江新区檀渎站，沿洋江路横贯袍江区域、直抵镜湖核心，线路全长10.8千米，设站9座（其中换乘站4座），达成与1号线"组网运营、双线换乘"。

公路建设

【概况】 至2023年年末，越城区境内公路线路263条、总里程664.841千米，其中国道、省道干线里程78.716千米，农村公路330.568千米，公路通乡率和通村率100%。公路桥梁738座、9.6023万延米，其中国道、省道干线桥梁408座、8.1251万延米；农村公路桥梁330座、1.4772万延米。公路隧道9道，其中普通干线隧道8道，农村公路隧道1道。

【104国道东湖至蒿坝段改建工程启动】 2023年，104国道东湖至蒿坝段改建工程越城区段项目起点位于104国道与二环北路共线的会龙桥，终点位于大凌溇东侧与上虞交界处，越城区段主线采用双向六车道一级公路标准设计，经过迪荡、东湖、皋埠、富盛、陶堰5个镇街，全长19.253千米。项目征地共83.71公顷，涉及拆迁房屋总面积约12.603万平方米，总投资为69.288亿元，建安费为43.105亿元。截至年底，完成交通综合投资9.86亿元。

【"四好农村路"建设】 2023年，越城区农村公路PQI（路面使用性能指数）优良中等路率86.68%，同比上升10.11%，全省排名提升23位，农村公路路况水平改善明显。开展"四好农村路”示范县、示范乡镇和最美农村路创建，指导皋埠街道、沥海街道分别创建为2022年度、2023年度“四好农村路”示范乡镇，“四好农村路”示范乡镇数量占越城区涉及农村公路镇（街）数量的72%；被评为2023年度“四好农村路”省级示范县。

交通设施养护与管理

【概况】 2023年，越城区普通国道、省道PQI值分别为92.78、86.96。全年养护总投资14000万元，其中实施公路养护大中修工程共23个，投资12000万元；实施航道例行养护，投资380万元。

【公交基础设施建设】 2023年，越城区新（改）建公交候车亭23个，新（改）建农村公交候车亭20个；优化公交线路7条；实现地铁站点半径50米内共享单车全覆盖；（更新）新增新能源公交车92辆。

【桥梁维修加固】 2023年，越城区投资约1600万元，对尹大线泗龙大桥进行拆除重建，对尹大线王家桥进行维修加固，对尹大线高桥立交桥桥头接坡进行处治，提升尹大线通行安全水平。

【公路养护管理】 2023年，越城区深化市场化专业养护机制，运用数字化监控手段做好路面坑洞、裂缝等病害摸排处置工作，累计路面修补2361.7平方米，路面灌缝25203米，疏通清理边沟约2025千米，清扫路面约49652千米。

【航道养护管理】 2023年，越城区投入例行养护资金380万元，主要包括单家溇锚泊区及皋埠应急锚地疏浚、局部航段护岸维修、绿化养护和补植、航道标志标牌维护、运河文化公园维护、航道巡查以及突发性应急养护处置等内容，完成疏浚工程7750立方米、护岸维修260延米、标志牌反光膜更换18.5平方米、禁止抛锚标志牌维修2座、增设指向牌1座、岸电灯更换1台、浮标清理1座、浮标更换2座、补充橡胶护舷19根，实现骨干航道年通航保证率达98%、助航标志维护正常率99%以上。投入专项养护资金461万元（其中上年结转41.2万元）实施省市专项养护工程4个，主要开展航道疏浚、锚泊区工程、服务区数字化提升和码头提升等。

交通治堵

【概况】 2023年，越城区深入推进城乡交通平安畅通综合治理工程，大力发展城市公共交通、步行和自行车骑行等绿色出行方式，推出公交地铁联乘优惠，鼓励市民使用公共交通代替驾车出行。完成重点交通堵点改造2处。

【年完成涉交通民生实事项目13项】 2023年，越城区完成涉交通民生实事项目13项。新增（调整配套）高铁站和地铁站周边接驳公交线路10条；新增更新出租汽车（包括网约车）117辆。新增共享单车、电单车共3万辆，新建公交电子站牌10个，开通鉴湖乡村旅游专线、黄酒小镇旅游公交专线、黄酒小镇—浙东运河博物馆定制公交等交旅融合线路，实现车站、景区间公共交通无缝对接，满足更多群众定制化地铁接驳的出行需求。

【道路安全隐患治理】 2023年，越城区完成省、市重点挂牌的事故多发点段治理3处（含镜湖新区1处）。霞西路投资199万元，通过拓宽两侧路基、改造中间绿化带增加车道，拓宽车道，增设右转专用车道和行人二次过街设施，提高路口车辆通行效率，有效缓解道路拥堵的情况；汤公路投资53万元，通过增设测速抓拍系统，增画减速震荡线，竖立安全指示牌等措施，有效降低车速，有效杜绝亡人事故发生；环湖路投资136万元，通过增设测速抓拍系统、竖立安全指示牌、增加语音安全喇叭等措施，规范机动车行驶，降低车速，杜绝摩托车非法赛车行为，减少亡人事故。

交通安全

【概况】 2023年，越城区交通运输局组织开展"春雷""越剑""零点"等整治行动。全年共发生道路交通亡人事故70起、死亡71人，死亡人数同比下降29.7%，与前三年同期平均数89人相比下降20.2%。

【平安护航亚运会】 2023年，越城区开通2条接驳专线，并对途经奥体中心场馆的12条常规公交线路在赛前2小时和赛后1小时内加密运营班次。派出13名执法队员，通过工作群、对讲机实时联系，维护场馆出入口、公交车辆接驳点、观众停车场交通营运秩序，9月29日、10月1日赛事调用应急运力2辆加紧接驳疏散，确保接驳顺畅。自9月27日奥体中心首场赛事起，累计出动执勤人员590人次，开行接驳公交专线2条，调度接驳公交车辆80辆次，开行501趟次，接驳观众22707人。在赛事期间落实船艇进行24小时值勤巡查，8名执法人员对该水域巡查管控，随时处置水上警情。

【公路路政管理】 2023年，越城区公路执法一队共计出动人员2097人次，执法车辆972辆次，共计巡查公路18184千米，检查桥梁及施工现场1157处，整治公路"马路市场"、占道经营（作业）违规行为26起；桥下空间乱堆、乱放17起，清理面积81立方米；查处抛洒滴漏案件47起，其中行政处罚39起，告知承诺8起；查处1起擅自占用、挖掘公路施工的违法行为；查处1起非法增设平面交叉道口的违法行为。

【水上安全管理】 2023年，越城区开展"凌晨行动""清障行动""进校园企业"等各类行动14次，累计出动执法人员120人次，共查获碍航捕鱼船20艘，驱离捕捞船30艘，清除渔具（渔网、抓钩等）100余件，运河清障30千米，清除地笼700余只，发放宣传材料400余份，受教育人数400余人。

【年办理行政处罚案件1380件】 2023年，越城区交通运输局开展行政执法检查3340次，办理行政处罚案件1380件，处罚金额2499376万元。开展公路治超专项整治，处理违法超限超载案件1257起，卸货22159.3吨，扣分2404分（非现场除外）。开展货运站场安全专项检查，检查货运站场30家次、货代企业120家，查改问题隐患145处。

【危货常态化管控】 2023年，越城区交通运输局抽查5687家次危运企业监控人员在岗情况，抽查覆盖率100%，15分钟响应率99.19%；抽查危运车辆12376辆次，抽查率100%，处理异常工单426条，处置率100%，约谈异常企业15家次；检查危货企业133家次，查改问题隐患232处；查获5起无证运输危险品案件。（区交通运输局　詹际涛）

仓储物流

【概况】 2023年，越城区共有快递法人企业12家，分支机构87家，末端网点176家，智能快递柜1199个，快递人员3937人。其中隶属滨海新区（斗门、马山、孙端和沥海街道）的快递法人企业共6家，分支机构24家，末端网点64家，智能快递柜376个，快递人员1895人。全年快递业务量完成13725.4万件，同比增长16.7%。快递投递量16901.2万件，同比增长14.16%。快递收入完成178394万元，同比增长6.4%。

【"两进一出"工程】 2023年，越城区推动快递进村，建设乡村共富驿站20个，累计快递进村超2000万件；推动快递进厂，新增"快递+制造业”示范项目1个，累计“快递+制造业”协作企业20家，快递服务年支撑制造业产值超18亿元；推动快递出海，优化国际快递企业快递经营许可证办理服务，新建快递企业海外仓2个。

【绿色化发展】 2023年，越城区全区快递网点全部设置标准包装废弃物回收装置，回收复用质量完好的瓦楞纸箱超70万个，电子运单使用实现全覆盖。通过“1+9政策”引导本地包装生产企业5款瓦楞纸包装箱产品通过绿色产品认证，实现绍兴“零的突破”。开展“绿色循环”行动，积极推广使用快递可循环包装袋，2023年以来全区可循环包装袋使用总数超50万个。

【智能化监管】 2023年，越城区全区22个处理场地新增智能安检机超15台，部分场地实现出港快件快速集包，智能安检，自动分拣。90%以上的快递网点和处理场所安装互联网视频监控，并联入邮管局系统，实现营业场所24小时线上云监管。（区商务局　郭佳红）

房地产业

综　述

【概况】 2023年，越城区新建商品房累计成交面积198.44万平方米，成交总额378.13亿元，成交均价19055.85元/平方米；二手房累计成交面积104.88万平方米，成交总额118.18亿元，成交均价11268.43元/平方米。全年房地产开发投资总额457.39亿元，同比增长2.3%。2023年，越城区出让涉宅用地6宗、479.67亩，交付楼盘17个、16511套，发放预/现售许可证59份、上市面积112.80万平方米。截至年底，全区共有重点楼宇60幢，入驻企业3029家，入驻率83.8%，税收收入34093万元。

【房地产中介服务】 2023年，越城区重点规范房地产中介备案管理，出台《关于进一步规范越城区房地产经纪机构备案管理的通知》（越建〔2023〕14号），合计备案公示房地产中介机构

2023年越城区（绍兴市本级）住房公积金缴存情况表

表50

区域	缴存单位（个）			缴存人数（人）			当年缴存额（万元）	历年累计缴存额（万元）	缴存余额（万元）
	实缴单位数	当年新开户单位数	当年净增数	实缴职工数	当年新开户职工数	当年净增数			
市本级	5588	662	517	203947	47490	8174	465327.36	3987886.46	1058726.91

2023年越城区（绍兴市本级）住房公积金提取情况表

表51

地区	住房消费提取额（万元）				非住房消费提取额（万元）				当年提取总额（万元）
	购买、建造、翻建、大修自住房	偿还购房贷款本息	租赁	其他	离退休	完全丧失劳动能力并与单位终止劳动关系	户口迁出或出境定居	其他	
市本级	50754.24	201360.99	27175.72	28.65	44664.35	583.34	39.55	37328.05	361934.89

2023 年越城区（绍兴市本级）住房公积金贷款情况表

表 52

项目	市本级
当年贷款发放笔数（笔）	1910
累计个贷发放笔数（笔）	49645
当年个贷发放额（万元）	128588.00
累计个贷发放总额（万元）	1782929.47
当年个贷回收额（万元）	114514.48
个贷余额（万元）	756293.51
个贷率（%）	71.43
逾期贷款（万元）	0.09
个贷逾期率（‰）	0.0001

2023 年越城区（绍兴市本级）住房公积金业务收支情况表

表 53

项目	市本级
一、业务收入（万元）	30288
二、业务支出（万元）	16060
三、增值收益（万元）	14228
增值收益率（%）	1.43

2023 年越城区（绍兴市本级）住房公积金增值收益分配情况表

表 54 单位 :万元

项目	市本级
可分配增值收益	14228
提取风险准备金	8537
提取管理费	1759
提取廉租房补充资金	3932

199 家，持证人员 316 人。定期开展房地产市场领域违法违规检查工作，整治房地产中介发布虚假信息、欺骗诱导、赚取差价等行为，保障交易双方合法权益。

【住房公积金管理】 越城区无独立区级公积金中心，由绍兴市住房公积金管理中心直属管理部承办越城区辖区范围内住房公积金单位、个人账户的开设、转移、提取、封存、销户、信息变更、基数调整等办事服务，统一使用市本级表述。

开发投资

【概况】 2023 年，越城区房地产投资总额 457.39 亿元，同比增长 2.3%。全年新上市华德云樾、和光屿湖轩、汇锦铭园、瑧境观邸、石泗里、美和园、辰起越心府 7 个楼盘。

【全年成交涉宅用地 6 宗】 2023 年，越城区累计成交涉宅用地 6 宗，成交面积 479.67 亩，成交金额约 38.94 亿元。全年出让涉宅用地“滨海新区〔2022〕J5（GBP-02G-02）地块”“越城区 YC-22A-03（名爵府西侧）地块”“丁斗弄地块”“镜湖新区湖东区块 JH-05-02X-42 地块”“镜湖新区（原张市地块）JH-09-03X-09-02 地块”“滨海新区〔2023〕J3（JB-06-05-09）地块”6 宗。

【全年交付房源 16511 套】 2023 年，越城区累计集中交付楼盘 17 个、涉及商品房 16511 套，包括满园、四季园丹园、江畔善居、古越珺府、隐山府、会稽云庐、和樾府、珺睿府、江南明月府、黄酒小镇云树湾、上河之城、云樾府、郦湖湾、玺园、朗清园、禧樾府、世纪晨光园。

交易市场

【新政出台】 2023 年，越城区共出台《绍兴市越城区、滨海新区关于进一步推动房地产市场平稳健康发展的若干意见（试行）》（越房稳〔2023〕1 号）、《关于越城区商品房预售资金监管工作的实施细则》（越建〔2023〕18 号）、《关于进一步规范越城区重点商品房项目封闭式监管资金支付使用的通知》（越建〔2023〕19 号）、《关于优化政策举措促进房地产市场平稳健康发展的通知》、《绍兴市越城区行政区域内推行生育配套房票实施细则》（越建〔2023〕52 号）、《关于优化价格备案、预售许可制度和允许工抵房抵充工程款的操作细则》（越建〔2023〕53 号）、《绍兴市越城区行政区域内推行购房贷款财政贴息实施细则》（越建〔2023〕54 号）7 则房地产领域调控政策，促进房地产市场平稳运行。

【新建商品房上市面积 112.80 万平方米】 2023 年，越城区全年共发放新建商品房预 / 现售许可证 59 份，上市面积总计 112.80 万平方米，同比下降 34.05%，其中包括商品房预售许可证 52 份、107.10 万平方米，商品房现售许可证 7 份、5.70 万平方米。

【新建商品房成交面积 198.44 万平方米】 2023 年，越城区新建商品房累计成交面积 198.44 万平方米，同比下降 10.6%；成交总金额 378.14 亿元，同比下降 15.1%；成交均价 19055.85 元 / 平方米，同比下降 4.98%。

物业管理

【概况】 2023 年，越城区共备案办理业委会 76 个，2023 年归集物业专项维修资金 27889.30 万元，归集物业保修金 45456.51 万元。

【越城区物业协会换届】 2023 年，越城区第二届物业协会换届成立，协会会员单位共 40 家。

【评优争先】 2023 年，越城区创建省级“红色物业”项目 8 个、市级物业管理优秀住宅小区（大厦）3 个、市级清廉物业小区 4 个、市级美好家园小区 2 个。

住房保障

【概况】 2023 年，越城区保障性房源共计 16031 套，全区住房保障累计受益人数 319606 人，累计受益覆盖率 34.03%。

【公共租赁住房】 2023 年，越城区共有公共租赁住房房源 2452 套，主要集中在 6 个小区：南池鉴园公租房房源 456 套、鹅境雅园 530 套、鹅境东区 14 套、新桥佳园 455 套、小亭山环卫工人公寓 178 套、马山西洋溇东西区 819 套（间）。

【保障性租赁住房】 2023 年，越城区筹集保障性租赁住房房源 13579 套（间），其中政府投资

2023 年越城区物业管理获奖情况一览表

表 55

序号	项目名称	物业服务企业
省级“红色物业”		
1	西湖新村	绍兴市北卫物业管理有限公司
2	运河首府	浙江新家园物业管理有限公司
3	锦洋西苑	浙江广居物业管理有限公司
4	国际华城	浙江新家园物业管理有限公司
5	镜湖人家	绍兴市柯桥区勤居物业服务有限公司
6	御景华庭五期	江苏北辰物业服务有限公司
7	金艺学府	深圳市金地物业管理有限公司
8	中海世纪公馆	中海物业管理有限公司
市级物业管理优秀住宅小区（大厦）		
1	鎏庄	绿城物业服务集团有限公司绍兴市分公司
2	九樾府	中海宏洋物业管理有限公司绍兴分公司
3	天圣大厦	绍兴绿城物业服务有限公司
市级“清廉物业”小区		
1	胜利公寓	绍兴市北卫物业管理有限公司
2	快阁苑小区	绍兴市北卫物业管理有限公司
3	鎏庄小区	绿城物业服务集团有限公司绍兴市分公司
4	丽景华庭小区	浙江广居物业管理有限公司
市级“美好家园”小区		
1	百合花园	绍兴绿城物业服务有限公司
2	银墅湾小区	绍兴金鸿物业管理有限公司

房源共计 7827 套（间）：鹅境雅园人才公寓 362 套（间）、南池鉴园人才公寓 336 套（间）、兰花苑人才公寓 754 套（间）、水岸香堤人才公寓 932 套（间）、马山西洋溇东西区 555 套（间）、创业家园 3424 套（间）、科创园 476 套（间）、新和驿站 988 套（间）；非政府投资房源 5752 套。

【公共租赁住房保障】 2023 年全区租赁补贴保障 12459 户（人），发放补贴 4000 余万元。其中，中低收入住房困难家庭 466 户，公交、环卫工作 68 户，消防救援人员 87 户，新市民、青年人 11838 人；公共租赁住房实物配租保障家庭 2338 户。（区建设局　周鸣）

商贸服务业

综 述

【概况】 2023年，全区社会消费品零售额793亿元，同比增长6.0%；其中限上社会消费品零售总额339亿元，同比增长4.3%。全年实现网络零售额213亿元。限上批发业787家，销售额1852亿元，同比增长27.3%；限上零售业204家，销售额276亿元，同比增长5.5%；限上住宿业49家，营业额13亿元，同比增长31.0%；限上餐饮业87家，营业额23亿元，同比增长29.6%。规模以上服务业224家，营业收入240亿元，同比增长2.6%。

【粮食购销】 2023年，越城区继续做好粮食储购销工作，落实储备规模，确保粮食安全。全年收购粮食约3.68万吨，轮换原粮1.62万吨、成品粮6430吨，新增储备粮0.33万吨。继续开展“五优联动”推广工作，做好粮食质量监管。加强对区级应急生活救灾物资的管理，落实区级储备冻猪肉的数量，确保各项储备数量真实、质量安全。

【重点项目】 2023年，越城区实施22个省、市重点服务业项目，当年完成投资额48.07亿元，其中13个商贸服务业项目当年完成22.05亿元，6个文化旅游业项目当年完成21.31亿元，1个金融项目当年完成2.52亿元，2个科技项目当年完成2.19亿元。（区发改局　薛亚云）

商贸消费

【概况】 2023年，越城区印发《“越”系列促消费活动实施方案》，全年举办“激情亚运·活力古城”金秋购物节、山阴城隍庙会、汽车博览会等多场大型促消费活动，发放1500万元汽车消费券，风越里、古城北等大型商贸综合体和特色步行街区相继开业，古韵和新活业态交融，推进消费载体提质扩容、提振消费市场信心。发布解放路“唤醒计划”和绍兴古城小吃、茶饮、酒吧三条特色街区规划，谋划全区推动夜间经济发展实施意见，推进绍兴古城“文商旅”深度融合。年内，越城区获评2023年度省级夜间经济样板城市。

【省级通报表扬】 2023年5月17日，省政府办公厅发文，通报表扬越城区商务局获评“2022年度省级促消费成绩突出集体”，连续两年获此荣誉，全市唯一。2023年6月26日，省政府办公厅发文，通报表扬越城区获评“2022年度促消费工作成效明显的县（市、区）”，为全市唯一。（区商务局　郭佳红）

【粮食购销】 2023年，越城区继续做好粮食储购销工作，落实储备规模，确保粮食安全。全年收购粮食约 3.68 万吨，轮换原粮 1.62 万吨、成品粮 6430 吨，新增储备粮 0.33 万吨。继续开展"五优联动"推广工作，做好粮食质量监管。加强对区级应急生活救灾物资的管理，落实区级储备冻猪肉的数量，确保各项储备数量真实、质量安全。（区发改局　薛亚云）

电子商务

【概况】 2023 年，越城区全年实现网络零售额 212.78 亿元，同比增长 7%；截至年底，累计培育省级新零售示范企业 6 家，3A 级以上省级电子商务企业和产业基地 4 家（个），"省级电商产业示范基地" 1 个，省级电商专业村（淘宝村）5 个、市级直播基地 2 个，电商直播式共富工坊 15 个。

【打造电商直播式"共富工坊"】 2023 年，越城区以党建联建为抓手，多方联动，拓宽直播产品范畴，不断壮大电商直播式"共富工坊"发展。以乡镇街道为单位进行建设培育，围绕供应链和直播服务资源进行集中打造，累计打造电商直播式"共富工坊" 15 个，被评为国家级 2023 农村直播电商优秀案例（县域案例）。其中个人账号"越州小姨娘"运营者樊宇楠获评 2023 年国家级农村直播电商优秀案例（个人案例）；悠扬文化"共富工坊"获评全省电商直播式共富工坊典型案例；越富生活馆"共富工坊"被列为全省首批百家电商直播式"共富工坊"典型案例，并摘得首届电商直播式"共富工坊"短视频大赛铜奖；云舟帮扶"共富工坊"等 3 个工坊获评全市首批市级示范工坊。

【跨境电商】 2023 年，越城区充分利用综合保税区、跨境电商综试区两大国字号平台叠加区位资源，充分发挥政策集成、产业集聚优势，全面推动跨境电商发展，全年实现跨境电商进出口总额 102.5 亿元，份额全市第一，占比超四成，跨境电商海关监管模式 9610/9710/9810 项下出口额达人民币 50.76 亿元。绍兴市狄华纺织品有限公司的出口品牌 Easy Going 被列入浙江省第三批跨境电商出口知名品牌。（区商务局　郭佳红）

法律服务

【概况】 2023 年，越城区共有区属律师事务所 34 家，执业律师 708 名。309 名律师担任全区 17 个镇街 352 个行政村（社区）法律顾问；全年办理各类案件 2 万余件，收费金额 3.8 亿元。34 家律所单独设立党支部 29 个，有律师党员 266 名。

【律师队伍建设】 2023 年，开展行政诉讼应诉技能提升、涉外律师业务等专题业务 5 次，组织党员律师参加"不忘初心 律道传承——诚信执业，做党和人民满意的好律师"活动、"做党和人民满意的好律师"座谈会等执业道德和党性锤炼学习 4 次，组织 40 余名优秀律师参加"涉外礼仪文化""'无单放货''海商海事'等相关的涉外实事"业务技能培训。2023 年，越城区司法局组建 2 个检查组，通过"双随机"和"掌上执法"检查，共对全区 10 家律所从建章立制、依法收案收费、资料归档、法律服务、涉法信访、实务理论研究、业务报表、窗口建设 9 个方面对各律师事务所、法律服务所进行一次全面的业务检查。市律协越城分会抽查了全区 8 家律所，就 22 项内部基础管理制度的落实情况展开督查。

2023 年，浙江近远律师事务所党支部被司法部评为"全国律师行业先进基层党组织"，该所还被评为"2019—2022 年度浙江省优秀律师事务所"。产品"无单放货"诊疗室获评"浙江省优秀涉外法律服务产品”，越城律师团队撰写的《建设工程施工合同适用情势变更原则的要素分析与模型建构：从《民法典合同编解释（意见稿）》第33条展开在第十三届浙江律师论坛征文中获一等奖，在“2023年度绍兴市法治建设优秀调研文章”中获优秀奖2篇，第一届地方立法绍兴论坛征文中获三等奖1篇。截至2023年年底，越城区共有周仙、唐建刚2人进入浙江省涉外律师人才库、顾群英等25人进入绍兴市级涉外律师人才库。

【践行执业为民，强化行业社会责任】 2023年，依托市场主体法律顾问全覆盖、“百所联百会”等工作，参与企业合规建设，提供“法治体检”1100余次，梳理合同违约问题70余次。组建“民企律师服务团”和“公益律师服务团”，参与企业矛盾纠纷调处35次，解决企业困难84个。联合区司法局、区法院、团区委发起“青少年法治体验教育（剧本杀）”、组织青少年微法庭体验等活动5次。成立“法律大讲堂”宣讲团，组织律师参与区普法办“一句话普法”视频比赛、宪法宣传日广场普法活动、“万名律师进村（社区）开展万场法治宣讲”、送法进校园、街道社区等共计360余场次，受众4万余人。律师团队进入诉前调解体系，形成动态管理、考评激励的律师专职参与诉前调解工作机制，共调处案件110件，成功73件，成功率66.4%。

【护航亚运会、法治同行】 2023年，杭州第19届亚运会筹办期间，组建专业团队积极参与亚运会绍兴越城赛区的公益法律服务工作；赛事期间审查百余份赛事组织、筹办、运营相关的文件、合同；举办体育赛事，开展知识产权相关法律风险公益培训；在学校、街道、社区举办普法讲座10余场，惠及2000余人次。浙江点金律师事务所收到亚运会绍兴奥体中心运营团队的感谢信。浙江大公律师事务所志愿者丁翔律师服务亚运事迹被刊登于《非公有制企业党建》志愿亚运栏目。

2023年8月28日，浙江大公律师事务所丁翔律师为绍兴文理学院的杭州亚运青年志愿者开展“护航亚运、法治同行”杭州亚运会志愿者专题普法活动（绍兴市律师协会越城区分会 提供）

公证服务

【概况】 2023年，越州公证处共有公证员8名、公证员助理4名，全年共办理各类公证案件5405件，其中国内案件4576件、涉外案件829件，业务收费870万元。

【服务中心工作】 2023年，在各镇街拆迁村现场咨询28次涉1072人次，办理拆迁村村民评估机构选择的保全证据公证25件、安置房分配抽签现场监督公证28件，法律文书送达公证48件、赡养协议公证67件、有纠纷房产现状保全证据公证19件。

【便民服务】 2023年在越城区行政服务中心、越城区社会治理中心、驻马山街道社会矛盾纠纷调处化解中心3个对外窗口，开展最多跑一次改革，全年共办理“最多跑一次”4639件，占比86.91%，全省通办占比80%。推进线上公证业务，全年共办理浙里办、“12348”法网、微信小程序推送的在线公证36件。

【参与公益活动】 每周定时在陶堰公共法律服务中心、孙端公共法律服务中心、富盛公共法律服务中心免费为老百姓答疑解惑，年累计咨询65次，走访涉及乡镇村居，发放宣传资料1万余份、宣传纸巾100余箱。配合养老服务体系建设,对80周岁老年人首次办理证明、确认遗嘱公证的给予免费,70—80周岁的减半收费,全年累计办理17件,减免公证收费8250元。(区司法局 李菊花)

会计管理

【概况】 截至2023年年底,越城区登记在册会计人员29184名,人员信息存量位于全市前列。全年共审核信息2938人次,完成会计继续教育4131人次,会计职称考试通过人数989人,居全市第一位。17名人员通过高级会计师评审,评审通过率65%。2023年度,新发放代理记账行政许可18家,完成代理记账年度报备125家。

【内控报表填报】 2023年,越城区通过"以报促建"方式加强行政事业单位内控建设,落实240家行政事业单位进行年度内控报表填报,报表报送率100%。年内,完成区发改局、东浦街道等8家单位内控建设评价。(区财政局 王冬)

旅游业

综　述

【概况】 2023年，越城区深入实施文旅深度融合工程，持续推进旅游功能完善、历史文化挖掘和服务品质提升，创建省4A级景区城，获评创新论坛2023文旅融合新发展优秀区、第三届中国旅游行业品牌发展峰会高质量发展旅游休闲名区，上榜全省文旅融合十佳县(市、区)，文旅深度融合工程获年度A等评价。迎恩门风情水街创成省级夜间文旅消费集聚区，巴鲁特获评省级工业旅游示范基地，打响越城研学主题IP。

【"百城千镇万村"景区化】 2023年，皋埠街道创建提升为省4A级景区镇，灵芝街道创建为省3A级景区镇，鉴湖街道坡塘村创建为省金3A级景区村。截至年底，全区共有5A级景区镇4个，4A级景区镇4个，3A级景区镇6个，金3A级景区村1个(鉴湖街道坡塘村)，3A级景区村18个，2A级景区村28个，A级景区村79个。

【研学旅游发展】 2023年，越城区以打造中国最佳研学旅游目的地为着力点，依托名仕之乡的文化资源优势及稽山鉴水的休闲度假资源优势，不断推进研学旅游高质量发展。2023年，编制完成《越城区研学旅游发展规划》，完善加码研学旅行奖补政策，对新评定的区级、市级、省级、国家级研学旅游营地，分别奖励10万元、20万元、50万元、100万元。对新评定的区级、市级、省级、国家级研学旅游基地，分别奖励5万元、10万元、20万元、50万元。新认定8家区级研学实践教育基地，截至年底全区共有各

2023年越城区景区镇一览表

表56

序号	镇(乡、街道)	等级
1	塔山街道	5A
2	府山街道	5A
3	迪荡街道	5A
4	北海街道	5A
5	东浦街道	4A
6	孙端街道	4A
7	富盛镇	4A
8	皋埠街道	4A

续表 56

序号	镇(乡、街道)	等级
9	鉴湖街道	3A
10	斗门街道	3A
11	陶堰街道	3A
12	马山街道	3A
13	沥海街道	3A
14	灵芝街道	3A

2023 年越城区省 3A 级景区村一览表

表 57

序号	所属镇(乡、街道)	景区村
1	陶堰街道	泾口村
2	陶堰街道	白塔头村
3	孙端街道	皇甫庄村
4	孙端街道	安桥头村
5	孙端街道	村头村
6	马山街道	尚巷村
7	鉴湖街道	王家葑村
8	皋埠街道	吼山村
9	皋埠街道	坝内村
10	皋埠街道	坝头山村
11	富盛镇	上旺村
12	富盛镇	诸葛山村
13	富盛镇	金溪村
14	富盛镇	乌石村
15	富盛镇	倪家溇村
16	斗门街道	荷湖村
17	斗门街道	璜山北村
18	东浦街道	南村村

2023 年越城区新增研学基地(营地)一览表

表 58

序号	基地(营地)名称	级别
1	陆游的乡村世界	区级(基地)
2	巴鲁特纺织服装博物馆	区级(基地)
3	兴绍之光文化科技公司	区级(基地)
4	越富生活馆"共富工坊"	区级(基地)
5	洋泾湖智慧生态科技公园	区级(基地)
6	青少年公益慈善研学实践教育基地	区级(基地)
7	陶堰街道鉴湖国家湿地公园	区级(基地)
8	浙东运河博物馆	区级(基地)

级研学实践基（营）地31家，其中国家级研学基地1家（绍兴市鲁迅故里景区），省级研学基地1家（绍兴大禹陵研学营地），市级研学实践基（营）地8家，区级研学实践基（营）地21家。鼓励研学基地参加宣传推广活动，打响越城研学旅游品牌。

旅游资源

【概况】 2023年，越城区有省5A级景区1家，省4A级景区2家，省3A级景区8家，省2A级景区3家；东湖风景区、大禹陵景区创成最清洁旅游景点，吼山风景区、黄酒小镇创成无废景区；绍兴名人馆、富盛上旺·岩里创成市级红色旅游教育基地；新创成省一级旅游驿站1家、省二级旅游驿站2家、省三级旅游驿站2家；提升建设Ⅰ类、Ⅱ类旅游厕所20家；“清凉一夏 越乡盛景”微度假游线入选全国乡村旅游精品线路；六和藏院、风栖小院等2家民宿成功入选省“浙韵千宿”推荐名单；获评旅游业“微改造、精提升”省级示范点24个。

旅游推介

【概况】 2023年，越城区文化广电旅游局携旅行社等百余家文旅企业赴无锡、合肥、临海等3地开展旅游推介，重点推广研学旅游、乡村旅游等新型旅游业态，并与当地旅游局签订游客互送、宣传共享、市场互拓战略合作协议。同时随市文广旅游局赴苏州、南京、广州、深圳等7地开展文旅推介活动，提升越城知名度。积极参加2023海丝之路文化和旅游博览会、中国义乌文化和旅游产品交易博览会、浙江省城市文旅品牌策划传播大赛，越城区获最佳策划传播一等奖、最佳网络人气奖、最佳策划创意奖三大奖项，实现2023浙江城市文旅品牌策划传播大赛

2023年越城区省A级景区一览表

表59

序号	景区名称	等级
1	鲁迅故里·沈园景区	5A
2	大禹陵景区	4A
3	东湖风景区	4A
4	周恩来纪念馆	3A
5	绍兴黄酒城	3A
6	绍兴黄酒小镇	3A
7	迎恩门风情水街景区	3A
8	镜湖国家湿地公园旅游景区	3A
9	吼山风景区	3A
10	绍兴博物馆	3A
11	徐渭故里	3A
12	上旺—岩里乡村休闲旅游区	2A
13	由由嘉园景区	2A
14	府山公园	2A

“大满贯”。

2023年6月26日，越城区开展2023“坐着高铁来越城”绍兴越城（合肥蜀山）文旅推介活动（越城区文化广电旅游局　提供）

【构建文旅传播矩阵】 2023年，越城区发挥传统媒体与新媒体的资源优势，开展越城“乡村共富”、“5・19”文旅融合等主流媒体采风活动，与《江南游报》、《浙江日报》、马蜂窝旅游网签署战略合作协议，用好抖音直播、旅游达人、流量明星的宣传效应，做好各类宣传推广活动，荣获浙江省城市文旅品牌策划传播大赛一等奖，持续增加“越城文旅”曝光度。

文旅消费

【概况】 2023年，越城区释放政策红利，助力文旅产业疫后复苏，修订提级《加快现代服务业高质量发展若干政策》《促进文化产业发展的若干政策》，兑现惠企奖补600余万元。深入实施文旅消费品牌创建行动，协办“春暖花开 相约浙里”2023全省文化和旅游消费季（春季）活动启动仪式，启动古城四季文商旅主题活动，常态化开展越城文旅嘉年华，启动千车万人游越城活动，全面激活文旅市场消费。全年累计接待游客2550万人次，同比上升44.5%，“五一”国际劳动节、中秋、国庆客流量均创历史新高。

【实施文旅消费品牌创建行动】 2023年，越城区深入推进文旅消费品牌创建行动，挖掘越城特色“百县千礼”产品，组织参加各类“好礼”评选，大禹陵黑檀礼盒、九州天马河图灯获“浙派好礼”大赛金奖。鼓励全域开展“百县千集”，全年开展各类大小市集960余场次，其中，西昌市集、醸好物市集、风越里文旅市集入选全省首批重点培育市集。

风越里文旅市集（塔山街道　提供）

越地美食

【概况】 2023年，越城区持续推进“味美浙江・百县千碗”工程，设计“越宴十八味”美食手绘地图，制作美食折扇，深化“六进”工程，开展系列主题活动，持续扩大“越宴十八味”的影响力，弘扬传承越城饮食文化，提升越城美食知名度和美誉度，让“越宴”成为越城特色美食品牌。

【“诗画浙江・百县千碗”主题活动】 2023年，越城区以“味美浙江・百县千碗”为主题，开展系列主题活动。评选出“百县千碗・越宴十八味”区属示范店3家和体验店5家，组织开展“迎亚运 享舌尖上的古城 品越宴十八味”美食品鉴活动，参加2023海丝之路文旅博览会，完成“越宴十八味”进景区、进饭店、进学校、进机关食堂、进高速服务站、进社区的“六进”活动，全方位提

2023年4月29日至5月2日，"迎亚运 享舌尖上的古城 品越宴十八味"美食品鉴活动在城市广场举行（区文广旅游局 提供）

升"越宴十八味"传播力和影响力，进一步树立越城美食品牌。积极组织区属"百县千碗"美食企业参与省、市各类赛事活动，承办2023"味美浙江·百县千碗"全省蔬菜类菜品挑战赛。其中，绍兴禹庄开元酒店"一坛花雕鸡"获得"味美浙江·百县千碗"全省家禽类（鸡肉）菜品挑战赛十佳第一名；绍兴咸亨酒店食品有限公司的咸亨咕酒胚、绍兴饭店的冻扎肉、东方御花园的秘制火腿腐乳位列"百县千碗·绍兴好礼"十佳。

行业管理

【概况】 2023年，越城区深入开展行业管理与执法指导工作，进一步推动星级饭店、旅行社等文旅企业品质提升和规范经营。截至年底，全区共有旅行社60家，包含星级旅行社13家，其中五星级1家、四星级10家、三星级2家；共有星级饭店11家，其中五星级5家、四星级3家、三星级3家。全年完成歌舞娱乐场所设立及变更46家，营业性演出审批124项，处理旅游投诉件45件；兑现星级饭店、旅行社政策补助约224万元。

【企业服务品质监管】 2023年，越城区绍兴市稽山宾馆完成三星级饭店复核工作，兰亭安麓酒店创评全国金树叶级绿色旅游饭店，绍兴市越城区瑜澜大酒店创评浙江省银桂品质饭店。绍兴新景界国际旅行社有限公司评定四星级品质旅行社，绍兴市中国旅行社有限责任公司、绍

2023年越城区星级旅行社一览表

表60

序号	单位	星级
1	浙江仙人掌海外国际旅游有限公司	五星
2	绍兴市乡情国际旅游发展有限公司	四星
3	绍兴市远洋国际旅游有限公司	四星
4	绍兴招商国际旅行社有限公司	四星
5	绍兴世缘国际旅游有限公司	四星
6	绍兴中国国际旅行社有限公司	四星
7	绍兴市中青国际旅游有限公司	四星
8	浙江亚都国际旅游有限公司	四星
9	绍兴市中国旅行社有限责任公司	四星
10	绍兴传媒国际旅行社有限公司	四星
11	绍兴新景界国际旅行社有限公司	四星
12	绍兴市康辉国际旅游有限公司	三星
13	绍兴市国交旅行社有限公司	三星

2023 年越城区星级饭店一览表

表 61

序号	单位	星级
1	绍兴咸亨大酒店有限公司	五星
2	绍兴市咸亨酒店有限公司	五星
3	绍兴国际大酒店有限公司	五星
4	绍兴饭店有限公司	五星
5	绍兴越城开元名都大酒店有限公司	五星
6	绍兴银泰大酒店有限公司	四星
7	绍兴市鑫洲海湾大酒店有限公司	四星
8	绍兴市永利大酒店有限公司	四星
9	绍兴市越城区廊桥花园酒店	三星
10	绍兴浙纸建国宾馆有限责任公司	三星
11	绍兴市稽山宾馆	三星

兴中国国际旅行社有限公司等 8 家旅行社通过四星级品质旅行社复核评定。

【广电阵地行业管理】 2023 年，越城区切实做好卫星电视广播地面接收设施管理工作，全面维护意识形态安全，全年共开展 4 次非法卫星地面接收设施专项整治行动，累计拆除非法卫星电视广播地面接收设施 153 套。同时，进一步规范农村应急广播体系建成后的管理和运营，加强对辖区应急广播建设任务常态化管理，注重标准化建设、规范化管理、常态化运行，确保应急广播系统顺畅运行、管理到位、安全使用。（区文广旅游局　高欣）

黄酒小镇

【概况】 绍兴黄酒小镇（东浦）位于越城区东浦街道，有千年酒乡、水乡、桥乡和名士之乡之称。小镇东起绿云路（31 省道），西至绍齐公路，南至凤林西路，北至群贤路，规划面积约 4.6 平方千米（含水面约 1 平方千米）。绍兴黄酒小镇（东浦）以黄酒为魂、文化为核、生活为本、古镇为基，营造“醉里水乡、戏里水乡、梦里水乡”三大主题场景，激活“酒经济、旅经济、夜经济”三大特色经济，形成世界级黄酒文化旅游目的地，演绎“世界黄酒之都，绍兴城市封面”新形象。

2023 年，绍兴黄酒小镇通过月月搞活动、研学促旅游、校地产学研等形式，进一步打响小镇知名度，全年共接待游客 801431 人次。年内，绍兴黄酒小镇（绍兴越城东浦古镇）入选全省第三批大花园耀眼明珠名单，黄酒小镇旅游驿站被评选为浙江省一级旅游驿站。

【基础设施建设】 2023 年，黄酒小镇共实施市政基础设施项目 20 个。截至年底，耶溪路东延（K0+700 至光相路段）新建工程、尚书路北接群贤中路新建工程、黄酒小镇地铁站周边环境提升工程、花海等 14 个项目完工；尚书路大桥新建工程、大树江桥新建工程项目、旅游厕所、艺术厕所等 4 个项目开工建设。

2023 年 9 月 28 日，首届黄酒小镇国际艺术季在东浦黄酒小镇启幕。图为游客欣赏传统戏曲表演（黄酒小镇管委会　提供）

【招商运营】 2023 年，黄酒小镇完成红妆坊八间铺约 1500 平方米的招商工作，引入浓情婚纱、似水流年、摩登红人、良缘食府等 6 家商户，全部装修完成并开业运营；核心片区签约引进麦当劳、滕记老厨等知名业态；同泰宴、名酒馆商户装修项目已完成装修，春记台门已进场装修；民国热吧和婚纱摄影基地项目完成室内空间策划。

【黄酒小镇国际艺术季】 2023 年 9 月 28 日至 10 月 29 日，首届黄酒小镇国际艺术季举行，艺术季以“在黄酒很中国”为主题，遵循黄酒的四大品类进行策划，分别包括影像板块“元红”、艺文企划板块“加饭”、江湖酒会板块“善酿”及艺术展板块“香雪”，融合音乐、艺术、戏曲、市集等多种活动形式。

【第 29 届绍兴黄酒节】 2023 年 11 月 8—12 日，2023 年中国国际黄酒产业博览会（暨第 29 届绍兴黄酒节）在黄酒小镇举办。此届博览会以“中国黄酒之都 创领黄酒未来”为主题，举办 2023 中国（绍兴）黄酒发展大会、“立冬喝黄酒 传统中国味”2023 黄酒嘉年华等 10 余项特色活动。

（黄酒小镇管委会　王静）

经济管理与监督

重大项目建设

【有效投资】 2023年，越城区完成固定资产投资970亿元，增长9.9%，其中，民间投资同比增长9.3%，居全市第2位；制造业投资同比增长36.6%，居全市第1位；高新技术投资同比增长43.4%，居全市第2位。

【项目建设】 2023年，越城区政府（国企）投资项目，开工率95.1%，完成年度计划的102.4%，23个“千项万亿”重大项目投资完成率151%，省主导产业项目“中芯绍兴三期12英寸集成电路数模混合芯片制造项目”完成攻坚。2023年，全区6个项目列入省市县长项目，列入数全市第一，落地率100%；8个项目列入2023年第一批省集中开工重大项目。

【资源要素争取】 2023年，区内万向钱潮等5个项目被列为省重大产业项目，入选项目数、总投资、用地面积均列全市第一。中芯三期、104国道东湖至蒿坝段等4个项目被列为2023年需中央加大建设用地保障力度的国家重大项目，共计用地5482亩。全年合计争取特别国债18.5亿元，申报项目数据、资金需求及通过国家审核项目数、资金需求均列各区县第一。申报地方政府专项债通过国家审核项目18个，年度总需求74.77亿元，为全市第二。

对口帮扶、支援、合作

【援马工作“综合党委”】 2023年，越城区设置援马工作“综合党委”，统筹实施资金项目、监测帮扶、人才培育，发挥援马帮扶力量“乘数效应”；越马两地党政领导带队互访7次，推动东西部协作工作持续深化。

【组团帮扶】 2023年，越城区深化“教育帮扶”“医疗帮扶”“消费帮扶”，线下举办2023年越城短期援马教师教育帮扶金种子计划活动，每批次落实对口协作专项经费15万元，累计派出短期支教教师28名，对口帮扶学校22所次，累计受益教师1500余人次，列支援助资金15万元；越马青鸟医疗队开展义诊20场次，受益群众1680余人次；深化“龙头企业＋基地＋合作社＋农户”等消费帮扶模式，全年完成对马边消费帮扶5753.89万元。

【产业飞地建设】 2023年，越城区签约产业飞地项目1个，为中陶新型环保智能化处置产业项目，共有7个产业项目在建，当年完成投资额6.07亿元，其中钠创年产8万吨钠离子电池正极材料项目、中远清建装配式建筑有限公司年产700万平方清华大学TUS（装配式建筑技术）

装配式建筑产业化项目为重大产业项目。

【交流合作】 2023年，越城区、马边县双方互派党政干部、教育、卫计以及其他专业技术人才38人次；开展区域间文化走亲活动，组织越城特色文艺作品赴马边参加“幸福越城·秀美马边”2023年越城·马边文化走亲文艺晚会；组织乡村振兴专业技术人才培训16次，培训2254人次；两地携手共建乡村振兴干部队伍，组织干部培训39次，培训1502人次。

【结对投资】 2023年，越城区给予结对双方工作协调、财力物力等方面的支持，全年引进企业8个，实际到位投资7.67亿元，吸纳劳动力就业551人，其中脱贫人口67人。年内，共建“绍乐同行”乡村振兴党建联建项目，打造乡村振兴示范村4个，共投入财政资金699.5万元。

【劳务协作】 2023年，越城区到马边县举行“春风送真情、援助暖民心”东西部劳务协作活动，首次实现“三地联动”：开启“越峨马”三方对接的全新模式，签署三方合作协议；越城区共提供1259个岗位，实现40余家机构、劳务合作社、就业服务站的双向对接，吸纳农村劳动力321人，其中脱困人口255人。

【社会捐赠】 2023年，越城区牵头对接越城区慈善总会、越城区五邻社联合总会分别与马边彝族自治县慈善会、一起爱社会服务中心开展结对帮扶，其中越城区慈善总会出资10万元协助马边慈善会设立首个社区基金。2023年度动员社会各界向四川马边捐款202万元，捐赠物资折款319.07万元。

优化营商环境

【“越快兑”平台资金兑付】 2023年，越城区依托“越快兑”平台，利用直兑、即兑、快兑等兑现方式，提高政策兑现便利度。全年完成政策资金兑付超12.65亿元，完成市定全年目标的166.24%，惠及企业2300余家。

【营商环境提升】 2023年，越城区牵头推进一号改革工程经济生态环境重点任务，召开每季度营商环境无感监测指标分析推进会议，第二、第三季度无感监测指标位于全市第一、全省第九。

【信用体系建设】 2023年，越城区开展三次信用集中修复，通过现场讲解，增强企业信用修复意识，高效解决企业信用修复需求，越城区批发零售类个体户信用评价+信用贷款试点被列为全省首批个体工商户信用体系建设试点。年内，越城区先后获“2023高质量发展十佳县（市、区）”“2023企业家幸福感最强（市）区”称号。（区发改局　薛亚云）

国有资产管理

【概况】 2023年，越城区共上缴国有资产处置收入826万元，房屋出租收入2437万元，合计3263万元。

【存量资产盘活】 2023年，越城区财政局加大闲置资产的整合调配和处置工作力度，聚焦重点领域分类推进，最大限度发挥资产效能。开展无证资产确权办证，累计完成27.6万平方米房屋资产权证办理，切实提升资产绩效，进一步提高资产价值；创新资产盘活方式，通过资产打包整合方式，争取资产盘活贷、资产并购、特许经营权转让等模式实现盘活存量和新增投资的良性循环，区文旅集团增资并购越州新城公司股权盘活项目获金融支持11.8亿元，盘活项目被评为绍兴市盘活存量资产扩大有效投资优秀盘活案例。

【企业国有资产交易】 2023年，越城区财政局加强对国有企业资产交易的监管，按照应进必进、规范操作的原则，严格落实进场交易制度，跟踪落实限额以上资产交易进场全市国有资产交易数字化平台，最大限度实现越城区国有企业资产交易“一个平台、一网通办、一体监管”。全年累计通过国有资产交易数字化平台完成443宗资产交易，成交金额11557万元，成交率34.91%，溢价率70.43%，充分实现国有资产“阳光交易”。

【国有资产共享共用】 2023年，越城区财政局为提高区级行政事业单位国有资产使用效率，切实推进国有资产共享共用和调剂使用，开展全区行政事业单位和区属国有企业虚拟公物仓入库资产征集工作，共征集闲置资产269件，价值194.3万元，累计实现2528件闲置通用资产信息全部上“云”管理，累计借用、调拨资产589件，节约行政成本100余万元。成立联合检查组，抽查9家单位，对资产仓库的保管和利用情况进行详细检查，对存在问题督促整改落实，切实解决公物仓“入口难”问题。（区财政局　张佳琴）

工商企业管理

【概况】 2023年，越城区共有各类市场主体12.45万户，同比增长6.02%；共有在册企业4.82万户，同比增长5.51%。其中，在册内资企业4.74万户，同比增长5.59%；注册资本总额0.39万亿元，同比增长8.77%；在册外资企业0.08万户，同比增长0.64%，注册资本总额116.13亿美元，同比增长0.51%。个体工商户7.6万户，同比增长6.38%；完成个转企183家。

【准入准营“一件事”改革】 2023年，越城区依托浙江政务服务网“浙江企业在线”，贯通准入准营“一件事”平台，提供餐馆经营准入准营“一件事”、食品销售准入准营“一件事”等29个企业办事高频行业证照集成办理服务，着力解决企业“办照容易办证难”“准入不准营”等问题，共计42家市场经营主体通过准入准营端口办理证照，实现准入即准营。

【重点项目扶持、容缺承诺受理】 2023年，越城区对重要招商引资、承接重点项目的企业，开展“一项目一团队”“一企一策”的精准扶持工作，对申报中非关键性材料适用“承诺容缺办理”制度，破解“一次办好”的堵点、难点问题，缩短了拿证时间，降低企业财务成本、时间成本，实现服务质量和企业满意度双提升。前期已为“纳创新能源项目”“纽缤乐健康科技”“中远清建NU建筑体系产业化项目”“振德医疗跨境项目”“敏捷智慧能源项目”“纽宝乐健康科技”“越王城”项目等项目、企业的落地、落户工作提供相关专业指导、服务。

【精准帮扶助力个体工商户】 2023年，越城区聚焦梯度培育精准帮扶助力个体工商户提质发展，通过实地走访、问卷调查等方式，归集个体工商户15类29项指标68万余条数据，全面掌控个体经济运行状况，并形成季度、年度监测分析报告供决策参考。实行个体户“生存型”“成长型”“发展型”分型，开展针对性培育；建立“名特优新”个体户评选机制，首批入库个体工商户184家，并推选3家库内个体工商户获评全省先进个体工商户。依托“个体户信用评价＋信用

2023年7月12日，越城区开展“第二届全国个体工商户服务月”活动（叶菊芳　摄）

贷款”省级试点，将分型分类结果与金融机构信用融资评价体系挂钩。

【“双随机”抽查】 2023年，越城区着力优化“双随机”抽查，强化跨部门协同，制订印发年度随机抽查计划，覆盖68个抽查事项，制定检查任务共210个，完成率100%，促进监管效能提升。总执法检查数8794户次，其中双随机检查户次8322次，抽查占比为95.93%，掌上执法率100%，按时公示率100%，信用规则应用率100%，告知承诺核查率100%，跨部门联合监管率58.63%。

【保障民生安全综合执法行动】 2023年，越城区市场监管局加大重点领域监管执法力度，深入推进食品药品安全、产品质量、知识产权、特种设备安全等专项执法，严厉打击假冒侵权、食品非法添加、过度包装、违法违规商业广告宣传、加油机计量作弊等问题。持续开展“双打”“铁拳”“亮剑2023”等各类专项执法行动，共查办市场监管领域各类违法案件660件，罚没款共计526.43万元；移送公安案件4件，大要案数共计109件。

【平台经济高质量发展】 2023年，越城区市场监管局立足本地市场实际，建立专班专管，开展“绿色优质直播间”典型选树和梯队培育，推进行业有序竞争，累计培训主体150余人次，行政指导80余家，筛选上报古越龙山、巴鲁特服饰等省级“绿色直播间”5间。开展“亮证”行动，实地走访指导辖区电商平台，推动平台企业落实“亮证、亮照、亮规则”经营，引导依法公示企业信息，营造公开透明放心的消费环境，共检查网店经营者200余人次，督促网络交易平台删除违法经营户信息78条。

【培育放心消费单位（含摊位）2724家】 2023年，越城区已建成放心消费单位（含摊位）2724家，超额完成原定任务的106.8%，其中无理由退货承诺单位1093家、放心工厂505家，放心消费商圈（含景区）5个（鲁迅故里街区、金帝银泰惠坊街、绍兴时尚百盛商业发展有限公司、世茂广场、绍兴八佰伴），放心消费高速公路服务区2个（浙江高速投资发展有限公司绍兴服务区、鉴湖高速服务区）。

【消费纠纷化解新模式】 2023年，越城区紧紧以“优化消费环境、提振消费信心”为主题，加强消费纠纷源头治理，强化企业主责，有效减少消费投诉增量，提升源头化解能力，充分利用在线消费纠纷解决（ODR）机制，2023年ODR企业自行解决纠纷364件。全年共受理各类投诉举报6728件，其中消费投诉4780件，举报1948件，为消费者挽回经济损失245万余元。建强用好“共享法庭”，2023年通过共享法庭调处消费投诉10件，成功8起，调解成功率达到80%，为消费者挽回经济损失达4万余元。

2023年3月16日，越城区消费者权益保护委员会“共享法庭”为消费者维权（胡敏儿　摄）

食品药品监督

【概况】 2023年，越城区助力绍兴市高分通过国家食品安全示范城市创建，通过浙江省食品安全示范区跟踪评价工作。推进食品安全“两个责任”，推动全区17106家食品生产经营单位全部纳入包保体系。推进GM2D示范区建设，分类分步推进在产企业重点产品转码、赋码、用码和管码工作，最早在全省范围内实现一物一码的落地应用。探索零售连锁门店间药品调剂，降低企业药品流通成本和减少周转环节，助推药品连锁企业高质量发展，新增2家零售药店民生药事服务站。

【亚运会食品安全】 2023年，越城区围绕全市特有的1个运动员接待酒店、2个棒垒球亚运会竞赛场馆、2个食材分仓（运动员接待酒店、绍兴亚运会食材分仓）和3家场馆集体用餐配送单位，落实“全盘、全程、全链、全域”四全措施，赛事期间共出动驻点保障人员1924人次，累计保障用餐14.4万余人次，实现了食品安全事故和食源性兴奋剂事件“两个零发生”的目标；推进“迎亚运”食品安全大排查大整治大巩固，重点围绕场馆、接待酒店、景区、校园及周边食品经营单位开展专项整治工作，完成食品安全保障任务。

【食品安全示范城市国省联创】 2023年，越城区作为国家食品安全示范城市创建关键辖区，聚焦“国创”验收及“省创”巩固，出台创建工作方案，制定创建点位标准，实行专班专干、例会推进、通报督导、考核评价。落实“1个部门1个干部包干2个点位”工作机制，实现258个明察点位“一对一”动态管控，暗访点位“片对片”包干负责，“越享食安、国创有我”主题宣传覆盖超30万人次，创历年新高，绍兴市高分通过国家食品安全示范城市创建，创建浙江省食品安全示范区，通过浙江省食品安全示范区跟踪评价工作。

2023年6月19日，越城区市场监管局开展节日前夕保健食品检查（施瑜萍　摄）

【食品安全“两个责任”】 2023年，越城区作为食品安全“两个责任”全省首批试点，组建工作专班，出台实施方案、工作制度，创新督查指示、温馨提示，配套知责、履责、追责工作机制，推动全区17106家食品生产经营单位全部纳入包保体系。全量完成包保关系建立率、承诺书签订率、督导完成率、“两员”配备率等指标任务均达100%。代表浙江接受国务院食安委食品安全“两个责任”工作落实情况督查，获得督查组充分肯定，食品小作坊督导脚本入选浙江省食品安全“两个责任”教学视频案例。

【农贸市场品质提升三年攻坚】 2023年，越城区研究制定《越城区农贸市场品质提升三年攻坚行动实施方案（2023—2025年）》《越城区农贸市场示范创建和长效管理考核奖补办法》《2023年越城区农贸市场长效管理考核评分细则》等制度，为农贸市场品质提升提供政策支持，且每年落实专项资金为农贸市场品质提升进行补助。2023年推动农贸市场改造提升3家，创建放心农贸市场6家、四星级农贸市场4家、三星级农贸市场4家、五化市场6家、最清洁农贸市场1家。

【GM2D示范区建设】 2023年，越城区在产企业均已激活使用“浙食链”，分类分步推进在产企业重点产品转码、赋码、用码和管码工作；最早在全省范围内实现一物一码的落地应用，试点企业浙江古越龙山绍兴酒股份有限公司单品码产品已覆盖8个品种，生产1902.25万余瓶；累计开展食品生产企业GM2D赋码用码线上线下培训会10场，300余家次食品生产经营单位参与，地产食品赋码品种数647种，转码率100%；督促UI界面改造聚合信息，通过一码整合企业官网、宣传视频、京东淘宝网店等内容，在食品生产企业端形成监管、追溯和商品推广

2023 年，中国物品编码中心赴越城调研 GM2D 工作（徐梦奇　摄）

多样化场景，放大 GM2D 码聚合效能，已完成 7 家食品生产单位的 UI 界面改造。

【打假治劣“药剑”行动】 2023 年，越城区以平安护航亚运会药品安全为核心工作，以定点医疗机构、保障酒店和竞赛场馆周边零售药店作为重点检查对象，以含兴奋剂药品和特殊药品经营为重点检查内容，亚运会期间共摸排零售药店经营含兴奋剂药品和特殊药品品种数 279 个，重点监管零售药店 83 家，辖区内 256 家零售药店和 6 家批发企业完成自查并签订规范经营承诺书，自查率和承诺书签订率达到 100%。开展药品各领域安全专项整治行动，立案查处药械化违法案件 10 余起，罚没款 20 余万元，完成药品环节监督抽检 192 批次，药品不良反应 1399 例，医疗器械不良反应 799 例。

【民生药事服务站】 2023 年，作为省政府民生实事工程，2023 年越城区在已建成的 9 家民生药事服务站的基础上，再高标准动员 2 家零售药店开展民生药事服务站建设（浙江震元医药连锁有限公司绍兴震元堂药店、浙江震元医药连锁有限公司延安东路大药房），已通过省、市局星级认定投入运行。

【道地中药材品质提升】 2023 年，越城区帮扶绍兴震元中药饮片有限公司参与中药材标准制定，推进中药国际标准研究落地，实现中药国际标准在越城零的突破，绍兴震元中药饮片有限公司制定的“半夏”中药品种国际标准在 2023 年 11 月初发布，落地越城。

质量技术监督

【概况】 2023 年，越城区新增“品字标”浙江制造标准 9 项，“品字标”浙江制造企业 11 家，品字标产品 31 个，导入先进质量管理办法企业 40 家。开展生产、流通产品质量监督抽查工作，完成重点领域重点工业产品、危化品、油品、妇女儿童用品等产品监督抽检 441 个批次，燃气具产品 17 批次。开展特种设备安全隐患大排查大整治、市场监管系统城镇燃气安全专项整治等专项行动，检查特种设备使用单位 1298 家，发现并整改问题隐患 392 个，立案查处特种设备违法案件 42 起，罚没金额达 124.45 万元。

【“品字标”建设】 2023 年，越城区全面加强“品字标”企业培育，新增品字标企业 11 家，品字标产品 31 个，产品分布服装纺织业、家用电器制造业、专用设备制造业、医疗器械、电线电缆、激光材料、包装材料等七大行业。越城区共有“品字标”企业 47 家，全面涵盖农业、制造业、服务业三大产业，导入先进质量管理办法企业 40 家，培育企业首席质量官 57 名，三大质量基础设施一站式服务平台共服务企业超 200 家，帮扶企业 352 次，解决实际问题 52 起。

【梯次培育品牌“质量奖”】 2023 年，越城区引导企业实施以质量为核心的品牌发展战略，建立一批“单项冠军”“隐形冠军”“小巨人”“浙江制造精品”等有竞争力的企业群，逐步形成由领军企业、成长型企业和“专精特新”企业构成的品牌企业梯队，服务助力中国绍兴黄酒集团有限公司申报中国质量奖，绍兴御茶村茶业有限公司申报省政府质量奖，培育浙江佳人新材料有限公司、绍兴中科通信设备有限公司、浙江康思特动力机械有限公司获得绍兴市市级质量奖。中国绍兴黄酒集团有限公司、喜临门家具股份有限公司、浙江佳人新材料有限公司3家企业获评“2023中国品牌价值评价信息”。

【质量基础设施一站式服务平台】 2023年，越城区以质量基础设施一站式服务平台为抓手用心服务小微企业，三大平台聚焦越城区医疗器械、集成电路、童装三大产业链质量提升，融合检验检测、认证认可、质量管理、品牌培育、知识产权等质量基础设施资源，目前平台已入驻专业服务机构30余家，各类专家50余名，服务企业超200家，帮扶企业352次，解决难点、痛点、堵点问题42起。

【计量治漠专项行动】 2023年，越城区开展燃油加油机计量准确性专项治理工作，制订《越城区燃油加油机计量准确性专项治理工作方案》，成立专项治理工作领导小组。全力推进“放心加油”数治平台应用，深化“GM2D码”应用，完善全区57家加油站信息数据库，全量归集强制检定信息。对全区加油站开展全覆盖检查，合计检查加油站218家次，督查整改问题46家次，闭环处置投诉举报22件，查处案件8起。4家标杆加油站入选浙江省2023年度“诚信计量燃油加油站”。

【检验检测机构监督管理】 2023年，越城区推进检验检测“一件事”综合集成改革，优化事前审批、事中监测、事后监管、公共服务等智慧治理。推广检验检测公共服务平台（“浙里检”），向社会提供产品质量检测、计量检定校准、标准查询等“一站式”服务。以市县两级联动、监管执法联合、行业专家协查、多部门联合检查等模式，对越城区检验检测机构开展专项检查，合计检查检验检测机构33家，占全区检验检测机构50%，覆盖食品、机动车、环境、建工、农林水利、交通等重点领域。检查发现问题139个，均已闭环整改，约谈机构8家。

【特种设备安全运行】 2023年，越城区开展“护航亚运”特种设备安全保障专项行动，对亚运会核心区、重点区及亚运会场馆周边62家特种设备使用单位及在用全部特种设备开展全覆盖监督检查，对亚运会场馆、运动员住宿点等4家核心区特种设备使用单位、3家亚运会贵宾接待酒店等的在用特种设备定人定岗定责，维保人员常态化驻点保障，全力保障核心区特种设备零故障。开展特种设备安全隐患大排查大整治、市场监管系统城镇燃气安全专项整治等专项行动，全年累计检查特种设备使用单位1298家，发现并整改问题隐患392个，下达监察指令书62份，立案查处特种设备违法案件42起，罚没金额达124.45万元。全年全区未发生特种设备事故和相关事故，特种设备总体安全平稳。

2023年7月21日，越城区市场监管局协办浙江省暨绍兴市2023年“护航亚运”特种设备应急演练（牛文柯　摄）

【电梯安全监管】 2023年老旧住宅在用电梯安全风险评估工作是市政府民生实事项目，越城区涉及36个小区共331台老旧住宅电梯。经评估机构现场安全评估，通过多次会议部署、点对点、面对面沟通协调，整改闭环隐患问题3001项。联合消防积极打造越城区电梯困人故障“15

分钟应急救援圈”，累计建设电梯困人故障二级公共救援站17个，完善了“签约维保救援为主、网格公共救援为辅、政府应急消防救援托底”的三级救援网络体系，保障人民群众安全乘梯。完成电梯物联智控接入6024台，物联设备安装完成率达全年目标的130%，“96333”电梯应急管理平台持续覆盖全部在用电梯，常态化保持电梯扫码维保应用率达95%以上。（区市场监管局 姚盈）

国土资源管理

【概况】 2023年，区自然资源和规划分局获“2021—2022年浙江省耕地保护工作先进集体”“浙江省城市地下市政基础设施普查工作突出集体”称号；鉴湖国家湿地公园创成国家级湿地公园；完成松材线虫病疫区拔点任务，成为全省4个、全市唯一的松材线虫病疫区拔点地区。

【耕地保护责任】 2023年，区自然资源和规划分局坚持科学“划”、严控“占”、规范“补”、严格“管”一体推进，切实履行耕地保护职责，全力守护耕地安全、粮食安全，本单位2023年受省政府表彰，获“2021—2022年浙江省耕地保护工作先进集体”称号。

【全省首批土地综合整治项目试点】 2023年，区自然资源和规划分局作为全省首批唯一争创两个跨乡镇土地综合整治试点的区县，区政府主要领导在全省土地综合整治工作大会作交流发言。编制完成土地综合整治专项规划，细化谋划未来五年土地综合整治项目。推进东湖街道等2个街道土地综合整治项目和东浦街道等2个街道土地综合整治项目实施，合计开工子项目31个，完成投资额107.7亿元。通过不断优化乡村空间布局和土地资源要素配置，推进打造共富基本单元建设，保障鉴水科技城空间拓展和先导建设。

【用地指标筹措】 2023年，全区共筹措用地指标7037亩，其中通过年度盘活挂钩、存量土地处置等取得新增建设用地计划指标2660亩，重大基础设施项目新增建设用地指标1859亩、国家用地保障重大产业项目用地指标2368亩、跨省增减挂钩指标150亩。组件上报20个批次和1个单独选址项目，重点保障104国道绍兴东湖至蒿坝段改建工程（越城段）、中芯国际三期建设项目、绍兴综合保税区、绍兴市第七人民医院新院区、绍兴市应急物资（粮食）综合应急保障库等重点项目用地。

【土地节约集约利用】 2023年，越城区推进经营性土地出让，经营性土地出让收入27.64亿元。提升土地节约集约利用水平，全年完成批而未供土地消化3270亩，闲置土地处置324亩，低效用地再开发1082亩，其中低效工业用地整治717亩，已完成年度目标任务；盘活存量建设用地645亩。

【耕地保护】 2023年，越城区重点推进永久基本农田集中连片整治，共立项任务5个（千亩方项目3个、百亩方项目2个）、集中连片耕地整治0.7万亩，实际立项永久基本农田集中连片整治项目建设类6个（千亩方项目3个、百亩方项目3个），集中连片耕地整治面积0.8万亩，超额完成任务。推进补充耕地落实，完成垦造耕地781亩、旱地改水田35亩、建设用地复垦116亩。完成斗门街道等粮功区外耕地功能恢复验收共计475亩。

【自然资源“除险保安”】 2023年，越城区组织实施地质灾害综合治理工程11处（市局下达任务为1处），已全部完工并通过验收。结合鉴湖街道、皋埠街道地质灾害风险调查项目，全区开展两轮地质灾害隐患大排查，切实掌控风险隐患底数。加快废弃矿山生态修复，完成3个自然修复废弃矿山图斑的核查工作；指导富盛镇开展实施五峰岭废弃矿山治理修复项目。

【自然资源执法监管】 2023年，越城区全力做好面上违法用地管控，推进例行督察发现问题整改，越城区2021年、2022年耕地保护督查发现问题整改销号率均达100%。推进农村乱占耕地建房（非住宅类）问题清查整治，本单位对农村乱占耕地建房问题开展再摸排，严格管控新增农村乱占耕地建房问题，对发现的新增非住宅类农村乱占耕地建房问题做到100%消除违法状态。推进2023年卫片执法工作，按时完成日常执法任务，全区辖区内年度违法占用耕地的比例小于15%，辖区内没有被自然资源部立案查处、挂牌督办案件。

【自然资源依法行政】 2023年，越城区一审行政诉讼收案44件，败诉1件（存量）；复议收案17件，败复0件。2023年，本单位共接待群众来信来访来电的答复工作1344件，其中来信54件，较2022年57件下降3.5%；来访24批次，较2022年48批次件下降50%（按办结统计）。

【自然资源调查登记和测绘管理】 2023年，越城区共完成越城区疾控中心等项目地类权属审核94宗122块，办理国有土地收回项目20个，为绍兴图书馆等项目办理土地复核验收63宗、开竣工延期22宗。强化基础地理信息建设，于2023年6月完成“地信智服”应用场景贯通。完成越城区地理信息公共服务平台年度更新维护。加强越城区测量标志保护管理，将辖区范围内87个测量标志列入年度巡查及保护计划并逐一排查巡查。

【不动产登记】 2023年，越城区共受理各类不动产登记业务约17.5万件，颁发不动产权证书72157本，不动产登记证明38460份。办理抵押权登记业务26881件，涉及面积共计约198.8万平方米，贷款金额约4190.4亿元，预告及抵押权预告登记3406件，查（解）封登记3682件，注销登记25398件，受理各类档案查询申请53858件，不见面审批达17295件，线上办件20972件。

【不动产登记全域通办改革】 2023年，开展越城区、滨海新区“全域通办”改革，在灵芝街道、马山街道、斗门街道、沥海街道四个便民服务中心增设不动产专区，实现越城、镜湖、袍江、江滨四中心事项通办常态化。开展“不动产司法一件事”联办，实行查解封线上办理，设立司法拍卖办理不动产过户专窗专人，共办理司法一件事联审业务200余宗。

【杭州宁波绍兴不动产登记实现“三地通办”】 2023年，区自然资源和规划分局贯彻落实省、市不动产智治应用有关工作要求，统筹推进“不动产智治”建设应用，已实现权属查询、新购商品房、二手房转移、房地一般抵押等高频事项贯通。根据市局统一部署，依托不动产智治平台，携手杭、甬两地，开设“杭甬绍三地通办”专窗，根据三地合作协议，10类不动产登记事项实现三地通办。（区自然资源和规划分局 李伟）

安全生产监督

【概况】 2023年，越城区围绕“安全生产隐患大排查大整治”行动和平安护航杭州第19届亚运会主题，加强安全生产执法，开展4轮“除险保安”专项执法行动，针对“园中园”“厂中厂”、有限空间以及违规电焊等情形进行深入摸排、检查、整治和处罚。全区安全生产领域，立案365起、罚款727万元，同比分别增长56%、14%，其中委托执法案件255起、罚款298万元，同比分别增长51%、47%，办理行刑衔接案件1起，投诉举报奖励1起，在国家级媒体网站发布典型案例77个。

2023年,越城区健全完善区安委会和各专委会责任体系,全面推进“1+8+17+17”安委会(办)、专委会(办)运行机制,推进应急管理全覆盖责任体系建设。高规格召开全区安全生产工作会议,印发区安委会年度工作要点,细化区领导、部门、镇街安全生产履职清单,明确“我的领域我分管、我的行业我负责、我的地盘我负责”。明确“三个牵头”责任(即牵头开展隐患整治、事故调查、督查督办),推动专业安委办、行业主管部门安全生产责任落实。

【“大排查大整治”】 2023年,越城区运转区安全生产隐患大排查大整治工作专班,统筹推进大排查大整治行动,每日组织八大领域专委办进行工作会商,不定期组织镇街、部门开展工作调度;按照“两全两铁”(全覆盖、全闭环、铁的措施、铁的手腕)要求,成立5个区级督导组,由重点部门主要负责人带队,区纪委、监委全程派员参加,对全区17个镇街开展全覆盖督查;越城区共组织检查企业60202家,发现并整改隐患112012处(其中重大隐患780处、已全部完成整改),责令停业停产945家,立案查处1634家,行政拘留123人;省级综合评价越城区为“达标”等次,转入常态化监管。

【“园中园”“厂中厂”整治】 2023年,越城区制定出台《绍兴市越城区“园中园”“厂中厂”“一厂多租”安全生产分级监督管理实施办法(试行)》,从责任落实、作业安全、设备设施、应急处置、厂区环境等五个维度25项(包括5个否决项)内容进行风险评级,园区安全风险由高到低分为A(蓝色)、B(黄色)、C(橙色)、D(红色),实现分级分类监管,A级、B级工业园区分别提级45个、100个,D级、C级占比由68.4%降至38.4%。对所有工业园区实施“定期巡查+三色预警”的分级分类四色管理,通过“动态巡查+实时监管”

2023年5月31日,越城区召开全领域“园中园”“厂中厂”安全生产(消防安全)整治攻坚现场会(区应急管理局 提供)

压实企业安全生产主体责任。

【电气焊一件事改革】 2023年,越城区印发《越城区电气焊安全监管服务“一件事”改革实施方案》,全面推广改装1681个电焊设备硬件改造,改造率117%,查处违规电气焊作业11起,罚款18.3万元;推进劳务服务平台试点,在“绍兴96345”微信公众号设置“我要下单”“我要接单”模块,满足企业临时电气焊作业需要。(区应急管理局 周晓明)

公共资源交易

【概况】 2023年,越城区公共资源交易平台完成各类进场交易241项,成交标的140个,成交金额74.96亿元,完成市交易中心监管项目29个,成交价10.29亿元。其中完成建设工程项目交易153项,成交金额68.36亿元;完成政府采购项目交易88项,成交金额6.23亿元;完成国有产权交易140个,成交金额3708.31万元。累计增效节资11.84亿元,取得良好的经济效益和社会效益。

【“评定分离”改革综合试点】 2023年8月,越城区被确定为浙江省工程建设项目招投标“评定分离”综合改革试点地区,自2023年9月1

日起两年内，越城区域内依法必须招标的工程建设项目招标投标活动中，可采用“评定分离”的方式确定中标人。截至年末，越城区采用“评定分离”方式确定中标单位的工程建设项目共计16个，招标估算价12.42亿元，成交价11.1亿元，节资率10.6%。

【涉密开评标室改造】 2023年，越城区根据最新技术要求，增配涉密信息保护系统，实时监控涉密电脑上的操作过程；增配最新能屏蔽5G信号的手机屏蔽柜，做到各类型手机电话无法拨打和接通，移动网络无法连接。制定和执行《涉密开评标室管理规范》，加强对项目交易过程中涉密信息的保护工作。

【远程异地多点评标】 2023年，越城区依托“互联网+公共资源”政采云交易平台，将数字文件即时传送、画面同步直播、语音实时交互、全过程网上操作留痕等技术手段贯穿于整个评标过程，实现对同一项目在同一时间不同地点评标专家远程同时评标。2023年配置远程异地评标设备，并对交易软件进行模块增配，并及时改善试评审过程中发现的问题。6月，绍兴首个跨省合作评标项目——新郑市新区中心医院建设项目在区公共资源交易中心完成。

【限额以下电子交易平台】 2023年，越城区在现有两家试点的基础上，向重点部门拓展扩面，市名城办、区卫健局、区文广旅游局3个部门已加入对接。同年5月，越城区国投、高投、滨发等平台公司加入平台对接，至此真正实现全区重点部门、镇街、国企平台限额以下工程交易无死角全覆盖。截至年底，限额以下平台累计成交项目434个，成交金额4.36亿元，平均下浮率7.76%。

【越交e学苑平台上线】 2023年12月28日，“越交e学苑”平台试运行上线，该平台是区政务服务办进一步优化营商环境的创新举措，整合优质培训资源，为区域内的招标人、代理机构、投标人等各类交易主体提供完善的线上课程学习，截至2023年年底，平台视频点播量已超1000人次。

【国有资产交易新模式】 2023年3月30日，越城区与淘宝（中国）软件有限公司（以下简称阿里拍卖）共同签署绍兴地区首个国有产权领域战略合作协议，为进一步拓展我区国有资产交易新渠道，推动国有资产交易保价增值。首个合作项目越城区大树名园、越府名园27处房屋所有权拍卖项目于7月上架阿里拍卖进行竞拍，最终成交房屋4处，成交金额2416.52万元。

【招投标营商环境全市并列第一】 2023年，越城区进一步压缩交易时间，组建越城区招标人浙政钉工作群，督促招标人第一时间发布中标公示，中标公示时间由3个工作日调整为3个自然日，提升交易效率。从每月营商环境无感监测指标分析来看，越城区远程异地多点评标、外地企业中标率等靶点指标一直处于领先位置，持续保持总分全市并列第一，为越城区取得营商环境全市第一、全省第九的好成绩奠定坚实基础。

【招标投标领域突出问题专项整治】 2023年，越城区制订印发《2023年全区工程建设项目招标投标领域突出问题专项整治工作方案》及《越城区工程建设项目招标投标领域突出问题专项整治工作专班组建方案》，分阶段召开成员单位工作会议。督促招标人（招标代理）在招标活动中严格落实公平竞争审查制度、严格实行“非禁即入”等措施，确保“七个不准”要求落地落实。开展招投标制度规则清理，对《绍兴市越城区工程建设项目招标投标管理办法》（越政办发〔2019〕44号）予以废止，相关标准统一执行《绍兴市工程建设项目招标投标办法》（绍政办发〔2023〕4号），时调整越城区公共资源交易进场目录，并与市级平台保持一致。2023年7月开始，进入越城区公共资源交易中心交易的房建市政施工总承包项目与工程总承包项目已全部采用浙江省新招标文件标准范本。按照绍兴市建设局、政务服务办公室发布的信用评价结果在施工项目招标中进行应用。开展历史沉淀保证金清退，向32个招标项目的招标人发出提醒函，清退投标保证金231.8万元。(政务服务办　封哲萍)

审　计

【概况】 2023年，越城区审计局完成审计项目14个，审计查出主要问题资金6.42亿元，移送线索问题事项9件，移送处理人员2人，移送处理资金648万元；出具审计报告和专项审计调查报告20篇；审计提出建议48条，被采纳48条；促进被审计单位制定、完善规章制度59项；撰写专报等审计信息63篇，获得领导批示95个，其中获得党政主要领导批示39个。向社会公告审计结果3篇。审计信息被各级刊物采用105篇次，其中省部级51篇次、市级31篇次。连续4年获评省市审计机关综合考核优秀单位。连续5年获评省优秀审计项目，连续3年获市优秀审计项目评比“满堂红”。越城区内部审计指导中心获评“省三八红旗集体”“绍兴市财贸系统工人先锋号”。

【财政审计】 2023年，越城区开展本级预算执行情况和决算草案审计，清理收回结余资金3.57亿元，促进上缴财政资金2763.48万元；开展镇街部门财政运行情况专项审计调查，促进被审计单位出台制度4项、移送线索问题事项2件。高效核查并及时完成财政资金支持融资担保情况、政府公物仓建设管理等省定专报点上报工作。“绍兴市越城区就业补助资金和失业保险基金审计”项目获全市优秀审计项目三等奖。

【投资经贸审计】 2023年，越城区开展区项目攻坚推进情况专项审计调查，重点关注2023年项目攻坚行动的政府(国有)投资项目、项目要素保障等情况，查出问题41个，移送线索6条，专报9篇，获区领导批示8篇次。“创新‘四三三’工作机制助推投资审计增添新成色”获评全省投资审计高质量发展经验案例、区优秀改革案例。“绍兴市越城区、滨海新区国有企业运行管理状况专项审计调查”项目获全省、全市优秀审计项目一等奖。省审计厅投资处二级巡视员胡剑飞一行来到越城调研时，对越城投资审计工作予以肯定。

【政策落实情况跟踪审计】 2023年，越城区审计局围绕“创新深化、改革攻坚、开放提升”总体要求，开展扩大内需促进消费战略举措落实情况专项审计调查，揭示问题34个，提出建议24条，移送案件线索2条，审计报告、专报等获领导批示13个。充电桩基础设施、放心消费等问题被省审计厅、市审计局引用纳入综合报告、专报，得到省、市主要领导批示5个，入选省、市重大审计问题清单4个。开展清洁城市建设管理情况专项审计调查，了解越城区在水、大气、土壤及市容环境上的环境保护总体情况和污染防治工作开展情况，反映问题19个，针对性提出加强和改进相关工作的建议，审计报告获区主要领导批示2个。开展绍兴市2023年省政府十方面民生实事推进情况专项审计调查，4个问题被市审计局报告采纳。“绍兴市越城区服务业政策措施落实情况专项审计调查”项目获全市优秀审计项目二等奖。

【内部审计指导】 2023年，越城区出台《关于加强越城区、滨海新区国有企业内部审计工作的实施意见(试行)》，充分发挥内部审计在国有企业监督体系中的作用。依托党员先锋·内审导师“契约化”共建2.0版，开展“审计大走访大调研大服务大解题”专项行动，进一步宣传省、市《内部审计工作规定》，主动送学新编制的《国有企业、镇街、部门领导干部履行经济责任风险防范清单》。

【经济责任审计】 2023年，越城区按照“五审五评”要求，对4个街道、5个部门（单位）的22名区管领导干部开展任期经济责任审计。完成7名领导干部离任经济事项交接工作。对10家单位13名领导干部进行“政治画像”。深化审计监督与财政、纪检、巡察等其他监督的配合，联合区委巡察办出台《关于建立巡审联动工作机制的意见（试行）》，在2个部门和1个镇街开展巡审联动，将巡察“政治体检”和审计“经济体检”有机结合。“绍兴市自然资源和规划局越城分局党委书记、局长金建兴任期经济责任审计”项目获全市优秀审计项目一等奖。

【审计整改】 2023年，越城区“重大审计问题清单”考评指数位列绍兴市第一、浙江省第六，一个“重大审计问题”整改案例入选省级典型案例库。会同区人大财经工委对审计工作报告反映的问题整改情况进行联合督查。实施函告催办模式，共向审计整改责任单位发函42份，敦促责任单位加快推进整改事项“清零”。2023年，审计查出问题326个，均无整改逾期。

【研究型审计】 2023年，越城区完成省厅一般审计科研课题结题2个，新立项2个。获评省优秀大数据审计案例1个，入围全省大数据审

2023年越城区实施完成项目审计一览表

表62

序号	项目名称
1	绍兴市越城区、滨海新区财政局具体组织的2022年度本级预算执行情况和决算草案审计
2	绍兴市越城区扩大内需促进消费战略举措落实情况专项审计调查
3	绍兴市越城区北海街道原党工委书记赵国良、王徐彪，党工委书记俞科军，原办事处主任赵溢彬，办事处主任马科任期经济责任审计和北海街道2022年度财政决算审计
4	绍兴市越城区稽山街道原党工委书记陈天政、党工委书记和原办事处主任陈水祥、办事处主任应伟峰任期经济责任审计和稽山街道2022年度财政决算审计
5	绍兴市越城区沥海街道党工委书记陈超、原办事处主任王吉程、办事处主任周乾彬任期经济责任审计和自然资源资产任期审计及沥海街道2022年度财政决算审计
6	绍兴市越城区塔山街道原党工委书记叶海木、原办事处主任张标、办事处主任蔡廷科任期经济责任审计
7	绍兴市越城区市场监督管理局原党组书记、局长梁钦鸿、王小伟任期经济责任审计
8	绍兴市越城区文化广电旅游局原党组书记、局长杨嵩巍、周志红任期经济责任审计
9	绍兴市医疗保障局越城分局原党组书记、局长蒋坚任期经济责任审计
10	绍兴市越城区残疾人联合会原党组书记、理事长邵越、严夏娟任期经济责任审计
11	绍兴市越城区房屋征收办公室党组副书记、主任金越峰任期经济责任审计
12	绍兴市越城区镇街部门财政运行情况专项审计调查
13	绍兴市越城区清洁城市建设管理情况专项审计调查
14	绍兴市越城区项目攻坚推进情况专项审计调查

计方法 15 条。协同绍兴市审计局完成浙江省“审计大脑”第二批“非结构化文档分析模块优化升级”试点任务。（区审计局　韩玲莺）

统　计

【概况】 2023 年，越城区统计局对 711 家规上工业企业，1127 家限上贸易企业，224 家规上服务业企业，198 家建筑业企业和 673 个投资、房地产项目开展统计。组织开展劳动力、住户、农业、低收入农户、社情民意等各类民生调查，累计发放调查问卷 8164 份。“线上 + 线下”分级分期分专业“全覆盖”开展统计业务培训 50 余场，共培训 3000 余人次，提升基层统计人员业务水平。

2023 年，越城区统计局完成执法检查 65 家，其中“双随机”执法检查 55 家，10 家企业进行立案，5 家结案，5 家企业销案，累计罚款 2.79 万元。

【第五次全国经济普查】 4 月 28 日，越城区成立第五次经济普查领导小组，共选聘 1387 名普查“两员”，根据 12 月 11 日国务院经普办封库反馈结果，越城区清查填表单位 3.89 万家、个体户 6.29 万家，比“四经普”分别增长 68.5%、64.1%。5 月，以皋埠街道、集成电路产业园为主，落地实施五经普数字经济省级试点。以试点成果为基础的课题参加 2023 年全国统计建模大赛并获得全国二等奖，实现绍兴统计科研历史性突破。

【夯实基层基础】 2023 年，越城区统计局建立领导班子分片挂钩日常包联制度和向上对接争取情况报告机制，围绕质量控制、数据参谋、法治宣传、基层基础等工作，帮助联系点厘清思路、确立规范、健全制度，全面提升基层统计工作综合能力。2023 年共有 1963 家规上企业和 307 家规下单位统计人员获得以奖代补资金，共计发放 487.6 万元合格补贴，镇街共有 70 名统计人员统计岗位奖励补贴予以认定。

【统计信息发布与解读】 越城区统计局每月编印《越城区统计信息》，每年编印统计简要本和统计年鉴，做好数据的开放与应用工作；撰写《经济运行情况分析》《统计公报》，当好决策参谋。2023 年，区统计局共发布统计信息分析 87 篇、区“两办”信息 10 篇，入选统计制度方法改革省级联系点，完成《关于做好县级 GDP 核算的几点思考》课题，《数字经济的空间多尺度熵测度——绍兴市越城区为例》被国家统计局录用。（区统计局　郑莹）

水资源利用与管理

综　述

越城区地处杭州湾南岸，萧绍平原中部，会稽山北麓，地势南高北低。水域主要包括河道（平原河网和一般河流）、湖泊、池塘、水库、山塘以及其他水域等，属曹娥江流域，由萧绍平原水系、小舜江水系组成。2023年，越城区以创建国家级节水型社会为契机，推进重大水利工程建设，统筹推进各项水利工作。截至年底，全区共有河道1332条，河道总长1505千米，水域面积95.0293平方千米；水库14座，万立方米以上山塘60座，合计库容560.99万立方米；湖泊9座，水域面积8.8645平方千米，容积2938.53万立方米。全年用水总量3.0833亿立方米。其中，工业用水量0.6139亿立方米（工业河道用水0.0562亿立方米），占19.91%；城镇公共、居民生活用水量0.4773亿立方米，占15.48%。

水资源管理

【概况】 2023年，越城区全力推进幸福河湖试点县建设，落实农业水价综合改革任务，农田灌溉水有效利用系数达0.618。全年水土流失治理面积0.387平方千米。全年收取水资源费及水土保持补偿费约339万元。

【全域幸福河湖建设】 2023年，越城区打造全域建设幸福河湖示范样板，新增创建省级美丽河湖2条镜湖直江（上下官渡）、古水道区域河道（梅龙河、直宫江）；水美乡镇4个（陶堰街道、北海街道、灵芝街道、皋埠街道）、美丽山塘5个（陈家岙山塘、湖家塘山塘、肉猪坟山塘、塔山山塘、龙岙底山塘）。

【河湖长管护】 2023年，越城区持续推进河湖长制管理，建立河湖长联席会议制度，推行河湖长制绩效评价考核办法，推动河湖长履职尽责，及时发现问题，累计发现各类问题283个，问题处理率100%，保障亚运会水环境。2023年新增水域面积5.2万平方米，水面率14.98%，水面率位列全市第一，有效提升了河湖安全健康。完成河湖划界复核180千米，完成6条河湖健康评价。

2023年省级“美丽河湖”——镜湖直江上下官渡（区农水局　提供）

2023 年越城区省级“五个一百”优秀典型案例一览表

表 63

序号	案例类型	点位名称
1	农田水利灌溉工程泵站机埠	越城区民乐原乡 4 号泵站
2		越城区赵家横北岸泵站
3		越城区“旱改水”二期 13 号泵站
4		越城区半夜溇泵站
5	改革灌区灌片	孙端街道樊浦村灌片
6		孙端街道榆林村灌片
7	农民用水合作主体	中群家庭农场
8	改革示范村	孙端街道村头村
9		东浦街道鲁西村

【农业水价综合改革“五个一百”示范创建工程】 2023 年，推进“五个一百”示范创建（指 100 座农业灌溉更新升级泵站机埠，100 座农业灌溉更新升级堰坝水闸，100 个改革灌区灌片，100 个农民用水管理主体，100 个改革基层水利站所）总投资 500 万元。改造内容包括机埠提升改造 108 座，维修渠道 1000 米，配套安装 108 套计量设施、8 套监控设施及相关信息化建设，灌片灌区标识标牌建设、安全防护设施建设等。2023 年，越城区创成省级“五个一百”优秀典型案例 9 处。

【水土流失治理】 2023 年，越城区完成全域水土流失治理（试点）方案编制任务，全省水土保持目标责任制工作成绩突出，完成水土流失治理面积 0.387 平方公里。全年核查部级、省级下发图斑共 103 个，共监督项目 200 余个，整改问题 16 个。

水文特征与服务

【概况】 2023 年，越城区汛期为 4 月 15 日至 10 月 15 日，越城区面雨量 777.3 毫米，较常年同期（955.1 毫米）偏少 18.6%；高温期间，全区河网水位总体平稳，74 座万立方米以上山塘水库蓄水量正常，未发生旱情；年内影响越城区的台风共有 2 个，5 号台风“杜苏芮”和 6 号台风“卡努”。受“杜苏芮”台风影响 7 月 26 日 8 时至 29 日 17 时，越城区面雨量 46.5 毫米，最大富盛北山村 87 毫米。台风“卡努”，7 月 29 日至 8 月 10 日，全区面雨量 28.6 毫米。

【水文服务】 2023 年，越城区通过建设农村基层防汛预报预警体系建设二期、高位探头、全域无人机巡视、水文“5+1”、水文一期等工程，持续创建以水灾害防御专题应用为特色模块的越城区智慧水文防汛信息系统。

越城区智慧水文防汛信息系统（区农水局　提供）

水利工程建设与管理

【概况】 2023 年，越城区全面推进以海塘安澜等重大水利项目为重点的重大水利工程建设，争取省级以上补助资金 0.4255 亿元，特别国债资金 15 亿元，全年完成各类水利投资 18.52 亿元，浙东运河文化园、古城内河防洪排涝工程、中心湖南、北岸工程等项目完工验收。加快新三江闸、马山闸、曹娥江东排、杭州湾南翼四个省级“百项千亿”防洪排涝工程，全年完成投资 6.3 亿元，完成率 100%。新三江闸河道工程完工验收，栖湖项目完成形象进度 90%；马山闸强排越城片河道工程完成建设，剩余 104 国道桥拓孔扩建，袍江片 200 立方米 / 秒流量大型强排泵站工程完建投入运行；曹娥江东排一期 40 立方米 / 秒马海闸正常运行，二期 EPC（工程总承包）项目开工建设，推进拆迁、征地等政策处理；杭州湾南翼先行段工程完成初步设计报批并开工建设，主体工程完成初步设计行业审查。

【开展浙里“九龙联动治水”越城区节点项目】 2023 年，越城区农水局以治水工作为实际，建设浙里“九龙联动治水”应用越城区节点，5 号台风“杜苏芮”和 6 号台风“卡努”防汛防台期间，共发出 2 次红色预警、11 次橙色预警，发出 1500 余条气象降雨预警短信，支撑全区水灾害防御工作。服务全区 61 家自备取水户，对 2 家水厂管网漏损异常情况进行实时预警；完成食品以及医疗两大重点行业共 21 家重点企业用水效率进行分析评价，精准推送节水优惠政策。围绕水域监管、问题闭环处理等业务需求，构建集成无人机、高空鹰眼、大众护水、河长履职等空天地一体化自动水域监测体系，打通绍兴市基层治理系统与河长制平台，建立问题分类分级多跨协同处置机制，建成水域问题处理双通道，实现跨部门协同联动处理水域事件。全年累计发现水域事件 224 个、销号 223 个，问题有效处置率 100%。（区农水局　徐诗瑾）

越城区数智鉴水平台（区农水局　提供）

防台防汛抗旱

【概况】 2023 年，越城区开展防汛防台风险隐患大排查大整治，紧盯重点领域，确保防汛防台风险隐患点全排查、全覆盖、无遗漏；防御台风“杜苏芮”“卡努”应急响应期间，做好“八张风险清单”风险隐患点和应急物资队伍摸排，共组织检查人员 4191 人次，累计排查点位 3626 处，发现并整改隐患 1259 处，下发督办通知单 45 份，全区“八张风险清单”973 个重点点位排查覆盖率和隐患整改率 100%。

【夯实防灾减灾救灾基础】 2023 年，越城区做好年度避灾安置场所规范化建设任务，根据摸底情况分解年度任务指标，将全区避灾安置场所规范化率提升至 90%；制订年度演练计划并督促推进，全区开展各级各类演练 316 场，其中镇街演练 285 场，区级和部门演练 31 场；聚焦重点时段，采用广场活动、救援演练、现场体验、线上竞赛等多种形式开展宣传教育活动，增强公众防灾减灾意识。（区应急管理局　周晓明）

生态环境建设

综　述

2023年，越城区4个国控站点空气质量优良天数比例为87.4%，低于市定年度目标2.7个百分点，累计AQI指数达到一级（优）115天，二级（良）204天，优良天数比2022年增加10天；出现环境空气污染46天，其中三级（轻度污染）38天、四级（中度污染）6天、五级（重度污染）1天、六级（严重污染）1天，主要环境空气超标污染物为PM2.5和臭氧；空气质量综合指数3.53，同比改善1.9%；PM2.5浓度30微克/立方米，与上年同期持平，高于市定年度目标2微克/立方米；臭氧浓度160微克/立方米，同比改善3.6%，六项污染参数均低于国家二级标准。2023年单位工业增加值能耗降低率下降14.6%，居省市前列，腾出用能空间11.77万吨标煤，全年新增公共充电桩813枪。

全区2个国家"水十条"考核断面水质稳定达到年度考核目标要求；37个县控及以上断面水质全部达到或优于Ⅲ类水优良比例100%。2个进行总氮目标控制的断面，新三江闸内、二号闸总氮浓度分别为2.54毫克/升、3.02毫克/升。14个跨行政区域河流交接断面，出境水质三项考核指标（高锰酸盐指数、氨氮和总磷）均值达到水质目标要求，且与上年同期相比变好，考核结果为优秀。

越城区绍兴鉴湖国家湿地公园生态修复案例入选全省第一批湿地生态修复案例（斯学钦　摄）

环境质量管理

【概况】 2023年，越城以水、气质量提升和土、废治理为重点，扎实推进污染防治攻坚、环保督察整改、生态示范创建等工作。全年累计办理环境信访投诉件201件，审批（包括降级备案）涉环境建设项目450个，前两轮中央生态环境保护督察信访件全部完成销号，"七张问题清单"生态环保清单管控力指数排名全市第一。

【生态环保督察问题整改】 2023年，省委环保督察30.5个信访交办件已完成验收销号30.5件，8个反馈问题基本完成整改5个；以"七张清单”工作为抓手，加强问题整改“回头看”常态化检查和举一反三自查自纠，累计发现并整改问题221个，结合印染企业搬迁集聚工作解决袍江厂居矛盾，申报省级清单示范榜和市级示范榜各1个。

【环境信访投诉办理】 2023年，绍兴市生态环境局越城分局共办理环境信访投诉件201件，同比下降66.39%，降幅排名全市生态环境系统第一位。其中，涉水问题17件，涉气问题108件，涉固废问题6件，涉噪声问题15件，其他（建设项目审批、环境保护建议等）55件，调处率100%，满意率98%以上，未发生涉环境重大舆情及群体性事件。

【涉环境建设项目审批】 2023年，绍兴市生态环境局越城分局共计审批（包括降级备案）涉环境建设项目450个，其中报告书8个、报告表35个，降级备案22个，指导建设项目环境影响登记表备案385个；否决不符合审批要求的建设项目0个。项目累计总投资1379311.1万元，其中环保投资43466.95万元，占比约3.15%。

【环境执法】 2023年，绍兴市生态环境局越城分局围绕亚运会环境质量保障总体目标和“百日攻坚”清朗行动要求开展“绿剑2023”执法专项行动，对重点污染行业、重点排污单位、重点产排污环节等环境问题进行集中排查。全年出动执法人员6171人次，检查企业2601家次，立案100件，处罚83件，查封扣押5件、刑事移送公安1件、行政拘留移送4件。

【科技化监管】 2023年，绍兴市生态环境局越城分局利用101个水、气污染源自动监控点位和43个雨排口监控等实现对重点监管企业污染物排放、治污设施运行情况的24小时全天候监控；利用无人机对重点工业园区及环保督察问题点位开展巡航，扫除地面检查“盲区”；借助省级专家团队、专业仪器开展重点排污企业“问诊治疗”，提高治理精准性。全年共排查企业150余家次，环保督察问题点位100余个，发现并整改问题300多个。

生态建设工程

【概况】 2023年，越城区紧扣国家生态文明建设示范区创建标准，推动全域“无废城市”建设，做好环保服务经济高质量发展文章，抓实减污降碳协同一体推进，强化亮点工程建设，完成国家生态文明建设示范区创建，实现“当年启动、当年创成”的最快速度，入选美丽浙江十大样板地，完成省级三星全域“无废城市”创建，夺得“清源杯”，入选省级减污降碳协同试点。

【国家生态文明建设示范区创建】 2023年，越城区调整以区委书记、区长任双组长的生态创建领导小组，并落实专班实体化运作。召开全区动员部署会，重点部门认领攻坚清单。制订印发《绍兴市越城区国家生态文明建设示范区创建实施方案（2023—2024）》，明确八大专项行动94条具体任务，层层压实责任。深入挖掘特色、提炼亮点，形成五大探索实践案例。2023年10月，越城区被生态环境部命名为生态文明建设示范区，实现“当年启动、当年创成”最快创建速度。

【减污降碳协同试点建设】 2023年，越城区重点园区入选省级减污降碳试点园区1个，马山街道创建为省级低（零）碳试点街道，城南街道南门社区，府山街道书圣故里，陶堰街道白塔头村，迪荡街道云东社区，东浦街道南村村，马山街道洋泾湖社区、尚巷村等7个村社入选省级低（零）碳试点。府山街道西小路社区在全省低碳试点赛马评估中评为A档，富盛镇夏葑村评为B档。豪宇生态、东湖未来农场、风登环保、昌海生物等4个项目入选省级减污降碳标杆项目。

【全域“无废城市”建设】 2023年，区无废办编制印发《2023年度越城区全域“无废城市”建设工作方案》《2023年越城区“无废城市细胞”创建工作方案》《2023年度越城区全域“无废城市”建设工作考核办法和评分细则》等文件，截至年底，所涉54项省级指标全部完成，共创建19类市级“无废城市细胞”219个，完成率219%，重点聚焦“无废乡村（社区）”“无废乡镇”等细胞类型创建，同时新增“无废企业集团”“无废码头”等细胞类别；举办越城区首届全域“无废城市”环保创意设计大赛，利用全国节能宣传周和全国低碳日活动契机，通过各种媒体进行宣传，累计组织线上线下宣传活动近百场。

【重大项目审批保障】 2023年，越城区生态环境分局做好“招商即介入”项目全周期服务，参加招商对接、提供书面咨询意见等490余次；建立重点项目清单，落实专人跟踪服务，提前介入沟通协调，邀请专家开展针对性帮扶指导，从源头加速重大项目平稳落地，完成了比亚迪、中芯绍兴、钠创新能源等7个省重大项目环评审批服务，平均办理周期在“最多跑一次”承诺时限基础上再提速4个工作日。

【排污要素保障】 2023年，越城区生态环境分局积极向上争取复核“十四五”排污权政府储备，扩充化学需氧量376吨、氨氮47吨，增加挥发性有机物“点对点”替代来源490吨，为重大项目保障留足空间。2023年共完成30家企业74笔排污权指标保障，排污权保障量全市第一。提高服务效能，办理7笔共计1.3亿元排污权抵质押贷款全流程“网办”，较线下办理周期缩短90%以上。

【排污许可服务保障】 2023年，越城区生态环境分局推行“店小二”式服务，深入企业“手把手”开展排污许可申报全过程指导，在“加速减负”前提下确保排污许可质量不下降。2023年完成排污许可证核发125家次、排污单位执行报告提交218家次、内容规范性审核36家次、排污单位许可证质量审核55家次，并对存在问题的执行报告和许可证落实整改指导。

【减污降碳工作】 2023年，越城区生态环境分局完成2022年度温室气体清单编制，动态管控全区碳排放重点单位名录；组织7家碳交易纳入企业与23家非碳交易纳入企业，完成2022年度碳排放报告的填报与核查。

【生态环境宣传教育】 2023年，越城区生态环境分局结合生物多样性日、“六五”世界环境日、浙江生态日、全国低碳日等四大主题日开展全民宣教活动及全国低碳日主题活动，完成越城区十大“低（零）碳场景”征集与发布。举办绍兴越城2023年全国生态日主题宣传活动，揭牌成立越城区“增殖放流生态保护基地”。

污染治理

【概况】 2023年，越城区持续深化蓝天、碧水、净土、清废四大行动，打好治水、治气、治土、治废四大攻坚战，PM2.5浓度为30微克/立方米，较上年同期持平，AQI优良率87.4%，分别同比改善2.7个百分点；37个县控及以上断面Ⅰ类至Ⅲ类水占比100%；安全地块利用率保持100%；排污权保障量位列全市第一；立案数、处罚金额同比分别增长20%、43%，信访总量下降67%。

【水污染治理】 2023年，越城区完成“五水共治”重点项目投资6.567亿元。污染源头治理进一步深入，完成清洁生产审核企业17家。完成新建改造城镇污水管网9千米。新建城镇污水管网7千米，完成率113%，农村生活污水处理设施标准化运维完成410个，完成率117%，建设生态拦截沟渠系统1条，完成率100%。节水成效进一步深化，万元生产总值用水量考核全市第一。饮用水水质保障进一步强化，完成供水管网新建5.22千米、改造3.41千米，完成率分别为104%、170%。城市内涝治理进一步增强，新增应急抽排能力500立方米/时，完成率100%；雨水管网建设9千米、提标改造5千米，完成率分别为100%、100%；雨污分流改造9千米，完成率100%；完成清淤排水管网清淤608.48千米，完成率148%。防洪体系建设进一步巩固，绍兴市马山闸强排及配套河道工程、绍兴市袍江片东入曹娥江排涝工程，完成率100%。“找寻查控”专项行动深入开展，重点排查群众投诉、媒体曝光、水质不稳定和突发污染的水体，发现的1099个问题已完成整改。蓝藻防控工作重点管控，亚残运期间实行藻情每日“一测、一巡、一报”，累计出动3000余人次，下发藻情交办单25件，打捞河道漂浮物约293吨，处置藻情风险隐患25起。“污水零直排区”建设持续推进，完成塔山街道省级“污水零直排区”标杆镇街评估验收、浙江医药昌海生物产业园省级标杆园区“污水零直排区”建设、2023年“污水零直排区”提质增效项目华侨新村雨污分流改造，同时开展工业园区“污水零直排区”建设回头看检查，累计发现469处问题，全部完成整改。

【大气污染治理】 2023年，越城区紧盯全年空气质量数据考核目标，利用系统调度、闭环处置、科技赋能、考核强化等“四个一”保障措施组合拳，全力打好扬尘污染防治、工业废气治理、柴油移动源整治、产业结构调整、面源污染防治等五大重点领域攻坚战。强化任务推进，全年共完成74个在建工程扬尘在线监测和视频监控系统安装，纺织后整理产业集群整治44家，VOCs源头替代23家，涉VOCs低效设施改造58家，10个镇街空气站国标化升级改造；新增和更新新能源公交车(含城乡公交)151辆，新增投放电单车900辆；淘汰老旧叉车432台、国四营运货车65辆、国三50辆、内河老旧货船4艘。强化日常管控，“日报结”累计上报并销号问题2575个，下发交督办单100期、工作提醒函44份，严重问题实施“半小时”快速执法44件，无人机调研33起，VOCs(挥发性有机物)走航监测溯源60天行程5500千米，对城东开发委站开展秋冬季颗粒物源解析。强化立案查处，累计对工地施工扬尘类案件立案33起，处罚金额129.6万元；渣土抛洒滴漏、随意倾倒等违法行为立案442起，处罚金额36.63万元；查处涉气违法案件52件，罚款金额142.3万元；开展柴油货车路面执法和入户抽测，路面执法柴油车318辆，入户抽测220辆，超标处罚58辆，处罚款合计1.16万元；秸秆焚烧立案查处49起，处罚金额2.4万元；餐饮油烟问题立案2起，处罚1.5万元。

【清废净土行动】 2023年，越城区强化建设用地风险防控，全年共完成30个地块土壤污染调查评审，则水牌5号地块完成治理修复并移出建设用地土壤污染风险管控和修复名录；督促58家涉危废企业制订“一厂一策”风险管控方案；强化危废处置能力建设，加快绿嘉废酸资源化利用扩建项目、废盐综合利用技改项目及浙江医药股份有限公司昌海生物分公司危险废物焚烧炉等项目落地；深化小微产废企业危险废物统一收运体系建设，签约小微企业462家，基本实现辖区内全覆盖；完成51家重点企业规范化考核及问题整改工作；全面应用数字化网络平台，跨省转移功能实现一网通办，全年受理跨省转出11笔，跨省转入28笔，企业备案管理计划557家，通过“越城区固体废物动态监管系统”实时监控企业97家342个点位。

【固体废物资源化处置】 2023年，越城区以固体废物减量化、资源化、无害化为主线，加快构建固废资源化处置利用体系，固废治理体系和能力得到明显提升。年内，全区建筑垃圾综合利用率达98.33%，城镇生活垃圾资源化利用率和无害化处理率均达100%，一般工业固体废物162123吨，处置率为99.7%，危险废物处置量84614吨，处置率为98.4%，医疗卫生机构可回收物回收率达100%，农药包装废弃物回收率达151.01%。

【污染行业整治】 2023年，按照“兼并重组、整合集聚、征迁退出、转型发展”的总体思路，通过“腾笼换鸟、凤凰涅槃”，开创印染产业“跨域整合”先河，47家印染企业已进行关停集聚提升，35家化工企业正陆续关停退出，腾出能耗指标85.16万吨标煤、日污水排放指标10.28万吨，源头减量效益明显。（区生态环境分局　李威）

城乡建设与管理

城乡规划

【国土空间规划编制和报批】 2023年，抢抓城镇开发边界优化窗口机遇，多轮次完善越城区国土空间分区规划（2021—2035年），确保重点建设项目应纳尽纳，越城区国土空间分区规划（2021—2035年）编制成果报省审批，同步启动乡镇级国土空间总体规划的编制工作。

【全域空间战略规划】 2023年，越城区全域空间战略规划编制完成并向社会发布，前瞻描绘"1334"全区发展空间蓝图，重点打造绍芯谷、江滨副中心、大两湖片区、集成电路小镇、未来车城和黄酒小镇六大片区，为建设"首位立区 幸福越城"谋划坚实的空间基础。

【控制性详细规划】 2023年，越城区及时完成鉴水科技城Y2-ZX-20CZ单元局部地块等16个控制性详细规划编制，其中完成重点区域控规4个。配合项目招商需要，出具12宗经营性地块规划设计条件书，全力满足市场需求。

【村庄规划】 2023年，越城区全面推进全区63个村"多规合一"实用性村庄规划编制，其中14个村已完成规划初稿，49个村已通过专家评审；完成村庄设计2个，积极破解乡村用地难题，确保乡村用地空间预留。

【项目规划审批服务】 2023年，越城区服务房地产、产业项目落地，协调推进丁斗弄地块等房地产项目规划方案实施；协调推进绍兴皋埠220千伏吼山变、越城区公共卫生服务中心等一批重要基础设施和公共服务设施的项目选址和规划方案审批。做好重大项目临时用地审批等工作，推进亚运会提升等项目涉及规划两证办理服务工作。（区自然资源和规划分局　李伟）

【城市重点基础设施项目建设】 2023年，越城区推进区域路网建设和改造，全年共有项目23个，总投资约19.2亿元，完成投资12亿元。其中完工项目17个，在建项目6个。年内，完成越西路（快阁路—城南大道）提升改造工程、昌安立交桥综合整治提升工程、中兴中路改造提升工程等，常禧路南延二期（原文渊路二期）及配套工程、城市广场整体改造提升项目等均完成年度进度目标。

【市政设施建设】 2023年，越城区新建雨水管网9千米，提标改造管网5千米，雨污分流管网9千米，新建改造城镇污水管网9千米，新建改造智能水表5540块，完成二次供水改造21处。新建供水管网5.22千米，改造供水管网3.41千米；新建燃气管道35千米，新增门站1座。

【镇村建设】 2023年，越城区全面开展现代化美丽城镇和美丽宜居示范村创建。富盛镇入选

2023年全省现代化美丽城镇示范镇建设名单，富盛镇乌石村、孙端街道后双盆村入选2023年省级美丽宜居示范创建村名单。鉴湖街道坡塘村、富盛镇义峰村通过美丽宜居示范村省级验收。开展皋埠街道坝头山村农村生活污水终端处理设施建设，计划投资610万元。越城区日常排查自建房约17万处，发现危房60处，实质性解危40处，管控解危20处，已全部解危；共补助农村困难家庭危房改造4户，区、镇两级共补助约32万元；制定自建房安全长效管理机制及网格化巡查机制，共指导各镇街开展回头看排查2次，开展网格化巡查6万余次；创新开展农村自建房保险试点机制，全覆盖投保4.2万户自建房。

【老旧小区综合改造提升】 2023年，越城区完成老旧小区改造项目30个，涉及住宅298幢，惠及居民8200余户，建筑面积约90万平方米，项目总投资约5.1亿元。同步完成既有住宅加装电梯50台。（区建设局　周鸣）

2023年越城区老旧小区综合改造提升一览表

表64

序号	镇街	小区名称	建筑栋数（栋）	建筑面积（万平方米）	户数（户）	形象进度	类别
1	塔山	大校场沿24号	1	0.3	18	完工	
2	塔山	人民西路352号	1	0.27	32	完工	
3	塔山	人民西路380号	1	0.3	36	完工	
4	塔山	水沟营126号	1	0.15	9	完工	
5	塔山	地勘小区	7	1.07	189	完工	示范
6	塔山	大校场沿56号	1	0.3	18	完工	
7	塔山	文锦苑14幢	1	0.14	25	完工	
8	府山	人民中路101号	1	0.1	12	完工	
9	府山	胜利西路111号11、12幢	2	0.59	60	完工	示范
10	府山	大江商住楼	9	1.9	174	完工	
11	府山	营基弄小区	1	0.69	52	完工	
12	府山	石家池小区	5	1.53	150	完工	示范
13	府山	石家池15号	1	0.15	17	完工	
14	府山	石家池82号	1	0.11	15	完工	
15	北海	胜利西路1139号	1	0.44	50	完工	
16	城南	龙珠花园一期	12	2.5	296	完工	示范
17	城南	华侨新村	30	7.0	680	完工	示范
18	城南	城南新村东区	7	2.3	260	完工	示范
19	城南	越都新村	15	3.95	395	完工	示范
20	城南	秦望公寓	2	0.96	74	完工	
21	城南	西江桥小区	6	1.37	104	完工	
22	城南	天镜南苑西区	49	12.88	911	完工	示范
23	城南	龙珠花园二期	6	2.63	140	完工	示范
24	城南	龙珠花园三期	7	2.84	162	完工	示范
25	城南	中成新村	16	6.14	427	完工	示范

续表 64

序号	镇街	小区名称	建筑栋数(栋)	建筑面积(万平方米)	户数(户)	形象进度	类别
26	迪荡	乐苑新村	38	8.8	1320	完工	示范
27	迪荡	引虎弄 58 号	3	0.28	45	完工	示范
28	斗门	鸿通金都	33	22.65	1738	完工	示范
29	马山	益民新村区块	10	1.1	158	完工	示范
30	沥海	联建新村	2	0.33	20	完工	
31	塔山	人民西路 354 号	1	0.27	32	已开工	
32	塔山	人民西路 356 号	1	0.27	32	已开工	示范
33	府山	石家池 17 号	1	0.15	17	已开工	
34	府山	石家池 19 号	1	0.16	19	已开工	
35	府山	石家池 84 号	1	0.11	15	已开工	
36	府山	大校场沿 70 号	1	0.3	18	已开工	
37	府山	劳动路 29 号	1	0.2	25	已开工	示范
38	北海	协兴小区	3	0.3	29	已开工	示范
39	稽山	敦煌新村	26	5.1	562	已开工	示范
40	稽山	西畈公寓	2	0.34	33	已开工	示范

鉴水科技城开发

【概况】 鉴水科技城位于绍兴科创走廊与新兴产业轴的交会点，是越城主城区蓝绿空间占比最大、交通区位最优、平台能级最高的区块。片区东起海南路、越安路，西至越东快速路、迪荡湖路，北起群贤路，南至萧绍运河，总规划用地面积 19.7 平方千米，以“五湖四区，十里湖链”为总布局，重点规划先锋试验区、科学田园区、总部集聚区、创智服务区四大创新片区。计划总投资金额 500 亿元，2023 年累计投入 75 亿元（含拆迁）。

【设计规划编制】 2023 年，市、区两级主要领导专题听取城市设计汇报并通过市、区规管会，鉴水科技城规划方案纳入《绍兴市越城区国土空间总体规划（2021—2035 年）》。年内开展窑湾江片区控规编制工作，通过区规管会并报市局审批，重点区块科创综合服务产业园（企业服务中心）项目局部控规已报市局审批，基本完成越城区生产性服务业专题研究。

【重大项目建设】 2023 年，片区内绍芯实验室，被列入《浙江省扩大有效投资“千项万亿”工程 2023 年重大项目实施计划》高能级创新平台项目，总投资 24 亿元（2023—2027），2023 年度计划投资额 1 亿元，1—11 月项目累计完成投资额 1.4 亿元，其中袍江两湖新建项目一期 10 万平方米。

【土地综合整治】 2023 年，东湖街道与皋埠街道、东湖街道与北海街道全域土地综合整治项目被列入全省首批省级跨乡镇土地综合整治试点，完成投资位列全市第一，率先启动农事服务中心区块施工。年内瓦窑头 2 号地块安置房累计投资额 1.46 亿元，完成年度计划进度 100%，完成竣工初验，4 号地块安置房启动桩基施工，累计完成投资额 1 亿元。（鉴水科技城建设管理办公室　俞美成）

拆迁安置

【概况】 2023年，越城区房征办围绕忠实践行“八八战略”、奋力打造“重要窗口”，推动“首位立区、幸福越城”建设总目标，牵头谋划统一征收机制，全力推进2023年度做地攻坚以及拆改攻坚，助力网络大城市建设，全年共计完成拆改任务206.56万平方米，房屋征收签约面积及签约率均列全市第二。

【拆改征收】 2023年，越城区完成JB-05区块、浙江省肿瘤医院东侧地块、临时车驾管地块、滨海公司区块国有土地上房屋征收项目，阮家、迪荡湖周边非住宅地块征收项目，客运中心东侧地块、中实工贸园地块、罗门C地块、天圣地块征收项目，恂北村（二期）、仁渎村、高平村（越兴路以西）、山前徐村、腰鼓山村、阮家湾村、炬星村、东星村、宁六村、岑前村、鲁东村、鲁西村、塔山村一期征收项目，东湖老街、鲁迅故里综合保护项目二期、孙清简祠、高级中学扩建（迪荡、稽山区块）、鉴湖越文化展览中心、宋六陵游客中心征收项目，浙江医药股份有限公司、新和（绍兴）绿色照明有限公司、埃斯特维华义、海滨公司区块征收项目，瓦窑头居（北片）、原国安大楼、104国道东蒿线、孟家桥河沿1—3号、雄盛地块规划1号路工程征收项目及越城区地块整理项目共计39个项目，完成拆改任务206.56万平方米。

【做地征地】 2023年，越城区“奋战三十天、钉子大出清”行动总计208户，完成处置145户，完成率69.7%。全年基本完成做地管地2900亩目标任务，累计启动征地及上年结转地块70余个，全年完成征地面积3900余亩。

【云征收二期系统】 2023年，越城区房征办持续完善云征收二期系统，成为结合统一征收流程中的房屋征收、土地征收、供前做地、土地储备工作进行数字化操作、数字化管理的综合管理系统，着重强化征收实操功能，举办操作培训会、技术讲座和辅导，为使用单位答疑解惑。

【修订《征收集体土地房屋补偿工作指引》】 2023年10月，越城区房征办印发试行修订后的《绍兴市越城区征收集体土地房屋补偿工作指引》，更好承接集体土地征收上位规定，适应法律法规新的变化和规定，便于各征收相关部门在征收集体土地房屋补偿实践中严格对标对表、依法履职，更好地保障项目征收工作依法实施，有效降低行政争议发生量，避免因程序缺失等原因导致行政案件败诉。（区房征办　鲁思嘉）

市政设施养护管理

【概况】 2023年，越城区以亚运会基础设施提升为契机，重点推进日常维护提速、基础管养提效、市容环境提质“三项行动”，全年累计铣刨摊铺沥青路面14.5万平方米，整修铺装人行道及侧石3.7万平方米，整修窨井1126个、坑洞4467个；强化照明管养，维修功能照明设施4896处、景观亮化设施2087处；防范城市内涝，排查雨水管网4348.4千米，疏通985.92千米；保障城镇燃气安全，检查各类非居民用气户5207户，排查并整改隐患问题1003处。

【桥隧管养】 2023年，越城区以保障桥梁安全运行为桥隧运行管理核心，率先实施“管理单位+监管单位（技术管理）+养护单位”的三级管理体系，实现市政桥隧第三方专业单位监管全覆盖。年内整治“桥头跳车”桥梁10座，处置危桥3座；摸排整治全区770座桥梁的桥下空间，拆除违章建筑40处，清理桥下空间问题61处，并结合实际改造2处桥下空间作为市政维抢修基地。

【养护新工艺】 2023年，越城区试点井盖新工艺，在胜利东路更换防沉降铸铁井盖21套，并将工艺推广至亚运火炬传递路道路提升工程；试点防车辙新工艺，采用半柔性复合式的路面材料，提高路面抗车辙性能，完成路口试点整治2个，面积2600平方米。

城市市容管理

【概况】 2023年，越城区深入实施城市精细管理“1414”行动，打造清洁城市样板区，提升古城环境面貌。第一个“1”指打造清洁城市样板区，第一个“4”指全面巩固提升卫生环境、通行环境、园林环境和夜景环境；第二个“1”指深入开展道路环境、市容秩序、垃圾收运、绿化品质等十大专项行动；第二个“4”指通过构建“责任体系、标准体系、督考体系、指挥体系”四大体系，全方位提升城市清洁水平。全年共发现城市管理问题12.8万余个，整改完成12.16万余个，整改率95%。

【创建精品示范】 2023年，越城区综合行政执法局结合打造清洁城市样板区要求，编制《城市清洁指数评价体系》，构建三级指标评价规范，纵深推进清洁城市建设，成功创建梅龙湖公园省级优质综合公园，阳明北路省级绿化美化路，御香园省级园林式居住小区等“清洁示范”。创建清洁城市道路、公共厕所等32个城市单元，样板打造学校、医院、车站等100个示范点位，解放路、中兴路、胜利路等100个示范路段，小区、广场、综合体等100个示范网格面。

【“马路办公”模式】 2023年，越城区通过深入一线督导调研，按照区领导每月“马路办公”不少于3次、镇街部门领导每周“马路办公”不少于2次的频次，实现城市管理问题“路上找”，解决问题“现场办”。2023年累计开展“马路办公”1886次，处置问题3621个。组建由“两代表一委员”等84位热心市民组成的城市管理观察员队伍，以“随手拍”、暗访抽查等方式，实时反馈城市精细管理问题。

【垃圾分类管理】 2023年，越城区持续推进垃圾分类“撤桶并点”“定时定点”投放点建设工作，累计创建越美小区523个、越美商业街202条。建立“易腐、其他、有害”三类垃圾“公交式”收运体系，共涉及136条小区收运线路和140条道路收运线路，建成覆盖全区40个农贸市场、1个果批市场、11家大型超市的易腐垃圾收运专线15条。年内垃圾分类执法共立案2565起，罚款60余万元。2023年度“迎亚运”百日攻坚行动考核位列全市第一，全市生活垃圾分类工作考核评估第一名，连续六年获评省级生活垃圾治理工作优秀县（市、区）。

【拆除违法建筑49.52万平方米】 2023年累计完成拆违面积49.52万平方米，完成全年拆违任务的141.5%；累计完成“三改”建筑面积93.31万平方米，完成全年任务的155.5%。越城区获省2022年度“无违建县（市、区）”、省级2022年度“无违建”创先争优示范县（市、区）称号。

城管执法

【概况】 2023年，越城区聚焦破解改革难点痛点，坚持系统推进协同发展，以数字化改革为引领，统筹协调执法资源，深化部门联合协作，优化行业监管服务，加快推进全区“大综合一体化”行政执法改革取得新成效。全年累计案件数30264件，其中简易程序26116件，普通程序4148件，罚款金额1151.64万元；重大案件73件，罚款金额703.53万元。

【“大综合一体化”行政执法改革】 2023年，越城区对照省指导办综合评价指标体系，梳理全区5254项执法事项，综合执法事项1404项，占比26.72%；通过重大行政决策将镇街赋权事项调减至400项左右，推进赋权事项实施率达76.41%；开展“综合查一次”联合检查8364次，减少企业干扰4235次；20个区级部门、7个赋权镇街公示处罚事项裁量权基准清单，规范执法行为。

【执法全流程数字化】 2023年，全区累计开展协查协办80次、抄告抄送105次、联合会商96次、平台案件移送67个，基层治理协同上报事件1281件，处置率100%。推进综合执法、公安、民政等15个部门实现四个平台与执法监管数字应用贯通，优化部门执法监管与乡镇（街道）属地监管的工作协作模式，实现执法流程规范化，最大限度发挥网格优势，助推基层治理体系和治理能力现代化。

【园林绿化建设】 2023年，越城区推进园林绿化建设，实施浙东运河文化园等一批重点项目，2023年度实现新增绿化285.17公顷，其中公园绿地183.81公顷。新建绿道5千米。

园林绿化养护管理

【概况】 2023年，越城区推进居住区园林绿化保护利用，制定《树木修剪、迁移、砍伐报备规范》，规范修剪、砍伐等行为。全年补种草坪22.8万平方米、色块5.5万平方米，种植乔木、球类1.4万株；修剪色块、草坪1051万平方米，更换及补种鲜花约41.5万平方米。

【古树名木保护】 2023年，越城区推动实施《越城区古树名木保护行动实施方案》，开展全区古树名木生长情况专项摸排，对全区145株古树中存在问题较为严重的5株古树“一树一策”组织专业队伍为其治疗“老年病”；完成古树名木行业主管部门、属地街道和古树名木养护人的养护责任告知书签订，明确各方责任；完善“一树一档”，对古树名木的位置、特征、树龄、生长情况等信息进行动态更新。

【园林绿化提升改造】 2023年，越城区以“迎亚运”为契机，完成城市公园改造3个，翻新铺装树池5019个，选用鲜花加绿地打造亚运会节点6个；同时牵头推进亚运会住宿点周边16项环境提升工作，完成4片花海打造，5个景观节点建设，5个周边区域拆迁及立面整治；推动亚运会线路沿线7个景观节点亚运会氛围改造落地；推进京杭大运河绍兴段运河园环境提升大整治，扮靓亚运会沿线公园颜值。（区综合执法局　韩琪）

古城保护利用

综　述

2023年，越城区全面落实《绍兴古城保护利用条例》的要求，以2023年度古城保护利用清单为抓手，在课题研究、规划编制、项目实施、民生实事、文化宣传、文商旅融合等方面聚力攻坚、加压奋进，古城各项事业呈现“争第一、创先例、做更好”的良好发展态势。古城保护经验入选省《“八八战略”百法百例》，“绍兴古城保护基金”“绍兴古城保护利用信息管理系统”入选省建设厅2023年度城乡历史文化保护与传承示范案例，仓桥直街保护模式全省推广，保护利用经验被副省长胡伟三次批示；《人民日报》《浙江日报》整版报道，《文脉春秋》全国首集出彩，央视等主流媒体多次聚焦古城话题；《鲁迅故里及其周边地区城市更新规划设计》项目荣获2022IDA国际设计大奖城市设计类银奖，《绍兴古城保护利用总体城市设计》获全国“优秀城市规划设计”二等奖；越城区创建为省4A级景区城，“越子城”上榜省级新时代富春山居图样板区；住建部副部长姜万荣、王晖，住建部总经济师杨保军等68批次的领导、专家到绍兴古城调研考察。

保护利用项目

【古城“文商旅”深度融合高质量发展】 4月，《关于推进绍兴古城“文商旅”深度融合高质量发展的实施意见》出台，共分“加快古城文商旅融合、打响古城品牌IP、促进公共服务优质共享、推动市场健康发展、强化要素保障”五个部分18条，落实细化工作48项，打造长三角最具文化标识度城市。

【“幸福古城”基层提议民生实事】 2023年，市名城办聚焦“老城区背街小巷基础设施落后”“古城活力待提升”等问题，以整治整改作为解决群众所盼、发展所需等堵点难点的重要抓手，落实“民呼我为”基层提议民生实事共计34条。截至年底，完成20条，推进7条。

【“智慧古城”迭代升级】 11月13日，“绍兴古城保护利用信息管理系统”入选2023年度城乡历史文化保护与传承示范案例。全面推进古城信息管理系统三期迭代升级，开展重点地块实景三维底图织补更新，完成未来社区、地下管线综合管控应用研发和古城全域地下空间建模。持续优化“绍兴古城”App，升级玩转古城、幸福古城等41个功能模块，注册量同比增长48%。

【古城保护单项规划】 8月10日，市名城办完成古城内《黄酒品鉴体验区概念性选址论证规划》《婚纱摄影基地概念性选址论证规划》两个概念性选址论证规划。两个规划分别提出强化工业遗产资源优势、串联古城周边资源，提升黄酒文化识别度等意见建议，以及针对规避大运河保护区、保护地下电缆通道、协调古城风貌肌理、展现创新业态风格等难点提出意见建议。

【“古城四季”文商旅主题】 2023 年，市名城办启动春夏秋冬四季文商旅主题活动，开展“古城过大年”“古城青春季”“古城仲夏夜”“古城国潮季”等系列创意活动 100 余场，推出“消费促进月”“越青市集”“越宴十八味”“百县千集”“后备箱夜市”等文旅市集千余场，推动古城街区串联、文化激活、特色集聚、业态融合。

【古城青年创客项目】 4 月 28 日，第二届绍兴古城咖啡节、绍兴古城青年创客沙龙在风越里举行，40 多家知名咖啡店、书店参展交流。10 月 13 日，举行绍兴古城青年创客业务（府山）培训会，古城青创联盟分支“府创汇”正式成立，绍兴恒信农商银行分别向“古城青年创业联盟”“府创汇”授信 10 亿元和 5 亿元。截至年底，共吸引 429 家创客入驻古城，覆盖民宿、咖啡、酒吧、餐饮、娱乐等多种业态。

【《绍兴古城消防安全保障方案（试行）》出台】 4 月，《绍兴古城消防安全保障方案（试行）》印发。该方案共 7 章 57 条，包括总则、消防安全组织和责任、火灾预防、建筑消防、日常消防安全管理、灭火救援、附则 7 个部分内容，以制度创新、分类设防、因地制宜为特色亮点。

2023 年 4 月 28 日，第二届绍兴古城咖啡节暨全民阅读月在风越里举行（市名城办　提供）

【全域旅游创建项目】 2023 年，市名城办推进全域旅游创建，组织开展研学基（营）地认定工作，推动绍兴研学产业发展，鼓励 AAA 级及以上旅游景区、传统村落、县级及以上公共文化和文博场馆、实践教育基地等申报中小学生研学实践教育基（营）地。截至年底，全域旅游创建项目在古城周边已完成培育兰亭书法、大禹文化等 10 个具有绍兴辨识度的研学旅游基地。

【10 家古城非遗门店开设】 2023 年，市名城办在古城内完成布局，有孔乙己酒家、诸暨小吃店、古越龙山慢酒馆、震元国医馆、谢记手作馆、女儿红剧场、孔乙己生活馆、绍兴老味道、新昌小吃、越酿工坊 10 家非遗形象门店，对非遗形象门店实施改造、包装及宣推，凸显绍兴非遗产品的魅力和特色，增强经营门店的非遗标识度。

【优化古城守护官】 2023 年，市名城办吸引社工、大学生、媒体记者、两代表一委员等志愿者加入“古城守护官”队伍，监督古城风貌协调、文明秩序、市容环境等管控盲区，合力破解古城治理难题。截至年底，已选聘古城守护官 140 名，全年处置问题 616 件，结案率 85.6%。

【孑民图书馆投运】 4 月 15 日，位于府山街道蔡元培广场的孑民图书馆开馆。该项目总投资约 4 亿元，包含新建孑民图书馆（孑民研究中心）、孑民电影院改造以及蔡元培广场提升改造，总用地面积 12107 平方米，总建筑面积 14493.27 平方米。

【古城北入口投运】 10 月 1 日，绍兴古城北商业综合体正式运营，位于古城和镜湖新区交会枢纽处，东邻书圣故里，西接阳明故里。9 月，古城入口改造提升项目（二期）竣工，总投资为

5.79亿元，总用地面积7692平方米，总建筑面积18780平方米，完成商业建筑、交通集散中心、地下停车场新建及改造提升。

【北纬30°展示馆投运】 9月15日，位于城市广场的北纬30°展示馆开馆。该项目总投资2.7亿元，总改造建筑面积11016.31平方米，对城市广场原会展中心、地下区域及广场提升改造，布置建成游客中心、北纬30°展示馆，设置"北纬30°上的世界、北纬30°上的中国、北纬30°上的绍兴"3个主题展馆，以北纬30°为主题，实现娱乐和知识沉浸式科普体验。

【老旧小区改造提升】 2023年，完成古城内铁甲营社区、团结社区、渡东社区、青藤社区、水沟营社区5处老旧小区改造，实施完成立面改造、路面整修、绿化提档、功能补缺等施工，投资金额约2465万元。

【古城消防救援执勤点建设】 9月18日，古城消防救援执勤点建设项目竣工验收。项目位于八字桥社区长桥直街西片区，东至绍兴市树人中学，南至长桥直街，西至三角道地，北至规划地块，建筑面积约2000平方米，完成消防培训中心、指挥大厅会商中心、消防员之家、应急消防物资保障中心等11处单体建筑的复原及修缮。

【内河水质提升】 2023年，市名城办持续推进古城内河水质提升工作，累计引水3361.5万立方米，做好每日取样检测、水质仪表24小时监控、设备设施日常巡检等水质保障工作，出水水质保持在Ⅲ类及以上。

【龙山题名摩崖题刻保养维护】 11月24日，龙山题名摩崖题刻保养维护项目竣工，总投资28万元，完成龙山摩崖题名刻石防水患和危岩体加固作业，通过监测手段对项目实施效果进行实时监测。

【李家、缪家台门修缮】 3月，市名城办完成李家台门、缪家台门修缮工程。李家台门位于鲁迅中路779号，总占地面积约1966平方米，保护和修缮建筑面积约782.5平方米，并配套场外设施改造，修缮投入约450万元。缪家台门位于下大路草藐弄5号，是民国传统民居，保护和修缮建筑面积约1766.4平方米，修缮投资约776.58万元。

【陈建功旧居修缮开放】 5月10日，位于人民中路354号的陈建功旧居修缮项目竣工验收，建设范围约1790平方米。该项目完成对陈建功旧居周边环境综合整治提升，通过展陈布置、场景陈设、多媒体互动等设置，打造集纪念参观、科普教育、学术研究等于一体的多功能展览馆，是绍兴一处重要的爱国主义教育基地、数学教育启蒙地。

【"微更精提"基础设施微改造】 2023年，市名城办实施古城基础设施微改造，完成古城内道路沿线城市风貌景观、建筑外立面等提升改造、东街维修及提升等8个项目，总投资6641.69万元。古城微更新（亚运会项目）提前完成，共摸排问题690处、1126个点位，投入资金约3800万元。年内完成古城基础设施微改造6项，推进5项。拆除主要道路隔离栏12308米，整并各类杆线116处，全面规范非机动车停车位30510米。

【古城三个一条街】 7月15日，绍兴古城"小吃、茶饮、酒吧"三条特色街区规划发布。小吃一条街位于府横街，为以本地特色小吃为主、外地小吃为辅的美食集市并打造农产品展销馆。茶饮一条街位于上大路二期至迎恩门水街，为居民、游客提供一个浅坐、交流的茶饮场所，也是一个集中展示绍兴本土名茶的空间；酒吧一条街位于府河里酒吧街，作为先行区全面提升群众体验感和参与度，吸引游客打卡。

宣传推介

【绍兴古城保护日】 7月15日,2023年“7·15”绍兴古城保护日暨古城文化传承与发展国际研讨会举行,会上完成《南宋绍兴府城图》国际性发布,《绍兴历史文化名城保护规划2021—2035年》推介,绍兴古城三条特色街区规划发布,聘请中国工程院院士为绍兴古城申遗总顾问,举行古城文化传承与发展国际研讨会启动仪式。

【古城保护“绍兴模式”推广】 2023年,绍兴古城多次在住建部培训班、巴塞罗那世界智慧城市博览会、浙江—全罗南道学术研讨会、绍兴(上海)国际推介会等重要场合作为典型推广,作《绍兴古城保护与发展》《赓续文脉,创新未来——浅谈古城数智保护的“绍兴模式”》“数字赋能古城保护利用”等经验分享。

【《文脉春秋》开播】 11月23日18:30,由市名城办与创作团队历时一年合力制作的《文脉春秋·绍兴》作为首篇在央视一套开播。节目播出后位列当天所有上星频道专题节目收视率第1位,得到《光明日报》、《中国青年报》、中央纪委国家监委网站、《文汇报》、澎湃新闻、《北京青年报》等媒体报道。

【《南宋绍兴府城图》发布】 6月1日,《南宋绍兴府城图》发布。《南宋绍兴府城图》经过3年时间考证、绘制而成,采用测绘图形式复原宋代的绍兴古城,5厢96坊,共计436个地点。7月15日,该项成果在“7·15”绍兴古城保护日暨古城文化传承与发展国际研讨会上完成国际性发布。

【首届山阴城隍庙会】 12月29日,首届山阴城隍庙会在府横街举行。以举办传统的庙会,培育绍兴特色的节会品牌,唤醒老绍兴的传统记忆和“烟火气”,唤醒府横街的商圈活力。活动现场汇集50余种绍兴特色美食,搭配非遗文创、古城青年创客市集、散乐百戏、庙会巡游等,吸引游客超35万人次,75个展位销售额突破300万元,拉动周边消费突破5000万元。该次活动获市委书记温暖批示。

【迎亚运2023绍兴古城Citywalk】 6月10日,“走千年古城,读文脉春秋——迎亚运2023绍兴古城Citywalk”活动在城市广场举行。该活动分家庭组和个人组2个组别,设置“一城一桥三故里”等5个必打卡点和50个古城内景点选打卡点,通过漫步或健走的方式了解探索绍兴的文化宝藏。

【大运河·绍兴古城桨板赛】 11月12日,2023大运河·绍兴古城桨板赛在迎恩门运河水域开赛并得到央视五套报道。该项赛事已连续3年在古运河区域举办,来自全国各地近200名桨板爱好者齐聚绍兴,挥桨征战。该活动将现代运动与古运河相结合,让桨板与乌篷船“同台竞技”,形成古城特色品牌活动。(市名城办 孙铁英)

2023年11月12日,2023大运河·绍兴古城桨板赛在迎恩门运河水域开赛(市名城办 提供)

历史建筑保护

【历史建筑推荐】 2023年,越城区建设局开展越城区第三批历史建筑普查推荐工作,完成水心庵等17处具有保护价值的建筑列入越城区第三批历史建筑推荐名录；委托第三方机构对越城区第一批、第二批共计77处历史建筑进行常态化巡查，记录历史建筑保护利用情况。

【历史街区申报及保护规划编制】 2023年，越城区完成《绍兴东浦历史文化名镇保护规划（2022—2035）》编制，并获得省政府批复。前观巷、石门槛历史文化街区经省政府批复为第七批浙江省历史文化名镇名村街区，启动《前观巷历史文化街区保护规划》和《石门槛历史文化街区保护规划》的编制工作。

【历史文化资源调查与评估论证】 2023年，越城区对拟开展城市更新片区，以及涉及老街区、老厂区、改建或者拆除50年以上老建筑的更新改造项目，要求建设活动实施主体切实做好历史文化资源调查和评估论证工作。2023年度，全区已开展9处、累计覆盖139.99公顷的城市更新改造项目进行调查评估论证，均上报市建设局审查和省建设厅备案。（区建设局　周鸣）

科学技术

综　述

【概况】 2023年越城区全社会R&D（科学研究与试验发展）经费投入38.26亿元，占全区生产总值的比重达3.01%。全年实现高新技术产业增加值275.2亿元，同比增长8.7%，占工业增加值比重64.28%；高新技术产业投资额同比增长43.4%。全年认定高新技术企业233家，省科技型中小企业254家。认定省科技小巨人2家，省科技领军企业2家，市级新型研发机构1家，市级众创空间1家、省级众创空间2家，新增市级及以上企业研发机构37家。

2023年越城区新增省、市级研发机构一览表

表65

序号	名称	依托单位	级别
1	浙江省中芯集成微机电传感及功率器件重点企业研究院	芯联集成电路制造股份有限公司	省级
2	浙江省海印数码SinglePass印花技术高新技术企业研究开发中心	浙江海印数码科技有限公司	省级
3	浙江省贝思特钉业高新技术企业研究开发中心	浙江贝思特钉业有限公司	省级
4	浙江省中清大绿色建筑产业化高新技术企业研究开发中心	浙江中清大建筑工业有限公司	省级
5	瑞德智能家电集成电路省级高新技术企业研究开发中心	浙江瑞德电子科技有限公司	省级
6	浙江省港龙功能性面料高新技术企业研究开发中心	浙江港龙织造科技有限公司	省级
7	浙江省洪晟新型动物疫苗及佐剂高新技术企业研究开发中心	浙江洪晟生物科技股份有限公司	省级
8	浙江省华方园传动科技高新技术企业研究开发中心	绍兴市华方园传动科技有限公司	省级
9	浙江省锦强功能性针织面料高新技术企业研究开发中心	浙江锦强针纺科技有限公司	省级
10	浙江省三合环境检测高新技术企业研究开发中心	绍兴市三合检测技术有限公司	省级
11	浙江省中广信息网络技术高新技术企业研究开发中心	中广（绍兴）有线信息网络有限公司	省级
12	浙江省三花新能源汽车热管理高新技术企业研发中心	绍兴三花新能源汽车部件有限公司	省级
13	浙江省翔宇BOPET薄膜高新技术企业研究开发中心	绍兴翔宇绿色包装有限公司	省级
14	深检集团（浙江）质量技术市级企业研究开发中心	深检集团（浙江）质量技术服务有限公司	市级

续表 65

序号	名称	依托单位	级别
15	友嘉电器智能洗碗机市级研究开发中心	浙江友嘉电器有限公司	市级
16	瑞博医疗医用呼吸器械市级企业研究开发中心	绍兴瑞博医疗器械有限公司	市级
17	美科光电智能照明市级研究开发中心	浙江美科光电有限公司	市级
18	汤浦水库水源环境保护技术市级企业研究开发中心	绍兴市汤浦水库有限公司	市级
19	绍兴起重机总厂管桩生产用智能化起重机市级企业研究开发中心	绍兴起重机总厂	市级
20	勇大针纺工艺市级研究开发中心	浙江绍兴勇大针纺工艺有限公司	市级
21	绍兴德汇功率半导体材料市级企业研究开发中心	绍兴德汇半导体材料有限公司	市级
22	森汇自然能提水系统企业研究开发中心	绍兴森汇能源科技有限公司	市级
23	冠明电力新材市级企业研究开发中心	浙江冠明电力新材股份有限公司	市级
24	智达纳米药物递送系统市级企业研究开发中心	浙江智达药业有限公司	市级
25	雪花机电低噪节能电机市级企业研究开发中心	绍兴市雪花机电有限公司	市级
26	绍兴君鸿智能检测自动化装备市级企业研究开发中心	绍兴君鸿智能科技有限公司	市级
27	浙江正浩工程检测市级企业研究开发中心	浙江正浩工程研究有限公司	市级
28	中芯先锋12英寸数模混合先进工艺及车规功率半导体器件市级企业研究开发中心	中芯先锋集成电路制造（绍兴）有限公司	市级
29	中芯越州车规功率半导体芯片及MEMS传感器芯片市级企业研究开发中心	中芯越州集成电路制造（绍兴）有限公司	市级
30	吉光半导体新能源功率模组市级企业研究开发中心	吉光半导体（绍兴）有限公司	市级
31	开元工程管理软件市级企业研究开发中心	绍兴市开元工程咨询有限公司	市级
32	怡华电子集成电路封测市级企业研究开发中心	绍兴怡华电子科技有限公司	市级
33	环质环境监测智能化市级企业研究开发中心	浙江环质环境科技有限公司	市级
34	知行药业市级企业研究开发中心	浙江知行药业有限公司	市级
35	零轴智能装备市级企业研究开发中心	浙江零轴智能装备有限公司	市级
36	科迪华半导体显示喷墨打印技术市级企业研究开发中心	科迪华显示技术（绍兴）有限公司	市级
37	钠创新能源钠离子电池技术市级企业研究开发中心	浙江钠创新能源有限公司	市级

2023年越城区立项科技计划项目一览表

表 66

序号	项目编号	项目名称	承担单位	项目类别
1	2024C01181	复杂空域环境下的空地协同服务关键技术研究	华航信航空科技（浙江）有限公司	2024年度“尖兵领雁+X”研发攻关计划第一批项目
2	2024C04044	基于AI的低碳建筑综合能源智慧运营关键技术研发与应用	华汇工程设计集团股份有限公司	2024年度“尖兵领雁+X”研发攻关计划第一批项目
3	2024C01113	车规级MOSFET功率半导体器件研发	绍兴中芯集成电路制造股份有限公司	2024年度“尖兵领雁+X”研发攻关计划第一批项目
4	2024C03076	基于数据驱动的快速组织再生血管封堵材料关键技术及其产品的研发	浙江大学绍兴研究院	2024年度“尖兵领雁+X”研发攻关计划第一批项目

续表 66

序号	项目编号	项目名称	承担单位	项目类别
5	2023B41001	新型耦合腔式可调谐激光器芯片与模块核心技术攻关与产业化	绍兴中科通信设备有限公司	2023 年绍兴市级科技计划项目
6	2023B41002	基于废旧聚酯化学法循环再生的高感性聚酯纤维研发及产业化	浙江佳宝聚酯有限公司	2023 年绍兴市级科技计划项目
7	2023B42001	氢镁多功能水稻土壤综合改良技术研发	上海交通大学绍兴新能源与分子工程研究院	2023 年绍兴市级科技计划项目
8	2023B41003	钨硅靶材原料提纯与全流程制备的关键技术研发与产业化	浙江最成半导体科技有限公司	2023 年绍兴市级科技计划项目
9	2023B41004	高压大电流 高性能碳化 硅功率模块	绍兴市通越宽禁带半导体研究院	2023 年绍兴市级科技计划项目
10	2023B41005	面向下一代移动通信基站芯片的高密度系统集成技术	长电集成电路(绍兴)有限公司	2023 年绍兴市级科技计划项目
11	2023B43002	基于进口辅料国产化替代,对盐酸多柔比星脂质体制剂注射液毒理药效、产品质量及生产工艺产业化的研究	浙江智达药业有限公司	2023 年绍兴市级科技计划项目
12	2023B41006	车载高精度 MEMS 惯性气囊传感器研发制造项目	绍兴中芯集成电路制造股份有限公司	2023 年绍兴市级科技计划项目
13	2023B41017	基于平面封装的超薄垂直腔面半导体激光器件研制及产业化	浙江古越龙山电子科技发展有限公司	2023 年绍兴市级科技计划项目
14	2023B41018	储能用长循环聚阴离子型钠离子电池正极材料研发及产业化	浙江钠创新能源有限公司	2023 年绍兴市级科技计划项目
15	2023B43004	离心式微流控全自动血小板聚集功能分析系统研究及产业化	浙江普施康生物科技有限公司	2023 年绍兴市级科技计划项目
16	2023A14016	面向直肠癌治疗的微创手术机器人系统	天津大学浙江国际创新设计与智造研究院	2023 年绍兴市级科技计划项目
17	2023A11006	8K 超高清视频生成系统及质量评价关键技术研究	绍兴市北大信息技术科创中心	2023 年绍兴市级科技计划项目
18	2023A13003	海绵状铁氧体 −CNx 类芬顿催化氧化印染废水难降解苯胺有机物	浙江工业大学绍兴研究院	2023 年绍兴市级科技计划项目

2023 年越城区孵化器、众创空间一览表

表 67

序号	名 称	依托单位	级别
1	壹号合院创业梦工厂	浙江绍兴形尔尚居家空间有限公司	省级
2	水街壹号文创园	绍兴水街文化创意有限公司	省级
3	天大创智院众创空间	天津大学浙江国际创新设计与智造研究院	市级

科创平台建设

【概况】 2023年，越城区融入“绍兴科创走廊”重大科创平台布局，通过“一城引领、三区联动”，打造“1+N”全域科创格局，系统推进绍芯实验室建设，重点依托集成电路、高端生物医药产业争创省级两业融合新试点，坚持系统性重塑、整体性重构，组建三大科技城，积极打造具有核心竞争力的四片产业园、五家综合体、创新飞地和共建研究院等科创共同体。截至年底，累计培育孵化器9家，包括国家级2家；众创空间45家，包括国家级2家、省级26家，拥有量全市第一；省级产业创新服务综合体5个，总数位居全省第一。其中，2022年新认定省级众创空间6家，新增市级以上科技企业孵化器1家，新认定市级重点实验室4家，新增数均位列全市第一。

【“258”科创体系建设】 2023年，越城区遵循省、市创新深化、“315”科技创新体系要求，制定“三位一体”试验区核心区建设方案，迭代布局“258”科创体系。2023年已举办教育科技人才主题周活动，在全国创新百强区中位列第59名、首次进入前60位，并获得全省“315”科技创新体系“五星”评价，高企保有量位居全市第一，R&D经费首次达到全市平均水平。

【产业创新服务科创体系】 2023年，越城区持续发挥区域块状特色产业优势，以产业链条为核心、以创新驱动为引领，打造产业创新服务科创体系，构建“产业+创新+服务”的创新集群模式。截至年底，越城区高新技术产业投资额同比增长43.4%，高新技术产业增加值占工业增加值比重64.28%；集成电路、高端生物医药两大“万亩千亿”平台分别获得2022年度全省考核第二名和第四名。

【优化创新主体】 2023年，区科技局完善梯队培育体系，加强部门联动，扩大优质创新主体队伍建设，深入实施硬核科技企业计划，加快打造集“科技型中小企业—高新技术企业—专精特新‘小巨人’企业—创新型领军企业”于一体的科技企业培育链，形成“雁阵”梯队，安排专项资金实施重大科技攻关项目。截至年底，累计培育高新技术企业539家，省科技型中小企业1655家，其中2023年认定高新技术企业203家，认定数首次破“双百”，指标完成率位居全市第一，新增省科技型中小企业233家。

【三大科创园区】 2023年，区科技局瞄准新质生产力发展方向，着力打造产业有聚焦、功能有特色、服务有保障的互相辐射联动的科创园体系，形成越城科创“磁场”。皋埠集成电路科创园以做强集成电路和数字经济创新产业集群为重点，打造集成电路产业科研基地与服务中心；稽山医疗器械科创园拟打造医疗器械创新链产业链核心区、高端医疗器械科创核心承载地；迪荡综合科创园主要规划为城市科技会客厅，通过“AI+”链接主导产业形成内循环，打造未来产业新高地。

【绍芯实验室】 2023年，越城区对标国家重点实验室标准，围绕“先导研究、产业转化”为目标定位，在市、区政府支持指导下，经多轮探讨研究，甄选复旦大学为绍芯实验室依托单位，并于12月复旦大学绍兴周活动上达成合作共识。绍芯实验室项目作为首批被列入《浙江省扩大有效投资“千项万亿”工程2023年重大项目实施计划》的高能级创新平台项目，并超额提前完成全年目标任务。同时，联合浙江大学绍兴研究院等科研平台，共建全省先进微纳传感技术重点实验室，已被列入首批全省重点实验室试运行名单。

科学研究与科技成果

【概况】 2023年，区科技局制定共建研究院综合评价体系，倒逼共建研究院与本地企业组建联合实验室及创新中心7个，达成意向合作15项，实现关键技术攻关、省科技项目申报数全市第一，成果转化率超25%，其中浙大绍兴研究院爆炸物检测技术、北大信息中心亚运观赛屏技术在亚运会上广泛应用。新认定省级企业研究院1家、省级高新技术企业研发中心12家、市级企业研发中心24家。年内，浙江工业大学绍兴研究院入选2022年度省级新型研发机构，其先进封装科技成果转化中试基地名单、绿色纤维及其应用中试基地入选2023年度绍兴市科技成果转化中试基地评定（培育）名单。

【科技人才培养】 2023年，越城区深化人才发展体制机制综合改革，研究院已集聚技术人才871名，其中硕博士以上占比达到76.8%。入选科技部高端外国专家项目2个，入选数全省第一。入选国家级HJ8人，入选数创历史最佳。马紫峰、王跃林入选两院院士增选有效候选人，高长友入选中国生物材料学会会士，丁一获第五届“科学探索奖励”。

【共建研究院建设】 2023年，越城区以产业链为核心，持续培育共建研究院建设，提升科技创新能力。截至年底，11家共建研究院已实现“万亩千亿”产业平台全覆盖，先进制造、人工智能等未来热门领域以及纺织、黄酒等特色产业领域全布局。打造以越创盟为核心，11家共建研究院及母体高校为支撑，集聚本地高校技术、设备、人才优势，为科技创新企业服务的“1+11+X+N”联盟服务体系，增强共建研究院与企业、产业、区域经济之间发展黏性。同时，优化综合绩效评价体系，出台共建研究院建设运行综合评价实施方案，实施差异化激励政策，营造图强争先氛围。

【越城区7项成果上榜2022年度浙江省科学技术奖】 2023年，区科技局以第一完成单位牵头完成的成果共4项，分别是超大荷载比抗剪强度分级试验技术与工程应用，浙江省医学会科普丛书及推广应用，基于抗静电、抗熔滴、防脱毛功能的仿毛特种纤维的研制及产业化，面向5G及数据中心高速硅基芯片的光模块关键技术及应用；以参与单位完成的成果共3项，分别是城市高密集区地铁运营期地面长期沉降防控关键技术与应用、基于连续流技术的乙烯利等系列产品绿色工艺开发及产业化、中国抹茶高质化生产关键技术与装备创新及应用。

科技合作与交流

【概况】 2023年，越城区完成科技成果登记87项，推荐重大科技成果13项，入选市级重大科技成果1项、省级重大科技成果1项。

【校地融合】 2023年，越城区科技局与绍兴文理学院元培学院开展“校地融合”工作洽谈会。双方就党建融合共建工作、科研平台和智库建设、现代产业学院建设、知识产权联盟、科技创新讲堂、高校人才共育共用等方面深入交流，并在区域人才需求、产教融合、提高学科设置与产业发展的适配性等方面重点对接洽谈，达成初步共识。

【获评2022年度绍兴科创走廊重点项目建设优胜单位】 2022年，越城区加快建设“绍芯”特色的科创平台，在全省“万亩千亿”新产业平台考评中，位列全省第一；大型科研仪器设备开放共享一指办平台被时任省委书记袁家军点名表扬，入选2022年全省改革突破提名奖，相关经验做法先后在省《数字化改革》专报、《人民

2023 年度越城区“大院名所”一览表

表 68

序号	研究院名称	签约主体		地址	签约时间	技术领域
		政府（甲方）	高校（乙方）			
1	浙江大学绍兴研究院	绍兴市人民政府（越城区人民政府、滨海新区管委会）	浙江大学	研究院总部中关·绍兴水木湾区科学院	2021 年 11 月	集成电路、生命健康、文化
2	天津大学浙江国际创新设计与智造研究院	绍兴市人民政府	天津大学	绍兴市越城区马山街道敬敷路洋泾湖科创园 1 号楼	2021 年 2 月	先进制造
4	浙江工业大学绍兴研究院	越城区人民政府	浙江工业大学	绍兴市越城区洋泾湖科创园 2 号楼 109	2019 年 8 月	节能环保
5	江南大学（绍兴）产业技术研究院	越城区人民政府、滨海新区管委会、柯桥区人民政府、黄酒集团	江南大学	绍兴市越城区洋江东路 19 号	2020 年 9 月	食品健康
6	上海交通大学绍兴新能源与分子工程研究院	滨海新区管委会	上海交通大学	绍兴滨海新区马欢路 398 号科创园 B 幢	2022 年 1 月	新能源
7	浙江理工大学绍兴生物医药研究院	滨海新区管委会	浙江理工大学	绍兴滨海新区马欢路 398 号科创园 C 幢 5 楼	2019 年 10 月	生命健康
8	浙江数字内容研究院	绍兴市人民政府、省科技厅	中国科学院自动化研究所	绍兴滨海新区马欢路 398 号科创园综合楼（2015 年从绍兴高新区搬迁至此）	2013 年 3 月	人工智能
		滨海新城管委会	中国科学院自动化研究所		2015 年 5 月	
9	绍兴市北大信息技术科创中心	滨海新区管委会	北大信息技术高等研究院	绍兴市越城区银桥路 326 号	2020 年 1 月	人工智能
10	上海大学绍兴研究院	绍兴市镜湖新区开发建设办公室	上海大学	绍兴市越城区三江路 78 号	2019 年 12 月	新能源、新材料
11	绍兴市通越宽禁带半导体研究院	滨海新区管委会	西安交通大学	平江路 2 号绍兴水木湾区科学园 3 号楼 1901 室	2021 年 7 月	集成电路

日报》上刊登报道。

【梯次培育科技企业】 2023 年，绍兴中芯集成电路制造股份有限公司、喜临门家具股份有限公司成功入选省级科技领军企业，浙江德创环保科技股份有限公司、浙江昌海制药有限公司成功入选省级科技“小巨人”企业，入选数位列全市第一。

【“大院名所”建设工程】 2023 年，越城区继续实施“大院名所”建设工程，与上海交通大学、西安交通大学等共建研究院累计 10 家，与院士高文及团队共建绍兴市北大信息技术科创中心 1 家创新载体。

科技服务

【概况】 2023年，越城区持续打响区长科创日品牌，打造集成电路公共检验检测中心、医疗器械3C服务平台，迭代升级大仪共享应用，构建科技企业增值式服务平台，帮助企业节约运营成本近2亿元，成效入选专报国办信息、省改革突破奖、省创新深化改革清单典型案例、省营商环境优化提升最佳实践案例。2023年，越城区科技局持续开展“大走访大调研大服务大解题”活动，实地调研重点企业、重点项目，做到与各类创新主体面对面、“零距离”，已走访企业、平台近200家，协调解决各类问题50余个。围绕研发投入、高新技术企业培育等内容举办各类科技政策培训会5场，累计培训人员500余人。

【梅奥心磁自主研发TITIAN“提香”® 完成临床试验全球首例入组】 2023年，越城区推动梅奥心磁牵手浙江大学绍兴研究院，达成共建磁导航手术机器人集成电路研发实验平台合作，专注于电生理空间导航芯片、射频及PFA多模消融芯片等核心芯片技术研发，实现梅奥心磁自主研发的TITIAN“提香”® 完成临床试验全球首例入组。

【创新“12+X”科创日品牌】 2023年，由区政府主要领导协调解决重大科技问题，邀请专家团通过组织“问诊把脉会”“科技沙龙交流”等线上线下活动，推动人才用房建设、共建研究院发展、科创基金管理等难题协调解决。持续打响区长科创日品牌，协调推动解决科创领域“大事小情”，瞄准“人才用房、人才住房、人才租房”等“关键小事”，已协调产业化场地面积1万余方，保障人才公寓30余套。

【专利申请与授权】 2023年，越城区创新动能持续增强，新增授权专利4949件，其中发明专利813件，拥有有效发明专利4588件、高价值发明专利1616件，每万人高价值发明专利拥有量达15.4件；PCT（专利合作条约）专利申请24件。（区市场监管局　姚盈）

【科技奖励】 2023年，越城区帮助辖区内企业申报各类科技项目，推动企业技术研发提升。全年组织16家企业申报浙江省2023年度“尖兵”“领雁”研发攻关计划项目，27家企业申报2023年绍兴市产业关键技术攻关计划项目，其中，5家企业获得2023年度“尖兵”“领雁”研发攻关计划项目立项，11家企业获得2023年绍兴市产业关键技术攻关计划项目立项。（区科技局　胡珊珊）

2023年越城区立项科技计划项目一览表

表69

序号	项目编号	项目名称	承担单位	项目类别
1	2024C04044	基于AI的低碳建筑综合能源智慧运营关键技术研发与应用	华汇工程设计集团股份有限公司	2023年度“尖兵”“领雁”研发攻关计划项目
2	2024C03076	新型生物医用材料关键技术与组织工程产品研发——基于数据驱动的快速组织再生血管封堵材料关键技术及其产品的研发	浙江大学绍兴研究院	2023年度“尖兵”“领雁”研发攻关计划项目
3	2024C01113	车规级MOSFET功率半导体器件研发	绍兴中芯集成电路制造股份有限公司	2023年度“尖兵”“领雁”研发攻关计划项目

续表 69

序号	项目编号	项目名称	承担单位	项目类别
4	2024C01181	复杂空域环境下的空地协同服务关键技术研究	华航信航空科技（浙江）有限公司	2023 年度“尖兵”“领雁”研发攻关计划项目
5	2024C01105	基于光芯片的高集成度量子保密通信终端	绍兴中科通信设备有限公司	2023 年度“尖兵”“领雁”研发攻关计划项目
6	2023B41001	新型耦合腔式可调谐激光器芯片与模块核心技术攻关与产业化	绍兴中科通信设备有限公司	2023 年绍兴市产业关键技术攻关计划项目重点榜单项目
7	2023B41002	基于废旧聚酯化学法循环再生的高感性聚酯纤维研发及产业化	浙江佳宝聚酯有限公司	2023 年绍兴市产业关键技术攻关计划项目重点榜单项目
8	2023B42001	氢镁多功能水稻土壤综合改良技术研发	上海交通大学绍兴新能源与分子工程研究院	2023 年绍兴市产业关键技术攻关计划项目重点榜单项目
9	2023B41003	钨硅靶材原料提纯与全流程制备的关键技术研发与产业化	浙江最成半导体科技有限公司	2023 年绍兴市产业关键技术攻关计划项目重点榜单项目
10	2023B41004	高压大电流高性能碳化硅功率模块	绍兴市通越宽禁带半导体研究院	2023 年绍兴市产业关键技术攻关计划项目重点榜单项目
11	2023B41005	面向下一代移动通信基站芯片的高密度系统集成技术	长电集成电路（绍兴）有限公司	2023 年绍兴市产业关键技术攻关计划项目重点榜单项目
12	2023B43002	基于进口辅料国产化替代，对盐酸多柔比星脂质体制剂注射液毒理药效、产品质量及生产工艺产业化的研究	浙江智达药业有限公司	2023 年绍兴市产业关键技术攻关计划项目重点榜单项目
13	2023B41006	车载高精度 MEMS 惯性气囊传感器研发制造项目	绍兴中芯集成电路制造股份有限公司	2023 年绍兴市产业关键技术攻关计划项目重点榜单项目
14	2023B41017	基于平面封装的超薄垂直腔面半导体激光器件研制及产业化	浙江古越龙山电子科技发展有限公司	2023 年绍兴市产业关键技术攻关计划项目重点榜单项目
15	2023B41018	储能用长循环聚阴离子型钠离子电池正极材料研发及产业化	浙江钠创新能源有限公司	2023 年绍兴市产业关键技术攻关计划项目重点榜单项目
16	2023B43004	离心式微流控全自动血小板聚集功能分析系统研究及产业化	浙江普施康生物科技有限公司	2023 年绍兴市产业关键技术攻关计划项目重点榜单项目

2023 年度越城区获省级科学技术奖一览表

表 70

序号	项目名称	完成单位	奖励等级
1	城市高密集区地铁运营期地面长期沉降防控关键技术与应用	浙江科技学院、同济大学、中国矿业大学（北京），杭州市地铁集团有限责任公司、浙江大学广东华隧建设集团股份有限公司、绍兴市轨道交通集团有限公司、河海大学	省科技进步一等奖
2	基于连续流技术的乙烯利等系列产品绿色工艺开发及产业化	浙江工业大学、绍兴东湖高科股份有限公司、Ehrfeld Mikrotechnik Gmbh	省科技进步二等奖

续表 70

序号	项目名称	完成单位	奖励等级
3	中国抹茶高质化生产关键技术与装备创新及应用	浙江省农业技术推广中心、中国农业科学院茶叶研究所、浙江大学、绍兴御茶村茶业有限公司、浙江红五环制茶装备股份有限公司、浙江省茶叶集团股份有限公司、武义华帅茶叶瓜子机械有限公司、浙江华什达茶业股份有限公司、绍兴安亿智能机械有限公司	省科技进步二等奖
4	超大荷载比抗剪强度分级试验技术与工程应用	绍兴文理学院、宁波大学、中国有色金属工业昆明勘察设计研究院有限公司	省技术发明二等奖
5	浙江省医学会科普从书及推广应用	绍兴文理学院、绍兴市人民医院	省科技进步三等奖
6	基于抗静电、抗熔滴、防脱毛功能的仿毛特种纤维的研制及产业化	凯泰特种纤维科技有限公司、绍兴文理学院、中国纺织科学研究院有限公司、浙江理工大学、绍兴柯桥研究院有限公司、上海市纺织工业技术监督所	省科技进步三等奖
7	面向 5G 及数据中心高速硅基芯片的光模块关键技术及应用	绍兴中科通信设备有限公司	省科技进步三等奖

科普宣传

【概况】 2023 年，越城区创建国家级科学家精神教育基地 1 家，省级院士科普基地 1 家，市级基层特色科普馆、科普教育基地、农村科普示范基地 9 家。入选首批市级“科学家故事众创空间”创新试点培育学校名单 3 所，数量位居全市第一。获评 2023 年全国科普日优秀组织单位，主办的 2 项活动入选 2023 年全国科普日优秀活动。这是越城区科协成立 20 多年来首次获得全国科普日优秀组织和活动奖，实现大满贯。越城区公民具备科学素质比例达 18.0%，较“十三五”期末提高 3.1 个百分点，继续领跑全市、领先全省。

【宣贯《浙江省科学技术普及条例》】 2023 年，浙江省正式实施《浙江省科学技术普及条例》（以下简称《条例》），区科协针对科技工作者、科普志愿者开展《条例》宣讲，通过他们向未成年人、社区居民、城镇劳动人口、农民、公务员等重点人群开展更大范围的宣讲活动，掀起学习贯彻《条例》的热潮。结合全国科普日等科普节日，走进城市广场、行政中心、学校、企业、社区等场所开展集中宣讲，交叉覆盖《条例》的宣传范围和人群，积极扩大《条例》的知晓度和影响力。

【科学家精神价值引领】 2023 年，区科协深化培育科学家精神教育基地，其中陈建功旧居成功创建国家级科学家精神教育基地；绍兴市建功中学被认定为“浙江院士科普基地”；绍兴市建功中学陈建功科创教育基地和绍兴市文澜中学范文澜纪念馆入选绍兴市科学家精神教育基地。积极开展科学家精神弘扬行动，组织开展中国科学院老科学家科普演讲团越城区巡回科普报告会 8 场次；联合陈建功旧居开展“弘扬科学家精神，建功立业新时代”社会主义核心价值观主题宣讲活动 22 场次；组织全区科技工作者参与“我眼中的科学家”作品创作活动获得绍兴市一等奖；联合绍兴市建功中学开展科学家故事进校园暨陈建功院士诞辰 130 周年纪念活动。

【科普新阵地】 2023 年，区科协探索推进公共

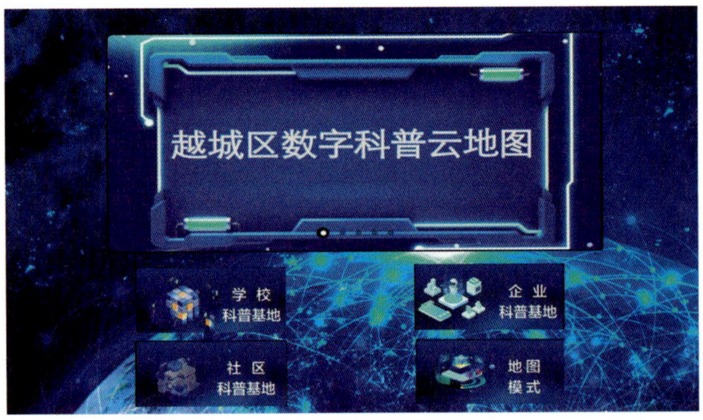

越城区数字科普云地图小程序(越城区科协　提供)

场馆科普化,发挥城市公园、企业科普馆等公共科技场馆的科普作用。以洋泾湖科技公园、梅龙湖电影主题公园、蕺山公园等城市公园为基础,以爱尔眼科眼健康科普馆、特立宙动漫体验园、艾可泰科生命科技馆等企业特色科普馆为产业分布科普群辐射带动,示范引领社会场馆发挥科普公共服务功能,实现科普社会化。在全市率先推出数字科普云地图、云展厅,涵盖越城区24个科普基地,系统呈现全域全时科普基地风貌,并逐步开放VR全景参观,满足个性化需求。

【公民科学素质】 2023年,区科协切实加强与区级部门、科技企业、科研院所、镇街科协、区级协会等单位联动,合作开展未成年人网络游戏防沉迷、家庭教育、反邪教科普、流动人口科普、"碳达峰碳中和""银龄跨越数字鸿沟"、科普助力"双减"、"科普助力'精神共富',同心守护心理健康"等活动,努力构建社会科普新格局。在全国科普日期间组织企业科技工作者、社区科普志愿者、学校科学教师和社会科普达人等多方力量,开展科普教育基地单位授牌、亚运会科普、科学秀进校园等丰富多彩的活动,共计组织大小活动80余场次,惠及群众30余万人次。(区科协　李恬)

知识产权管理

【概况】 2023年,越城区强化知识产权管理,实现知识产权高效益运用,新增商标申请5763件,注册商标3462件,累计拥有有效商标31875件;兑现知识产权政策奖励1339.22万元,惠及企业214家。指导越城区茶业协会申请越城区首件集体商标——越和宋韵。

【绍兴酒国家地理标志产品保护示范区筹建】 2023年12月,越城区申报"绍兴酒国家地理标志产品保护示范区"建设项目经国家知识产权局审批同意筹建,为绍兴市首个批准筹建的国家地理标志产品保护示范区。

【知识产权质押融资贷款】 2023年,越城区积极实施知识产权普惠质押工作,全年累计94家企业通过专利权质押融资额21.36亿元,28家企业通过商标权质押融资额5.21亿元。

【数据知识产权制度改革】 2023年,越城区作为浙江省首批推进数据知识产权制度改革的8个试点区县之一,聚焦数据知识产权制度改革创新,以医疗器械产业为重点,探索实施数据相关知识产权的创造、运用、保护、管理"全链式"服务。积极探索对不同产业、不同知识产权类型数据进行归纳梳理,在全省首次提出"知识产权价值分析"数据登记模式,为全省数据知识产权登记提供"越城模式"。

【知识产权示范企业】 2023年,越城区深入实施高价值专利培育工程,加强创新技术引领,着力培育一批具有核心竞争优势的知识产权领军企业。浙江绍兴苏泊尔生活电器有限公司、振德医疗用品股份有限公司等2家企业获评国家级知识产权示范企业,为越城区企业首次获得该项荣誉。绍兴拓邦新能源股份有限公司、绍兴中芯集成电路制造股份有限公司、浙江古纤道绿色纤维有限公司、浙江海圣医疗器械股份有限公司等4家企业获评省级知识产权示范企业。

【首届省知识产权奖】 2023年,越城区进一步鼓励和支持企业提升知识产权运用综合能力,喜临门家具股份有限公司获得首届省知识产权奖商标一等奖,浙江古纤道绿色纤维有限公司获得发明专利二等奖,绍兴中芯集成电路制造股份有限公司、浙江绍兴苏泊尔生活电器有限公司等2家企业获得发明专利三等奖。(区市场监管局　姚盈)

教育

综述

2023年,越城区有区属全日制学校和幼儿园201所,其中初中22所,小学54所,幼儿园124所,特殊学校1所。有教职工10139人,专任教师7982人。有区属全日制学校在校学生和幼儿园在园幼儿122460人,其中,初中在校学生25596人,小学在校学生66125人,在园幼儿30370人,特殊教育学校在校学生182人。共为6047名随迁子女办理入学,确保符合条件的随迁子女100%在公办学校入学。

全年教育总投入29.26亿元,其中财政性教育经费拨款26.04亿元。建成并开办建功教育集团会稽山校区(稽山初级中学)、两湖幼儿园。完成新建、移交并开办鲁迅幼儿园珺睿府园区、树人幼儿园名爵府园区、鹤池苑幼儿园宝业四季园区、柯灵第一幼儿园禧樾园区和马山街道中心幼儿园两湖园区5所幼儿园,启动凤林小学、陶堰小学等学校建设。2023年继续举办越城教育教学节。进一步完善"越城区中小学课后服务综合管理系统",建立健全课后服务学校考核机制,从学生参与率、巩固率、满意度等5个维度开展测评,并纳入学校年度考核体系。深入落实《越城区"五育融合"深化行动实施意见》,成立越城区"五育融合"深化行动视导小组,引导学校按计划开展"五育融合"教育教学实践。遴选文理附小、元培小学、培新小学、灵芝小学、昌安实验中学5所学校与金华市武义县学校开展跨地区教共体结对帮扶工作,将越城优质教育资源辐射到区外。

2023年,局机关、区属学校共提任干部37名。其中:区属学校(园)正职11人,区属学校(园)副职26人。因工作需要或到龄退岗等原因调整变动66人。

学前教育

【概况】 2023年,越城区共有幼儿园124所,其中公办85所(含集体办2所)、民办39所。省一级幼儿园26所,省二级幼儿园70所,省等级幼儿园覆盖率100%,普惠性幼儿园119所。在园儿童数30370人,学前三年入园率100%。幼儿园专任教师2445人,其中在编教师469人,教师学历合格率100%,教师资格证持有率100%,大专以上学历100%。9月,鲁迅幼儿园珺睿府园区、树人幼儿园名爵府园区、鹤池苑幼儿园宝业四季园区、柯灵第一幼儿园禧樾园区和马山街道中心幼儿园两湖园区5所幼儿园开园,新增公办园学位1800个。创建4所省一级幼儿园、9所省二

马山街道中心幼儿园两湖园区(区教体局 提供)

级幼儿园,优质园在园幼儿覆盖面达 86.58%。

【整治农村薄弱幼儿园】 2023 年,越城区投入建设经费 1000 万元,对皋埠街道中心幼儿园银春园区、东浦街道中心幼儿园天悦城园区、斗门街道中心幼儿园育贤园区、马山街道中心幼儿园海南路园区、机关幼儿园曦之湖园区、元培幼儿园信达园区等 7 所幼儿园进行整体园舍改造维修,整改提质,补齐学前教育短板,提升农村幼儿园办园条件。

【优化双普创建】 2023 年,越城区结合创建全国学前教育普及普惠区,对应国家级标准,相应指标在 2022 年的基础上有了优化和提升。非编教师实发年收入达 102135 元,同口径达到在编教师的 75%。全区 63% 的幼儿园三项面积达标。省二级以上优质园比例、公办幼儿园在园幼儿覆盖面以及普惠性幼儿园在园幼儿比例均提升 5%、3% 和 0.1%。

【扩充优质园所】 2023 年,越城区新开办鲁迅幼儿园珺睿府园区、马山街道中心幼儿园两湖幼儿园、树人幼儿园名爵府园区和阳明幼教集团四季园区 4 所新园,关停凤江幼儿园、后岸幼儿园、新阳光幼儿园和稽山幼儿园四所低水平民办幼儿园。

【城乡共建】 2023 年 4 月,越城区修订《绍兴市越城区学前教育优质成长共同体建设实施方案》,确立四种优共体模式,其中“园村(社区)1+1”发展体系,盘活“园村(社区)1+1”共生资源,孙端街道中心幼儿园和孙端街道安桥头村的共建活动做法在《中国教育报》上刊登。12 月,承办市学前教育优质共同体建设工作推进研讨会,绍兴市元培幼儿园—越城区东浦街道强头幼儿园、绍兴市继昌幼儿园—越城区府山街道书圣故里社区、越城区孙端街道中心幼儿园—越城区孙端街道安桥头村 3 家共同体单位被评

2023 年越城区省级优质幼儿园一览表

表 71

等级	幼儿园
省一级幼儿园	绍兴市越城区鉴湖街道中心幼儿园
省一级幼儿园	绍兴市越城区东浦街道中心幼儿园(天悦城园区)
省一级幼儿园	绍兴市元培幼儿园(信达银郡园区)
省一级幼儿园	绍兴市越城区迪荡幼儿园(御景园区)
省二级幼儿园	绍兴市柯灵第二幼儿园百盛园区
省二级幼儿园	绍兴市镜湖第二幼儿园澄港园区
省二级幼儿园	绍兴市镜湖第二幼儿园金群园区
省二级幼儿园	绍兴市越城区润沁幼儿园
省二级幼儿园	绍兴市柯灵第一幼儿园敬敷园区
省二级幼儿园	绍兴市越城区皋埠街道中心幼儿园碧桂园园区
省二级幼儿园	绍兴市越城区东湖街道皋北幼儿园
省二级幼儿园	绍兴市越城区鉴湖街道中心幼儿园阳光里园区
省二级幼儿园	绍兴市越城区树鹅王希望幼儿园

为绍兴市学前教育示范性优共体。

【院校合作】 2023年，越城区的院校合作项目将国际视野与区域特色相结合，引入前沿的学前教育理念和课程体系。组织开展50名骨干教师赴上海进行为期一周的理论和实践培训，各基地园邀请华东师范大学专家共计36人次来越城区进行立项课题跟踪指导、园本课程实践指导和专题工作坊的研讨指导。交互式的合作交流中，园所文化特色和幼儿园发展潜力进一步挖掘，一年中九所基地园中4项课题获得省级立项，9项课题获得市级立项。

义务教育

【概况】 2023年，越城区有初中22所（含1所九年一贯制学校），班级639个，在校学生25596人；小学54所，班级1645个，在校学生66125人。截至年底，创建省现代化成校1所，省健康促进学校1所，省近视防控特色学校2所，省优秀少先队集体2个，浙江省红领巾奖章集体四星章1个，市级禁毒示范学校2所。市第四批数字家长学校32所，市第二批作业管理和课后服务示范学校9所。

【"双减"工作】 2023年，越城区教体局联合区民政局、区市场监管局印发《越城区体育类校外培训机构准入指引（试行）》，严查整治校外培训。开展"二次压减"攻坚行动，完成全区学科类培训机构清零；清单化管理非学科类培训机构，推进体育类校外培训机构全体入驻"绍信培"平台，非学科类校外培训机构入驻全国校外教育培训监管与服务综合平台；落实预收费资金全流程监管，做到"专户管理""一课一销""进度支付"。84011名中小学生参加课后服务，参与率达94.5%。进一步完善"越城区中小学课后服务综合管理系统"，建立健全课后服务学校考核机制，从学生参与率、巩固率、满意度等5个维度开展测评，并纳入学校年度考核体系。两次向社会征集社会优质资源参与中小学生校内课后服务，69家机构（个人）入选校内课后服务社会资源"白名单"。

【"入学绿卡"入学6047人】 2023年，越城区教体局健全以居住证为主要依据的随迁子女入（转）学保障政策，印发《关于优化调整越城区中小学随迁子女入（转）学政策的通知》。进一步简化条件，随迁子女符合本人持有居住证条件或父母一方持有居住证和参加本地社保条件的，可在我区公办学校申请入学。共为6047名随迁子女办理入学，确保符合条件的随迁子女100%在公办学校入学。

【中小学班主任队伍建设】 2023年，在绍兴市班主任基本功比赛中，越城区5名班主任获市级一等奖，4人晋级省赛，成绩位列全市第一。其中获小学市级综合一等奖2人、二等奖1人；初中组获市级综合一等奖3人、二等奖1人。在浙江省中小学班主任基本功大赛中，获省级综合特等奖1人，获省级综合二等奖2人，获省级综合三等奖1人。

2023年，越城区元培中学方楠获2023年浙江省中小学班主任大赛综合奖特等奖（区教体局 提供）

【"一三六"青少年心理健康教育工作模式】 2023年，越城区持续"一三六"青少年心理健康教育工作模式，即"一张网络"，制订《越城区青少年心理健康护航行动方案》，编织青少

2023 年越城区获得市级以上班主任大赛成绩汇总表

表 72

姓名	学校	奖项	组别
蔡白薇	绍兴市鲁迅小学教育集团	省级二等奖 市级一等奖	小学组
裘雅萍	绍兴市塔山小学教育集团	省级三等奖 市级一等奖	小学组
金苏杭	绍兴市北海小学教育集团	市级二等奖	小学组
方　楠	绍兴市元培中学教育集团	省级特等奖 市级一等奖	初中组
俞佳萍	绍兴市第一初级中学	省级二等奖 市级一等奖	初中组
许振栋	绍兴市第一初级中学教育集团	市级一等奖	初中组
王　佳	绍兴市镜湖中学	市级二等奖	初中组

年心理健康“家校社”协同守护网络；“三个平台”，组建“区、局、校”三级心理援助服务中心，打造为学生、家长、老师求助赋能的服务平台；“六项举措”即做好一项筛查、开设一项课程、落实一项跟踪、打造一支队伍、组织“525”（“我爱我”全国大、中学生心理健康节）一系列活动、压实一项责任。全区已创建省一级心理辅导站 3 个（文澜中学、袍江小学、镜湖中学），全区中小幼教师心理 C 证持证率 98%。

【教共体建设】 2023 年，越城区扩大教共体建设覆盖面，实现区域内公办义务教育学校 100% 全覆盖。调整升级区域内 12 对协作型教共体为共建型教共体，实现区域内融合型、共建型教共体 100% 全覆盖。开展在线同步课堂、线上教科研等常态化帮扶项目，加快优质教育资源向乡村延伸，实现教共体共享学校占比 100%。2023 年 10 月，越城区创建为省级义务教育阶段全域教共体（集团化）办学试点区，通过全域教共体（集团化）办学试点，建立和完善办学模式和管理运行机制，推进教共体（集团化）办学共享学校实现全覆盖，实现义务教育全域均衡可及和优质资源共享。遴选文理附小、元培小学、培新小学、灵芝小学、昌安实验中学 5 所学校与金华市武义县学校开展跨地区教共体结对帮扶工作。

【“五育融合”深化行动】 2023 年，越城区落实《越城区“五育融合”深化行动实施意见》，成立越城区“五育融合”深化行动视导小组，每月进校开展专项视导，组织召开“五育融合”深化行动推进会和中期督察会，引导学校按计划开展“五育融合”教育教学实践。2023 年共有 34 个课题申报绍兴市教育科研规划课题，45 篇论文在专项论文评比中获奖。

【少先队工作】 2023 年，越城区广泛开展“开学第一课”“争做新时代好队员”等学习活动，通过主题队会、线上交流、网络展示等形式，用“童言童语”讲好党的创新理论，承办市级少先队主题活动 5 场，省级少先队主题活动 1 场；以红领巾学院为依托，组织开展少先队辅导员主题研修培训 2 场，举办各类辅导员比赛 4 场，全区校级少代会相关工作经验做法在全市做交流，并上报至团中央。越城区少工委获“2023 年度市级优秀少工委”称号。

【艺术教育】 2023 年，越城区中小学艺术节共

2023 年度越城区在少先队各级各类评比比赛获奖一览表

表 73

奖项	获奖单位(个人)
全国红领巾中队	绍兴市第一初级中学龙山校区七(15)中队 张颖 绍兴市建功中学七(10)中队 孙剑 绍兴市鲁迅小学五(4)中队 卢迎 绍兴市树人小学四(6)中队 娄一瑾 绍兴市塔山小学四(3)中队 胡颖宜 绍兴市越城区陶堰街道中心小学陶允宜中队 屠铁琴
全国红领巾奖章"五星章"	绍兴市树人小学徐浩杰
浙江省优秀少先队集体	绍兴市越城区灵芝街道中心小学大队 绍兴市树人小学教育集团中兴校区五(6)中队
浙江省红领巾奖章集体四星章	绍兴市北海小学教育集团大队
浙江省优秀少先队辅导员	绍兴市越城区鉴湖街道中心小学 孟伟红
浙江省优秀少先队员	绍兴市第一初级中学八(3)中队 马晗迪 鲁迅小学教育集团五(5)中队 陈宇轩
第四届浙江省"红领巾学校"思政微队课大赛一等奖	绍兴市越城区灵芝街道中心小学 邵梦尔 绍兴市鲁迅小学 胡晓燕
2023 年绍兴市少先队辅导员宣讲大赛一等奖	绍兴市梅山小学 叶琴
2023 年绍兴市少先队辅导员宣讲大赛二等奖	绍兴市培新小学 鲁林思豫
2023 年度浙江省少先队工作论文一等奖	绍兴文理学院附属小学 黄刚强
2023 年度绍兴市少先队工作论文一等奖	绍兴市越城区灵芝街道中心小学 陈春霖 绍兴市越城区鉴湖街道中心小学 孟伟红
2023 年度绍兴市少先队工作论文二等奖	绍兴市越城区孙端街道中心小学 鲁明娣 绍兴市越城区灵芝街道中心小学 朱珏
2023 年度浙江省优质少先队活动课案例二等奖	绍兴市越城区灵芝街道中心小学 赵建英

收到艺术表演类作品 44 件,美术作品类 851 件,评选出表演类一等奖 26 个、二等奖 17 个;艺术作品类一等奖 148 个、二等奖 143 个、三等奖 132 个;评出优秀指导教师 157 名、优秀组织奖 7 个。获市中小学艺术节表演类一等奖 3 个、二等奖 1 个、三等奖 9 个;艺术作品类一等奖 15 个、二等奖 23 个、三等奖 22 个,优秀组织奖 1 个。获省中小学艺术节表演类二等奖 3 个,艺术作品类一等奖 5 个、二等奖 9 个、三等奖 8 个。

特殊教育

【概况】 2023 年,越城区有特殊教育学校 1 所,在校学生 182 人,在岗教师 60 名,学前教育阶段 2 个班,义务教育阶段 12 个班,职高阶段 3 个班,设有特殊教育指导中心。2023 年,越城区学前阶段入学率 96.67%,义务教育阶段入学率 100%,高中阶段入学率 97.73%,其中高中阶段打造职特融合，被立为浙江省共同富裕实践观察点。年内新建资源教室 16 个。至此，全区共有资源教室 57 个。

【特殊教育评比】 2023 年，越城区教师参加资源教师基本功比赛获市二等奖 1 人、市三等奖 5 人，市级教育教学论文评比二等奖 1 篇、三等奖 1 篇，指导学生参加绍兴市第四届特殊奥林匹克运动会 3 人获第一名。

【卫星班工作】 2023 年，越城区文理附小卫星班照常启用，袍江小学教育集团越英路校区新建一个卫星班。全力打造“1+N”融合教育模式，用同一个理念、同一个阵地、同一个管理团队，让每一个孩子都能接受同等教育；将 5 名育才学校三年级的学生分配到文理附小二年级班级进行融合，除语数主课外，全程参与普通学校课程和学习，配有 2 名特殊教育教师进行辅导。

2023 年越城区新建资源教室学校（园）一览表

表 74

序号	资源教室	序号	资源教室
1	鲁托迪荡幼儿园御景园区	9	继昌幼儿园
2	元培幼儿园信达银郡	10	阳明幼教集团森海豪庭园区
3	东湖街道中心幼儿园	11	建功中学总部
4	陶堰街道中心幼儿园	12	元培中学分部
5	皋埠街道中心幼儿园	13	成章小学
6	沥海街道中心幼儿园	14	北海小学教育集团梅山校区
7	富盛街道中心幼儿园	15	鲁迅小学教育集团
8	树人幼儿园	16	成章中学

2023 年度越城区特殊教育各类评比获奖情况一览表

表 75

获奖名称	获奖人员	单位	等级
绍兴市资源教师基本功比赛	俞君青	绍兴市越城区马山街道中心小学	市二等奖
	陈妙苗	越城区孙端街道中心幼儿园	市三等奖
	潘冬芳	越城区斗门街道中心幼儿园	市三等奖
	张斯佳	越城区鲁迅幼托中心	市三等奖
	胡江丰	越城区东浦街道中心小学	市三等奖
	赵瑜琴	绍兴市快阁苑小学	市三等奖
绍兴市教育教学论文评比（特殊教育）	钟小平	越城区育才学校	市二等奖
	钟江云迪	越城区育才学校	市三等奖

成人教育

【概况】 2023年，越城区有镇（街道）成人学校11所，均达到省标准化成校建设标准，其中省现代化成人学校2所（孙端成人文化技术学校、沥海成人文化技术学校），实行中小学合作办学。陶堰成校和马山成校新址投入使用，分别位于陶堰街道文化活动中心和马山街道洋泾湖公园内。

【成人初高中学历提升1814人】 2023年，越城区各成人学校借助镇街、社区力量，落实学员通过"在浙学"平台完成培训报名，建立学员学业登记档案等。整合教育资源，做好筹备、教学和后勤保障工作，通过线上线下相结合方式开展教学，完成成人初高中学历提升1814人。

【各类技能培训5668人次】 2023年，越城区组织农民（职工）参加花雕工艺、绳编、秋季养生、面点制作、花卉栽培、短视频制作、电子商务、家政、老年智能技术等各类培训，共培训5668人，其中，农村实用人才培训1721人，职业技能培训545人，应急救护培训1040人次。

社区教育

【概况】 2023年，越城区发挥社区教育示范区辐射引领作用，建成以1所以区社区教育学院为龙头、17所镇（街）社区教育中心为骨干、164所社区（村）级社区教育学校为基础的区、镇（街）、社区（村）三级社区教育办学网络，形成学校、行业、社区、网络互联互通的终身教育共建体系。城南街道秦望老年学校"悦享夕阳老龄学堂"、陶堰街道成人文化技术学校"一老一小"幸福学获得省级社区教育品牌称号；稽山街道、马山街道2个品牌获得市级全民终身学习品牌称号；灵芝街道、塔山街道2个个人获得市级百姓学习之星称号。

【全民学习课程】 2023年，越城区编印《2023年度越城区社区教育学习指南》，梳理培训课程菜单2647项。开发《越城区社区教育老年学校地图》，开设老年教育课程483门。

【老年教育】 2023年，越城区建设命名有17所老年学校，覆盖率达100%，实现老年学堂社区教育网络全覆盖。年内，完成省民生实事工程两大任务：新建老年学校1所（稽山街道森海老年学校：以"银发互助 雅艺乐学"为办学特色）、创建示范老年学校1所（府山街道越都老年学校：以"契约共建 幸福共享"为办学特色）。浙江省老有所学相关项目获奖共计13项，其中优质社会力量办学2个（稽山街道、城南街道），优质课程1门（马山成校），优质学习社团2个（北海街道、孙端成校），"浙里美"老年学习达人2人（孙端成校），优质师资库名单入围5人，"领雁"教师培养对象1人。

【青少年社区（社会）实践活动】 2023年，越城区出台《关于组织开展中小学生寒假社区（社会）实践活动的指导意见》《关于组织开展中小学生暑假社区（社会）实践活动的指导意见》等文件，暑期社区实践活动学生到社区（村）报到9424人，组织活动次数707次，学生参与活动总人次达14702人次，志愿者总人数873人，媒体报道次数（区级及以上）349次，收到优秀案例

越城区府山街道越都老年学校（区教体局　提供）

34 篇。联合越城区科协开展“走进科技、快乐暑期”科普实践活动，全区共 365 支小队、385 名个人，共计 4000 余名中、小学生参加，其中 10 个小队、10 人获评十佳，4 个学校获得优秀组织奖。

【学分银行建设】 2023 年，越城区学分银行成果数 29.8658 万个，占比 26.4%，经常性参加活动的老年人数 48469 人，占比 20.55%，老年人智能培训 67202 人次，均超额完成省级指标。

教育人才队伍建设

【概况】 2023 年，越城区教育体育系统共招考录用新教师 144 名，其中面向 2023 年高校优秀毕业生招聘 100 名（研究生 55 名），普通招聘录用 42 名，公费师范生 2 人。面向区外选聘名优教师 5 名；政策安置随军家属 2 名。招聘体育教练员 2 人（其中 1 人预录用）。截至年底，新增正高级职称教师 4 名、副高级职称教师 71 名、中级职称教师 140 名、初级职称教师 41 名，全年在编教师首定 139 名，幼儿园非在编教师首定 102 名。新增浙江省农村教师突出贡献奖 1 名、浙派名师名校长培养对象 5 名、浙江省教坛新秀 2 名，浙江省特支计划教学名师 1 名、教学英才 1 名，绍兴“名士之乡”特支计划高级专家 1 名、教育领域拔尖人才 3 名，绍兴市最美教师 5 名、绍兴市第十二届学科带头人 13 名。新认

2023 年省市级名师获奖一览表

表 76

序号	项目名称	姓名	工作单位
1	2023 年正高级职称教师	金华星	绍兴市越城区斗门街道中心小学
2		王彩玉	绍兴市越城区马山街道中心小学
3		沈　强	绍兴市锡麟中学
4		宋华强	绍兴市树人中学
5	2023 年浙江省农村教师突出贡献奖	王彩玉	绍兴市越城区马山街道中心小学
6	2023 年浙派名师名校长培养对象	单明娟	绍兴市越城区鲁迅幼托中心
7		冯朱敏	绍兴市越城区斗门街道中心小学
8		章妃英	绍兴文理学院附属中学
9		赵铁峰	绍兴市越城区教师发展中心
10		钱永茂	绍兴市越城区教师发展中心
11	2023 年浙江省教坛新秀	金　毅	绍兴市鲁迅小学
12		钱晓霞	绍兴市花园幼儿园
13	2023 年浙江省特支计划	孟　琴	绍兴市北海小学
14		冯朱敏	绍兴市越城区灵芝街道中心小学
15	2023 年绍兴“名士之乡”特支计划高级专家	王慧琴	绍兴市鲁迅小学
16	2023 年绍兴“名士之乡”特支计划教育领域拔尖人才	叶燕芬	绍兴市塔山小学
17		屠素凤	绍兴市树人小学
18		冯朱敏	绍兴市越城区灵芝街道中心小学

续表 76

序号	项目名称	姓名	工作单位
19	2023 年绍兴市“最美教师”	王　清	绍兴市第一初级中学
20		陈克拉	绍兴市塔山小学
21		黄金囡	绍兴市越城区鲁迅幼托中心
22		王彩玉	绍兴市越城区马山街道中心小学
23		杨玲萍	绍兴市元培中学
24	绍兴市第十二届学科带头人	黄刚强	绍兴文理学院附属小学
25		俞　超	绍兴市蕺山小学
26		徐　丹	绍兴市北海小学
27		陈汝芳	绍兴市北海小学
28		屠美霞	绍兴市越城区马山中学
29		章国彬	绍兴市昌安实验中学
30		陈华军	绍兴市越城区沥海中学
31		徐　晟	绍兴市袍江中学
32		盛建国	绍兴市越城区孙端中学
33		刘　佳	绍兴市文澜中学
34		杜洄亮	绍兴市越城区教师发展中心
35		王玉莹	绍兴市元培幼儿园
36		钟小平	绍兴市越城区育才学校

定教师资格 547 名，完成教师资格注册 659 名。获浙江省任教三十年荣誉证书教师 127 名。

【教师交流】 2023 年，越城区累计 498 名教师参与各类交流活动，52 名正、副校级领导参与交流（其中 18 名参与城镇交流或优质学校到薄弱学校交流，5 名参与挂职锻炼），1 名教师在西藏比如支教，9 名教师在四川马边支教，6 名教师在新疆阿瓦提支教。

【自主评聘改革】 2023 年，越城区马山中学和文澜中学继续作为自主评聘改革试点单位，当年度职称申报与评审均在“浙江省专业技术职务任职资格申报与评审管理服务平台”上进行。马山中学 3 人获评高级教师职务，5 人获评中级教师职务；文澜中学 1 人获评中级教师职务。

【“三名工程”】 2023 年，越城区继续落实《关于加强新时代教育人才队伍建设的若干意见（2020—2022 年）》精神，开展区属中小学 2022 学年班主任工作年度考核工作，48 所中小学的 2098 位班主任参加考核。考核结果为优秀 400 人、良好 1234 人、称职 239 人，225 人不符合考核条件。开展 2023 越城区名优教师年度考核工作，其中省特级教师考核合格 7 人、区级名校长考核合格 11 人、市级及以上考核合格 151 人、区级名师考核合格 195 人、区级名班主任考核合格 269 人。完成了首批名优教师终期考核。

【区级教坛新秀】 2023 年，越城区为进一步提高青年教师的思想政治素质和文化业务素质，鼓励青年教师在教育教学岗位上脱颖而出，开展区级教坛新秀评选活动。经各校全面摸排、校内竞争，共推荐126名优秀青年教师，经资格审查，118名参加角逐。经过教育教学基本素养考核、教学能力考核及业绩量化评分等工作，最终确定84位青年教师为2023年区教坛新秀。

教育设施建设

【概况】 2023年，越城区完成稽山初级中学、鲁迅小学改扩建工程、湖东小学等中小学建设，新增学位4290个，完成两湖幼儿园、鹤池苑幼儿园四季园区、鲁幼珺睿府园区等幼儿园建设，新增学位1800个，推进凤林小学、陶堰小学、871幼儿园等一批新建项目进入主体施工，完成投资约3.5亿元（不含镜湖新区投资额）。配合实施站前小学、站前中学、灵芝小学扩容提升等建设项目。

【办学条件提升】 2023年，越城区完成蕺山小学、北海小学、沥海小学等校有机更新工程，继续实施校舍安全、食堂、卫生间、体育场馆提升改造工程，实施教育装备更新，改造中小学卫生间300间，更新电脑1500台，多媒体300套，完成投资约8000万元。

【漠视群众利益专项整治】 2023年，越城区开展学校食堂采购专项治理，对采购、验收、核算等环节进行拉网式排查，涉及176所食堂，发现共性问题8个，制发整改通知28份，提出整改意见146项，对9个集中核算点食堂账目开展两轮次抽查，发现问题108条次。对配送企业进行专项检查，发现共性问题4个，制发整改通知书6份，提出整改意见12项。相关经验做法被省教育厅《教育参阅（教育改革与政策专辑第133期）》刊用，并获副省长卢山批示。

2023年，越城区幼儿园全部实现冬季洗手恒温供水（区教体局　提供）

【越温暖教育设施提升工程】 2023年，越城区全面完成区民生实事越温暖教育设施提升工程，投资约800万元提档升级公办幼儿园卫生间1284间，实现幼儿园冬季洗手全部恒温供水。

教育教学研究

【概况】 2023年，越城区教师发展中心全面落实“双减”要求，深化五育融合，按照“对标课程素养，立足学科建设，着眼教技融合，着力专业发展”的工作基调，打造“越学越优”教育品牌，为“首位立区，幸福越城”建设和高质量发展共同富裕示范区建设贡献力量。2023年，越城区先后被评为浙江省提升工程2.0先进单位，精品数字教育资源开发活动、之江汇教育广场空间应用省级优秀区域。

【幼小科学衔接】 2023年，越城区深化“幼小科学衔接”试点。发布《关于下发全面推进幼小科学衔接试点工作清单的通知》《越城区全面推进幼小科学衔接工作行事历》；开展“幼小科学衔接”关键人物实践培训，举行“悦衔越优，足够精彩”健康领域教学研讨活动；组织越城区幼小衔接关键领域案例征集选送评比活动。年内，越城区迪荡幼儿园《家园微项目，让幼小“自然”衔接》入选2023浙江省“幼小衔接”实践案例，幼小科学衔接试点经验在浙江省改进教学管理项目论坛上作典型介绍，研究课题作为绍兴地区唯一一个重点课题被立项为浙江省教研重点课题，《一体·双融·三度·四聚——绍兴市越城区探索幼小科学衔接“越城方略”》发表在《浙江教育报》。

【改进学校教学管理试点】 2023年，越城区组织“校本研修改造与优化”调查问卷，开展校本研修与课程开发实施关键能力培训，征集评比校本研修改造与优化优秀成果，组织专题论文评审工作；完成省师训平台校本研修方案撰写和上传，推动省市区级校本研修精品项目参评，其中1个项目入选省级精品，2个项目入选市级精品。《中小学校本研修管理与改造的区域行动研究》获评浙江省教师教育规划课题优秀成果。

【教育教学成果奖励】 2023年，越城区发布《绍兴市越城区基础教育教学成果奖励办法》，由教育教学成果奖实施工作领导小组对区属学校申报的2023学年251项教育教学成果进行评审，其中157项教育教学成果获得最终认定奖励。

【精品课程征集开发】 2023年，越城区组织参加绍兴市第十二届精品课程征集活动，共征集到中小学课程案例21个。在绍兴市精品课程评比中，越城区入围6门，占全市精品课程数16.21%。截至年底，共有市级精品课程84门、省级精品课程12门、绍兴市精品课程群21个。

【教师专业发展培训】 2023年，越城区中小学、幼儿园共4万余人次参加教师专业发展培训，持续推进中小学教师信息技术应用能力提升工程2.0第三期研修项目，16个项目被列为全省典型案例，比例位居全市前列，越城区被评为浙江省提升工程2.0先进单位。完成148位2022年新教师培训，组织2023年142位新教师和200位聘用制教师培训。

【教育科研提质行动】 2023年，越城区共有621项省市区级课题立项，466项课题成果获奖；1项成果获得基础教育国家级教学成果奖二等奖。1所学校、3人分别获评浙江省（2021—2022年度）教科研先进集体和先进个人；2所学校、4人分别获评绍兴市（2021—2022年度）教育科研工作先进集体、先进个人。7项成果入选绍兴市普通中小学“我的教学主张”目录；7位骨干教师入选首届绍兴市中小学教育科研骨干教师研学共同体成员名单。幼儿园3个、小学6个、初中4个共13个教研组入选绍兴市2018—2022学年先进教研组名单；小学2个、中学3个共5个教研组入选2023年浙江省先进教研组名单。3项成果获绍兴市第二批绍兴市品质课堂深化行动研究成果一等奖。

【新课标、新方案推进】 2023年，越城区围绕新课标、新课程，组织开展新一轮的课程实施方案征集。共征集到40个学校课程实施方案，482个各学科课程纲要；共选出学校优秀课程方案23个，各学科的优秀课程纲要228个。

【青藤艺术互联网学校建设】 2023年，越城区青藤艺术互联网学校平台吸纳329位教师、5318名学生群体，共计开设线上课程2120节，其中涵盖双师课堂699节、基础课程667节、拓展课程76节、直播互动课程11节等，累计在课后成果展示环节上传学生艺术作品7809幅，创建各类作品展327个。年内策划并举办64场线下主题活动。

【越城教育云平台】 2023年，越城教育云平台新增“新闻报送”“安全信息报送”“安全督查”“请假审批”“值班管理”等多个局校应用系统，完善教师数据、学生数据、教师画像、学生画像等相关数据，持续推进基于教育管理、教研、安全、人事、资源、评价等各个维度进行数据采集和大数据智能分析工作，年内全部覆盖区属中小学、幼儿园。

【智慧教育】 2023年，越城区作为国家中小学智慧教育平台试点区，快阁苑小学被评为教育部全国中小学人工智能教育基地，2所学校被评为浙江省数字教育试点学校，1篇案例入选浙江省地方智慧教育平台创新案例，1篇案例入选浙江省省级智慧教育平台共建案例，3所学校案例入选全省首批中小学智慧校园优秀案例，3所学校被评为省空间应用优秀学校，2所学校被评为市首批中小学智慧校园标杆学校，5所学校被评为绍兴市第二批中小学智慧校园标杆学校建设校，4所学校被评为绍兴市iTech人工智能试点校。在2023年度全省精品数字教育资源开发活动中，越城区被省教育技术中心评为优秀组织区域。

【之江汇空间建设】 2023年，越城区全面推进之江汇教育广场的建设与应用，开展空间建设应用、网络同步课程、云上名校、名师金课、Z直播等应用的推广与使用。组织开展全区之江汇空间应用和网络同步课程建设研讨会；申报并开通省级讲师团社团空间，以《教师信息素养提升一点通》为建设方向，分为五大专题20课时，以解决一个实际教学中的技术问题为目标，整体提升教师信息素养；在全省“学在浙江·Z直播”启动仪式上作经验介绍和课例展示，2023年共有4期讲师团课程在Z直播中播出；承建省级之江汇基本功能课《艺术互联网学校》功能介绍，并拟出版发行。越城区教体局被评为2023年度之江汇教育广场省级空间应用优秀区域。

【网络安全】 依托国家网络安全宣传周等活动，2023年，越城区多形式开展网络安全知识与技能的宣传和普及。部署aTrust零信任服务器，优化政务网接入方式。组织参与各级各类网络安全攻防演练，加强重要地区和重要系统的运维保障，落实网络安全每日“零报告”制度。持续开展常态化网络安全风险监测预警，定期发布《网络信息安全月报》，完成“迎亚运”等重点时期网络安全值班值守工作。

【教育装备】 2023年越城区教育技术装备生均资产7155.84元，领先全省平均值5.05%；教育技术装备生均投入959.81元，领先全省平均值17.79%。全区建有创新实验室、校园电视台、录播教室、劳动实践教室的学校，建成智慧校园的学校和无线网络覆盖的学校均为100%。

【学生信息素养提升行动】 2023年，越城区持续开展学生信息素养提升实践活动，组织和开展相关赛事10场，相关指导教师研讨活动21场，共有445支队伍（作品）在省市区级获奖，81名教师获得省市区级优秀指导教师称号，60名学生获得市区级智能少年称号。其中7支队伍（作品）省一等奖；7名教师获得省优秀指导教师称号。

【打造区域阅读新生态】 2023年，越城区打造全方位阅读网。发起“家庭阅读计划”“家庭阅读分享会”，指导学校举办“亲近鲁迅”“阅读马拉松”“科普探索”等特色阅读活动，举办全区主题阅读活动，为优胜学校配备电子阅读机器，鼓励阅读参与。2023年，越城区建设全过程智慧网，建设越城智慧校园阅读平台，实现全区学校图书馆阅读资源全量整合、阅读数据全面统计、阅读行为全程监控。有超过8万名学生注册使用平台，累计在线阅读时间40166小时，参与平台活动超10万人次，提供个性化阅读指导和建议超1000条。2023年，越城区构建全类别评价网，制定六大类评价标准，评选“书香教师”“书香少年”“阅读之星”以及“书香校园”“书香班级”“书香家庭”。在2023年省阅读推广活动评比中，越城区阅读推广案例被评为省十佳优秀区域推广案例并位居榜首，4所学校书香校园案例被评为省优秀书香校园案例。

语言文字工作

【概况】 2023年，越城区语言文字工作全面贯彻落实省市语言文字会议精神，巩固语言文字规范化县推进工作成果，着力传承弘扬中华优秀传统文化，加快提升语言文字服务能力，4月和11月，两次组织国家普通话等级水平测试，共计1600余名考生参与测试，10月，承办汶川县语言文字骨干教师培训班，做好推普工作专项帮扶工作。

【开展“推普周”宣传活动】 2023年9月11—17日，越城区以“推广普通话、奋进新征程”为主题，在全区范围内组织开展第26届全国推广普通话宣传周活动，专题制作第26届推普宣传片，发动“推广普通话，喜迎亚运会”等活动，营造全社会说普通话、用规范字的良好氛围。

【开展中华经典诵写讲系列活动】 2023年5月，越城区在全区范围内开展2023年中华经典诵写讲系列活动，举办2023年越城区中华经典诵读大赛、“笔墨中国”汉字书写大赛，组织相关人员参加“诗教中国”诗词讲解大赛、“印记中国”学生篆刻大赛。根据比赛结果择优推荐参加国家、省、市级比赛，获奖数量和质量居全市首位，并获市级优秀组织奖。

关心下一代工作

【概况】 2023年，越城区关心下一代工作围绕“五好”基层关工委和标杆型基层关工委组织创建，已累计建设区级关心下一代教育基地29个，市级基地9个，省级基地1个。1000余位“五老”活跃在社区(村居)、企业、学校、教育基地等地，2023年开展各种教育活动787场次，参加青少年20702人次。区级层面共资助大(中小)学生92人，资助总金额37.35万元。关工委“五老”爱国主义讲师团获评浙江省老干部局最美银耀志愿服务队。

【基层关工委组织建设】 2023年贯彻落实“基层组织建设三年行动”，进一步加强镇(街道)社区(村居)、各部门、企业基层关工组织的建设，对照“五有”“五好”标准，以标杆型基层关工委选树和“五好”关工委创建两大活动为抓手，推动全区基层关工委组织高质量发展。到2023年年底，全区“五好”基层关工委创建巩固率达75%以上。2023年命名区级标杆型基层关工委组织30家，18家单位成功创建绍兴市标杆型基层关工委组织。

【组织“五老”宣讲】 2023年，讲好“红色故事”，用青少年喜闻乐见的形式将党的二十大精神实质讲深讲透，持续推出“关工委出单、青少年点单、五老领单”的工作方式服务青少年，开展“伟大变革 非凡十年”主题宣讲进学校、社区(村居)、企业活动，共计开展宣讲80余场次。4月，绍兴市培新小学举行启动仪式。6月，走进望花小学，开展主题宣讲，助力学生快乐成长。

【科普教育基地建设】 2023年“五老”科普团深入各科普教育基地开展活动，新建劳动实践基地1个，还利用已建的12个科普基地，开展形式多样的科普活动，举办科普讲座，开展科普实践，将优秀科普小论文汇编成《科普拾贝集》十三辑，印发给区属各中小学校，激发学生学习科普知识的兴趣。开展劳模工匠宣讲活动45场次，参加青少年9000人次，涵盖45所中小学校。

【关爱帮扶】 2023年，越城区持续“初中励志奖学金”项目、“炉峰慈联·天天向上”奖学项目、“同在阳光下”助学项目等帮困助学励志奖学活动。获2023年绍兴市关工委“初中励志奖学金”7 名 ;绍兴市“炉峰慈联,天天向上”2022 学年奖学金 22 名,其中精英奖 1 名。越城区组建由区退休教师协会会长为团长、2 个副会长为副团长、全区 22 个退教分会会长为成员的区关工委关爱团,全年结对特困学生 41 人,直接参加关爱工作的退休教师 445 人。

【青少年教育】 2023 年,越城区组织“五老”力量继续做好青少年法治教育、禁毒教育、心理健康教育、防溺水教育等工作,协助有关部门对网吧开展监督检查。2023 年暑假,推出“双减”背景下青少年心理健康、家庭教育公益行动进社区课程,10 余位“五老”和志愿者走进越城社区(村)开展宣讲。共组织 20 余场次的课程活动,直接受益的青少年及家长达 1000 余人,相关案例获评全国最佳案例(全省唯一)。

【“好家风好家教”宣讲】 2023 年,区关工委“好家教好家风宣讲团”持续举办好公益沙龙工作坊(星期五研修沙龙),举办 4 期,每期 25 人,成为常态,深度服务 100 人次。积极联合社会群体和力量,组建团队、搭建平台开展工作 :与越城区心理指导中心一起做好咨询、辅导工作 ;与妇联一起做好公益讲座 ;与图书馆一起宣传传统节日。“葛老师讲故事”“老校长讲家教美德故事”“周老师说家教”3 个视频号持续深耕,老校长讲家风讲家教线上线下同步走,在途径、方式、内容上进一步拓展。4 个短视频、1 节精品课程、4 篇优秀文章入选市级好家风好家教优秀项目。(区教体局 谢海方)

文 化

综 述

【概况】 2023年，越城区举办各类精品群众文化惠民演出进基层120场，文化点单958场；送书下乡8.8334万册次、送展览讲座下乡540场；文化走亲交流活动22场。完成2023年省政府“浙文惠享”民生实事工程，浙东运河博物馆入选第二批浙江省文化基因转化活化创新项目，区图书馆获评国家一级馆、获批“中华经典传习所”。

【“浙文惠享”民生实事工程】 越城区文化广电旅游局完成2023年省政府“浙文惠享”民生实事工程，打造29个“15分钟品质文化生活圈”，新建3家城市书房、1家省级文化驿站、2家省级乡村博物馆。落实区政府重点工作建设10家文化驿站，并落实长效管理机制，扎实推动“15分钟品质文化生活圈服务指数”等长效运行要求，确保民生实事真正起到普惠民生的实效。

2023年越城区省政府民生实事工程“浙文惠享”项目一览表

表77

序号	街道	名称	地址
“15分钟品质文化生活圈”			
1	塔山街道	水沟营社区15分钟品质文化生活圈	迦蓝殿5号
2		罗门社区15分钟品质文化生活圈	罗东公寓9幢
3		渡东社区15分钟品质文化生活圈	环城东路2040号
4	迪荡街道	剡溪社区15分钟品质文化生活圈	卧龙路169号人才公寓B幢西首一楼
5		龙洲花园社区15分钟品质文化生活圈	龙洲花园社区96幢二楼
6		云东社区15分钟品质文化生活圈	御景华庭4期南34幢
7	稽山街道	鹤池社区15分钟品质文化生活圈	鹤池苑小区2号地块小星星幼儿园
8		森海社区15分钟品质文化生活圈	森海豪庭物业楼东侧森海社区办公室
9		涂山社区15分钟品质文化生活圈	涂山花园3幢13号
10	斗门街道	盐仓溇居15分钟品质文化生活圈	斗门街道盐仓溇居
11		璜山南村15分钟品质文化生活圈	斗门街道璜山南村村委
12		玉山村15分钟品质文化生活圈	斗门街道玉山村村委
13	鉴湖街道	鉴园社区15分钟品质文化生活圈	南池鉴园56幢2楼

续表 77

序号	街道	名称	地址
14	北海街道	寨下社区 15 分钟品质文化生活圈	越城区大滩路 58 号
15		越西社区 15 分钟品质文化生活圈	越城区北海街道越西新村小区 29 幢东
16		西湖社区 15 分钟品质文化生活圈	越城区西湖社区世和坊 4 幢北面
17	灵芝街道	大树江社区 15 分钟品质文化生活圈	凤林西路与大树江路交叉口大树江党群服务中心
18		梅山社区 15 分钟品质文化生活圈	灵芝街道金麟府 23 幢梅山社区党群服务中心
19		肖港居 15 分钟品质文化生活圈	灵芝街道后墅路肖港坊 29 幢
20	沥海街道	潭许村 15 分钟品质文化生活圈	潭许村村委
21		新联村 15 分钟品质文化生活圈	新联村村委
22	马山街道	红墅村 15 分钟品质文化生活圈	马山街道红墅村村民委员会
23		储墅村 15 分钟品质文化生活圈	马山街道储墅村村民委员会(储二片)
24		洋泾湖社区 15 分钟品质文化生活圈	马山街道天御湾 20 幢 201
25	城南街道	阳明社区 15 分钟品质文化生活圈	越城区城南街道阳明华都东区 10 幢
26		翠苑社区 15 分钟品质文化生活圈	越城区解放南路 1246 号 2 幢 2 楼
27	府山街道	铁甲营社区 15 分钟品质文化生活圈	营桥直街 8 号
28		书圣故里社区 15 分钟品质文化生活圈	石家池沿 92 号
29		东双桥社区 15 分钟品质文化生活圈	东街 644 号
城市书房			
1	城南街道	绍兴树兰书房·中兴馆	城南街道中兴南路 778 号
2	府山街道	绍兴树兰书房·纵向馆	府山街道上大路 11 号
3	皋埠街道	绍兴树兰书房·坝头山站	皋埠街道坝头山村
文化驿站			
1	陶堰街道	陶堰街道文化驿站	陶堰街道新街京福线与钱陶公路交叉口西 100 米
乡村博物馆			
1	马山街道	尚巷村师爷纪念陈列馆	马山街道尚巷村
2	富盛镇	上旺精神陈列馆	富盛镇上旺村

2023 年越城区政府重点工作建设 10 家文化驿站一览表

表 78

序号	镇街	名称
1	灵芝街道	灵芝街道梅山社区文化驿站
2	富盛镇	富盛镇文化驿站
3	孙端街道	安桥头村文化驿站
4	塔山街道	塔山街道文化驿站
5	东浦街道	东浦街道南村村文化驿站
6	斗门街道	斗门街道玉山村文化驿站
7	皋埠街道	皋埠街道坝头山村文化驿站
8	沥海街道	沥海街道文化驿站
9	迪荡街道	迪荡街道文化驿站
10	鉴湖街道	鉴湖街道文化驿站

群众文化

【概况】 2023年，越城区开展2023祝福·绍兴古城过大年等系列主题活动，全年开展文艺赋美活动18432场、送展览下乡100场、文化走亲22场。举办“浙艺少年”首届浙江省青少年艺术普及系列活动越城区选拔赛、2023绍兴市青少年钢琴大赛越城区选拔赛暨越城区第一届青少年钢琴大赛，承办第六届绍兴市群众音乐大赛。在各类文化赛事中获得省级优秀组织奖1个、金奖3个、银奖5个、铜奖4个；市级优秀组织奖6个、金奖19个、银奖21个、铜奖22个、优秀奖5个，参加第十一届中国曲艺节优秀曲艺节目展演。

【全民艺术普及】 区文化馆“百姓学堂”品牌培训面向市民开设33门公益课程，共授课1447课时，惠及群众3.4万余人次。开展地方戏曲曲艺惠民演出活动16场，线下观看640人次。举办“越城文化大讲堂”11场公益讲座、公益培训成果汇报展演1场、书画展览5场。全年免费开放舞蹈教室、培训教室、综合排练厅累计235次。每周在黄酒小镇、世茂广场、八佰伴、仓桥直街4个固定点位开展常态化演出共589场。全区开

2023年越城区群众文化工作成绩（荣誉）一览表

表79

序号	成绩（荣誉）名称	获奖单位（或个人）
		国家级
1	第十一届中国曲艺节优秀曲艺节目展演	绍兴平湖调《水乡吟》 朱曼（编剧）、谢晓彤（导演）、叶月芳（演员）、钱泽霖（演员）
		省级
2	2023浙江非遗年俗短视频大赛一等奖	古城兴“新年” 陈天、谢晓彤、朱曼
3	2023浙江非遗年俗短视频大赛二等奖	古城过大年 张斯奇
4	2023浙江非遗年俗短视频大赛三等奖	送福送春联 李亚鹏
5	2023浙江非遗年俗短视频大赛优秀组织奖	绍兴市越城区文化广电旅游局
6	浙江省第十二届群众曲艺大赛一等奖	绍兴平湖调《水乡吟》 朱曼（作词）、谢晓彤（辅导）、叶月芳（演员）、钱泽霖（演员）
7	第六届“浙艺少年”首届浙江省青少年艺术普及系列活动一等奖	朗诵《长大以后做什么》 朱曼（辅导）
8	第六届“浙艺少年”首届浙江省青少年艺术普及系列活动二等奖	《火把节的欢乐》 谢晓彤（辅导）
9	第六届“浙艺少年”首届浙江省青少年艺术普及系列活动二等奖	《少年火箭梦》 谢晓彤（辅导）、朱曼（指导）
10	第六届“浙艺少年”首届浙江省青少年艺术普及系列活动三等奖	《牵着蜗牛去散步》 谢晓彤（辅导）
11	第六届“浙艺少年”首届浙江省青少年艺术普及系列活动三等奖	《阿刁》 谢晓彤（辅导）
12	第六届“浙艺少年”首届浙江省青少年艺术普及系列活动三等奖	*Always remember us this way* 谢晓彤（辅导）
13	浙江省第二十二届群众音乐大赛二等奖	女声独唱《牵着蜗牛去散步》 朱曼（作词）、谢晓彤（作曲、辅导）
14	浙江省第三十三届群众舞蹈大赛二等奖	双人舞《风雨同舟》 张斯奇（辅导）

黄酒小镇固定点位文艺赋美演出（于影　摄）

2023 年 8 月 21 日，越城区赴马边彝族自治县举办越城·马边文化走亲文艺演出活动（张斯奇　摄）

展文艺赋美活动 18432 场，“文艺赋美工程”指标得分情况全省名列前茅，多次位居全省第一。

【文化走亲】 2023 年，越城区文化馆组织文艺演出赴柯桥区、诸暨市、新昌县、开化县、柯城区、临海市、无锡市梁溪区、合肥市蜀山区、安庆市怀宁县、上海市浦东新区、乐山市中区、四川省乐山市马边彝族自治县开展 2023 文化走亲文艺晚会 12 场；赴嵊州市、诸暨市、新昌县、上虞区、柯桥区（2 场）开展非遗展览走亲 6 场；赴开化县、柯城区、诸暨市、新昌县开展书画交流走亲 4 场；诸暨市、开化县、岱山县、马边彝族自治县（2 场）、上城区赴越城开展文化走亲文艺晚会 6 场；长兴县、诸暨市、上虞区、嘉善县赴越城开展书画交流活动 4 场，携手共建文化大发展、大繁荣。

图书馆事业

【概况】 2023 年，越城区推进城市书房建设工作和日常接待服务工作，致力打造“15 分钟品质文化生活圈”。2023 年越城区图书馆读者服务总人次达 324.6 万，流通图书 225.8 万余册；新办理读者证 1.2 万张，送书下乡 11.1 万册；全年新增图书 8.3 万册，馆藏总量达 87.3 万册。流通站流通 37 万人次，图书借还 32.6 万册次。全年开展线上线下活动共 1171 场，其中阅读推广活动 768 场，展览 294 场，讲座 96 场，培训 13 场，同比增长 52%，吸引约 165.6 万人参加。年内，区图书馆共征集到地方文献 393 种 633 册，获评国家一级馆。

【新建 5 家镇街分馆、城市书房（农村书屋）】 2023 年，越城区图书馆连开东湖分馆、富盛分馆、北海街道树兰书房·纵向馆、城南街道树兰书房·中兴馆、皋埠街道树兰书屋·坝头

2023 年越城区图书馆新建分馆、城市书房（农村书屋）一览表

表 80

馆名	藏书（册）	面积（平方米）	地址
绍兴树兰书房·中兴馆	12000 余	228	中兴南路 778 号
绍兴树兰书房·纵向馆	3000 余	100	上大路特色街区
绍兴树兰书屋·坝头山站	8000	180	皋埠街道坝头山村陆游文化中心
越城区图书馆·富盛分馆	6700 余	300	富盛镇庞公山广场
越城区图书馆·东湖分馆	7000 余	552	东湖街道滋江家园

山站5个镇街分馆、城市书房(农村书屋)。

【"书尚越城"越城区第十九届读书节活动】 越城区图书馆在"书尚越城"越城区第十九届读书节启动仪式上,发布"跟着树兰读越城"阅读地图,举行"书尚越城"系列之最美阅读之星、最美阅读组织、最美书香家庭、最美城市书房(镇街分馆)的颁奖仪式。在地铁1号线栖湖、鲁迅故里、城市广场三个站点开设"地铁漂流(畅享)书屋",营造地铁上的读书站。在越城区图书馆内开展书香跳蚤集市、巧手捏面人、宋朝线装书手作体验、汉服折纸DIY等活动,同时,也在线上开展丰富多样的阅读推广活动,在世界读书日期间,区图书馆与区残联联合开展有爱无碍,书香助残——"关爱残疾人"送书上门志愿服务活动,打通文化助残的"最后一米",让特殊人群平等共享社会公共文化服务。

【获批中华经典传习所】 2023年,国家古籍保护中心通过线上形式,组织召开"中华经典传习所"评审会,全国仅首都图书馆、黑龙江省图书馆、广州图书馆、扬州市图书馆、绍兴市越城区图书馆等5家单位通过,全国仅有11家获批挂牌单位,越城区图书馆是其中唯一一家区级图书馆。

【公共数字文化与数字资源建设】 2023年,越

2023年4月23日,"书尚越城"越城区第十九届读书节之指尖上的名著"——巧手捏面人活动(陆晓欣 摄)

城区图书馆网站访问量为8.3万次,微信公众号关注人数达2.1万人,图文访问量达11.9万次,支付宝生活号关注人数4.5万人,主页访问次数达60万,抖音号浏览量9.2万次,微信视频号浏览量4.2万余次,"E点到家"邮递借阅服务共有750位读者下单1700次,外借图书5100余册。(区文广旅游局 高欣)

档案事业

【概况】 2023年,越城区档案馆打通与国家档案查询利用服务平台、长三角"一网通办"、浙江政务服务网、"浙里办"等平台的查档数据互通渠道,启用档案出证专用云电子印章,打造全国一站式查档服务平台,全年共提供查阅14139

2023年越城区图书馆省级以上荣誉一览表

表81

序号	荣誉名称	颁发单位
1	中华经典传习所挂牌	国家古籍保护中心
2	国家一级馆	文化和旅游部
3	选送的作品《红船,从嘉兴南湖扬帆起航》在2022"天籁浙江"主题朗诵大会中获青少组三等奖	浙江省文化和旅游厅
4	浙江省图书馆学会2019—2023年优秀会员(陈劲苗)	浙江省图书馆学会
5	推选的作品《沈园的故事》荣获成人组二等奖、《鉴湖女侠秋瑾》获青少组三等奖	浙江省文化和旅游厅
6	全省垃圾分类暗访综合考核满分单位	浙江省机关事务管理局、浙江省生活垃圾分类工作领导小组办公室

人次,其中远程查阅2417人次。全年完成47家单位2021年进馆档案数字化成果检查,对155家全宗单位、386家二级单位系统约255万条数据库数据完成核查。

2023年,越城区档案馆对接区收藏家协会、区乡贤会及17个镇街乡贤会,邀请全区收藏家与文史爱好者30余人参加珍贵档案征集座谈会,共征集红色档案资料和越城区历次重大会议、第三次人口普查等老照片以及涵盖工农业、教育文化医疗方面的老照片1万余张。

【红色档案征集】 2023年,越城区档案馆探索与省外社会组织合作模式,赴上海接收绍兴籍收藏家张洪森捐赠的“党的光辉史绩”系列红色档案资料,其中包括毛主席镀金半身雕像、中共一大纪念馆邮折、建党专题邮票珍藏册、十大元帅银币、辉煌的历程100周年金钞、毛主席诗词屏风等珍贵藏品共计113件,标志着越城区档案馆接收建馆以来首批特色馆藏。

【档案宣传】 2023年,越城区档案馆组织实施“6·9”国际档案日系列宣传活动,举办特色藏品捐赠、档案史志学会颁发顾问聘书、“越地留印”采风活动启动等活动,推出“兰台印记·‘八八战略’在越城”专题图片展,到机关、企业、学校、医院、村社设点宣传档案法律法规,发放宣传册900

2023年6月9日,“奋进新征程 兰台谱新篇”国际档案日活动在坡塘村举行,现场举行“党的光辉”系列红色档案捐赠仪式(区档案馆 提供)

余份。积极撰写各类新闻信息,在《人民日报》、“学习强国”学习平台、“方志中国”“潮新闻”“浙江信息”、《浙江档案》杂志、《绍兴日报》《今日越城》等媒体报道60余篇。

【档案编研】 2023年,越城区档案馆选送区内优秀档案编研成果评选省级奖项,《宋韵攒宫》获2022年度全省优秀档案编研成果二等奖,《档案工作服务基层治理“越城模式”研究》获2022年度全省档案学优秀成果三等奖。

史志编研

【概况】 2023年,越城区档案馆以《越城区志》编纂为着力点,全面深耕史志事业,全年获国家级试点1个,省级试点项目3个,举办1次全国现场会,在2023年度浙江省地方志事业发展评价中获得全省第七的优异成绩,《越城年鉴(2022)》获评2023年度浙江省精品年鉴。当年,编纂完成《越城年鉴(2023)》、《一张蓝图绘到底——忠实践行“八八战略”全记录》越城篇,有序推进《中国共产党越城历史(第三卷)》资料收集和初稿编撰,在“七一”建党节之际为5家市级党史教育基地授牌,深入社区、校园开展党史地情文化宣传,充分发挥史志工作“存史、资政、育人”作用。

【建区40周年专题献礼】 2023年,越城区档案馆紧扣越城区建区40周年重要时间节点,联合区委统战部编写《绍兴市越城区建区四十周年大事记》,梳理1983—2023年的大事要事共计15万字,献礼建区40周年。联合区委宣传部共同举办“日新越忆·越成就”——越城建区40周年大型成就展,征集各类照片2.54TB,共计44.9万余张,突出“八八战略”在越城的生动实践和建区以来的跃升蝶变。联合区融媒体中心推出《40年40事》大型主题报道,在“今

2023年10月16日，首届中国数字方志论坛暨纪念章学诚诞辰285周年学术研讨会开幕式现场举行全国方志文化宣教基地建设试点授牌仪式（区档案馆　提供）

日越城”“越城发布”等四大主流媒体进行发布，并整理成书、印刷出版。

【协办首届中国数字方志论坛】 2023年10月16—17日，中国地方志工作办公室主办，浙江省人民政府地方志办公室、绍兴市地方志编纂室、绍兴市越城区政府承办的首届中国数字方志论坛暨纪念章学诚诞辰285周年学术研讨会在越城区举行。开幕式上举行全国方志文化宣教基地建设试点授牌仪式、浙江省数字方志馆“一网百馆”平台上线仪式。各地地方志工作机构代表、论文作者、全国地方志工作机构新任负责人培训班参训学员300余人参加会议。

【全国方志文化宣教基地建设】 2023年，越城区档案馆以市区共建模式联合绍兴市史志研究室打造方志文化宣教基地，以章学诚方志馆、绍兴市方志馆、越城区方志馆和塔山方志文化公园“三馆一园”为载体，以“方志之乡”和新时代方志文化高地的定位，打造具有绍兴特色和越城辨识度的地情资料收藏中心、地情展览服务中心、地情研究发展中心、地方文化宣传中心和爱国主义教育基地，先后被列为全国、全省方志文化宣教基地建设试点。

【章学诚方志馆开馆】 2023年10月，章学诚方志馆开馆运行，开馆仪式现场举行全国数字方志建设现场会，由中国地方志工作办公室主任崔唯航，浙江省人民政府地方志办公室主任郑金月，绍兴市委常委、组织部部长王琴英，越城区委副书记、区长钱林江揭牌。该馆位于塔山北麓辛弄1号，原为市级文物保护单位章学诚故居，占地210平方米，建筑面积340平方米，是浙江省首个人物特色方志馆。该馆设置章学诚生平、章氏家族、方志学之祖、地方志之源、方志之乡、越城舆地、风起越城七大板块，以章学诚生平及人物精神、章学诚理论体系串联起后世研究、越城地方志历史发展沿革及成果、越城区历史发展沿革，激活绍兴古城文化名人故居，展现越城特色方志文化。（区档案馆　过路易）

文物保护

【概况】 2023年，越城区共管理各级文物520处，其中全国重点文物保护单位10处、省级文物保护单位22处、县（市、区）级文物保护单位66处，文物保护点115处、普查登录文物307处。层层签订区、镇（街）、村（社）文物安全责任书共191份，完成全区311处三普文物挂牌和39处古遗址、古墓葬文物安全警示标识设立，制定出台《越城区文物保护协管员管理办法》。浙东运河博物馆正式对外开放，完成习近平总书记考察调研接待工作，自9月开放以来，共展出文物309件（套），接待游客12万人次，开展研学游活动26场，服务研学6568人次。累计建成乡村博物馆5家，其中省级2家、市级3家。

【文物安全监管】 2023年，越城区与17个镇街、镇街与191个村（社区）签署《越城区文物安全责任书》，与柯桥区文物局签署《大运河联防联控协议》，制定《越城区文物保护协管员管理办法》，起草《越城区文物安全工作联席会议制度》，规范和健全基层文物保护与文物安全队伍建设，以日常检查、专项检查等多种形式共检查各级文物824家次，发现隐患125处，完成整改67处，完成省级以上文保单位卫星遥感监测斑块41项异常情况核查，其中14项涉嫌违法情况线索移交执法队调查处置，已立案4起，共处罚款20万元，其中结案3起。完成沥海街道38处不可移动文物档案资料接收，动态梳理文物安全雪亮视频监控383条，会同绍兴市文物局推进市、区两级文物安全巡查应用数据贯通，越城区“文物保护利用一件事”数字化改革经验案例得到市委书记徐军批示肯定，古桥安全监测模块得到全省文物安全数字化应用建设现场会推广。

【文物保护和平安工程】 2023年，越城区完成“绍兴历史城区”申报中国世界文化遗产预备名单工作，府山摩崖题刻等3处不可移动文物被公布为浙江省第八批省级文物保护单位，新登记越城区第三批区级文保点11处，完成全区311处“三普”文物挂牌和39处古遗址、古墓葬文物安全警示标识设立。实施完成龙山摩崖刻石养护等工程，推进古桥群（越城区）结构安全监测和古城文物古桥预防性保护监测，指导属地镇街实施完成文物保护点谢家祠堂修缮等工程。

【名人故居保护利用】 2023年，越城区开展名人故居资源调查，新调查发现名人故居资源10处，并对50处名人故居资源按照“一处一档”的要求进行建档，完成越城区名人故居资源档案，实施完成省级文物保护单位鲍氏旧宅建筑群保护修缮、陈建功旧居周边环境整治、市级文物保护单位章学诚故居维修布展、南野堂修缮工程，王阳明故居遗址、邵力子故居被公布为浙江省第八批省级文物保护单位。

【文物考古前置】 2023年，越城区上报考古调查勘探任务61项，联合省、市文物考古研究所完成42项，累计勘探面积3546732平方米，项目总

浙东运河博物馆（区文广旅游局 提供）

量及完成效率均居全省前列，保障中芯三期、豪威微显示、古越龙山黄酒产业园等一大批重大产业项目落地；累计发掘面积约13000平方米，勘探发现和畅堂遗址、赖山遗址等文化遗存。

【建成开放浙东运河博物馆】 浙东运河博物馆于9月正式对外开放，主展陈以“通江达海、运济天下——浙东运河文化陈列”为主题，展览面积达9100平方米。9月20日，习近平总书记考察浙东运河文化园及浙东运河博物馆，察看浙东古运河河道和周边历史文化遗存，详细了解浙东运河发展演变史和当地合理利用水资源、推进大运河保护等情况。浙东运河博物馆作为亚运会期间重要接待点位，其间共接待团队110批次、游客超3万人，日均人流超千人次。截至年底，浙东运河文化园入选国家文化产业示范园区培育名单，并被评为浙江省文化基因转化活化创新项目、绍兴市第四批干部教育培训现场教学示范基地。

【建成乡村博物馆5家】 2023年，越城区创成乡村博物馆5家，其中马山街道尚巷村师爷陈列馆、富盛镇上旺精神陈列馆2家被评为省级乡村博物馆，马山街道非遗文化展示馆、绍兴市会稽金石博物馆、绍兴市石语堂玉石博物馆3家被评为市级乡村博物馆。截至年底，累计创成省级乡村博物馆5家，市级乡村博物馆4家，其中，鲁迅外婆家陈列馆朝北台门陈列馆入选

"绍兴市十佳示范乡村文化博物馆"，获评"2022年浙江最值得去的十佳乡村博物馆"，获"2023年浙江省三星级乡村博物馆"称号。

非遗工作

【概况】 2023年，越城区非物质文化遗产保护中心有省、市、区三级非遗项目117项，三级代表性传承人71人（去世4人），拥有三级非遗传承基地30处。传统木船制造技艺（绍兴传统木船制造技艺）入选第六批省级非物质文化遗产代表性项目名录，推荐认定绍兴市松陵造船有限责任公司为第六批省级非物质文化遗产代表性项目保护单位。认定绍兴市秀水小学、绍兴市袍江小学教育集团越英路校区等2所学校为第三批绍兴市非物质文化遗产教学性传承基地；认定"绍兴传统木船""古法制蜜""绍兴黄酒""千层底布鞋"等4家非遗工坊为绍兴市首批市级非遗工坊；认定稽山书场、越州书苑、闲园书场、青藤书场等4家书场为绍兴非遗曲艺书场；认定绍兴越城黄酒小镇旅游开发有限公司为第二批绍兴市非物质文化遗产旅游景区。公布越城区第七批非物质文化遗产项目代表性项目推荐名单10个；发放67名市、区级越城区非遗代表性传承人，8名省级非遗代表性传承人补助。

传统木船制造技艺（骆华栋　摄）

【"非遗"活态传承】 2023年，越城区非遗中心开展非遗公益培训157课时，"古鄮今韵 非遗时光"送非遗进文化礼堂活动16场，惠及群众2800余人次；城南街道名人广场、陶堰街道

2023年越城区首批绍兴市非遗工坊一览表

表82

序号	名称	建设主体	涉及非遗项目
1	"绍兴传统木船"非遗工坊	绍兴市松陵造船有限责任公司	绍兴传统木船制作技艺
2	"古法制蜜"非遗工坊	绍兴市单氏蜂业有限公司	古法制蜜技艺
3	"绍兴黄酒"非遗工坊	浙江圣塔绍兴酒有限公司	绍兴黄酒酿制技艺
4	"千层底布鞋"非遗工坊	绍兴安奇鞋业有限责任公司	千层底布鞋制作技艺

2023年越城区第三批绍兴市非物质文化遗产教学性传承基地一览表

表83

序号	申报单位	非遗项目
1	绍兴市秀水小学	越医文化
2	绍兴市袍江小学教育集团越英路校区	绍兴童谣

2023 年越城区第七批非物质文化遗产一览表

表 84

序号	项目名称	类别	申报地
1	绍兴徐源昌传统糕点制作技艺	传统技艺	东浦街道
2	扯白糖	传统技艺	东浦街道
3	修缸补甏	传统技艺	东浦街道
4	越州蛐蛐罐雕刻制作技艺	传统技艺	塔山街道
5	绍兴金石碑版雕刻技艺	传统技艺	府山街道
6	绍兴合香炮制技艺	传统技艺	马山街道
7	金银丝镶嵌工艺	传统技艺	鉴湖街道
8	绍兴传统植物染料染色技法	传统技艺	城南街道
9	绍兴竹编	传统美术	孙端街道
10	绍兴瓷板画	传统美术	灵芝街道

2023 年 4 月 4 日，孙端街道村头村开展“古畈今韵 非遗时光”棕榈叶编制亲子体验活动（倪海明 摄）

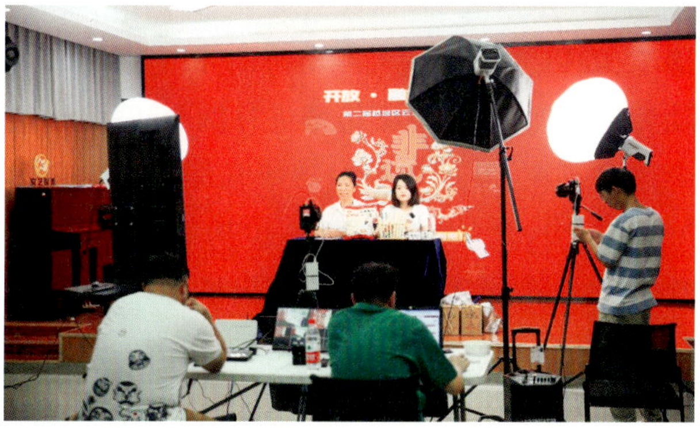

2023 年 5 月 29 日至 6 月 2 日，区文广旅游局举办第二届越城区云上非遗购物节（张斯奇 摄）

文化中心、府山街道越都社区、北海街道文化驿站、迪荡街道戢山社区、迪荡街道五市门社区等开展“喜迎亚运 乐享非遗”主题展览 100 场；送越剧、绍兴摊簧、莲花落等国家级非遗项目演出到文化驿站 4 场。

【非遗赛事】 2023 年，越城区非遗中心拍摄制作视频参加“2023 浙江非遗年俗短视频大赛”获得一等奖、二等奖、三等奖各 1 个，区文广旅游局获得优秀组织奖；组织参加第十二届“绍兴师爷讲故事”比赛，获得一等奖 1 个、二等奖 4 个及优秀组织奖。

【非遗保护数字化】 2023 年，越城区不断完善非遗数字保护档案和数据平台，录入数据 450 条，形成数据资源库 110GB，涵盖民间文学、传统音乐、传统戏剧、曲艺等 9 个类别；设计制作《越城区非遗大观》，对非遗项目和传承人图像、文字、音像等基础资料进行数字化处理保存；举办第二届云上“非遗购物节”，上架产品 30 余款，直播总观看量 1.78 万余次，获得点赞数达 15 万余次。（区文广旅游局 高欣）

文化产业

【概况】 2023 年，越城区开展文化产业增效行动，以省文化产业发展专项扶持资金为契机，推进迎恩门风情水街、中国近代教育文献全文检索知识服务数据库建设。浙东运河文化园、黄酒小镇等17个市级文化产业重点建设项目顺利推进，完成年度投资22.5亿元，位列全市第一。

【文化产业政策扶持】 2023年，越城区出台全区文化产业集聚、文化企业培育、产业项目推进等扶持政策，累计兑现各类奖补资金1482.3万元，惠及企业23家，兑现资金位居全市第一。

【文化企业培育】 2023年，越城区全力推进浙江世宏实业有限公司、绍兴市锦升塑业有限公司等一批企业“非转文”“小升规”，截至年底，全区有规上文化企业109家。

社会科学

【理论研讨】 2023年，越城区社科联组织“八八战略”“越城40周年”“大运河”等主题学习宣传和理论研讨征文活动5场，累计征集优秀理论文章100余篇。《守护绿水青山 走出生态共富路》获绍兴市“我身边的‘八八战略’”主题宣讲文稿一等奖，《“八八战略”看“浙里”》获二等奖。

【地方资政服务】 2023年，越城区社科联加强理论研究阐释，推进“数字经济”“科技创新”“探寻台门里的故事”“传统建筑营造技术的传承与发展”“古城优秀典故”“越城建区40周年发展研究”等6个课题研究阐释。《从重大产业项目急速落地看营商环境的重要性》《越城区创新打造“泛半导体+”全产业链 加快蓄积未来产业发展新动能》等3篇信息被省领导批示肯定，《越城：持续擦亮“幸福越城”民生底色》时隔3年再次被《浙江民生发展报告》录用；5篇政研材料入选市《决策参考》，《构筑越城数字经济模式发展研究》入选区《决策参考》。

【地方文化研究】 2023年，越城区社科联开展越文化研究，推出《绍兴日报》越城理论版面26期，刊发理论文章92篇，编撰出版《时光里的越城》越文化普及读本、《浙江文史记忆》越城卷、《船说》《宋韵攒宫》《越城区建区四十周年大事记》《探寻台门里的故事》《古城优秀典故绘图集》《剑胆书心传新曲 越古超今谱新篇——越城建区40周年发展研究》等书籍。《“四个一”唤醒千年古城》入选省《“八八战略”百法百例》。

【社科普及活动】 2023年，越城区社科联举办“游越地读历史”读书沙龙活动、“越是我故乡”社科普及暨风雅宋韵主题研学、“讲好中国故事 传承绍剧艺术”讲座暨《猴王世家》读者见面会、《一树梅花一放翁》郦波主题讲座、迎亚运知识普及、《唐风宋韵》钱币文化展等各类科普活动120余场。举办宋韵艺术生活展，观展群众2万余人次，媒体阅读量总计突破500万人次。“华夏经典·弦歌不辍”国学社科普及活动入选绍兴市2023年度社团组织和社科普及基地重点扶持项目。

新闻出版

【概况】 2023年，越城区紧紧围绕“护苗、秋风、清源、固边、净网”五大专项行动，以专项整治行动为重要抓手，建立案情推进月例会、联席会议季例会制度，开展各类专题研究部署相关工作5次。组织公安、文化执法、市场监管等单位，开展开学季校园周边、问题台历日历、低俗文创产品、亚运会版权、安全生产等专项联合巡查7次，检查相关企业80余家，开展双随机日常检查587家次，发现涉违规经营、违规印刷等问题线索8条，查办刑事、行政案件41件，同比增长超30%，申报成功国家督办案件2起。

【扫黄打非】 2023年，越城区着力推进省级（国家级）扫黄打非进基层示范点创建申报工作，年内新申报培育单位省级 11 家、国家级 1 家，迪荡街道都泗社区创建为省级示范点。

【护苗行动】 2023 年，越城区打造具有越城特色的“越芽儿”护苗品牌，搭建“一个护苗基地、一出少儿舞台剧、一个网络专栏、一场主题脱口秀、一本普法漫画”等“五个一”载体，联合区教体局、区妇联、团区委、区文化执法队等相关单位赴基层，开展多种“绿书签”护苗活动 31 场。

融媒体工作

【概况】 2023 年，越城区围绕建区 40 周年、亚运会等，制作拍摄《剑胆书心 越古超今——越城区建区 40 周年人文访谈纪录片》《J 报来了》短视频等新媒体作品，《J 报来了》短视频获杭州第 19 届亚运会主题优秀新闻作品一等奖；举办建区 40 周年成就展，发布“一本书、一首歌、一部电影”等越城主题文化铸魂工程系列文化文艺作品，打造“遇见越城”快闪宣传小屋，全面讲述越城 40 年在产业转型、民生改善、文化发展等方面的蝶变故事，持续扩大越城影响力、传播力。

【传统媒体】 2023 年，越城区融媒体中心全面启动与绍兴市新闻传媒中心战略合作项目，按照独立标准升级打造《绍兴日报 · 今日越城》，迭代电视公共频道为“越城频道”，有效探索市区媒体纵深融合新路子。

【新媒体】 2023 年，越城区融媒体中心深化今日越城客户端“新闻 + 政务 + 服务 + 商务”运行模式 3.0 版本，加快中心体制机制、政策措施、流程管理、人才技术等方面改革创新。截至年底，“今日越城”App 装机量突破 108 万人次，每月发稿量达 3000 篇，区融媒体中心作品《“献礼党的二十大 我在越城很幸福”系列微视频》获 2022 年度省县市新闻奖（新媒体类）一等奖、浙江政务融媒体作品短视频专题报道类一等奖。
（区委宣传部　张珂欣）

文化市场管理

【概况】 2023 年，越城区文化市场行政执法队全面贯彻落实习近平新时代中国特色社会主义思想，以习近平法治思想为引领，夯实日常执法基础，抓好安全生产，突出专项整治，聚力办案处罚，加强普法宣传，全年出动检查 9143 人次，检查场所 4447 家次，围绕全省文化市场行政执法指数评价标准，务实争先，全面落实越城文化旅游市场行政执法工作。

【抓实日常执法】 2023 年，越城区文化市场行政执法队以领导带队、联合检查、交叉执法、排班巡查等多种方式，对娱乐、演出、剧本杀、电竞酒店、文物、旅游、印刷、出版、广电等各领域开展无死角、覆盖式检查。规范经营行为，落实安全生产，保护未成年人，从实从严把握执法要点，抓点纠违提升执法效能。结合春节、亚运会、国庆等重要时段，开展安全生产大排查大整治行动 3 次，加强夜间薄弱时段监管，开展夜检 96 次，严查隐患整治，补齐问题短板，移交消防部门相关问题 17 处。与 100 余家企业签订《安全生产责任书》，组织行业安全生产培训 3 次，开展行业消防安全应急演练 2 场，压实安全责任，提升应急能力。

【开展专项整治】 2023 年，越城区文化市场行政执法队开展春节期间电影版权保护、开学季校园周边市场“护苗”、歌舞娱乐及电竞酒店接纳未成年人整治、网吧经营管理技术实施情况督查、新闻出版与印刷市场专项检查、私人影院电影播放版权问题检查、旅游市场“三不”问题专项整治、宾馆酒店一次性用品使用检查、省级以上文保单位安全检查等专项行动15次;与市、区部门协同联动,开展“助企开门红”复工复产检查、剧本娱乐场所规范经营检查、旅游大巴运营督查等联合行动6次;运用“互联网+监管”,开展“双随机、一公开”抽查、“综合查一次”86次,检查场所1688家次。从紧急应对、联合协作到制定长效机制,有效解决舆情问题,形成闭环整治。

【统筹执法与办案】 2023年,越城区文化市场行政执法队加强与省、市部门对接,与公安等部门互通,打好线索移交、联动处置的“组合拳”,邀请专家指导,现场踏勘协商,依法公开公正执法办案。开展业务集训,提升执法队伍执法办案能力,一案卷被评为全省文物行政处罚优秀案卷,全市文化市场行政执法岗位练兵技能竞赛获个人全能一等奖、团体二等奖,队员获得“浙江金蓝领”、全市文化市场行政执法能手、执法新秀等称号。全年累计行政处罚立案调查62件,警告29家次,停业整顿2家次,罚款52.7万余元,没收非法所得7000余元,没收违法物品

2023年3月18日,“春风化雨”——文化和旅游市场“3·18”法治宣传周活动进校园(朱丽娟 摄)

71件。办案领域涉及文物、旅游、未成年人、版权、艺术品经营等多个领域。

【做好普法建设】 2023年,越城区文化市场行政执法队结合全国法制宣传日,深入高校、企业、社区、商场、书房书店等,并利用脱口秀宣讲、法规讲座、知识竞答、互动游戏、漫画释法、公众号公布案例等多种新颖方式进行相关法规宣传。此外,“5·19”中国旅游日参加市级“文化‘执’播”,线上线下齐发力,让文旅普法宣传再上新台阶。(区文广旅游局 高欣)

体 育

综 述

【概况】 2023年，越城区提前完成市、区级体育类民生实事项目建设任务。新建和改建社区健身苑点9处，新建成住宅小区配套体育设施8处。成功承办第二届中国国际象棋冠军赛、全国国际象棋棋协大师赛（绍兴站）、长三角城市空竹邀请赛暨长三角城市空竹联盟成立仪式等高规格品牌赛事（活动）。其中国际象棋冠军赛举办期间，世界冠军丁立人发来贺信，世界国际象棋联合会副主席谢军出席开幕仪式和走进校园，央视五套先后两次对比赛开幕式、闭幕式进行报道。越城区被授予2022年度“全国国际象棋优秀赛区”和“全国国际象棋运动先进单位”称号。全年举办“迎亚运”等各类主题群众体育赛事活动312场。获绍兴市第十届全民运动会奖牌802.2枚、团体总分位列全市第三。获省青少年锦标赛奖牌194枚，位列全市第三。

【体育设施建设】 2023年，越城区完成市、区两级体育类民生实事建设项目15个，其中“体育+”公园1个、多功能运动场2个、足球场1个、百姓健身房9个、村级全民健身广场1个，健身步道（含环浙步道6公里）80千米。新建和改建社区健身苑点9处，新建成住宅小区配套体育设施8处。全区人均体育场地面积达2.88平方米。

润沁花园社区百姓健身房（区教体局 提供）

竞技体育

【概况】 2023年，越城区1359名运动员在绍兴市第十届全民运动会上，参加28个大项比赛，获金牌372.45枚、奖牌总数802.2枚，团体总分6606.625分，由上届全市第五名升至第三名。在省青少年锦标赛上获金牌72枚、银牌57枚、铜牌65枚，居全市第三，创历史之最。全国比赛获金牌18枚、银牌13枚、铜牌15枚。世界比赛获冠军1个。2023年，越城区承办省级赛事2项，市级赛事3项。

【区级比赛】 2023年，越城区教体局按照《2023年学校体育竞赛计划》，组织16项区级比赛，共有46所中小学及幼儿园9万余名学生(幼儿)参与。

群众体育

【概况】 2023年,越城区举办“迎亚运”主题等各类群众体育赛事活动312场,100%录入全国群众体育赛事活动信息平台,位列全市第一。举办大型线上全民健身运动会,参与人次达到6.4万。完成亲子马拉松、趣味定向赛、水乡龙舟赛、荧光酷跑等特色赛事组织工作。成功举办越城区第二届运动会。全区经常参加体育锻炼的人数比例达43.5%。

2023年,越城区在广西·乐业(第七届)全国攀岩锦标赛上获2枚金牌、2枚银牌、2枚铜牌(区教体局 提供)

【承办2023年第二届中国国际象棋冠军赛】 2023年5月28日至6月2日,由国家体育总局棋牌运动管理中心、中国国际象棋协会

2023年,越城区在全国国际象棋青少年锦标赛(团体)上获2枚金牌、1枚银牌、1枚铜牌(区教体局 提供)

2023年7月20—23日,越城区承办浙江省青少年国际跳棋锦标赛(区教体局 提供)

2023年越城区承办省、市级比赛一览表

表85

序号	比赛名称	比赛时间	比赛地点
1	ZSFL浙江省第十四届中小学生校园足球联赛小学男子甲组总决赛	5月13—17日	树人小学
2	浙江省青少年国际跳棋锦标赛	7月20—23日	区国跳协会 皋埠小学
3	绍兴市第五届中小学生排球联赛	5月29—30日	区体育中心
4	ZSFL浙江省第十五届中小学生校园足球联赛绍兴赛区市级赛(高中、中职组)	11月2—5日	袍江中学
5	ZSTL浙江省第十五届中小学生乒乓球联赛绍兴赛区市级赛	11月23—25日	建功中学迪荡湖校区

主办，浙江省智力运动管理中心、绍兴市越城区人民政府承办，绍兴市越城区教育体育局执行举办的“华颐杯”第二届中国国际象棋冠军赛在越城区举行。韦奕和卢尚磊争夺冠军，最终，在“突然死亡”赛中，韦奕执黑战胜卢尚磊，获得冠军，央视五套进行两次跟踪报道。

【护航亚运会】 2023 年，越城区组织开展迎亚运会倒计时 200 天、100 天等重大活动，配合做好亚运会绍兴市承办项目筹备和实施好场馆综合利用、运营维护、救护培训等项目。全力保障火炬传递大事要事，聚焦氛围营造、环境提升、维稳安保三大重点，完成市级交办任务 18 项。适应性调整沿线 10 所学校教学安排，协调 2000 余名沿线街道干部参与联勤联动工作，联动 30 个镇街及部门、7 所学校共 1600 余人做好路段秩序维护工作，制作分发宣传材料 6000 余份，为火炬传递活动加油助威，火炬传递沿途观众逾 20 万人次。

2023 年 5 月 29 日，“迎亚运 · 华颐杯”第二届中国国际象棋冠军赛开幕式举行（区教体局　提供）

【线上线下科学健身指导】 2023 年，越城区举办“体卫融合”科学大讲堂 16 期，共计 1364 人参加。全区社会体育指导员激活数量 3243 人，有效履职服务率 59.56%，位列全市第一，并大幅度领先其他县（市、区）。组织开展“浙里健康”体质测试工作，涉及 10 个镇街居民群众，共计 3666 人，国民体质健康合格率达 94.3% 以上。

【体育产业】 2023 年，越城区推动制定扶持体育产业发展政策及实施细则，并纳入全区加快现代服务业高质量发展若干政策兑现平台（“1+9”平台），全区 20 家体育企业申报获得受益，受益资金 239.18 万元。绍兴市岭峰气枪制造有限公司入选省隐形冠军企业，浙江大沩人工智能科技有限公司“AI 跳吧智慧体育运动产品”产品入选工信部、体育总局智能体育典型案例，越城风之谷（户外拓展）被浙江省体育局、浙江省文化和旅游厅认定为 2023 年度浙江省运动休闲旅游优秀项目（2023—2025 年），越城区体育中心被授予“浙江省公共体育场馆开放使用评价优秀单位”称号。全年完成高危体育项目行政许可审批 9 家，查处无证经营高危体育项目场所 3 家。全区体彩销售超过 5.5557 亿元，排名全市第一。（区教体局　谢海方）

卫生健康

综述

【概况】 2023年，越城区有综合性公立医院1家，社区卫生服务中心（卫生院）17家，社区卫生服务站108个，村卫生室31个，民营医疗机构245家，其中民营医院17家、门诊部15家，诊所（包括医务室）209家，开放床位2818张。全区卫生健康系统共有专业技术人员1961人，具有中高级职称945人，医师2308人，护士2207人。全年基层医疗机构门急诊471.5万人次，较2022年上升8.24%；区域内就诊率90.02%，出院病人数1.43万人次，同比增长77.43%。

【健康越城建设】 2023年，越城区印发出台《绍兴市越城区人民政府办公室关于开展健康影响评估工作的通知》，制订《2023年越城区健康影响评价重点工作计划》，完成2例行政规范性文件及1例重大工程项目健康影响评价。在今日越城健康浙江行动专栏及潮新闻客户端共刊登健康越城宣传信息59篇。累计举办健康素养进农村文化礼堂健康讲座374场，健康指导/服务192场，中医药活动166场，受益25974人。在2023年度健康浙江建设考核中获评优秀。

【推进医疗卫生项目建设】 2023年，越城区推进浙江省人民医院绍兴医院，东湖、马山2个街道社区卫生服务中心和区公共卫生服务中心等4个项目建设。浙江省人民医院绍兴医院一期项目于7月完工，马山和东湖两个社区卫生服务中心项目于12月完工。全年投入2.57亿元用于省人民医院绍兴医院建设，投入3855万元建设区公共卫生服务中心项目，投入8313万元建设马山、东湖街道社区卫生服务中心项目，投入2100万元装修镇街卫生院及社区卫生服务站，更新基层医疗单位医疗设备。

【打造区域医学高地】 2023年，越城区深化省地合作办医，按三级甲等综合性医院标准全力推进浙江省人民医院越城院区建设与发展，浙江省人民医院绍兴医院已成功获批第五批国家区域医疗中心项目。为加强全区临床专科能力建设，提升医疗核心竞争力和影响力，制订并印发《越城区临床专科能力建设方案（2023—2025年）》。将越城区人民医院口腔科、东浦街道社区卫生服务中心老年医学科、马山街道社区卫生服务中心消化内科3个申报项目纳入2023年度区级临床重点专科建设项目库。

【卫生健康数字化改革】 2023年，越城区完成数据传输与省级平台对接，数据质量稳在99分左右。上线慢病一体化门诊信息化AI助手项目，完成5G卫生专网组建，“健康银行”在全区推广应用。

【省、市、区三级民生实事项目】 2023年，越城区完成重点人群结直肠癌风险评估59502人，结直肠癌筛查59502人，高危人群结直肠镜检查并完成系统录入2117人；完成70周岁及以上老人免费自愿流感疫苗接种省定任务共接种28508人，完成率121.76%；完成70周岁及以上老人免费自愿肺炎疫苗接种市定任务共接种5000人，完成率100%。高危人群肺癌筛查完成流行病学调查102357人，完成率102.36%；CT筛查诊断30344人，完成率103.39%；为2068人开展慢阻肺筛查，完成率103.4%。同质同标城乡居民健康体检完成22.73万人。

【东西部技术帮扶】 2023年，越城区共选派2批次4名医疗专业技术人员前往马边开展技术帮扶，接收4名马边县卫计系统的管理人员和技术人员进修学习。两地卫生健康局签订结对帮扶协议，通过组团式帮扶和人员交流培训等形式，提升马边县医疗服务水平。（区卫生健康局 王帅）

【医疗救助】 2023年，越城区全面落实因病致贫返贫防范长效机制，资助困难群众参加城乡居民医保7845人，资助金额459万元，医疗救助困难人员127374人次，救助金额1873万元，困难群众资助参保、医疗救助和高额费用化解率均达到100%，困难群众医疗费用综合保障率达到85.95%。（区医保分局 丁沁颖）

基层医疗卫生服务

【概况】 2023年，越城区深入开展“优质服务

2023年越城区“优质服务基层行”活动达标情况一览表

表86

序号	单位	标准情况
1	塔山街道社区卫生服务中心	基本标准
2	府山街道社区卫生服务中心	推荐标准
3	北海街道社区卫生服务中心	基本标准
4	稽山街道社区卫生服务中心	推荐标准
5	城南街道社区卫生服务中心	推荐标准
6	迪荡街道社区卫生服务中心	基本标准
7	东湖街道社区卫生服务中心	推荐标准
8	灵芝街道社区卫生服务中心	推荐标准（2023年新增）
9	东浦街道社区卫生服务中心	推荐标准
10	鉴湖街道社区卫生服务中心	推荐标准（2023年新增）
11	斗门街道社区卫生服务中心	推荐标准
12	皋埠街道社区卫生服务中心	推荐标准
13	陶堰街道社区卫生服务中心	基本标准
14	马山街道社区卫生服务中心	推荐标准
15	孙端街道社区卫生服务中心	推荐标准
16	沥海街道社区卫生服务中心	基本标准
17	富盛镇卫生院	基本标准

基层行”活动，全区基层医疗机构基本标准达标率100%，累计有11家基层医疗机构达到省级推荐标准，占比达64.71%。创建社区医院6家。12项基本公共卫生服务项目关键指标均达到省市绩效考核要求。

【“优质服务基层行”活动】 2023年，越城区16个街道社区卫生服务中心、1个镇卫生院在“优质服务基层行”活动中均达标。年内，鉴湖街道社区卫生服务中心、灵芝街道社区卫生服务中心达到省级推荐标准。孙端街道社区卫生服务中心创成社区医院。

【基层医疗卫生机构财政补偿机制改革】 2023年制定《越城区基层医疗卫生机构补偿机制改革基本服务项目标化工作当量标准（2023版）的通知》（越卫发〔2023〕29号）。2022年度全省基层医疗卫生机构绩效考核省级监测评价，越城区位列全省第十名，皋埠达到全省社区卫生服务中心绩效监测评价A+级，陶堰、马山、鉴湖、灵芝、府山、东湖、东浦、斗门8家单位达到全省社区卫生服务中心绩效监测评价A级。

【基层公共卫生服务项目】 2023年，越城区12项基本公共卫生服务项目关键指标均达到省市绩效考核要求。年内，全区建立电子健康档案99.89万份，建档率89.36%，其中规范化建档率76.79%，开放率90%；老年人健康管理13.04万人，规范健康管理服务率72.94%；高血压患者管理99338人，规范管理率72.48%，血压控制率80.46%；糖尿病患者管理31775人，规范管理率72.43%，血糖控制率61.64%。

【家庭医生签约服务】 2023年，越城区做实做

2023年度越城区基本公共卫生服务项目主要任务指标完成情况一览表

表87

项目名称	省级指标（%）	完成情况（%）
居民规范化电子健康档案覆盖率	≥72	76.79
适龄儿童国家免疫规划疫苗接种率	≥90	99.34
新生儿访视率	≥90	99.55
0—6岁儿童健康管理率	≥90	97.87
0—6岁儿童眼保健和视力检查覆盖率	≥90	98.53
早孕建册率	≥90	99.07
孕产妇系统管理率	≥90	97.52
产后访视率	≥90	98.50
65岁及以上老年人城乡社区规范健康管理服务率	≥72	72.94
高血压患者基层规范管理服务率	≥72	72.48
糖尿病患者基层规范管理服务率	≥72	72.43
社区在册居家严重精神障碍患者健康管理率	≥85	98.38
报告发现的肺结核病患者（包括耐多药患者）管理率	≥90	100
65岁以上老年人中医药健康管理率	≥70	75.67
0—36个月儿童中医药健康管理率	≥77	88.12
传染病和突发公共卫生事件报告率	100	100
政府办基层医疗卫生机构开展卫生监督协管服务的比例	≥90	100

2022 年越城区达到规范化建设村卫生室一览表

表 88

序号	村卫生室名称	序号	村卫生室名称
1	塔山村卫生室	16	白塔头村卫生室
2	杨浜村卫生室	17	皇甫庄村卫生室
3	后堡村卫生室	18	许家埭村卫生室
4	玉屏村卫生室	19	金溪村卫生室
5	上谢墅村卫生室	20	董溪村卫生室
6	荷湖村卫生室	21	络山村卫生室
7	下堡村卫生室	22	倪家溇村卫生室
8	牌口村卫生室	23	青马村卫生室
9	后孟葑村卫生室	24	文山村卫生室
10	坝内村卫生室	25	乌石村卫生室
11	张家岙村卫生室	26	夏葑村卫生室
12	邵家溇村卫生室	27	诸葛山村卫生室
13	茅洋村卫生室	28	新联村卫生室
14	泾口村卫生室	29	百沥村卫生室
15	横旦村卫生室	—	—

细十类重点人群签约服务。当年有省级签约服务培训基地 1 家，省级签约服务示范点 3 家，家庭医生签约团队 221 个，签约 67.87 万人，签约率 60.72%，其中，十类重点人群签约 35.51 万人，签约率 96.55%。

【村卫生室规范化建设】 2023 年，越城区共有村卫生室 31 家，其中 29 家村卫生室达到规范化建设标准，规范化建设率 93.55%。

【基层卫生医疗提升行动】 2023 年，越城区出台《绍兴市越城区关于深化改革促进城乡医疗卫生体系健康发展的工作方案》（越委办〔2023〕44 号），新（改、扩）建东浦街道强头社区卫生服务站、沥海街道创业家园社区卫生服务站、东湖街道后堡村卫生室、鉴湖街道丰乐社区卫生服务站、马山街道储二社区卫生服务站和富盛镇凤旺社区卫生服务站。

疾病预防控制

【概况】 2023 年，越城区统筹推进疾病预防控制和卫生应急工作，落实新型冠状病毒感染、流行性感冒、手足口病等重点急性传染病防制措施，报告发病率较 2022 年同期上升 411.69%。结核病登记满一年成功治疗率 90.54%，总体到位率 100%；艾滋病咨询检测 1329 例，阳性 12 人，阳性检出率 0.90%；开展男同人群快速检测活动 128 次，阳性 1 人，阳性率 0.78%。

【传染病防控】 2023 年，新冠、手足口病、诺如病毒等重点急性传染病发病率较去年同期上升 96.14%。报告新冠确诊病例 1944 例，处理聚集性疫情 56 起，其中手足口病 10 起、流行性感冒 702 起、诺如札如病毒感染 37 起、水痘 1 起；腹泻患者采样 2633 份，均呈阴性；外环境监测送样 255 份，均呈阴性。5—10 月，登革热哨点监测 452 人次，未发现阳性病例，全年发现 6 例登革热省外输入病例，未发生登革热本地病例和 H7N9 禽流感疫情。

【严重精神障碍患者管控】 2023 年，越城区严重精神障碍患者登记在册 5879 人，报告患病率 5.26‰，管理率 99.90%，规范管理率 99.85%，服药率 99.37%，精神分裂症患者服药率 99.02%，面访率 99.68%。3 级以下患者 5795 人，3 级及以上患者 84 人，送专科医院治疗 84 人。

【健康危害因素监测】 2023 年，越城区对 17 家镇（街道）卫生院（社区卫生服务中心）和区人民医院进行医疗机构消毒质量监测，采集样品 401 份，样品合格率 94.76%。全年采样检测食品安全风险监测样品 1126 份，任务完成率为 100.09%；完成 17 起疑似食源性疾病事件调查与核实，及时有效处置率为 100% 。开展城市饮用水水质卫生监测 2 次，采集样品 64 份，样品合格率为 100%。积极推动和指导营养与健康学校创建工作，绍兴市和畅堂小学、绍兴市第一初级中学创建浙江省营养与健康学校。

【"无废医院"创建】 2023 年，塔山街道社区卫生服务中心、北海街道社区卫生服务中心、城南街道社区卫生服务中心、东湖街道社区卫生服务中心、鉴湖街道社区卫生服务中心、孙端街道社区卫生服务中心和沥海街道社区卫生服务中心创建"无废医院"，通过市级验收。全区医疗废物收集处置体系覆盖率 100%，医疗卫生机构可回收物资源回收率 100%。全区推广"家庭医废回收"，将辖区内 3942 名产生"家庭损伤性医废"的糖尿病患者纳入管理，纳入管理率为 95.9%。

【明眸皓齿工程】 2023 年，越城区开展儿童青少年 1 年 2 次视力普查，累计 198335 人次。完成重点人群白内障初筛 438 人次，手术 8 人。对 54 家学校开展适龄儿童窝沟封闭工作，检查学生 19409 人次，封闭牙齿 5517 颗。

卫生监督与执法

【概况】 2023 年，越城区作出行政处罚 397 起，结案 383 起，罚没款 300.28 万元，结案金额 286.97 万元，其中非法行医案件 25 起，罚没款 138.18 万元。受理投诉举报 163 起，其中"12345"市长热线投诉举报 132 起，处理及时率、回复率均达 100%。

【"数智卫监"项目应用】 2023 年，越城区"数智卫监"项目应用整体铺开。安装调试医疗机构消毒供应中心（室）智慧监管平台 14 家。借助"口腔诊疗监督在线""诊疗行为监督在线"智慧监管平台，办理风险预警非现场办案 9 起。接入游泳场所"三色分级"智能监管应用 16 家。口腔医院（诊所）职业卫生试点在线监测监控项目风险因素在线监测监控设备全部安装完毕，预警 8 起，立案处理 7 家。成功申报浙江省口腔诊疗"放心用、全程管"试点项目。

【推进"大综合一体化"】 2023 年，越城区发起托幼机构联合双随机检查。督促完成"大综合一体化"平台协查协办、抄告抄送、联合会商及基层智治协同等执法协作支持工作 7 起。抽取双随机 644 户次，执行 644 户次，其中完成 551 户次，完结 93 户次；执行率 100%，发现问题处置率 100%，国抽按时公示共 9 次。发起"综合查一次"任务 11 起，接受邀约 6 起。

【多领域执法检查】 2023 年，学校和爱国卫生领域先后开展"护苗"行动、"中考"保障行动控烟等专项执法检查，立案查处 16 起。公共场所开展"四小行业"专项检查，出动执法人员 360 余人次，检查公共场所 950 余家单位，责令整改 180 余家单位。医疗卫生领域检查非法行医窝点180余户次，共查处非法行医25件，罚没款138.1万元；医疗机构及医务人员违规执业行为办案42件，罚款41.1万元。组织医疗机构放射卫生专项整治，共检查医疗机构36家，立案处罚10家。职业卫生领域立案处罚全年共37起，轻微不予处罚19起。推进“双随机”检查，共抽取双随机644户次，执行644户次，执行率100%，发现问题处置率100%。2023年全省执法效能考核全市率先达到满分，全省排名第一。入选国家2020—2022年度公共卫生监督优秀案例1起。

【职业卫生领域集成式服务改革】 2023年，越城区推出四色分级管理、源头风险预警、建立免检“白名单”等职业卫生领域集成式服务改革系列举措，对558家职业病危害因素企业实现监管全覆盖，督导检查频率同比下降53%，企业体检率、检测率同比提升70%、60%，项目入选越城区深化改革“领跑”“竞跑”项目培育，且作为区“大综合一体化”行政执法改革特色亮点项目，获评绍兴市2023年度特色创新工作。

【亚运会卫生保障】 2023年，越城区开展大型商超综合体专项监督检查，检查公共场所1600余户次，督促落实整改问题500余处，立案查处120余家。加大赛前对亚运会场馆和相关住宿场所的检查力度，对2家场馆提出整改意见；抽调2名卫生执法人员进驻亚运会工作组，做好场馆内生活饮用水卫生和空气质量监测、控烟、病媒生物防制和突发公共卫生事件应急工作。

妇幼保健

【概况】 2023年，越城区深入开展“妇幼健康促进行动”，全区户籍产妇总数3340人，活产数3390人，其中早孕建册率99.07%，孕产妇系统管理率97.52%；产后访视率98.50%；住院分娩率100%。女性婚前医学检查率达93.94%，疾病检出率20.43 %，产前筛查率97.37%。全年未发生一例户籍孕产妇死亡。截至年底，全区共有户籍7岁以下儿童总数37630人，健康管理人数37383人，健康管理率99.34%，5岁以下儿童死亡率0.88‰，婴儿死亡率0.59‰，新生儿死亡率0.29‰。高危儿筛出人数681人，管理率100%；营养性疾病人数5502人，管理率100%。年内，为12056名3岁以下儿童开展发育监测，为11217名3岁以下儿童开展发育筛查，发育筛查率达93.04%。

【妇幼重大公共卫生服务】 2023年，越城区开展消除艾滋病、梅毒和乙肝母婴传播项目工作，孕产妇艾滋病、梅毒和乙肝检测率达100%。推进城乡妇女免费“两癌”检查项目，免费检查宫颈癌5690例、乳腺癌6022例，查出宫颈癌前病变23人，确诊宫颈浸润癌3人，确诊乳腺癌5人。继续推进绍兴市0—6岁儿童眼保健和视力检查项目，提供0—6岁儿童眼保健和视力检查服务37364人次，检查覆盖率达99.29% 。落实《越城区基本避孕服务项目实施方案》要求，发放基本避孕服务药具，开展基本避孕服务手术。

【3岁以下婴幼儿照护服务】 2023年，越城区出台《越城区普惠性托育机构认定管理暂行办法》（越卫发〔2023〕34号），推进以家庭照护、社区统筹、社会兴办、单位自建、幼儿园办托班等5种模式为主，社区婴幼儿照护服务驿站为补充的“5+X”多元化普惠性办托体系建设。当年全区共新增备案托育机构13家和社区婴幼儿照护服务驿站19家，合计补助项目资金200余万元，其中绍兴市悦享托育有限公司为绍兴市首批市级公办示范托育机构。全区共有婴幼儿照护服务机构132家，提供托位4869个，辖区内常住人口每千人托位数4.34个；社会办备

案托育机构24家，提供托位1600个；幼儿园办托72家，提供托位3159个；婴幼儿照护服务驿站36家，提供托位110个，镇街托育机构覆盖率100%。

【“医育结合”服务】 2023年，越城区出台《越城区推进婴幼儿照护“医育结合”实施方案》，完善“医育结合”服务体系，建成“医防护”儿童健康管理中心11家，建设覆盖率达64.71%。为辖区内24家备案托育机构和36家婴幼儿照护服务驿站配备健康指导员，协助开展健康管理、卫生保健及传染病防控等工作。

爱国卫生

【概况】 2023年，越城区通过国家卫生城市复审，完成亚运会病媒生物防制保障。富盛镇通过省级国家卫生乡镇量化分级考核评定，评定为良好。创建新增1个省卫村省级样板村，完成44个省卫生村复评。开展第35个爱国卫生月活动，组织开展大型义诊和健康教育宣传活动，开展各种城乡环境卫生整治行动，区内环境卫生尤其是村容村貌得到明显提升。

【健康细胞创建】 2023年，越城区共举办讲座1314场次，其中“五进”讲座1088场次，受益群众达到52069人次，居民健康素养水平达41.24%。至2023年年底，实现全区健康促进学校覆盖率100%，健康镇建设率100%，健康社区建设率100%，健康村建设申报率100%。

【病媒生物防制】 2023年，越城区完善病媒生物防制工作市场化运作机制，应时应节抓好药物投放。每月开展病媒生物密度监测，申报创建2023年的省除“四害”村3个，B级街道2个。富盛镇病媒生物密度评估综合评定为C级。

【公共场所控烟】 2023年，越城区全面推进无烟党政机关、医疗机构建设。开展6轮控烟暗访，共督查1712家单位，存在问题均已落实整改。全区无烟党政机关、医疗机构建设实现全覆盖。

医教医管

【概况】 2023年，越城区深化省、市医疗资源“双下沉、两提升”工作，持续推进医联体、健共体建设，累计建成名医工作室41个、医联体34家。年内，上级医院下转病人数1445人，其中门诊1138人、住院307人；基层医疗卫生机构向上级医院上转病人14955人次，其中门诊11272人、住院2121人、其他1562人。截至年底，累计培育区级特色科室27个，中医类14个、西医类13个。此外，所有公立医疗机构均实现省内检查检验结果互认共享，互认数位于全市前列。

【越城区人民医院】 2023年，区人民医院通过二乙复评。确定绍兴市妇保院搬迁后院址整体划归越城区人民医院。坚持以评促改、以评促建，促进医疗机构加强自身建设，不断提高医疗质量，保证医疗安全，改善医疗服务，提高医疗行业整体服务水平与服务能力。

【应急献血工作】 2023年，越城区累计组织22次团体献血，累计完成2975人次，同比增长20.15%；献血量991770毫升，同比增长17.35%，完成全年目标。（区卫生健康局　王帅）

人力资源管理

综　述

2023年，越城区新增城镇就业46294人，失业人员再就业8715人，就业困难人员再就业2947人，城镇调查失业率控制在5%以内。新增就业大学生3.39万人、新引进培养博士后42名、新增技能人才1.89万人、新增高技能人才9331人、开展职业技能培训5.51万人次，培育“越城工匠”30人。（区人力社保局　张永浩）

人事管理

【概况】 2023年，越城区组织系统谋划出台关于聚焦“干部所能”推进“五化五力”干部队伍建设的实施意见，配套建立能上能下、容错纠错、激励中层干部从“中间队伍”到“中坚力量”等制度，打出“1+3+X”组合拳，形成5大类60项硬核举措，建立定期调度和“月盘点、季分析”机制压茬推进，1.8万农村无人事档案和人事代理党员档案实现区级集中保管。全年组织公务员考试1次，综合类事业单位招聘2次，高层次事业单位招聘3次，卫生系统事业单位招聘2次，服务考生1.4万余人次；首次举办越城区A类编外全区统一招聘考试，分上、下半年各组织一次，累计服务考生0.4万余人次；完成2023年度的资格类考试，服务考生0.5万余人次。

【干部队伍建设】 2023年，越城区组织系统分层分类搭建“晾晒比拼”平台，开展班子副职“晾晒比拼促提升”活动14期、中层干部擂台赛2轮，对106名退职领导干部进行编组管理。举办年轻干部“政治特训营”进阶班，实施“悦读·越青春”青年理论学习提升工程，对新录用公务员和行政执法类公务员开展全员培训。出台《关于进一步加强选调生培育管理的八项举措》，完善选调生锻炼期内全链条管理机制，组织37名省、市、区选调生参加党的二十大精神培训。2023年，区内董敏华、陈智明、吕钢强、桑标、杨燕女等5名干部获评省、市担当作为好干部。

【考核突出实干导向】 2023年，越城区委组织部注重考事与考人有机结合，成立区委考核工作委员会，搭建“1+3”综合考核体系，深化量化考评机制，组织开展“奋战三十天、钉子大出清”等重点工作专项考察，年内对43名在重点工作中表现突出的干部予以提拔重用。细化“能上能下”标准，建立“黄牌警告、红牌罚下”机制，根据半年度量化考评报告，对43名考评排名靠后干部进行谈话提醒，其中9人予以“黄牌警告”，对10名不适应担任现职的干部作出“下”

的处理。

【严管厚爱齐头并进】 2023年，越城区落实领导班子和领导干部重大事项即时报告制度，对12名违规在私营企业、社团兼职干部进行处理整改。组建容错纠错裁定委员会，对6名党员干部落实容错免责。完善职级晋升规则，建立全区统筹职数“周转池”，推动职级资源择优向一线倾斜。建立干部大病住院分级慰问、公务员健康休养、荣休等制度。

【档案管理系统性重塑】 2023年，越城区开展全区干部人事档案大整改、大起底专项行动，出台《越城区贯彻落实〈浙江省干部人事档案工作发展规划（2022—2027年）〉实施方案》，对全区2200余本公务员和区管干部的档案进行资料查缺、完善、专项认定，共收集各类归档资料8000余份，实现区管干部全赋码。（区委组织部　沈卓琳）

【职称评审】 2023年，越城区新晋升高级职称385人；通过中级职称评审484人；通过初级职称评审106人；完成初级首定1213人、中级首定46人、职称认定68人（其中：高级调入11人、中级调入16人、初级调入25人、东西部扶贫援疆认定11人、博士后出站后认定5人）；通过中小学、幼儿园教师职称评审初级41人、中级133人，副高级57人、正高级4人；通过卫生技术职称评审副高级39人、正高级22人。

人才引育

【概况】 2023年，越城区新增就业大学生3.39万人、新引进培养博士后42名、新增技能人才1.89万人、新增高技能人才9331人、开展职业技能培训5.51万人次，总量均居全市首位；兑现各类政策资金3.35亿元，创历年之最；开展线上线下招聘会106场，在全省范围率先举办全市唯一集成电路产业发展国家级高级研修班，获评2022年度优秀绍兴市大学生就业见习实习示范基地9家、年度浙江省博士后择优资助项目3个、第74批中国博士后面上资助项目7个，博士后工作设站比161.5%，均位列全市第一。

【搭建产学研合作平台】 2023年，越城区着力搭建企业与科研院所的产学研合作平台，实现浙江大学绍兴研究院与长电集成、浙江震元、振德医疗等33家本土企业的深化合作，研发的专利产品已部分完成备案并投入市场。

【举办集成电路产业发展国家高级研修班】 2023年，越城区开展产业研修项目，协同绍兴市人力社保局及浙大绍兴研究院申请并举办本年度全市首个集成电路产业发展国家高级研修班，且为全省首个开班的国家级研修班，助推德琪（浙江）医药科技有限公司及芯联集成电路制造股份有限公司申请获评人才发展体制机制综合改革市级试点。

【推进校企合作】 2023年，越城区召开第四届校企人才引培合作联盟年会，联盟企业扩容至127家，打造集“院校人才培养、学生见习实习、企业招才用才”于一体的人才工作体系，成立“大中专院校学生见习、实习、就业基地”120余家、“越城区企业人才培育基地”10个。

【打响引才“百千万工程”品牌】 2023年，越城

2023年5月30日，越城区举办校企人才引培合作联盟第四届年会（区人社局　提供）

2023 年 7 月 28 日,越城区开展引才"百千万工程"——百所高校越城行活动(区人社局 提供)

区邀请内蒙古自治区十余所高校就业部门负责人以及四川大学、吉林大学、复旦大学等全国 50 余所专业对口的 800 余名院校师生访越,开展线下人才对接活动,引导师生实地感受越城历史人文及经济发展,将参观企业、座谈宣讲相结合,力促高校学生在越城就业。

【越城招才引智专列】 2023 年,越城区"活力绍兴·智引全球"招才引智春秋季专列辐射全国,赴北京、成都、宁波等 28 个省内外城市 70 余所高校开展线上、线下春秋季引才专列校园招聘会 63 场,服务企业 674 家次,提供岗位 2.3 万个,达成初步意向 1.2 万人次。秋季人才专列驻点大连招引,首次辐射大连 15 所重点高校,依托"越城人社"公众号,组织云洽谈、"云逛企寻岗"等线上活动 6 场。

【服务博士人才】 2023 年,越城区加快博士后科研工作站建设步伐,定期开展博士后相关政策辅导,帮助全区 26 家建立博士后工作站的企事业单位引进 17 名全职博士从事博士后工作,引进数创历史新高。完善博士后工作"一站式"服务,从建站指导、开题报告、出站评审等系列工作进程跟踪对接服务。

【引才计划申报】 2023 年,越城区推进生物医药、集成电路等产业中的高层次人才引才计划申报工作,国家级引才计划通过市级审核数 22 人,上报国家部委数 14 人。省级引才计划进入尽调环节数 5 人,为全市第一。

【职称自主评审试点申报】 2023 年,越城区帮助企业进行职称自主评审试点申报。绍兴集成电路行业协会开展集成电路相关专业中级职称自主评审,涉及单位 63 家,已完成申报审核 35 人,通过 28 人;浙江德创环保科技有限公司、喜临门股份有限公司通过绍兴市人力社保局中初级职称采认试点,喜临门首批通过中级 13 人、初级 24 人。

【人才政策兑现】 2023 年,越城区兑现各类人才政策资金 30959.24 万元,其中包括人才房票 2958.26 万元,涉及人才 331 人次;安家补贴 11923.31 万元,涉及人才 48876 人次;就业见习实习补贴 1950.58 万元,涉及实习生 3192 人次;集成电路产业人才房票 8592.59 万元,涉及集成电路产业人才 199 人次;集成电路工作津贴、安家补助等 3245.65 万元,涉及集成电路产业人才 459 人次。

【开展职业技能培训】 2023 年,越城区依托"金蓝领"招引、"一村一品"技能培训、越城工匠大师选育等重点平台,完成培训 62691 人,新增技能人才 18965 人,其中高技能人才 9354 人,完成数均位列全市第一;全年新增等级认定企业 18 家,通过企业自主认定技能人才 23124 人,其

2023 年 3 月 30 日,越城区举办招才引智人才专列"就爱在绍兴"成都站活动(区人社局 提供)

中高技能人才16625人，推选“越城工匠”30人、技能大师工作室20家。

就业创业

【概况】 2023年，越城区新增城镇就业46294人，失业人员再就业8715人，就业困难人员再就业2947人，城镇调查失业率控制在5%以内，实现零就业家庭动态清零。年内，赴四川省乐山市市本级、马边县和贵州省清镇市开展东西部劳务协作暨春风行动就业援助活动，召开招聘会4场，举办劳动协作对接会3次。新增区级创业孵化示范基地3家，获评市级创业孵化示范基地1家。受理一次性创业补贴、一次性创业社保补贴、高校毕业生灵活就业社保补贴共计67人次，涉及金额43.56万元。

【支持企业留工复产】 2023年越城区春节前后用工保障工作专班成立。加强与重点企业联系，及时了解企业员工留（返）岗情况，收集企业的相关需求。配合做好全市“新绍兴人”消费券发放工作，惠及外地员工29070人，位列全市第一。

【援企稳岗】 2023年，越城区实施阶段性降低失业保险费率，为企业减负2.3亿元；发放失业保险稳岗返还349万元，惠及企业8家、职工0.85万人；发放服务业稳岗就业补贴872.8万元，惠及企业370家，职工1091人；发放一次性扩岗补助53万元，惠及企业210家，职工359人；发放小微企业吸纳高校毕业生社保补贴378.58万元，惠及企业98家，大学生796人；发放企业女职工产假期间社保补贴131.42万元，惠及企业197家，女职工378人；发放用人单位吸纳就业困难人员社保补贴364.87万元，惠及企业61家，人员400人；发放员工制家政服务企业社保补贴7.45万元，惠及企业1家。

【重点群体就业帮扶】 2023年，越城区推动浙政钉“数字人社”平台应用贯通全市17个镇（街道）和367个村（社），建立精细化分类帮扶和实名制动态管理就业援助工作机制。累计帮扶重点群体24409人，发放灵活就业社保补贴1.14亿元，惠及1.82万人。其中，受理61家企业申请，共计400人（包括“4555”人员），享受补贴金额364.87万元。

【落实失业保障】 2023年，越城区发放失业保险金1.63亿元，涉及职工8.75万人次；发放失业补助金686万元，涉及职工0.78万人次；发放技能提升补贴681.95万元，涉及职工3953人次。

【开发扶贫公益性岗位】 2023年，越城区建成3个零工市场，其中1个为公益性零工市场，开发公益性岗位106个，安置83人，发放岗位补贴76.38万元。

【就业创业政策】 2023年，越城区共受理一次性创业社保补贴19人，补贴金额9.5万元，一次性创业补贴32人，补贴金额32万元，创业带动就业补贴1人3000元，受理创业贷款资格认定128人次（包含大学生）。

【东西部劳务协作】 2023年，越城区建成1个东西部劳务协作工作站，帮助四川省农村劳动力到浙江就业数（新增）148人，其中脱贫人口为148人；培训四川省农村劳动力638人，其中培训四川省脱贫人口451人；中西部22省建档立卡人员在越城区就业人数27305人。

劳动保障和监察

【概况】 2023年，越城区共处置全国根治欠薪线索反映平台和浙江省人社一体化平台欠薪线索4381件、“110”应急联动案件4187件、“12345”欠薪信访件1346件；开展劳动保障书面审查工作，通过零接触线上年检方式，审查用人单位12082家，超过预期目标2000余家；立案受理劳动人事争议仲裁案件1732件，涉及人数2041人，共处理结案1812件，涉案金额6938.89万元；完成2023年度薪酬调查工作、劳动用工体检2380家、劳动关系协调员“和谐同行”2000人；做好“山海协作”对接工作，开展劳动力培训400人次。

【接访制度常态化】 2023年，越城区常态化开展“集中接访进工地”“局长集中接访日”等活动，及时防范化解劳资纠纷风险，确保案结事了人和。累计开展集中接访共计32次，涉及农民工2100余人，涉及金额近3800万元，收到锦旗7面。

【“1610”专项行动】 2023年，越城区开展护航亚运会集中检查、“同薪越城”专项检查，摸排建设项目239家次，发现欠薪隐患45处，均已落实整改；高效处置部、省平台欠薪线索4381件，110联动4187件，“12345”欠薪信访1346件，移送拒不支付劳动报酬案件9件，被列入拖欠农民工工资失信联合惩戒“黑名单”70人（单位）。

【实施动态监管】 2023年，越城区推动建设工程劳动用工动态监管，对工资支付监管平台的在建项目259个，100%实现平台注册，98.84%完成银行签约，91.89%实现线上发薪，68.83%实现六项制度全落实。

【劳动人事争议仲裁】 2023年，越城区共立案受理劳动人事争议仲裁案件1732件（包含仲裁审查231件），涉及人数2041人，其中12件为10人以上的集体案件，共处理结案1812件（包括上期末未结案件81件），涉案金额6938.89万元。受理网络调解案件170件，共办结网络调解案件177件（包括上年度结转案件）。实现仲裁结案率99.94%、调解成功率80.12%、网络办案率43.27%、无讼指数94.62%，全面完成省厅考核指标。

【推进案前调解】 2023年，越城区加强劳动争议案件的案前调解工作，由裁前调解“工会工作室”、劳动纠纷专业人民调解室共计4名调解员开展案前调解工作，成功调解劳动争议案件590件，结案金额1582.49万元；各镇街就近处理劳动纠纷，调解成功劳动争议案件1978件。

【类案同裁创新项目推进】 2023年，越城区继续推进类案同裁创新项目，通过聘请第三方信息技术团队协助完成裁决规则梳理，作为绍兴市试点，已完成工伤保险待遇类案件的初步检索模型，被评为绍兴人社系统“一号改革工程”创新优秀项目。（区人力社保局　张永浩）

社会事务

综 述

2023年，越城区城乡居民低保标准提高到每人每月1050元，特困人员基本生活供养标准为每人每月1905元，社会散居孤儿基本生活费发放标准每人每月1939元，全年支出困难群众生活救助资金4617.7059万元。全年共办理婚姻登记7708对，其中结婚登记5174对，离婚登记981对，补发婚姻登记证1551件，办理内地子女收养登记5件，办理解除收养登记2件。慈善总会募集款物总计1187.86万元，救助支出930.89万元，惠及1.47万人次。其中助困支出478.48万元，救助10965人次；助学支出75.63万元，救助164人次；助老支出55.04万元，救助3200人次；助幼支出28.1万元，救助276人次；慈善活动支出57.49万元；冠名基金支出36.14万元，救助126人次。

社区建设

【概况】 2023年，越城区根据《关于开展2023年度城乡社区规模优化调整的通知》，完成迪荡街道、灵芝街道等6个街道社区规模优化调整（其中迪荡街道10个社区调整为12个社区，灵芝街道12个社区调整为15个社区，东浦街道2个社区调整为5个社区，鉴湖街道2个社区调整为3个社区，斗门街道10个社区调整为9个社区，马山街道6个社区调整为10个社区）。截至年底，越城区共有社区121个，配置专职社区工作者1288名。

【现代社区建设】 2023年，越城区创建首批省级现代社区5个，全部通过省厅验收。2023年度获评省星级综合体五星级1个、三星级4个，并推进古城未来社区服务综合体建设。

【五社联动机制】 2023年，越城区持社会工作者职业水平资格证人数为1567人，全区专职社区工作者持证率达52%。完成6个“居民会客厅”建设，塔山街道社会工作站“四站联建”、府山街道创建“枫桥式”社会工作站、灵芝街道省级示范社会工作站完成建设。

【基层减负工作】 2023年，越城区开展日常督查机构牌子、上墙制度、工作事项等清理整治，严格落实有关文件精神，制定负面清单取消和禁入事项8项，取消盖章证明事项27项，正面清单履职事项35项，协助事项38项。

婚姻家庭

【概况】 2023年度，越城区共办理婚姻登记

7708对，其中结婚登记5174对，离婚登记981对，补发婚姻登记证1551件，出具（无）婚姻登记证明3件，婚育户一件事联办2088件，婚姻家庭辅导5532次。

【婚姻登记】 2023年，越城区巩固婚姻登记机关标准化建设成果，深入贯彻落实省委省政府《关于推进新时代民政事业高质量发展的意见》，通过省民政厅验收，达到国家3A级婚姻登记机关标准。

【婚姻家庭辅导】 2023年，越城区组建婚姻家庭辅导室，聘请专业心理咨询师、婚姻家庭辅导师，线上线下为婚姻登记当事人提供免费"一对一"婚姻咨询、情感辅导、心理疏导、离婚矛盾调解等服务，全年共服务当事人5250人次。启动"幸福婚姻、和谐家庭"婚姻家庭辅导进社区、校园系列活动，开设公益课堂20余次。结合"520""七夕节"等特殊登记日，在区婚姻登记处开设婚姻家庭专题讲座6场，向现场登记的新人传授和谐婚姻知识，赠送幸福婚姻秘籍，共发放婚事新办告知书等宣传资料4000余份。

社会组织

【社会组织登记】 2023年，越城区民政局坚持依法审批，遵循"公开、公平、便民、高效"的原则，依据法定的权限、范围、条件和程序实施行政许可；增强服务意识，切实做好各项信息咨询和登记指导工作，主动缩减审批时限，有效提高审批效率。2023年，成立登记社会组织29家（社会团体18家、民办非企业单位11家），变更登记社会组织67家（社会团体43家、民办非企业单位24家），注销登记社会组织32家（社会团体1家、民办非企业单位31家）。

【社会组织年检】 2023年，越城区民政局加强与业务主管单位的沟通协调，精心组织部署社会组织年度检查工作，及早印发年检通知，明确年检对象、内容、程序和时间，通过电话、短信、网络等多平台要求应检单位按时参检，优化网上填报、预审渠道，全面实现最多跑一次。全区共参检社会组织505家（其中社会团体248家、民办非企业单位256家、基金会1家）。

老龄工作

【概况】 2023年，越城区印发《越城区老龄事业发展"十四五"规划》，继续深化"银龄跨越数字鸿沟"科普专项行动，开展老年人运用智能技术教育培训操作辅导。开展春节慰问及"敬老月"活动。年内，迪荡街道社区卫生服务中心、绍兴博物馆通过省级"敬老文明号"评审，府山街道唯康居家养老中心、绍兴博物馆通过市级"敬老文明号"评审。

【老年健康服务】 2023年，越城区开展老年健康服务专项行动，完成老年糖尿病患者眼底筛查968人；老年人口腔健康评估23174人；营养不良风险筛查评估22493人；老年人痴呆综合防控数量428人；老年人电子健康档案开放率达到100%。越州护理院通过区级"老年友善医疗机构"评审，截至年底，全区共有24家为老年人提供医疗服务的机构，其中23家已成为老年友善医疗机构，建成率达到95.8%。

【老年电大】 2023年，越城区老年电大春季、秋季共招生8000余人次，征订快递各类教材17920本。对沥海街道、北海街道快阁苑社区、府山街道西小路社区、府山街道东双桥社区、城南街道翠苑社区5个基层老年电大教学点建设项目进行补助，共计12万元。（区卫生健康局　王帅）

【养老服务"爱心卡"】 2023年，越城区全域推行养老服务"爱心卡"制度，已有13万余人申请爱心卡,家庭注资48万元,打造"片区化"服务供给机制,培育特色服务,落地落实274家爱心商家,与震元集团、供销超市、蔬菜批发公司等多家单位签订战略合作协议,中医养生进社区落地3个社区等。

【家庭养老床位】 2023年,越城区在全市率先推动家庭养老床位试点,引入两家专业服务公司为老人提供上门照护服务,为在册老人提供10476次服务,总时长22830.83小时。在此基础上,与卫健部门的"家庭病床"进行合作,探索出医养结合新路径。

【老年助餐服务】 2023年,越城区以养老服务"爱心卡"制度试点为契机,做深做好助餐服务,形成出门就餐、上门送餐、定制做餐、"爱心午餐"等四类助餐模式,全年老人助餐次100万人以上,其中困难老年人"爱心午餐"活动,累计免费上门送餐2.5万余份。

【探访关爱特殊困难老人】 2023年,对全区1904名特殊困难老年人实施不同频次的入户探访,共形成走访记录22498条,电访记录16931条。帮助老人解决问题277个(其中微心愿231个),开展各类公益活动113场,上门安全检查868户。社工、志愿者结对帮扶560户,新链接310个助老志愿者,新链接企业14家。(区民政局 张小娟)

人口监测与家庭发展

【概况】 2023年,越城区年末户籍人口数81.99万,其中已婚育龄妇女11.53万人,户籍人口出生3471人,出生率4.20‰,自增率-4.82‰。全年共办理生育登记服务5521例,其中一孩生育登记3132例,二孩生育登记2014例,三孩生育登记375例。建设三星级及以上母婴设施53家,提质升级五星级母婴室2家。

【优化生育政策宣传】 2023年,《越城区优化生育政策(试行)》制定出台,内容涵盖生育、养育、教育多个方面,惠及二孩、三孩家庭。组织各镇街开展学习宣传、群众性服务、计生困难家庭暖心行动等宣传教育活动337场次,发放宣传资

2023年越城区"老年友善医疗机构"一览表

表89

序号	单位名称	序号	单位名称
1	越城区人民医院	13	稽山街道社区卫生服务中心
2	府山街道社区卫生服务中心	14	城南街道社区卫生服务中心
3	北海街道社区卫生服务中心	15	迪荡街道社区卫生服务中心
4	东浦街道社区卫生服务中心	16	东湖街道社区卫生服务中心
5	鉴湖街道社区卫生服务中心	17	灵芝街道社区卫生服务中心
6	斗门街道社区卫生服务中心	18	沥海街道社区卫生服务中心
7	皋埠街道社区卫生服务中心	19	绍兴城东医院
8	陶堰街道社区卫生服务中心	20	绍兴袍江医院
9	马山街道社区卫生服务中心	21	绍兴越城复康护理院
10	孙端街道社区卫生服务中心	22	绍兴绿康越州家园医养服务有限公司
11	富盛镇卫生院	23	越州护理院
12	塔山街道社区卫生服务中心	—	—

料及宣传品10万余份。组织开展新型婚育文化建设，开展各级主题宣传服务活动168场次；建设完成马山街道两江社区“向日葵”亲子小屋；更新规范化卫生健康宣传栏225个，发放宣传资料超过5万份。

【关心关爱与帮扶】 2023年，越城区享受计划生育“奖、特扶”政策25295人，发放奖励3908.904万元。为全区计生特扶对象购买住院补贴保险，共计27.414万元。72户家庭获得区级公益金救助，发放扶助金32.91万元。19户双农独女户获得一次性奖励0.95万元，29户双农独女户获得计生养老保险补贴共计0.725万元。（区卫生健康局　王帅）

社会保险

【概况】 2023年，越城区职工（城乡居民）基本养老保险、工伤、失业保险参保人数分别达到70.4万人，44.4万人和32.9万人，全民参保率达到99.51%，位列全市第一。

【社会保险】 2023年，越城区人力社保局办理社会保险业务事项81.3万笔，办理职工基本养老保险关系转移接续0.49万人次、城乡居民养老保险参保缴费2.28万人，新增被征地办理城乡高档次业务158人；办理企业养老保险退休1.58万人、机关养老保险退休180人、居民养老保险待遇核定3371人，发放企业退休人员养老金约89.3亿元、城乡居民养老待遇约5.2亿元；办理工伤报销5831件次。（区人力社保局　张永浩）

【医疗保险】 2023年，越城区职工基本医疗保险参保单位31529家，生育保险参保单位31529家。基本医疗保险参保94.04万人（其中职工医保参保58.64万人，城乡居民医保参保35.40万人），生育保险参保39.90万人，大病保险参保94.04万人。全区户籍人口医保参保率99.77%。享受基本医疗保险待遇9511801人次（其中普通门急诊8462646人次、住院213486人次、门诊慢特病835669人次），享受大病保险待遇19543人次。职工医保和城乡居民医保政策范围内住院报销比例分别为87.21%和70.12%，位居全市第一。

【“浙里医保·越惠保”】 2023年，越城区“浙里医保·越惠保”共参保63.19万人，参保率67.60%。截至2024年4月30日，共计赔付17110人，赔付85799人次，赔付金额5657.72万元，赔付率89.53%，最高赔付29.87万元，平均赔付3306.67元。

【医保业务“无感智办”】 2023年，越城区在全省率先推出医保无感退休服务，主动为符合条件人员办理医保退休手续，办理无感退休569人；省内医疗保险关系转移接续实现“无感办理”再升级，小额个账资金“秒到账”，无感转出7365人。相关举措获《浙江日报》等新闻媒体专题报道。

【“医保专员”工作制度】 2023年，越城区进一步深化“医保专员”制度，调整专员5人，编印发放《医保政策百问百答》7000册，走进村社、机关、企业、医药机构等地开展“百场万人”医保政策宣传活动80余场，受众达1万余人。

【医保驿站】 2023年，越城区在北海街道快阁苑社区、府山街道越都社区、沥海街道工业园区上线“医保驿站”，实现医保业务、自助购药、医保邻里服务“一站式”办理，接入21项高频医保事项、60余种药品、150余个医保政策问答，打造“7×24小时家门口”医保服务。（区医保分局　丁沁颖）

社会救助

【概况】 2023年,越城区城乡居民低保标准提高到每人每月1134元,特困人员基本生活供养标准为每人每月2048元,社会散居孤儿基本生活费发放标准每人每月2085元,全年支出困难群众生活救助资金5298.4322万元。其中共救助低保41589人次,发放低保金4264.95万元;保障特困人员供养3291人次,发放特困人员供养资金944.68万元;发挥临时救助"救急难"作用,对遭遇突发事件、意外伤害、重大疾病或其他特殊原因,导致基本生活陷入困境的家庭开展临时救助,全年救助255人,支出资金88.8022万元。

【七优享"弱有众扶"】 2023年,区民政局牵头实施"弱有众扶"项目,以"扩围增效""贴心帮扶""暖心关爱""助学添翼""暖巢更新""救急送暖""同心向善"七大行动为突破性抓手,系统集成救助帮扶资源,全面构建精准、高效、智慧、温暖的"弱有众扶"新格局,让发展成果更多、更公平地惠及弱势群体。

【落实系列惠民举措】 2023年1月,越城区继续开展"绍兴有爱"消费券活动,为在册困难群众发放面值500元的消费券,惠及困难群众4252人,支出资金212.6万元。2023年2月期间,启动价格补贴机制,惠及困难群众4432人,支出资金27.9216万元。

【"助联体"规范化建设】 2023年,全面推进"助联体"规范化建设,着力提升镇街、村居"助联体"服务站(点)服务质量,重点实施政策宣传、代办、转介、跟进等分层分类、阶梯式救助服务。2023年区"助联体"引入各类社会组织10个,推出公益帮扶项目12个,开展个案帮扶困难群众108人次,帮助困难群众实现"微心愿"717个,走访困难群众8911人次。

【"善居工程"】 2023年,越城区实施"善居工程"项目,改善提升困难家庭的基本居住条件和生活质量打造宜居、安全、便利的基本生活场景,更好满足低保、低边家庭的基本生活需求。全区改造社会救助家庭共计35户,改造基础标准为2万元/户,资金由区慈善总会负责募集。

社会福利

【概况】 2023年,越城区民政局聚焦孤困儿童特殊群体,整合政府、社会组织、志愿者等资源,扎实开展困境儿童动态排查管理、评估帮扶、走访关爱、隐患排查整治等工作,分类落实关爱帮扶措施,全力推进困境儿童关爱保护工作高质量发展。

【落实基本生活保障制度】 2023年,越城区动态调整社会散居孤儿基本生活费发放标准,按每人每月2085元发放,全年发放儿童福利保障金391.2717万元。其中散居孤儿发放基本生活费28万元,事实无人抚养困境儿童发放基本生活费228.3181万元,其他困境儿童发放基本生活费120.3656万元,对低保、低边中的残疾儿童开展福利补助14.588万元。

【助困助学活动】 2023年,越城区实施"添翼计划"活动,帮助17名患病、残疾孤困儿童接受治疗康复,促进融入社会。继续启动"孤儿助学""浙里护苗圆梦助学"项目,资助8名在大学读书的孤困学生。

【未成年人保护站镇街全覆盖】 2023年,越城区坚持未成年人利益最大化原则,全面推进区未成年人救助保护中心实体化运作,全面加强基层未保力量,17个镇(街道)未成年人保护工作站全部完成建设,推动"六大保护"各项措施落到实处。其中塔山、北海街道未保站获评绍兴市首批"'枫桥式'未成年人保护工作站",相关工作做法、经验成功入选"2023年浙江省未成年人保护工作站建设百佳案例"。

【残疾人两项补贴工作】 2023年7月起,越城区困难残疾人生活补贴标准达到每人每月341元;两项补贴全年资金支出2611.7853万元。其中困难残疾人生活补贴支出875.8779万元,重度残疾人护理补贴支出1735.9074万元。

慈善事业

【概况】 2023年,绍兴市越城区慈善总会募集款物总计1187.86万元,救助支出930.89万元,惠及1.47万人次。其中助困支出478.48万元,救助10965人次;助学支出75.63万元,救助164人次;助老支出55.04万元,救助3200人次;助幼支出28.1万元,救助276人次;慈善活动支出57.49万元;冠名基金支出36.14万元,救助126人次。设立200万元"越慈善越幸福"慈善信托,用于越城区"善居工程"、未成年人恶性肿瘤患者救助及尿毒症患者救助。

截至年底越城区共有慈善组织16家,其中区慈善总会、区欢乐慈爱义工团被评定为5A级社会组织,区七彩社会工作服务中心、区青草社会工作服务社被评为4A级社会组织。区潘根富潘国娟教育基金会被评为3A级社会组织。区慈善总会获得2023年度"首位立区幸福越城突出贡献奖"先进集体称号。

【对口(结对)帮扶】 2023年,越城区动员辖区企业、社会组织和个人向对口(结对)帮扶地区无偿捐赠,2023年共动员社会各界力量向马边彝族自治县捐款205万元,物资折价319万元。向开化县慈善会捐赠50万元,用于开化县"善居工程"和志愿服务项目。

2023年9月5日,越城区开展慈善嘉年华暨"紫藤花开"系列公益活动(区民政局 提供)

【区慈善总会换届】 2023年6月2日,越城区慈善总会第四次会员大会召开,会上听取、审议并通过《绍兴市越城区慈善总会章程(修订)》和《绍兴市越城区慈善总会财务管理制度(修订)》,选举产生新一届理事会。越城区人大常委会副主任宋国兴当选新一任会长。

【"华颐美好·幸福越城"新时代文明实践基金】 2023年,由越城区新时代文明实践指导中心牵头,浙江华颐房地产集团有限公司出资150万元,在越城区慈善总会设立"华颐美好·幸福越城"新时代文明实践基金,对各类道德模范、身边好人、优秀志愿者、优秀文明实践参与者等先进群体以及长年从事户外劳动的城市建设者关心关爱。(区民政局 张小娟)

民族事务管理

【概况】 2023年,越城区共有少数民族群众5.2万名,民族团体1个,为越城区民族团结进步促进会,有会长1名、副会长4名。

【民族团结创建】 2023年,越城区根据省"之江同心·石榴红"五百工程要求,新培育石榴红家园、石榴红共富基地、石榴红工作室、石榴红志愿者服务队、石榴红宣讲团各3个,打造府山公园为越城区民族团结主题公园,15家单位获评各层级民族团结进步创建重点培育单位,其中区级 8 家、市级 4 家、省级 3 家。2023 年 10 月，越城区创建工作的先进经验在全省铸牢中华民族共同体意识经验交流会上作典型发言。

【民族群众交流】 2023 年，越城区以各类特色活动为载体，促进各民族群众交往交流交融。2023 年 6 月，举行“百籽相聚 · 同心同行”各族青少年交流计划启动仪式；7 月，开展“迎亚运 · 民族嘉年华”暨石榴籽易行爱心基金捐赠活动；8 月，举行“越城石榴红 同心迎亚运”2023 年越城区民族团结趣味运动会；同月，高质量承办浙江省“学习贯彻习近平新时代中国特色社会主义思想 · 铸牢中华民族共同体意识”专题巡回宣讲活动（绍兴站）。（区委统战部　唐赟）

宗教事务管理

【概况】 2023 年，越城区域内共有合法登记的宗教场所 66 处，其中市直辖的场所 14 处，越城区实辖的场所 52 处。越城区实辖的场所中，佛教场所 39 处，道教场所 1 处，基督教场所 12 处，伊斯兰教临时聚会场所 1 处。宗教团体 3 个，即越城区佛教协会、越城区基督教协会和越城区基督教三自爱国运动委员会（以下简称越城区基督教“两会”）。

【维护宗教领域平安稳定】 2023 年，越城区强化宗教活动场所主体责任落实，区属各宗教活动场所行业和属地安全生产目标管理责任书签订率 100%；健全三级宗教工作网络和两级宗教工作责任制，推行区、镇街、村居三级责任书制度；完善“三人驻堂”管理机制；落实民宗系统平安护航亚运攻坚行动；指导场所做好重大活动和重点时段各类安全防范和整治工作，落实“清单化”管理，建立风险隐患和整改落实“两张清单”，1 处宗教活动场所获评省级平安宗教活动场所；开展消防安全“百优争创”活动，1 处宗教活动场所获评浙江省宗教活动场所消防安全标准化管理“百优争创”活动优秀单位；全区一体化部署推进除险保安、护航杭州亚运会、亚残运会；以“十百千万”普法工程为抓手，组织开展全区宗教领域普法活动 10 余次，1 处宗教活动场所获评省级宗教法治宣传教育基地。

【宗教中国化场所创建】 2023 年，越城区严格贯彻落实宗教中国化场所建设“151”指标体系，2 处宗教活动场所获评省级宗教中国化示范场所；全力推进“宗教活动场所标准化管理省级示范区”建设，于 12 月通过省级验收，并获得优秀等奖；以“宗教中国化”为主题，开展形式多样的教育活动，进一步提升宗教界代表人士思想认识和能力水平；依托“之江问道”品牌做好文化建设，持续举办“越州讲坛 · 龙华证道”佛学系列讲座。

【人员队伍素质提升】 2023 年，越城区加强政治引领，引导宗教界坚持宗教中国化方向；落实崇俭戒奢教育工作，指导全区宗教团体开展崇俭戒奢主题教育；落实从严治教工作，加强佛教活动场所教职人员和负责人队伍建设，配合市委统战部（市民宗局），制定《绍兴市佛教教职人员和场所负责人管理办法》，依照该办法，做好 1 处宗教活动场所新任负责人备案工作。（区委统战部　蒋珊珊）

街道　镇

塔山街道

【概况】 塔山街道位于绍兴市城区腹地，东、南、西至环城河外沿，北至人民路，地域面积4.3平方千米，素以“财赋之地，人物渊薮”著称。街道下辖10个社区（居委会）、1个行政村，户籍人口约7万。辖区内有全区最大的商圈——银泰商圈，国家5A级旅游景区鲁迅故里、沈园景区、青藤书屋，塔山文化广场、图书馆、文化馆等场馆设施，稽山中学、建功中学、鲁迅小学、塔山中心小学等重点教育资源以及三级医院绍兴第二医院。

2023年，塔山街道先后获评省级荣誉6个、市级先进3个，相关工作经验做法在央视、《人民日报》等省级以上媒体报道17篇，《绍兴日报》头版报道10篇。市委书记温暖到鲁迅故里党群服务中心，对街道基层党建工作表示肯定。区委主要领导对街道清洁城市创建和塔山村拆改等工作予以高度肯定。

2023年，塔山街道全年累计完成全社会固定资产投资13.6亿元，同比增长36.27%，其中建安投资完成8.8亿元，同比增长29.60%，高新技术产业投资4.32亿元，同比增长32.37%；自营出口同比增长92.01%，排名全区第二。做透“以商招商，以企引企”文章，成功引进各类企业11家，千万元以上项目5个，完成服务业企业下升上20家、工业企业升规1家。

【主题教育】 2023年，塔山街道深入学习贯彻习近平总书记考察浙江重要讲话和考察越城重要指示精神，聚焦主题教育，扎实推进“循迹溯源学思想促践行”活动和系列专项行动，开展现场教学、专题研讨28次。各基层党组织开展党课、宣讲、学习活动565场。“深化‘台门党校’主阵地 构建城市党员‘家门口’主题教育新场景”有关做法在市委主题教育办公室简报中刊登。

【意识形态工作】 2023年，塔山街道组织开展意识形态专题研究4次、中心组理论学习研讨24次，立案查办涉宗教类意识形态问题案件2起。塔山街道《共同守护幸福家园 石榴红志愿服务队在行动》案例入选浙江省“之江同心·石榴红”创新实践案例，相关经验工作做法被央视、《人民日报》等国家级媒体报道12条、省级媒体报道142条，媒体新闻信息录用率同比增长100%，国家级媒体报道同比增长71.4%，被评为市级“网络传播先进集体”。

【党建引领】 2023年，塔山街道鲁迅故里社区获评省级示范社区党群服务中心。深化“契约化”共建，实施医地校地共建等项目46个，通过共建、新建、置换等方式解决90%社区阵地用

2023 年塔山街道主要经济指标完成情况一览表

表 90

指标	完成情况	同比增长(%)
高新投资(亿元)	4.58	32.37
建安投资(亿元)	8.8	29.60
交通投资(万元)	1.72	107.23
规上工业总产值(亿元)	6.77	—
规上工业增加值(万元)	351	—
建筑业总产值(亿元)	38.25	4.79
建筑业省内产值(亿元)	31.27	2.79
限上住宿业销售额(亿元)	3.52	31.84
限上餐饮业销售额(亿元)	6.13	36.53
限上批发业销售额(亿元)	32.87	26.77
限上零售业销售额(亿元)	8.63	3.73
限上社会消费品零售总额(亿元)	14.53	5.75
规上营利性服务业营收(亿元)	9.52	−2.50
自营出口(亿元)	39.63	92.01

房困难问题。与绍兴市人民医院开展“医地融合”党建联建，人民医院医生定期到村社举办专题讲座和义诊活动。推动“城商共管、契约共建”城市精细化管理共建项目，实现辖区商户契约化管理全覆盖。打造“契约化”共建一社一品，以鲁迅故里社区红色驿站为样板，全覆盖建成村社红色驿站 11 个。

【塔山片区旧城改造】 2023 年，塔山街道内塔山文化广场地块基本完成拆除和垃圾清运工作，完成鲁迅故里二期、耀应坊地块、孟家桥河沿等签约任务，共计 104 户。2023 年，全部拆迁区块均实现签约、腾空、拆除“三个 100%”目标。年内完成燕甸园 16 幢、20 幢的回购解危任务；做好若耶溪 12 幢解危工作，并加快推动文锦苑 14 幢解危施工等工作，用时 10 天完成塔山村整村拆改签约。

2023 年 8 月 20—22 日，“鹊游·七夕”古城奇妙夜活动在塔山街道举行(塔山街道 提供)

【文商旅融合】 2023 年，塔山街道开展“古城”系列文商旅四季活动，结合古城文化特色开展“古城咖啡节”“迎亚运·民族嘉年华”“鹊游·七夕古城奇妙夜”“国潮季”等大型系列活动，打造具有塔山辨识度的特色文化品牌、“趣”系列节会 IP。风越里(柴场弄历史街区有机更新)获得 2023 绍兴·古城创新大赛(社区)金奖。

【古城精细管理】 2023 年，塔山街道打造“最清洁城市精品街道”，先后组织 6 轮次共计摸排各类问题 12314 个，实行“清单式”销号管理，开展垃圾分类各类培训及宣传服务活动160次，逐户上门发放垃圾分类倡议书35000余份，完成垃圾分类定时定点投放推广60个，完成创建85个越美小区、15条越美商业街，在越城区垃圾分类考核中获得总分第一。完成街道级空气质量监测点的异地选址新建与升级创建省级"污水零直排区"标杆镇街。

【平安建设】 2023年，塔山街道坚持从抓好初信初访化解问题，2023年共受理政务热线转办单6542件，按期受理率和答复率均为100%。成功护航亚运会，打赢亚运会火炬传递绍兴"第一战"。反诈宣传"五进"活动成效显著，共举办200余场宣讲会，发放防范手册3万余份，街道被评为全省打击治理电信网络新型违法犯罪工作成绩突出集体。处置环球双子楼小债权签约工作，签约率达到97.7%。开展安全生产大排查大整治工作，共检查单位8332家次，发现并整改隐患15914处，累计办理安全生产和消防安全案件334件，实现全年安全平稳。

【民生实事】 2022年，塔山街道聚焦提升人民群众生活品质，配合完成省、市、区相关民生实事工程，累计投入资金86980.25万元，完成8项街道民生实事项目。开展救助新增困难群众16人，发放救助款4.0934万元，发放重度残疾人护理补贴580人、困难生活补贴120人；探访关爱困难群众1373人次，开展家门口疾病筛查活动，完成各类疾病筛查9628人次。现代社区建设有序推进，成功创建1个示范型、4个争创型、2个培育型市级"和美社区"。鲁迅故里社区被评为浙江省第四批引领型未来社区，滨河、水沟营社区养老和托育场景获评省第四批城镇社区"一老一小"服务场景。（塔山街道　夏楠）

府山街道

【概况】 府山街道位于绍兴古城核心区块，区域范围东、北、西至环城河外沿，南至人民路，辖区总面积4.9平方千米。辖区内历史遗存众多，有"卧薪尝胆"的越王勾践、"书圣"王羲之、"千古完人"王阳明、儒学大师刘宗周和黄宗羲、"学界泰斗"蔡元培、廉官范仲淹、革命史家范文澜等名人遗迹；绍兴八大历史文化街区中，书圣故里、八字桥、越子城、石门槛、西小路、新河弄等六大街区坐落其中，共有文保单位105处。截至2023年年底，街道共辖10个社区，户籍人口69970人，登记流动人口13554人。

全年实现规上工业生产总值175.54亿元，同比增长2.32%；限上批发业销售额172亿元，同比增长31.05%；限上零售业销售额37.1亿元，同比增长5.42%；限上社会消费品零售总额40.9亿元，同比增长5.35%。全年引进企业35家，其中成都西加云杉绍兴公司完成月度升规，为全区第5家规上互联网企业，实现街道互联网企业"零"的突破；升规企业31家，其中月度升规企业28家。

2023年，府山街道开展主题教育学习活动，149个党支部全部制订学习计划，92名流动党员通过"云上学"学习平台开展个人自学，组织各类学习197场次，开展"循迹溯源学思想促践行"活动，打造越都社区和书圣警务站2个现场教育实践基地。

2023年，府山街道被命名为全省首批红色根脉强基示范乡镇（街道），被中国互联网新闻中心评为中国最美幸福宜居街道、中国共同富裕典范街道，被市委、市政府表彰为共同富裕示范区市域范例建设突出贡献奖；街道石门槛历史文化街区被省政府评为第七批历史文化

2023 年府山街道主要经济指标完成情况一览表

表 91

指 标	完成情况	同比增长(%)
规模以上工业总产值(亿元)	175.54	2.32
规上工业增加值(亿元)	21.10	0.28
工业投资(亿元)	9.26	65.4
固定资产投资(亿元)	38.89	15.3
限上社会消费品零售额(亿元)	40.9	5.35
限上批发业销售额(亿元)	172.00	31.05
限上零售业销售额(亿元)	37.1	5.42
限上住宿业营业额(亿元)	3.13	30.41
限上餐饮营业额(亿元)	1.95	36.36
实到外资(万美元)	250	-50

街区。越都、西小路社区被省委命名为首批红色根脉强基示范村(社区)和首批省级现代社区;越王城未来社区、书圣故里未来社区创建为省第四批未来社区。府山派出所获评 2019—2023 年度全省政法系统先进集体。

【共同富裕】 2023 年 10 月 19 日,国家发改委就业司司长应雄一行到越城区调研共同富裕工作,至越城区社区共建活动中心、府山街道越都社区党群服务中心调研城市社区"契约化"共建,并在越都社区召开座谈会。

【契约共建】 2023 年 2 月 23 日,府山街道举办"党建引领共同富裕、契约共建幸福府山"契约共建大会,会上与绍兴文理学院等 11 个单位签订共建协议,相关照片在越城区建区 40 周年建设发展成就展展出。《"契约化"共建让老台门有了新变化》在《新华每日电讯》刊载。

【文商旅融合】 2023 年 7 月,府山街道举办"遇见府山·美好奇趣夜"系列活动,其间累计吸引超 30 万人次参与体验,启动仪式现场直播访问量 12 万人次。12 月 29 日,举办首届山阴城隍庙会,累计吸引游客超 35 万人次,75 个展位销售额突破 300 万元,拉动周边消费突破 5000 万元,带动国商大厦、大悦城日均营业额较国庆期间分别增长 40%、24%。

2023 年 12 月 29 日,山阴城隍庙会开幕式在城市广场举行(府山街道　提供)

【新时代"枫桥经验"】 2023 年,府山街道实现 86 个网格"一网一支部"全覆盖,714 个微网格建立党小组。以"1+3+N"体系为抓手,推动各类社会力量以共商共治的形式参与到社区治理中,形成"人在格中管,事在格中办,小事不出格"的治理新格局。2023 年 11 月 29 日,越城区社区共建活动中心、越都社区党群服务中心作为现场展示点,在浙江省坚持和发展新时代"枫桥经验"大会上展出。

【清洁城市】 2023年，府山街道举办“打造最清洁城市精品街道”，创新推行“古城集中大扫除”“马路办公”等机制，发动街道干部、居民、共建单位、物业公司等志愿者共同参与环境整治。先后投入5800余万元，实施古城项目微更新12个，推动古城内环环通项目，完善停车场、观景台、游步道等基础配套。接续推进老旧小区改造项目9个，胜利路111号老旧小区改造项目成为全省老旧小区改造监管不到位问题专项治理工作现场会参观点位。

【政务服务】 2023年，府山街道深化“互联网+政务服务”建设，工作日从五天增加到七天。将绍兴市“96345”社会公共(便民)服务中心引进街道办事服务大厅，提供家电维修、管道疏通等10个大类114个小项服务。同时，在辖区内上线24小时“邻里守望站”，提供24小时自助购药、急救医疗等服务，截至年底已上架70多种常用药。

【社会保障】 2023年，府山街道大力发展社会福利、优抚救济和慈善公益事业，发放“爱心卡”3042张，为残疾儿童申请康复训练补贴39万元，为70名自谋职业残疾人申请社保补贴29.3万元；组织21名残疾人参加全市残疾人职业能力提升培训，新增残疾人就业20人。累计培训红十字应急救护持证452人，普及培训2887人。开展双拥走访慰问750人次，获评绍兴市退役军人服务保障体系先进单位。(府山街道　顾丽娜)

北海街道

【概况】 北海街道地处绍兴市区西北面，西邻柯桥，北接镜湖，周边与东浦、灵芝、府山、塔山、城南和柯桥区兰亭、福全接壤，境域面积17.4平方千米，辖17个社区、1个行政村，截至2023年年底，北海辖区常住人口76573人，流动人口44095人。街道位于绍兴古城的西大门，是绍兴“大三区”的地理中心和几何中心，有老火车站、二环北路智慧快速路等交通枢纽，区位条件优越。

2023年，北海街道全年完成规上工业增加值5282万元，同比增长11.1%；全社会固定资产投资60.0亿元，同比增长15.3%；限上社会消费品零售额36.0亿元，同比增长9.3%；限上批发业销售额完成50.3亿元，同比增长19.6%；限上零售业销售额完成37.3亿元，同比增长11.4%；限上餐饮业营业额完成9656万元，同比增长49.2%。

【党建联建】 2023年，北海街道推进“红色根脉强基工程”，助推现代社区建设，越西社区获评省“红色根脉”强基示范社区并入选市级“最

2023年北海街道主要经济指标完成情况一览表

表92

指标	完成情况	同比增长(%)
规模以上工业总产值(亿元)	2.19	−14.9
规模以上工业主营业务收入(亿元)	2.25	−15.7
规模以上工业增加值(万元)	5282	−11.1
固定资产投资(亿元)	60.00	15.3
限上社会消费品零售总额(亿元)	36.04	9.3
限上其他营利性服务业主营业务收入(亿元)	4.68	15.02
自营出口(亿元)	6.25	−9.8

好村社”，北海街道入选浙里兴村治社（村社减负增效）应用市级“最优镇街”。推出“人行千万里，组织在身边”流动党员专项系列活动和“幸福来敲门”网格专项行动，激励党员发挥先锋模范作用。

【营商环境】 2023 年，北海街道引进招商项目5 个，总投资额达 6000 万元。全年兑现政策资金 275 万元，完成个转企 24 家，实现月度下升上 11 家，年度下升上 7 家。推动科技创新主体培育，全年实现互联网、软件和信息技术营业收入同比增长 95.1%，位列全区第二；申报国家高新技术企业 9 家，省科技企业 22 家。举办绍兴首届婚博会、家装直播周等大型活动，单场成交额达 1.03 亿元，春节期间迎恩门吸引游客 42 万人次，带动餐饮、住宿等销售 868 万元。

春节期间的迎恩门夜晚（施森声　摄）

【人居环境】 2023 年，北海街道围绕清洁城市样板区创建要求，全域推进迎亚运“洁美行动”，聚焦火炬传递沿线、火车站周边、专项行动沿线等重点区域，开展桥下空间、铁路沿线、河道水域等环境清洁专项行动，实施绿化补植、农田修整等环境美化措施，共消除消防安全隐患 7 处，处理桥下空间 13 处，修整农田大棚、针织彩带23 处，拆除临时工棚 5 处。

【拆改征迁】 2023 年，北海街道持续强化城市空间统筹管理，推进快阁工业园区、阳明中学东南角等征收项目，提前完成鉴湖前后街土地征收工作，成为全市、全区第一个时限内完成征收的住宅项目，全年共腾出可新建用地 12171.34平方米。统筹推进控违拆违工作，共计拆除违章建筑 11 处，腾出城市空间 6349.8 平方米。

【未来社区】 2023 年，北海街道完善配套设施体系，建设共享食堂、健康小屋、绿色步道等，推进虹桥社区、信达社区、西湖社区未来社区建设工作，打造近悦远来品质社区。由街道物业作为一体化运营单位，推进共享食堂、家政服务等项目增收创收，成立社区共创基金，快阁苑社区创建为浙江省第三批引领型未来社区，并入选全国完整社区建设试点名单，越西社区入选首批浙江省现代社区名单。

【公共服务】 2023 年，北海街道依托“生活北海”平台，创新开展“幸福星期三”线上直播专场和线下特色产品助销幸福集市，实现跨区、跨街道联动，带动销售额超 50 万元，覆盖群体超10 万余人。坚持文化惠民，拓展文化赋美场地，建设完成省级“15 分钟文化圈”2 个，申报区级社科基地 3 个。

【生态治理】 2023 年，北海街道推进大气污染防治专项行动，强化污染源管控，从严落实扬尘治理、秸秆焚烧、油烟管控等系列攻坚战，实施行政执法 97 起。常态深化“河长制”，高效优化水质断面，河道生态有效治理，沿岸卫生环境大幅改善。全域推进越美系列创建及垃圾分类定时定点工作，2023 年上半年创建越美小区 51个、越美商业街 9 条、省级“垃圾分类”高标准小区 15 个。

【民生保障】 2023 年，北海街道围绕“幼有善育、学有优教、劳有所得、病有良医、老有康养、住有宜居、弱有众扶”等“七有享”服务目标，推动认知障碍床位建设，扩大养老护理员专业队伍，实施“倍健康”关爱工程，升级健康体检包项目。推行养老服务“爱心卡”制度，惠及老年群体13529人，完成家庭注资25万元。完成快阁苑邻里中心无障碍环境改造，向低保、残疾人等困难群体发放补助资金共计24.8万元。形成爱心市集、爱心体检、百叟宴等12项北海特色养老服务项目，共开展各类惠老活动600余场，惠及群众8万余人。

【乡贤议事厅】 2023年，北海街道扎实开展矛盾纠纷排查化解，探索构建基层矛盾纠纷多元化解体系，聚集40余名优秀乡贤，成立乡贤议事厅，创新开展“幸福十五号”矛盾调解活动，累计调解居民矛盾纠纷200余起。（北海街道　张敏）

稽山街道

【概况】 稽山街道位于绍兴市区东南面，东与东湖风景区毗邻，南连会稽山麓，西至融创越州府，北靠人民东路（含大众公寓），辖区面积20.36平方公里。稽山因地处会稽山麓而得名，辖区内风景秀丽、人文荟萃，会稽山、若耶溪、王阳明先生修道的阳明洞天、大禹的葬地大禹陵等都位于稽山境内。2023年，稽山街道深入推进城市治理，持续优化社区结构，下辖14个城市社区，年末户籍人口40390人，常住人口70673人。

2023年，稽山街道实现规上工业总产值27.3亿元，同比增长2.6%；工业增加值7.68亿元，同比增长11.2%；实现限上批发业销售额44.3亿元，同比增长39.3%；实现限上住宿业营业额1.36亿元，同比增长32%；实现限上餐饮业营业额1.04亿元，同比增长46.5%；规上其他营利性服务业工资总额2.24亿元，同比增长43.6%；固定资产投资18.66亿元，建安投资13.84亿元。限上批发业、住宿业、餐饮业营业额均实现大幅增长（增幅32%～46%）。加大科技企业及人才招引力度，针对性引入广告代理服务等企业2家，完成工业企业“小升规”3家，积极落实各项创新驱动、产业转型升级措施，培育申报国家高新技术企业24家，全年国家级引才申报22人，入选4人，省级引才申报5人，入选1人，街道人才工作在考核中位列小组第一。

【主题教育】 2023年，稽山街道深入开展学习贯彻习近平新时代中国特色社会主义思想主题教育，制订151个基层党组织学习计划，第一时间传达学习习近平总书记在浙江考察时的重要讲话精神，以“三会一课”、主题党日活动、实地参观等多种形式开展思想政治教育，实现辖区内3167名党员学习全覆盖，推动主题教育

2023年稽山街道主要经济指标完成情况一览表

表93

指标	完成情况	同比增长（%）
规模以上工业总产值（亿元）	27.32	2.6
批发业（亿元）	44.30	39.3
零售业（亿元）	11.48	−23
餐饮业（亿元）	1.04	46.5
省内产值（亿元）	39.69	17.9
固定资产投资（亿元）	18.66	2.0
建安投资（亿元）	13.90	19.5
研发费用（亿元）	2.10	16.9

走深走实。

【社区建设】 2023年，稽山街道通过与企业、经济合作社、物业共建共享等形式拓展社区服务阵地7000余平方米，除大众、会稽社区外，其余12个社区用房已进行一轮提档升级。以四季园社区为示范样板，与共建单位宝业集团深度合作，累计吸引社会资金3000余万元，打造共享空间近万平方米，为社区居民提供多样化优质服务，双方实现互利共赢，四季园社区被认定为省级党群服务中心。

2023年10月28日，四季园社区举办金秋跑团运动嘉年华（胡蓉　摄）

【平安建设】 2023年，稽山街道守牢亚运维稳安保应急响应。全年调处回复12345市长公开电话4975件，做到受理率、按期答复率、回访核实率“三个100%”，群众满意率达到96.90%。2件区级信访积案有效化解，化解率100%，落实225人次信访人员资料归档。年内安全生产大排查大整治行动共检查企业6845家，发现隐患13002处，其中重大隐患216处，已全部整改完毕，责令企业停产停业整顿235家次，立案查处174家次，行政拘留4人。

【环境保护】 2023年，稽山街道年度城东开发委国控站点PM2.5浓度为30.17微克/立方米，排名较上年提升2位，数据较上年改善5.3%，改善幅度位列全市八个国控点第一，作为唯一镇街代表在绍兴市“六五”世界环境日活动上交流治气经验，相关做法被《绍兴日报》等多家媒体报道。持续深化河湖长制管理，强化对街道区域共32条河、2000亩水域的网格化管理，压实责任，实时掌握河道保洁情况，落实科学治水措施。2023年，稽山街道辖区19个村级以上水质断面均达到功能要求。

【城市管理】 2023年，稽山街道在每月开展的全区“打造最清洁城市样板区”工作考核中，五个月排名前三位，其中两个月位列第一，两个季度排名前三位，被评为2023年度浙江省生活垃圾分类示范片区。

【民生实事】 2023年，稽山街道全力配合完成越东快速路高架、阳明路、涂山路等多条主要道路改造提升，拆除新港村标准厂房4幢近万平方米，配合完成高级中学西门改造提升工程。推动西畈公寓9幢、10幢危房原拆原建工程，秀水苑、敦煌新村等老旧小区改造工程，鹤池一类公厕项目，老小区改造工作受市级媒体报道。

【社会保障】 2023年，稽山街道对低保、特困、残疾群众实施社会救助，截至年底完成在册低保140人、低保边缘30人、特困5人、“两补”在册残疾人426人的全部救助工作，探访关爱和幸福清单送达覆盖率达100%。开展困难群众精准帮扶，发放“绍兴有爱”消费券合计80500元，开展慈善一日捐、无偿献血、智能脑卒中早期筛查等惠民项目，切实做到“弱有所扶”。

【便民服务】 2023年9月，稽山街道24小时自助服务区建成并投入使用，便民中心推出工作日延时办、周六预约办、错时办等服务方式，实现“周末能办”“节假日能办”“随办随走”，群众办事更加方便快捷。（稽山街道　孙杉杉）

城南街道

【概况】 城南街道地处浙江省绍兴市越城区南部，东靠会稽山，西邻书法圣地兰亭，南依秦望山，北接绍兴古城核心区，辖区面积14.91平方公里，常住人口10万余人，下辖社区11个、行政村18个，风光旖旎、人文荟萃，发展潜力巨大，享有“古越南闲”的美誉。交通区位优势显著，贯穿越城市区、可直达杭州的绍兴地铁1号线在城南穿行；大禹高架路、二环南路智慧快速路、解放大道、中兴大道、绍诸高速等多条交通要道汇聚于此，形成包括公交、BRT、智慧高架、高速、地铁在内的现代化综合立体交通路网，已经实现“环城半小时交通圈、10分钟上高速”的目标。

2023年，城南街道实现经济形势增幅喜人，各项主要经济指标取得了历史性的好成绩。全年实现规上工业增加值5.17亿元，增长13.38%；工业总产值19.9亿元，增长2.73%；固定资产投资47亿元，增长46.14%；建安投资22亿元，增长29%；建筑业省内产值77.9亿元，增长18.8%；限上批发业销售额99.3亿元，增长33.20%；限上住宿业营业额2335万元，增长32.8%；限上餐饮业营业额4869万元，增长35.1%；其他营利性服务业营业收入4.1亿元，增长125.27%；互联网和软件信息营业收入1.2亿元，增长44.58%，主要经济指标5次排名全区前五。

【党建领航】 2023年，城南街道聚焦“契约化”共建打造特色品牌，依托现代社区建设和党群服务中心规范提升等重要载体，打造“3+2+3+N”的党建品牌创建体系，11个社区实现品牌创建全覆盖，积极打造“天天有感”党群服务中心，全年累计开展活动1200余场。全年共发展党员11名。开展流动党员核查纳管“百日攻坚”专项行动，摸排流动党员500余人，纳入支部管理200余人，开展党务工作集中指导，解决专业性党务工作问题30余个。加强阵地建设，规范提升党群服务中心4个，成功创建省级党群服务中心1个。

【招商引资】 2023年，城南街道定期走访企业，赴外地招引优质项目，采取有力措施，攻坚克难，精准施策。全年实到内资1.3亿元，签约招商引资项目5个，计划投资5.5亿元，其中5亿元项目1个、2000万元项目1个、1000万元项目3个。营商环境持续优化。实行重点项目领导挂联，帮助企业解决各类难题20余个，解决企业用工岗位200余个，完成政策兑现400余万元。

【综合管理】 2023年，城南街道定期开展常态化整治行动，部署沿街环境、油烟乱排、占道经营、流动摊贩、空气污染、燃气安全等行动100余次，整改问题900余处，办理一般性案件358起，处罚金额达31.58万元；落实“6+N”制度，联合村、社开展高频次走街劝导、督促工作；扎

2023年城南街道主要经济指标完成情况一览表

表94

指标	完成情况	同比增长(%)
规模以上工业增加值(亿元)	5.17	13.38
工业总产值(亿元)	19.9	2.73
固定资产投资(亿元)	47	46.14
限上批发业零售额(亿元)	99.3	33.20
其他营利性服务业收入(亿元)	4.1	125.27
互联网和软件信息营业收入(亿元)	1.2	44.58

实做好控违拆违工作，街道全年拆违任务量为2万平方米，已拆除2.2万平方米，完成率110%。垃圾分类投资450余万元开展环保屋建设和改造，全年累计落地环保屋46个、智能投放亭7套，除涉及老小区改造的小区外，59个小区均实行垃圾分类“定时定点”全覆盖；积极推进各类标准创建，全域推进越美系列创建，完成创建垃圾分类省级高标准示范小区14个、示范村2个，首批创建生活垃圾分类越美小区40个，创建生活垃圾分类越美商业街14条；对绍甘线、解放南路沿线进行全面整治，更新升级道路绿化装饰1600平方米，清除违建、违规种植等3000余平方米。

【以文惠民】 2023年，城南街开通街道微信公众号“乐融城南”，每日发布街道特色工作情况、社区动态等，目前已发布推送342条。创作专属文艺作品，设计街道特色logo，发布街歌《南门之外》，推出城南形象宣传片，提升城南吸引力、影响力。成立城南街道文联，举办摄影、朗诵等主题比赛；举办特色惠民活动，开展年俗文化营、2023城南街道读书节暨树兰书房·中兴馆开馆等活动；开展“文明迎亚运·城南心相融”特色迎亚运主题活动；承办越城区第十七届邻里节暨城南街道国潮美食节，丰富城南辖区群众的文化生活。

【民生实事】 2023年，城南街道完成住宅电梯加装11台，在建4台；完成老旧小区改造20余万平方米；集中办好一批民生项目，投资200余万元完成规划二号路配套山体截洪沟工程建设。对天镜南苑周边店招全部换新并完成道路路面修复。共发放“爱心卡”5648张，辖区申请率97.69%，募集助老基金10万余元；投入资金10万余元实施区新时代文明实践中心残疾人无障碍改造；创建新时代枫桥式退役军人服务站，通过省级验收；落实便民服务中心错时工作机制，最大限度方便企业和群众办事。

【法治建设】 2023年，城南街道全面推进街道“八五”普法工作，线上运用“互联网+”模式，充分利用“古越普法”“乐融城南”等公众号推送普法信息。线下在各村社党群服务中心、新时代文明实践中心围绕重点人群、社会热点等开展专题普法宣讲200余场，2023年成功创建2个省级民主法治社区和5个市级民主法治村。“枫桥经验”有力践行。融合多部门优势，联合鉴湖法庭、司法（鉴定）服务、律所、公证等部门入驻街道公共法律服务站，提供公证便民服务，实现法律援助市内100%通办。推进人民调解组织网络和队伍建设，建立健全以联村律师、联村干部、专兼职人民调解员、乡贤为主体的人民调解队伍，2023年累计调解各类矛盾纠纷942件，涉案金额3000余万元，调解成功率达96%以上。（城南街道　刘鼎）

迪荡街道

【概况】 迪荡街道位于越城区环城河外沿以东，二环北路以南，二环东路以西，人民路以北（不含大众村）。截至2023年年底，迪荡街道总人口3.9万，流动人口1.5万人，下辖10个社区、3个村（居）。

2023年，迪荡街道限上批发业企业销售

迪荡湖科技CBD（迪荡街道　提供）

2023 年迪荡街道主要经济指标完成情况一览表

表 95

经济指标	完成情况	同比增长(%)
限上批发业销售额(亿元)	411.58	28.06
限上零售业营业额(亿元)	6.86	23.97
限上餐饮业营业额(亿元)	3.52	21.86
限上住宿业营业额(亿元)	2.33	30.89
建筑业省内产值(亿元)	35.75	22.60

额 411.5787 亿元,同比增长 28.06%;限上零售业企业销售额 6.862 亿元,同比增长 23.97%;限上住宿业企业销售额 2.33 亿元,同比增长 30.89%;限上餐饮业企业销售额 3.5236 亿元,同比增长 21.86%;建筑业省内产值 35.751 亿元,同比增长 22.60%;限上服务业营业收入 8.1 亿元,同比增长 20.2%;培育月度"下升上"企业 23 家,位列全区第一。

【城市党建】 2023 年,迪荡街道制定楼宇党建"六个一"(完善一个组织、打造一批项目/典型、提炼一个品牌、用活一片矩阵、举办一场活动、一揽子服务举措)18 条工作机制,挂牌改建 9 个楼宇党建阵地,选派 23 名党建指导员;打造高层次人才流动党员服务家、"红色楼事会"等品牌项目,每月开展楼宇商圈主题服务日活动,组织 450 余名楼宇党员参与楼社服务。开展现代社区"和美争创",筹建迪荡湖社区、星湖社区,完成洞桥、剡溪 2 个社区党群服务中心和 9 个社区居家养老服务中心提档升级,打造"商睦""邻睦"7 个网格驿站,进一步优化服务矩阵。

【民生服务】 2023 年,迪荡街道建成全区首个街道民政一体化服务站,为辖区老、弱、病、残、幼提供"一站式"服务。

【招商引智】 2023 年,迪荡街道引进百亿级批发企业 2 家,赴北京、上海等地招商 10 次,对接巨掌网络、铱斯电子科技等企业 17 家,落地项目 2 个,落地并升限企业 6 家;落地市级名士之乡英才计划 11 人,入选国家级项目人才 2 人,获评国家高新企业 14 家、省科技型中小企业 27 家。

【营商环境】 2023 年,迪荡街道举办"迪荡仲夏夜"系列活动,打造电影公园后备厢市集、1051 落日市集等夜间消费新地标。

【五水共治】 2023 年,迪荡街道完成 10 处水域生态治理,蜻蜓池生态修复作为全市唯一案例入选《2023 世界运河城市生态保护与修复案例集》;建立迪荡湖省级湖长制标准化展示馆,迪荡湖公园作为省级治水"实践窗口",接待各地考察团队 70 余批次。迪荡街道获得全省"五水共治"工作考核优秀乡镇(街道)、绍兴市生态文明建设突出贡献集体等荣誉称号。

【打造垃圾分类样板区】 2023 年,迪荡街道云东社区御景华庭四期南小区创建为全市首个环保低碳时尚主题小区,72 名座、家宜花园、盛世名苑 E7、金港湾、颐和雅苑 5 个小区创建为省级高标准小区,实现 49 个定时定点"越美小区"全覆盖,打造"越美商业街"24 条,运河首府小区成为全市"迎亚运"垃圾分类百日攻坚工作现场会参观点位。(迪荡街道　钱晶莎)

东湖街道

【概况】 东湖街道东连陶堰街道,南靠 104 国道、皋埠街道、迪荡街道，西邻镜湖新区、灵芝街道，北接滨海新区、斗门街道、马山街道，位于越城、镜湖、滨海三区交界位置，鉴水科技城坐落其中。杭甬运河、104国道横贯街道东西，越东路、越兴路、袍中路等城市主要道路穿越而过，水陆交通便利。街道地域面积30.5平方千米，下辖13个行政村、7个居委会，户籍人口4.25万人，外来流动人口1.64万人，共有基层党组织112个，党员2265名。

2023年，东湖街道现价工业总产值40.29亿元；规上工业增加值9.7亿元；限上批发业销售额102.7亿元；限上社会消费品零售额7896.8万元；限上零售业销售额1.13亿元。高新技术产业投资、建安投资等8项指标增速位居第一方阵。

【招商引资】 2023年，东湖街道招引工业企业1家，批发业企业2家，建筑业企业1家；引进产业项目6个，协议投资金额6000万元，实到外资100万美元，较上年翻两番。

【企业创新】 2023年，东湖街道新增国家高新技术企业4家，申报国家级科技型中小企业20家、省级科技型中小企业5家，培育“个转企”8家、“小升规”6家、“下升上”2家，主辅分离6家，整治“低散乱”4家，淘汰落后产能2家。鼓励4个工业企业实施“零土地技改”，上马工业“二次开发”项目2个，街道R&D研发经费支出10522万元。

2023年7月21日，东湖街道首家商业综合体旭辉Cmall正式开业（东湖街道　提供）

【工程建设】 2023年，东湖街道启动实施中亚工贸园700余套保障性租赁住房建设；加快推进104国道东蒿线改建工程东湖段建设任务；浪头湖路、东湖路、会龙路、柳桥路等四条城市道路建成通车；则水牌6万平方米的商业综合体旭辉Cmall正式开业运营；实质性启动1689亩“千亩方”永久基本农田集中连片整治。

【农业农村】 2023年，东湖街道完成粮食播种面积1.6万亩，粮食总产量达7200吨。完成全区首个高标准农田634亩提升改造项目。打造750亩黄酒专用糯稻生产示范基地。推动农村增收致富，18个村居经营性收入均达50万元以上，人均可支配收入增长12%，大皋埠村、高平

2023年东湖街道主要经济指标完成情况一览表

表96

指标	完成情况	同比增长（%）
现价工业总产值（亿元）	40.29	7.09
规模以上工业增加值（亿元）	9.7	-1.02
限上批发业销售额（亿元）	102.70	44.89
限上零售业销售额（万元）	11316	12.06
限上社会消费品零售额（万元）	7896.8	21.20
建筑业省内产值（万元）	285868.7	18.09
商品房销售面积（平方米）	213174	-4.50

2023年6月20日，“迎亚运　助共富”越城区第十届水乡龙舟赛在东湖街道举办(东湖街道　提供)

村完成年度消薄任务。

【拆迁工作】 2023年，东湖街道完成仁渎、高平、岑前三村住宅类1704户，古越龙山沈永和酒厂、城东纺织、绍轧路周边企业等8个非住宅类搬迁工作，攻克35户滞留户，全年搬迁房屋面积61.3万平方米，项目数量、搬迁面积以及单个住宅类体量、签约率均为全区最高。

【运河文化】 2023年6月20日，“迎亚运 助共富”越城区第十届水乡龙舟赛在东湖街道举办。挖掘文化遗存，建成5000余平方米市级船文化博物馆。东湖悠久船水文化在中央、省、市、区主流媒体刊发报道31篇，登陆央视一套、六套《大运河之歌》节目，“水韵智城 活力东湖”受《浙江日报》专版报道。

【人居环境】 2023年，东湖街道开展迎亚运三大提升行动，整体提升中兴大道东湖段通勤路线、客运中心重要点位环境面貌。持续巩固农村人居环境整治成效，列入常态化督查考核的6个村月度平均排名提升3位，大皋埠村五次获得“进步奖”。PM2.5平均浓度为28.76微克/立方米，优于全区平均水平。积极开展“碧水”1号、2号专项行动，闭环整改问题59个。93条河道、19个考核断面水质均达到Ⅲ类水质及以上，达标率100%。完成则水牌5号地块土壤污染修复，平整土地68亩。集中办理省委生态环境保护专项督察4件交办单、4件信访单，执法立案47起，处罚金额25万元。全年拆除违建面积6.71万平方米，超额完成年度指标，拆后土地利用率达95%。

【法治建设】 2023年，东湖街道全面构建合法性审查工作体系，全面清理、废止行政规范性文件56件、完成审查12件，主动公开政府信息47条、答复申请41件，连续3年实现行政诉讼案零败诉，人大代表、议政会成员建议、政协委员提案办结率、满意率均达100%。综合考核涉及的116项重点工作、考核指标基本完成。

【民生实事】 2023年，东湖街道改造提升杨浜垃圾中转站，完成香莲公寓、滋江家园、迪东公寓、高平安置小区、小皋埠安置小区等6个“越美小区”建设。完成西庄大道景观提升工程，美化墙面400余平方米，修复绿化带100余平方米，在客运中心转角搭建“城市盆景”。完成小皋埠村社区卫生服务站立面改造，建成并投入使用后堡村、五和村社区卫生服务站。改造升级小皋埠村老年居养中心900余平方米，新增床位26个。完成谢家岸头至松陵造船厂以及前赵(金家溇)至杨浜路段总长3公里的路面大修工程，改造提升9个农村次、差路段。在西庄大道、后堡村增设总长约1300米临河隔离护栏，实现临河危险路段护栏全覆盖。

【公共服务】 2023年，东湖街道推进数字档案馆、凤林小学、社区卫生服务中心等公共服务项目建设。完成新时代“枫桥式”退役军人服务站建设。完成8户困难残疾人家庭无障碍改造。全年发放各类慰问救助金177万余元。支持多渠道灵活就业，五类重点群体就业帮扶率动态保持100%。

【平安东湖】 2023年，东湖街道深入开展“园中园”“厂中厂”专项整治，检查企业1600余家，发现并整改问题700余处，严格落实“一案双罚”，办理查处案件190起，累计处罚金额11万元，全年未发生安全生产亡人事故。全年化解拆迁、工伤等纠纷1096件，涉及金额30.86亿元。“一房一策”妥善解决3个重点楼盘涉及保交楼、资金转移支付、工程款催讨等问题，首创商住分离监管模式，保障3.4亿元工程款支付，追讨劳动者工资2400余万元。完成全国两会、杭州亚运会等重要节点维稳安保。（东湖街道　丁煜）

灵芝街道

【概况】 灵芝街道地处越城区西北部，东与斗门街道相邻，东南接迪荡街道，南与北海街道接壤，西与东浦街道连接，地域面积42.8平方千米，水域面积1.4万亩。拥有“十里荷塘”、狭猕湖、湿地公园等江南美景，是绍兴市行政中心、绍兴市植物园、绍兴市奥体中心等所在地。截至2023年年底，街道共有村(居)、社区42个，其中21个行政村、6个居、15个社区，户籍人口6.5万人，流动人口3.6万人，常住人口10.1万人。辖区内有党组织208个，其中党委12个、党总支22个、党支部174个，党员4301名。

2023年，灵芝街道主要经济指标、“月晾晒”指标排名均保持全区前列，其中规上工业增加值、工业投资增速、出口份额变化、2年内立项项目开工率等指标位居全区第一。固定资产投资完成266亿元，建安投资完成129亿元，两项总量均位居全区第一。

【主题教育】 2023年，灵芝街道扎实开展主题教育，累计开展集中学习50余次，组织专题党课200余场，开展“循迹溯源学思想促践行”活动，组织区内外调研10余次。全年累计服务、慰问重点特殊人员超300人。落实全面从严治党政治责任，开展常态化正风肃纪检查40余次，运用监督执纪“四种形态”处理27人，党纪政务立案查处18人。

【招商引资】 2023年，灵芝街道健全“班子带队、各级联动、乡贤助力”的全链条招商体系，配套出台400万元经济高质量发展政策，推动落地中电长三角数字经济产业园、翠湖科创平台、蜂巢电子商务产业园等项目，全年新招引落地规上、限上企业13家，培育全喜智能制造等6家数字经济企业，数字经济核心产业制造业实现新突破。

2023年灵芝街道主要经济指标完成情况一览表

表97

各项经济指标	完成情况	同比增长(%)
规模以上工业总产值(亿元)	46.26	2.90
规上工业增加值(亿元)	15.45	8.07
限上消费品零售总额(亿元)	21.86	42.75
限上批发业销售额(亿元)	226.26	100.23
限上住宿业营业额(万元)	3997	7.47
限上餐饮业营业额(万元)	18013	97.40
有效投资(亿元)	266.82	−6.32
建安投资(亿元)	129.05	−9.22
商品房销售面积(平方米)	594512	−12.50

【人才引进】 2023年，灵芝街道坚持人才引进落地导向，入职青年博士5名，落地“名士之乡”英才计划创业项目1个、省级海外引才项目1个，国家级海外引才项目入选2名，为环宇、喜临门、华汇等企业引荐海外人才超50人次。

【安保工作】 2023年，灵芝街道以“减存量、控增量”为目标，全面起底信访存量问题，创新编发《每日灵芝访情》超250期，全年累计化解国家、省、市、区十大领域重要问题重复信访事项43件，化解率达100%，实质性化解积案80余起，完成重大活动节会期间维稳安保任务。

【重点工程】 2023年，灵芝街道以亚运会为契机，落地风林西路改造工程、城市夜间亮化工程等地标性建设，建成亚运会元素休憩场所、马拉松主题公园项目，推进高铁TOD（以公共交通为导向的商业区开发模式）、灵芝小学改扩建、镜湖中心广场项目、潞家湾沿岸改造提升、镜湖直江两岸公园建设等工程超20个，建成“老绍兴滨水地带”和“新都市滨水绿带”，全面展现越城风貌、灵芝风采。

【清洁城市】 2023年，灵芝街道打造最清洁城市样板区，全年共规范劝导、立案查处近万起，清理垃圾2000余吨，拆除违建超6万平方米，以严管、严控、严罚的态势做好市容市貌保障。

灵芝街道镜湖科技城（一期）科创大厦项目建设工地（灵芝街道　提供）

扎实做好越美创建工作，全年已落地摆放分类小屋50余个，创建高标准小区7个，27个“越美小区”创建通过市级验收，打造“越美商业街”6条，5条特级道路成功通过创建验收，曲屯家苑临时疏导点改造提升完成。

【生态环境】 2023年，灵芝街道获得年度绍兴市水美乡镇称号，镜湖直江（上下官渡）获得年度绍兴市“美丽河湖”称号，完成“生态灵芝 魅力镜湖”城市新区风貌区省级验收，人居环境考核成绩位居全区前列。健全农村人居环境工作长效机制，通过农业标准地改革试点工作。开展大气污染防治工作，PM2.5优良率同比上升超6个百分点。

【民生服务】 2023年，灵芝街道撤销水产村、蛟里居、永泰居、洛江居、澄港居、全心居、灵芝居7个村（居）建制，优化调整官渎社区规模，新建奥体社区、观澜社区、灵芝社区。围绕“一老一小一弱”重点群体，创新打造“晨夕阳光”民生品牌，新增养老便民点位19处（社区照料中心1家、老年电大教学点5个、村社老年学堂13家），完成街道未成年人保护站建设，累计幼儿托位964个，托位比例居全省“第一方阵”，组建结对帮扶小组，签约特困、特殊家庭500余户，累计惠及困难人群3000余人次，新建红十字应急救护基地，完成省级无障碍改造民生项目2项。健全公共文化服务体系，新增“15分钟品质文化生活圈”3个，辖区内体育场地面积达33万平方米，健身步道及长度居全区首位。（灵芝街道　章佳颖）

东浦街道

【概况】 东浦街道位于越城区西北7千米处，境域面积30.78平方千米，古镇核心保护区3平方千米，传统风貌延伸区9平方千米。乾隆《绍兴府志·水利志》载“积水之区，小者为浦，如东浦”，因系地势低洼之处，且位于原山阴县东北而得名。2023年，东浦街道下辖37个村级组织，其中，20个行政村，1个居委会，5个社区，11个股份经济合作社，户籍人口4.4万余人，流动人口4.7万余人。

2023年，东浦街道实现规上工业总产值9.8亿元；限上批发业销售额41.48亿元，同比增长32.95%；限上零售业销售额5.25亿元，同比增长11.70%；其他营利性服务业营业收入4.06亿元，同比增长75.23%；完成建筑业总产值48.44亿元，同比增长16.92%；完成固定资产投资41.2亿元，同比增长1.60%，其中完成工业投资3.5亿元，同比增长552.7%；完成税收收入92179万元，同比增长87.8%。

2023年，东浦街道获得杭州亚运会、亚残运会浙江省先进集体、浙江省2023年平安护航亚运会系列重大活动成绩突出集体、绍兴市乡村振兴先进集体、越城区“美丽越城”建设拔钉攻坚先进集体、越城区2023年度“最清洁镇街”等称号。街道退役军人服务站获评省级新时代枫桥式退役军人服务站。南村村成功创建省级未来乡村。东浦村获评省级商贸发展示范村。邵家村获评省级引领型农村社区。东浦居委会获评省级老年体育现代化社区。

【项目投入】 2023年，东浦街道完成文化旅游项目投资9.5亿元，旅游业“微改造精提升”项目13个。谋划工业“二次开发”意向项目5个、计划总投资约5亿元。招引钰界、涟众、绘梦等3个互联网项目，贡献其他营利性服务业数据约3亿元。雷克萨斯4S店项目正式营业，当年实现零售额3000万元。建立商贸服务业月度升规培育库，新增“下升上”企业12家，其中批发企业7家，贡献限上批发销售额约3亿元；首旅南苑酒店完成统计入库，限上住宿指标实现零的突破。积极培育科技创新企业，建立和完善国高和省科培育库，投入研发费用2273万元，申报国家级、省级高新技术企业、科技型中小企业36家，组织辖区50余人次参加省、市、区三级各类科技活动，拓展企业发展渠道。

【保障亚运会】 2023年，东浦街道投资5000余万元，增设迎亚运会节点小品30余处，境内兴越路、大越路、群贤路、镜水路等6条主要道路全面改造提升，完成立面更新约1万平方米，提

2023年东浦街道主要经济指标完成情况一览表

表98

指标	完成情况	同比增长(%)
一般公共预算收入(亿元)	1.67	−18.23
限上批发业销售额(亿元)	41.48	32.95
限上零售业销售额(亿元)	5.25	11.70
其他营利性服务业营业收入(亿元)	4.06	75.23
限上社会消费品零售总额(亿元)	4.70	11.32
建筑业总产值(亿元)	48.44	16.92
规模以上工业主营业务收入(亿元)	9.87	29.49
规模以上工业增加值(亿元)	1.87	−5.17
固定资产投资(亿元)	41.42	1.60

升点位500余处，拆除违建617平方米，整改处置问题隐患1436处，辖区内地铁、高速、高铁、高架“15分钟立体交通圈”时代正式开启，城乡面貌发生了蝶变。完成炬星、鲁东、鲁西房屋征收工作，涉及住宅1161户，建筑面积29.75万平方米。腾退废丝市场等亚运会住宿点周边遗留户近2000平方米，保障了亚运住宿点周边工程的顺利推进。

【生态环境】 2023年，东浦街道推进越美系列创建，辖区内18个居住小区、6条商业街实现生活垃圾定时定点分类投放。深化碧水行动，投资1000余万元实施亚运会周边9条河道清淤工程，区域内主要河道断面水质均达到Ⅲ类及以上标准，治水工作考核在全区排名第一。打响蓝天保卫战，完成源头替代企业6家、低效整改5家；落实施工扬尘管控“8个100%”措施，加大露天焚烧劝阻力度，查处抛洒滴漏、带泥运行案件24起，全年辖区空气质量PM2.5累计均值为29.82微克/立方米、空气优良率为85.8%，亚运会期间PM2.5维持在25微克/立方米以下，达到预期控制效果。

【惠民实事】 2023年，东浦街道完成共富工坊评星定级11家，“越酒源乡”共富工坊获省三星共富工坊称号。举办主题文化活动40余场，文化圈、文化礼堂累计举办文化活动816场，文旅市场主体增量达160家。投资695万元完成大越路周边环境提升工程等5项民生实事工程。办理人大议案建议21件，办结回复率100%。帮助解决各类企业发展问题20余个，完成政策资金兑现300余万元、惠及企业60余家。处理各类劳资纠纷（投诉）360起，调解金额达1200万元。走访慰问困难群众1054户次，发放慰问、救助资金141万元。开展禁毒、反邪教、反诈骗、精防等宣传工作，印发宣传品3万余份。

【安全稳定】 2023年，东浦街道摸排走访辖区居民2.18万户。深化“大综合一体化”改革，累计办理行政处罚案件207起。组建“平安专班”，加大信访矛盾调处力度，全年累计办结12345、来信来访3230件，调处拆迁类、涉法涉诉类矛盾纠纷421件；提前清零“十大领域”信访突出问题7件、国重件4件，化解初访、重件和积案共计60件。开展“除险利剑”行动，聚焦园中园厂中厂、出租房、危化品等八大重点领域，开展风险隐患大排查大起底大整治行动，累计检查单位（场所）9872家次，发现各类安全隐患19253个（其中重大隐患320个），责令停业整顿318家，立案290家，行政拘留11人。（东浦街道 史沁舒）

鉴湖街道

【概况】 鉴湖街道地处绍兴市区南部，东邻会稽山旅游风景区，南接柯桥区平水镇，西连柯桥区兰亭镇和印山越国王陵保护区、兰亭国家森林公园，北与市区城南街道接壤。南部有海拔543.6米的秦望山，因2000多年前秦始皇南巡时登临此山远眺南海（今杭州湾）而得名，系浙东唐诗之路的重要组成部分。街道地域面积50.3平方千米，下辖11个行政村及2个社区，户籍人口26820人，外来人口10293人，党员1638名。绍兴城市主干道解放南路、中兴南路，绍诸高速，新建成32省道、杭绍台高速交叉贯穿鉴湖，绍兴地铁一号线终点站也设于鉴湖街道中心。“绍兴南大门”新形象初具规模。

2023年，鉴湖街道完成规上工业增加值2.83亿元，同比增长42.41%；建筑业省内产值8.65亿元，同比增长21.8%；限上批发业销售额50.5亿元，同比增长33.7%；限上零售业销售额7.3亿元，同比增长15.8%；完成固定资产投资6.95亿元。主要经济指标增速稳定。

【党建引领】 2023年，鉴湖街道开展党性教育活动105次，覆盖党员1636人；深化建设"古越连心、共富先行"党建联盟，开展与绍兴市人民医院党建联建，年内新增17家共建单位，10个契约化共建重点项目稳步推进，创建五星级党群服务中心2个。

【清廉鉴湖】 2023年，鉴湖街道开展"清廉守底线 奋进正当时"作风教育等警示教育活动25场，集中学习10次。全年共计检查38次，检查单位212家，开展各类专项监督19项，立案15件，党纪政务处分12人。鉴湖街道坡塘村获评全省清廉村居建设示范村。

【产业发展】 2023年，鉴湖街道引进招商项目6个，落户3个，培育招引企业22家，完成月度升规企业6家，栖湖广场签约商户27家，规上工业研发费用填报完成数1282.4万元，同比增长3.64%；新增6个国家级人才申报和5个省级人才申报，新增高新技术企业1家、复审3家，年度指标完成率66.67%，重新认定国家高新技术企业3家，年度指标完成率100%。

【人大代表联络站服务】 2023年，鉴湖街道完善秦望村、鉴湖法庭2个人大代表联络分站属性功能，新建王家葑村人大代表联络分站；通过"代表码""联络站码"收集意见建议，共收到选民留言532条，代表答复率为100%；举办"我为民 我履职 我行动"助推三个"一号工程"代表主题活动暨"局长·代表面对面"座谈会，组织代表联络站接待选民、群众11批次41人次，收集意见、建议23条；组织人大代表、议政会成员开展"最清洁精品城市样板区""未来乡村"建设等视察活动和民生实事项目督查，提交意见建议62条，先后接待省外考察团16批次，省内考察团6批次，区内考察团2批次。

【城乡建设】 2023年，鉴湖街道完成省委主要领导接访件骆家葑金水公寓房产证办证工作，截至年底经住户主动申领已完成107本，完成率100%，此件作为优秀案例被制作成短纪录片发布于人民网《枫桥新故事》，获省、市、区各级领导肯定；完成市委主要领导批示办理件南池鉴园E区块房产证办理；启动秦望等4个村农村生活污水管网及终端设施建设、处理设施建设项目；完成春风社区市级"未来社区"、高品质美丽示范街（栖凫路）创建；完成印山路东沿，玉山路东沿及轨道交通TOD项目征地。

【生态环境】 2023年，鉴湖街道开展"迎亚运"市容秩序集中整治行动50余次，排查隐患250余次，发现并整改问题2900余个；开展碧水行动，"三线"序化等环境整治工作，发现并处置

2023年鉴湖街道主要经济指标完成情况一览表

表99

指标	完成情况	同比增长（%）
规模以上工业主营业务收入（亿元）	8.23	−2.25
规模以上工业增加值（亿元）	2.83	42.41
固定资产投资（亿元）	6.95	−33.35
限上社会消费品零售总额（亿元）	6.76	6.6
限上批零、住宿销售额（营业额）（亿元）	58.27	34.98
自营出口（亿元）	17.80	−14.24

问题累计 353 处;开展碧水 1 号、2 号行动,累计整改系列问题 30 处,重点问题 14 处;全面落实水质监管,断面水质均达到 III 类水及以上。

【"非粮化"整治 486 亩】 2023 年,鉴湖街道完成 804 亩高标准农田建设工程,完成粮功区"非粮化"整治 486 亩,完成农业标准地改革试点工作年度任务,完成区下达的粮油播种面积和产量。

【乡村振兴】 2023 年,鉴湖街道实现低收入农户人均可支配收入增长 12% 以上,低收入农户人均可支配收入占农民人均可支配收入比例达 48%;建成区级和美乡村 5 个,王家葑村创建为省级未来乡村,春风社区创建为市级未来乡村。

【隐患整治】 2023 年,鉴湖街道开展安全生产、消防安全隐患大排查大整治,关停存在重大隐患企业 152 家,消防立案处罚 140 家,处罚金额 21200 元,应急管理立案查处 27 家,处罚金额 22.1 万元。同步越城区开展全域基础大排查"敲门行动",累计走访 16425 户、42622 人,排查风险隐患 300 余件,完成整改 98%。

【民生服务】 2023 年,鉴湖街道优化养老、医疗、城乡医保参保等各类手续办理,加大弱势群体帮扶力度,慰问各类困难家庭 370 余户;超额完成"示范型便民服务站"建设任务,累计代办事项 1806 件;落实 26 名残疾人重新就业,申领失业补助金 192.19 万元;鉴湖社区学院提供托管服务,开设公益课程及研学游等活动,超额完成 195 个托育位建设;完成街道级助联体服务站规范化建设及运营,成立村社助联体服务点 13 个;街道本级、南池村退役军人服务站获评省级"新时代枫桥式退役军人服务站",坡塘村退役军人服务站获评市级"双示范型退役军人服务站"。秦望村侨胞之家获评 2022 年度省"三星级侨胞之家"。

【公共文化】 2023 年,鉴湖街道完成筠溪民居类文物消防隐患整改、陈洪绶墓保护性设施建设工程、芳泉 2 个文保墓异地迁移保护工程招投标。新增注册文旅企业 120 多家、文艺赋美打卡 270 多场、微改造精提升项目入库 14 个(投资额 5749 万元)。年内鉴湖街道培育一年一度"绿野仙踪"徒步大会、范蠡文化节、莲花落选拔赛等核心特色 IP 活动,成为城市近郊打卡胜地,深化"千万工程"精神,组织开展"寻味鉴湖年"、"书尚越城 书香鉴湖"、地铁图书漂流、"全民健身"等形式多样的文体活动;新增注册文旅企业 120 多家、文艺赋美打卡 270 多场、微改造精提升项目入库 14 个(投资额 5749 万元),南池村文化礼堂获评浙江省五星级文化礼堂。"绍兴莲花落创作基地"在坡塘村揭牌。

2023 年 4 月 23 日,"书尚越城"越城区第十九届读书节暨"蓝色鉴湖"读书月活动在鉴湖街道举行(金瑶 摄)

【坡塘"千万工程"系列报道】 2023 年 6 月,中央媒体"千万工程"实施 20 周年主题采访活动走进鉴湖。来自《人民日报》、新华社、中央广播电视总台等中央、省级主流媒体的近 70 名记者参加。

【水库山塘除险加固】 2023 年,鉴湖街道投资 792.77 万元完成坡塘村塔山及秦望村湖家塘、陈家岙 3 座病险山塘实施综合整治工程,完成陈家岙、湖家塘、肉猪坟、塔山等 4 座美丽山塘创建,办理全市首本塔山山塘不动产权证;塔山、上十亩申评城区水利工程标准化管理山塘,

其中上十亩为精品山塘。（鉴湖街道　凌燕）

斗门街道

【概况】 斗门街道地处绍兴城北三江之交，是镜湖、袍江城市有机更新的核心C位，东与马山街道相邻，西与灵芝街道相连，西北、北与柯桥区齐贤街道、马鞍街道毗邻，东北濒曹娥江与沥海街道隔江相望，地域面积42平方千米，杭甬高速绍兴出口位于境内，329国道和京杭大运河穿境而过，是融杭接沪联甬的黄金地带。斗门是千年古镇，斗门始称陡亹，取“两山相夹为陡一水中流为亹”之意，因闸得名，现保存有斗门老街、袍谷古遗址、三江老闸、三江所城、千年古刹宝积寺和荷湖登瀛桥等历史遗迹。近年来，斗门街道先后获评全国经济千强镇、全国乡镇综合竞争力百强镇、美丽城镇省级样板、浙江省卫生镇、省级平安创建工作先进单位、浙江省社会治安综合治理先进集体、浙江省气象防灾减灾标准乡镇、浙江省社区矫正工作先进集体、市级文明单位、市级生态镇、信访“三无”乡镇、“枫桥式”乡镇、基本无违建乡镇（街道）、外贸十强街道等。

2023年，斗门街道下辖9个行政村、20个社区（居委会），6个股份经济合作社，户籍人口58065人，流动人口85521人。域内规模以上工业企业198家，限上批零住餐企业187家，集聚工业园区154个，2023年街道累计实现规上工业总产值725.17亿元，同比增长1.2%，规上工业增加值205.40亿元，同比增长17.22%；实现批发、零售、住宿、餐饮销售额512.82亿元，分别增长33.3%、3.7%、30.1%和35.0%；完成固定资产投资79.57亿元，工业投资、其他营利性服务业分别增长14.8%、40.1%；税收总收入达到26.20亿元，同比增长19.5%；自营出口208.06亿元，同比增长13.27%；建筑业省内产值23.76亿元，同比增长19.5%；完成商品房销售额35.34万平方米；各项主要经济指标综合排名居全区前列。

【党建统领】 2023年，斗门街道党工委理论学习中心组开展集中学习25次，基层理论主题宣讲1300余场，覆盖党员群众超4万人次。班子成员带头开展调查研究，梳理形成问题清单45个，扎实开展党员干部两地报到、双岗服务、“三驻三服务”等，1300多名党员帮助解决大小问题800余件。马海工业社区省级试点通过中期验收，敬敷社区创建为省级未来社区，敬敷社区、古纤道公司2个党群服务中心入选省级示范，4个省级红色物业通过验收。

【队伍建设】 2023年，斗门街道修订《加强街道机关干部队伍建设意见》等制度10项，推行“擂台”赛比机制，63名机关、村社干部累计开展晾晒比拼8场次。创设机关干部“两次择岗+末位待岗”模式，待择岗9人次。全年开展酒驾醉驾、赌博、“两违”问题等专项警示教育9次，赴绍兴清廉馆实地参观学习2次，处置存在“四风”问题、不担当不作为干部14名，其中1名免职、1名降职，全域全程筑牢“不能腐”底线。完成机关编外人员管理改革，聘任街道九办一中心共19个助理岗位。

【招商引资】 2023年，斗门街道围绕智能家电、新能源、新材料等重点产业领域和产业链，开展强链补链招商行动，引进一批先进制造业项目和现代服务业项目，签约落户百度智驾基地、46系列锂电、赛博商用咖啡机等重点项目8个，43个重点产业项目投资45.3亿元，超额完成全年投资计划，其中格洛博动力当年投产即升规，九娅时尚中心项目地块顺利摘牌，天龙锡材项目开工建设。引导传统印染化工企业转型实施新能源、大健康等新兴产业项目，支持柏嘉新材、

2023 年斗门街道主要经济指标完成情况一览表

表 100

指标	完成情况	同比增长(%)
规模以上工业营业收入(亿元)	696.26	5.14
规模以上工业增加值(亿元)	205.40	17.22
固定资产投资(亿元)	79.57	4.48
限上社会消费品零售总额(亿元)	130.56	-0.34
限上服务业企业增加值(万元)	19203	-3.93
自营出口(亿元)	208.06	13.27
实到外资(万美元)	532	76.15

华立电子等二次开发项目 5 个。启动未来车城开发建设工作，入围第三批省级现代服务业创新发展区。

【惠企服务】 2023 年，斗门街道完成涉及 4 家企业地块收储工作，盘活土地 1122 亩，腾出综合能耗 4 万余吨，整治淘汰落后产能 42 家。配套出台街道高质量发展奖励政策，先后兑现各类惠企奖励资金 1.41 亿元。全年累计实现工业企业“小升规”17 家、商贸服务业企业“下升上”26 家，新增市场主体 2757 家，引入新三板企业 1 家，佳人新材料获评国家级绿色工厂、省科技小巨人，中科通信相关产品被列为省首台(套)装备。新增高新技术企业 44 家、省科技型中小企业 43 家，培育省专精特新企业 22 家，引进国家级人才 7 人、省级人才 1 人。

【拆改整治】 2023 年，斗门街道打造世纪街诚信路、凯旋路等高标准品质示范街，完成越城区规模最大老旧小区改造工程，做好华发金融城回购房分配工作，涉及褚家、富陵 2 个村 432 套。累计拆除违建 5.489 万平方米，分类处置存量违建 10.3 万平方米。

【环境优化】 2023 年，斗门街道推进“最清洁城市样本区”创建行动，对公共区域、内部道路、背街小巷、农贸市场等场所进行全方位覆盖整治，清理卫生问题 560 余处，清理垃圾 1500 余吨。实施汽车城片区、中心商贸区等 13 条道路停车收费管理。完成 11 个小区垃圾分类智能化改造，实现街道商业街“定时定点”清运全覆盖。璜山南村、斗门村、玉山村创建为省级高标准示范村居。

【生态治理】 2023 年，斗门街道统筹推进蓝天、碧水、净土、清废等行动，空气质量优良天数比例达到 84.5%、同比增长 5.5%，投入 100 万元实施河岸砌坎、河道疏浚清淤工程，12 个市考断面和市级河长断面均保持在Ⅲ类水质。

2023 年 11 月 9 日，2023 年首届中国(绍兴)国际汽车生活博览会暨第 48 届绍兴汽车展在中国(绍兴)汽车城正式启动(斗门街道　提供)

【民生服务】 2023年，斗门街道推进“最多跑一次”改革，实施街道便民服务中心错时延时服务，增设不动产办理、24小时服务专区，实施7个村级便民服务站点标准化建设提档升级，群众办事满意率达99.8%。全年各类救助资金、特困资金、慈善慰问金支出超360万元。设立越城区首家街道零工市场，新建街道级老年学校和15个村社老年学堂，打造“15分钟品质文化生活圈”，开展文化活动500余场。

【平安建设】 2023年，斗门街道搭建运行全省首个应急和消防综合智治平台，承办全省基层应急消防治理体系建设现场会。开展企业大排查大整治大提升专项行动，累计整改问题隐患5800余处，实现事故数、火灾数“双下降”。推进“敲门行动”、禁毒人民战争、电信网络新型诈骗整治战等专项行动，全面深化基层平安创建，走访家庭5.3万户、出租房2.8万间，覆盖群众16.3万人次，发放宣传品、宣传资料11万余份。实时动态调整37个管理区块、109个网格、665个微网格，实现网格化治理全域覆盖，网格员基本信息掌握率达95%以上。整合共享法庭、八字桥工作室等调解资源，矛调中心受理矛盾纠纷2406起，矛盾化解率99.2%。（斗门街道　高英）

皋埠街道

【概况】 皋埠街道位于绍兴市区东大门约8公里，东邻陶堰街道，南毗富盛镇、平水镇，北隔104国道与东湖街道相望，西接老城区。民国21年（1932）皋埠镇建立，中华人民共和国成立后曾是会稽县政府驻地，1992年5月，撤区并乡扩镇后，将原皋北乡、上蒋乡并入成为新的皋埠镇。2001年1月，由绍兴县（现柯桥区）划入越城区。2019年，皋埠街道挂牌成立。现全街道地域面积59.5平方千米，下辖26个行政村，4个社区，截至2023年年末，户籍人口51710人，流动人口24230人。截至2023年年底皋埠街道机关实有人数为218人，其中：行政在职39人，事业在职28人，行政、事业退休69人，编外人员82人。

2023年，皋埠街道完成规上工业总产值144.10亿元，同比增长-1.49%；固定资产投资139.56亿元，同比增长32.27%；社会消费品零售总额21.26亿元，同比增长22.32%；外贸出口46.2亿元，同比增长20.38%，主要经济指标综合排名全区前三。

【产业经济】 2023年，皋埠街道集成电路“万亩千亿”新产业平台获全省考核第二名，入选省级特色产业集群核心区，产业发展相关工作先后获省委、省政府主要领导批示。全年新建、续建项目44个，入选省千项万亿项目8个，省重点工业项目10个，在建项目投资总额达640亿元，当年完成投资143亿元，位居全区首位。持续深化“腾笼换鸟”，新增隐形冠军申报企业1家，专精特新中小企业1家；完成智能化改造企业17家；创建认定市级以上智能工厂2家；创建“未来工厂”（含试点）企业1家。

【芯联集成】 2023年5月10日上午，绍兴中芯集成电路制造股份有限公司（股票代码：688469，后公司改名为芯联集成电路制造股份有限公司）正式登陆上交所科创板，带动越城区上市企业总市值首次突破千亿元。这是越城区、滨海新区集成电路“万亩千亿”新产业平台首家自主培育的上市企业，同时也成为绍兴产业基金参与的首家登陆科创板的企业。

【人才创新】 2023年，皋埠街道积极推进招才引智，申报国家级人才30人、入选6人，入选市领军团队2家，省领军团队入选1家，全年引进青年博士38人，以上数据均居全区第一。持续做优“引育留”保障，累计兑现人才补贴等政策资金1.2亿元，杭电绍兴过渡校区首批师生入驻，樾芯城等人才公寓投入运行。持续提升科创水平，27家国家高新技术企业、26家省科技型中小企业完成申报，成功创建院士专家工作站2个，全年R&D经费20.2亿元，研发经费占比达14%。

【城市环境】 2023年，皋埠街道开展市容环境秩序、秸秆焚烧管控等各类专项整治，查处案件284起，拆除违建5.1万立方米。推进全省第二批低碳乡镇试点创建工作，全年办理上级督办、交办单15件，下发整改通知书8份，向区蓝天办申请快速执法4次，立案5起，处罚金额21.3万元。辖区内共投运11台洒水车、2台雾炮车、2台机扫车。朱家泾、浙东古运河新桥段等河道修复工程施工完毕。创建越美小区21个、越美商业街16条。

【产城融合】 2023年，皋埠街道推进未来社区、和美乡村等项目，"芯城茶谷"县域风貌区获评2023年度城乡风貌样板区试点优秀建设方案，坝头山、吼山、西湖岙、坝内4个村完成和美乡村创建，辖区农村公路完成大中修11千米，小修保养21千米，已基本消除次差等级公路。余坤艾美酒店等高端配套逐步完善，浙江省人民医院越城院区正式投入运行，入选全市唯一国家区域医疗中心。

【拆改工作】 2023年，皋埠街道聚焦城市更新，全力推进地块征迁，腰鼓山、山前徐、阮家湾、东湖老街等区块的拆改工作顺利完成，腾出33万余方的产业用地空间。

【民生福祉】 2023年，皋埠街道全年民生事业投入9788万元，占一般公共预算收入的38.5%。"爱心卡"试点、善居工程等各类民生服务不断

2023年皋埠街道主要经济指标完成情况一览表

表101

指标	完成情况	同比增长(%)
一般公共预算收入(万元)	25528.92	5.16
规模以上工业总产值(万元)	144.10	−1.49
规模以上工业增加值(亿元)	40.24	0.32
固定资产投资(亿元)	139.56	32.27
限上社会消费品零售总额(亿元)	21.26	22.32
自营出口(亿元)	46.20	20.38

2023年皋埠街道征迁区块一览表

表102

征迁区域	征迁户数(户)	总征收面积(平方米)
腰鼓山村	272	52877
山前徐村	248	56362
阮家湾村	313	74125
樊江村、前孟葑村	121	37167
东湖老街	281	63280

优化。全年培育“五好”基层关工委27家，创建区级、市级标杆型各1家。原核酸小屋改造的皋埠零工市场有效保障120余家企业招工。持续开展消薄工作，实质化运行强村公司，城乡居民收入持续增长，实现经营性收入50万元行政村全覆盖。提升粮食生产，全域种粮面积超3万亩，建峰家庭农场创建市级早稻高产示范方，为全区唯一创建成功的示范方。

【平安法治建设】 2023年，皋埠街道全年安全生产、消防安全等行政处罚累计393起，处罚金额17.4万元，8个村43户农户完成消防改造，完成“监管平台”建设，网格检查、沿街巡查等全部转入电子化，交通亡人事故较去年同期下降33.4%。坚持和发展新时代“枫桥经验”，完成省市区三级市域治理现代化迎检、亚（残）运会、“枫桥经验”60周年等活动保障工作，10个村社获得“枫桥式”村社称号。防范化解社会治安风险，开展“越治理、越平安、越幸福”等活动，全域电诈起数同比下降10.5%，为全区唯一负增长镇街，荣获2023年全市“无诈”乡镇街道称号。

【文教体建设】 2023年，皋埠街道“陆游的乡村世界”亮相浙江组工微信公众号和“学习强国”学习平台，宋韵文化资源赋能乡村振兴提档升级相关做法获评越城区高质量发展建设共同富裕示范区最佳实践。成立街道文联，举办陆游乡村诗会等活动。千万级规模的皋埠商会“云石”教育基金正式成立，出资企业达40多家，首批基金发放奖金60万元，表彰和资助400人次师生和团队。笼式足球场、多功能运动场等体育场地建成投用，皋埠中心小学、文化休闲广场等文体设施实现提档升级，足球邀请赛、“全国冬泳日”冬泳表演赛等全民健身活动广泛开展。（皋埠街道　韩信忠）

陶堰街道

【概况】 陶堰街道位于越城区东部，距绍兴市区13千米，东与上虞区东关街道、道墟街道接壤，南靠富盛镇，西邻皋埠街道，北连滨海新区孙端街道。浙东古运河、杭甬运河、萧甬铁路、104国道、329省道、钱陶公路和绍诸高速、平陶公路穿境而过。陶堰因东汉陶姓家族居住堰下而得名，是陶成章、陶行知、邵力子的故乡。街道面积25.11平方千米，下辖11个行政村、1个社区，年末常住人口22899人。

2023年，陶堰街道全年实现规上工业总产值40.1亿元，限上批发业销售额、限上社会零售品销售额增速均超过30%，固定资产投资4.2亿元，同比增长94%，建安投资同比增长98%。获评省级人民调解工作先进乡镇、全市“大综合一体化”示范乡镇和绍兴市“水美乡镇”。2023

2023年陶堰街道主要经济指标完成情况一览表

表103

指标	完成情况	同比增长（%）
规模以上工业增加值（亿元）	11.91	18.6
限上批发业销售额（亿元）	21.28	31.3
限上社会消费品零售额（万元）	71437	30.3
固定资产投资（万元）	42037	94
建安投资（万元）	28010	98

年，陶堰街道联合富盛镇和上虞区东关街道、长塘镇，创新越东虞西党建“十联”机制，共同推出传承“运河文化”、践行“千万工程”、共建“共富单元”等“十联”活动。泾口村、白塔头村被评选为省级“红色根脉强基示范村”。

【鉴湖国家湿地公园通过国家级验收】 2023年，鉴湖湿地管委会落实国家湿地公园（试点）要求，贯彻落实市、区决策部署，全方位推进水域综合治理、湖岸生态修复、环境综合整治等各项工作，打造科普宣教园、精品水道、东鉴湖沿岸景观等标志性项目。2023年，鉴湖湿地公园通过国家级验收，获评浙江省大花园建设“耀眼明珠”、浙江省生态文化基地、浙江省五水共治实践窗口，并成为全市唯一一个生态领域共同富裕最佳实践案例。

【城乡风貌】 2023年，陶堰街道围绕“稽山鉴水、醉美越城”创建主题，总投资1.24亿元，稳步推进37个城乡风貌提升项目，重点开发红色体验、生态风光、亲子周末游三条游线。2023年，陶堰街道创建县域城乡风貌样板区，之后提档升级为省级“富春山居”县域风貌样板，成为全市唯一一个县域上榜单位。

【乡村创建】 2023年，陶堰街道推进全域未来乡村创建试点，创建1个省级未来乡村、2个市级未来乡村、8个区级未来乡村，发布东鉴湖核心线、古运河漫游线等美丽乡村精品线路4条，覆盖街道域内12个村社，实现和美乡村片区化、组团式发展。2023年，陶堰街道通过绍兴市“和美越乡”精品片区验收。

【“乡村旅游景区监管一件事”改革】 2023年，陶堰街道迭代升级“乡村旅游景区监管一件事”数字化场景应用，完善数字化监测预警平台，全年累计智能发现事件400余起，问题发现率提高27%，缩短办案时长33.3%。2023年，陶堰街道获评绍兴市“大综合一体化”执法规范示范乡镇，鉴湖国家湿地公园数字化场景应用入选“浙里改”竞跑者专栏。

【“一老一小·幸福同堂”民生品牌】 2023年，陶堰街道聚焦托育养老痛点难点，统筹联动妇联、社工站、未成年人保护站等各方资源，以“祖孙共乐、医养共建、老幼共融”为主题，打造“一老一小·幸福同堂”民生品牌，推出“祖孙共乐”亲子项目和“陶堰里·悦银龄”志愿项目。全年累计组织志愿服务项目9场，开展同做青团、共绘画作等“祖孙共乐”活动12场。

【“万亩联盟”改革】 2023年，陶堰街道在打造“糯稻共富联盟”的基础上，率先开展“万亩联盟”改革试点，成立百家湖粮油种植万亩联盟专业合作社，联动皋埠、东湖等周边镇街的25户规模种粮大户，成片流转1.13万亩土地，全面推进集约化、规模化、机械化、标准化种植新模式，推动农业高质量发展。

【人民调解工作】 2023年，陶堰街道坚持和发展新时代“枫桥经验”，构建“1+N=1”矛盾调解平台，实现矛盾纠纷“全链条受理，一站式解决”。全年受理并调解纠纷304件，市长热线电话588件，网信来信来访118件，办结率和满意率均达100%。2023年，街道获评浙江省人民调解工作先进街道，陶堰司法所入选省级“枫桥式”司法所。（陶堰街道 林洁）

马山街道

【概况】 马山街道位于越城区北部，滨海新区中部，东接孙端街道，西接斗门街道，南接东湖街道，北濒曹娥江。街道面积44.5平方千米，下辖20个行政村、9个社区、1个居委会。2023年年末，户籍人口62549人，流动人口53864人。

2023年，马山街道实现规上工业产值167.4亿元，规上工业增加值40.9亿元，固定资产投资90.7亿元，同比增长21.3%；完成限上批发业销售额104.7亿元，同比增长35%；完成限上零售业销售额1.1亿元，同比增长28.8%；完成限上餐饮营业额2011万元，同比增长39.2%；完成高新技术产业投资28.9亿元，同比增长166.9%；完成制造业投资38.1亿元，同比增长127.1%。全年引进博盟精工光电轴承、梦之墨制造基地等重大项目，总投资超20亿元。完成华晨动力一期、浩克智能装备、亿钻科技、太瓦科技二期、古越龙山二期、新威机械等重大项目供地，总面积超380亩。

2023年，马山街道实施粮食生产功能区非粮化整治650亩，完成1000亩晚稻物理防控示范区创建和250余亩果树物理防控试验点建设。

【党建统领】 2023年，马山街道全面贯彻落实党的二十大精神，聚焦主题教育主线，组织党员干部开展专题学习活动。举办"活力马山·薪火赓续"擂台比赛4期，组织年轻干部围绕"现代社区""社会治理"等主题比赛争先。坚持党建引领，深化基层网格治理模式，完善"1+3+N"网格智治体系，建立"社区党组织—小区党支部—楼栋党小组—楼道长"四级党员联动机制，联合"两地报到"党员、流动党员等"N"力量，为"枫桥式"村社建设赋能蓄力。重点打造尚巷村"师爷果园"共富工坊样板。

【产业提质】 2023年，马山街道完成企业升规升上培育30家，新增新三板上市公司1家；新增国家级高新技术企业12家、省科技型中小企业39家；新增专精特新企业9家。完成国家级、省级海外人才申报50人，签约名士之乡创业创新人才项目3项，新增青年博士人才10人，完成国家级人才落地1人。

【城镇更新】 2023年，马山街道聚焦重大项目建设，完成恂北村（二期）207户、5.2万平方米征收工作，完成东星、宁六两村约1000户、21万平方米征收预签约工作，全年土地流转、征地净地面积共1980亩。完成越胜公寓、伟业新城苑、东方都市、康宁乐苑等老旧小区改造工程，有序推进省级和市级未来社区、街道文化广场更新、治安服务中心工程等建设项目，洋泾湖未来社区入选浙江省第四批未来社区。

【平安建设】 2023年，马山街道召开安全生产专题研商会议16次，开展"园中园""厂中厂"安全生产大排查大整治行动3次，与27个村社、153家规上工业企业和73个三租户及以上园区签订安全生产责任书，累计排查企业4900家次，整改隐患18500余处。街道矛调中心受理诉求450件，接待来访1916人次，调处纠纷1104起。街道"裘说法"工作室荣获"银耀"矛盾调解室称号。开展平安护航亚运"敲门行动"，投入力量831人次，走访40619房（户）88192人，处置风险隐患552个。

2023年马山街道主要经济指标完成情况一览表

表104

指标	完成情况	同比增长（%）
规模以上工业主营业务收入（亿元）	146.57	−10.03
规模以上工业增加值（亿元）	40.94	−1.00
限上批发业销售额（亿元）	104.71	35.00
限上社会消费品零售总额（万元）	12547	−35.60
固定资产投资（亿元）	90.65	21.30
自营出口（亿元）	203.04	101.06

【民生政务】 2023年，马山街道完成民生实事工程10个，其中省级5个、市级2个，包括残疾人援助、民生基础设施改建、社区医疗卫生设施优化、幼儿托育建设等民生关注重点。深化增值式政务服务改革，设立不动产服务窗口，推行工作日中午、周六错时延时服务，延时办件139件，错时办件973件，预约办件198件。升级公安窗口“浙里拍照”系统，实现“一窗通拍、全域应用”。街道便民服务中心获评浙江省示范政务服务中心。

【人居环境】 2023年，马山街道聚力打造“最清洁城市”样板，整改环境问题9100余个，创建“定时定点”越美小区13个、商业街5条，创建省级高标准生活垃圾分类示范小区、村6个。加强“污水零直排”建设，整改相关问题220余个。街道入选省级第三批低(零)碳试点街道。

【文旅融合】 2023年，马山街道探索实施全省农村文化礼堂社会化运行项目，推出特色品牌5个，开展活动50余场。打造“启圣”阅读品牌，开展系列阅读活动4场。探索校村“牵手”新模式，举办尚巷村首届开笔典礼活动。举办马山街道文化采摘仲夏季活动，以文赋能、助力共富。

【社会保障】 2023年，马山街道完善困难群众

2023年7月15日，马山街道文化采摘仲夏季活动举行(马山街道 提供)

救助帮扶机制，资助困难、特殊人群资金物资150余万元，开展服务活动100余场。完成“适配有爱，行动无碍”“六一助困”“党建联建，助残心愿”“博爱进万家温暖行动”等8个帮扶项目。成立马山街道五邻社联合会，开展公益捐书、西瓜助农等活动5场。街道办事处入选浙江省社会救助工作成绩突出集体。(马山街道 冯毅)

孙端街道

【概况】 孙端街道地处越城区东北部，距越城区行政中心17千米。区域地势平坦，江河遍布，属典型的平原水网地带，有“水乡泽国”之称。东邻道墟街道，南靠皋埠街道，西接马山街道，北濒曹娥江，与沥海街道隔江相望，周边长28.25千米，东西向最宽处6.7千米，南北向最长处6.3千米，总面积31.28平方千米，其中耕地面积2.15万亩，水域面积1.1万亩。街道下辖16个行政村、1个居委会、89个基层党组织，在册户籍人口3.9万人，外来暂住人口7000余人。

2023年，孙端街道实现全年其他营利性服务业营收同比增长238.64%；建筑业省内产值同比增长115.16%；规下工业主营业务收入国家样本同比增长33.09%；限上批发业销售额同比增长20.81%。

【产业布局】 2023年，孙端街道聚力整治“低散乱”，制订《进一步优化提升辖区各类工业小区推动工业全域治理促进经济高质量发展专项行动方案》，严格整改落实各类突出问题526处。地毯式摸排梳理出负载较重用地60余亩，低效闲置厂房140余亩以及闲置沉睡用地90余亩，整治清退“低散乱”企业32家。全年招引工业项目3个，招引注册服务业企业3家，实现其他营利性服务业营收、类增加值和餐饮业3个缺

项指标“零的突破”,为今后的经济发展打开了增量空间。加大对培育库企业的指导力度,实现工业小升规4家,餐饮业下升上1家,商贸批发业下升上4家,服务业下升上1家,挖掘工业企业二次开发项目6个,预计总投资3.12亿元。新申报省科技型中小企业2家、高新技术企业3家、市级企业研究开发中心1家、中国产学研合作创新示范企业1家。

【生态治理】 2023年,孙端街道利用“实地察看+无人机巡查”模式,努力营造“水净、面清、岸洁”的河道生态环境。开展贺家池区域非法养殖专项治理及河道保洁精细化、打击非法捕捞、蓝藻防控、剿灭福寿螺卵四大专项整治活动,累计出动426人次,船只56条,收缴地笼等非法捕捞工具11000余只,辖区内河流断面水质全年保持Ⅲ类以上。针对工地、涉气企业、餐饮单位、秸秆焚烧等问题,全年共巡查1156次,发现整改问题506个,出台八项政策严控秸秆焚烧,严管扬尘、废气,全年PM2.5平均浓度27.39微克/立方米,排名跃居全区第五。

【城乡环境】 2023年,孙端街道被列入2023年度现代化美丽城镇特色发展型城镇示范培育对象。完成大闸江沿河绿道建设工程、集镇路面整体提质改造项目等系列民生工程,推动“四好农村路”高质量发展,提升道路13条,总长约9.3公里。推进无物业小区专有化物业接管工作,实现托管小区专有物业服务覆盖94.4%。针对8户C级危房对症施策,实质性解危7户。完成又新路、见龙路、上亭路、陈化路等集镇主要道路路面整修、路牌增设及绿化补种,道路通行环境持续改善。拆除两路两侧、消防通道等重点违建2.215万平方米,获绍兴市“十佳治违控违示范乡镇街道”称号。全面推行垃圾分类“四有七标配”“定时定点”制度,专项考核长期位居全市前列、位居全区城镇组3次月度第一。

【农业基础】 2023年,孙端街道加速推进敏实项目落地,1周内完成迁坟149穴,推进203亩土地出让前期工作,交付土地及水面6275亩。全年粮食产量达1.2万吨,同比增长6.2%;打造2000余亩黄酒专用糯稻生产示范基地,推动加速黄酒产业链集聚升级;完成高标准农田改造提升4782亩,“非粮化”整治833亩,推进建设省级绿色农田试点工程,开展全域土地综合整治,年内完成绿色农田开发2022亩。村头村、榆林村、后双盆村、安桥头村创建为和美乡村,后双盆村创建为省级美丽宜居示范村。

【文旅融合】 2023年,孙端街道明确以强村公司为“外婆家”景区新的运营主体,通过“宅基地+乡村建设”制度改革,新引入长妈妈祝福店、阿发螺蛳摊、迅哥乐园等5个业态场景,新开发“非遗竹编”“外婆家菜籽油”等产品。开展“周周有活动”,优化“鲁迅故里”至“鲁迅外

2023年孙端街道主要经济指标完成情况一览表

表105

指标	完成情况	同比增长(%)
规模以上工业总产值(亿元)	19.96	−7.66
规模以上工业增加值(万元)	40372	−0.90
限上批发业销售额(万元)	35125	20.80
固定资产投资(万元)	40284	8.81
自营出口(亿元)	13.34	6.35

婆家”旅游公交，投放共享单车60余辆，推出4条精品水陆游线，全年接待游客首超5万人次，安桥头村各类业态总体营收超350万元，村集体经营性收入增至81.19万元。

【助力扶贫】 2023年，孙端街道全面规范村级资产资源管理，全盘梳理村级应收款项851.65万元和297项资产资源项目，做到应收尽收、应管尽管。全面消除年经营性收入低于50万元的经济薄弱村，村集体经营性收入同比增长12.17%，完成闲置农房激活投资额逾2000万元。村集体经济资产负债、合同收款及工程合同支付规范、资产资源评估及规范交易等情况，完成6个村审计，共发现整改问题48个。推进“共富工坊”建设，安桥头村“共富工坊”共吸纳周边闲置劳动力80余人次，促进村民增收超2万元。依托“浙农帮扶应用”，街道120名干部职工定期走访结对帮扶，低收入农户同比减少6户11人。

【社会事业】 2023年，孙端街道投入经费2849万元完成孙端卫生院院前“120”急救分站新建等6项民生实事工程。创建安桥头、新河等5所区级老年学堂，孙端幼儿园与安桥头村共建“园村1+1”优共体。承办省文联慰问演出，组织“海塘骑行”“水乡社戏”等特色活动16场，2场大型活动纳入“古城”文商旅四季系列活动。推进杭甬高速孙端互通周边环境风貌提升，推动又新路等5条市政道路及孙皇公路等14条村镇道路融入全区市政园林一体化管理，协同推进“329国道智慧快速路”“轨道交通2号线（二期）”等重大基础设施建设项目，“高架、高速、地铁”逐渐融入15分钟生活圈。

【民生保障】 2023年，孙端街道为低保对象、高龄老人、退役军人、残疾人等各类特殊人群发放保障资金616万元，60周岁以上城乡居民养老保险全覆盖，高龄津贴逐步发放，“爱心卡”制度省级试点实现60周岁及以上老人全年龄层惠及。“爱在身边”品牌，街道红会共募集爱心捐款逾5万元。推进全部9户困难残疾人家庭无障碍改造，完成低保低边提标扩面。深化“最多跑一次”改革，全年为群众办理事项19950件次。开展CPR+AED救护培训192人次。

【安全底线】 2023年，孙端街道各领域矛调工作力量，由“坐诊式”改革为“上门式”，办理政务热线1708件、省委巡视组交办件8件，化解矛盾纠纷298件。开展安全生产和风险隐患排查整治，检查整改安全消防隐患2600余处，处罚安全和消防违法行为215起。推进孙皇公路交通安全隐患整治、三条溇村危桥改建等44个风险隐患点闭环整改，交通事故亡人率同比下降43%，摘牌省级道路交通安全重点挂牌乡镇。辖区内320家食品经营单位实现包保责任全覆盖，街道食药安办获得“浙江省四星级街道食药安办”称号。实施根治欠薪“1610”行动，处理各类欠薪线索件40件，“安薪指数”持续位居全区前列。开展规上企业财务人员反诈宣讲4次，村居反诈宣传36次，电信诈骗案发率下降6.12%。从严整治黄赌毒违法行为，派出所集中开展清查行动和突击检查，严排黄赌毒重点警情，共查处黄赌毒治安案件18起，抓获涉案人员28人。

【“千万工程”20年成果展示中心建设】 2023年，是建区40周年和“千万工程”实施20周年，

2023年11月，第二届“水乡社戏节”在孙端街道举行(孙端街道　提供)

孙端街道从党建引领乡村、产业兴旺乡村、生态扮靓乡村、文化浸润乡村、融合带动乡村、惠民温暖乡村六方面，全面总结20年来“千万工程”相关经验做法，建设孙端街道“千万工程”20年成果展示中心，80余名央级媒体记者到街道考察“千万工程”相关经验做法，受到《人民日报》《光明日报》《经济日报》等12家媒体报道。

【水乡社戏节】 2023年10月31日至11月5日，第二届“水乡社戏节”在鲁迅外婆家绍兴孙端安桥头举行。其间策划彩绘乌篷船比赛、乌篷船巡游、专业剧团演出、社戏会市、绍酒食美食盛宴、社戏晚会等活动。（孙端街道　秦腾）

沥海街道

沥海街道位于绍兴市北部，由原沥东、沥海、三汇3个小乡镇撤并而成，区域面积40.4平方千米，户籍人口近6万人，下辖22个行政村、2个居委会。2010年，原沥海镇由上虞区委托滨海新城管理。2019年11月，沥海撤镇设街，同年，滨海新区江滨区的社会事务由沥海街道覆盖管理。2021年2月，省政府批复绍兴市越城区和上虞区部分行政区域界线变更后，正式划入越城区。2023年11月，越城区滨海新区进行体制机制调整优化，沥海、斗门、马山、孙端四个街道由滨海新区管辖。年内，沥海街道完成《绍兴沥海所城保护发展规划(2022—2035)》方案编制。2023年，沥海街道获评浙江省第十二届“浙江孝贤”慈孝之乡、市级清廉示范街道，浙江医药获评省级清廉民企，沥海街道成人文化技术学校创建为浙江省现代化学校，潭许村、华东村获评市级清廉示范村。

2023年，沥海街道全年实现规上工业总产值195.98亿元，同比增长12.33%；完成规上工业增加值55.55亿元，同比增长11.54%；完成固定资产投资86.30亿元，同比增长46.11%。

【“五型”干部队伍】 2023年，沥海街道聚焦高素质专业化干部队伍，探索“学习型、思考型、执行型、团结型、素质型”五型干部队伍建设，实施学思践悟促成长、善思善谋抓推进、担当作为争首位、团结协作谋发展、清正廉洁为人民等五大行动，一体化打造聚重点、优路径、强运用的干部选育用闭环，全年完成60项底数调研，举办揭榜挂帅3场、年轻干部读书分享会4场、头脑风暴1场，相关做法在《中国青年报》宣传报道。

【产业经济】 2023年，沥海街道围绕三个“一号工程”和“十项重大工程”，加快项目招引、建设、投产，新招引产业项目23个，其中亿元以上4个，项目招引数越城第一，全年完成做地净地20宗、1906亩，8个地块实现“拿地即开工”。全年新增国家高新技术企业34家、省科技型中小企业18家，新增国家级专精特新“小巨人”企业1家，浙江医药入选全省首批技术领航型“雄鹰”企业，培育省智能工厂、省数字化车间各1家，三花5G未来工厂入选国家5G工厂名录。

【城市形象】 2023年，沥海街道以沥海城市副中心规划为引领，协调推进浙江金融职业学院绍兴校区、国科大肿瘤医院绍兴院区、沧海未来社区等城市配套项目，完成三汇中心路改造提升工程，启动小镇客厅建设，城市水街3个地块基本结顶，实施城市清洁行动，推进生活小区垃圾分类定时定点投放，创建完成越美小区15个、越美商业街13条，海湾国际、滨江苑、通港苑入选2023年浙江省高标准生活垃圾分类示范小区。

【乡村振兴】 2023年，沥海街道学习运用“千万工程”经验方法，完成15000亩农田“标准地”核实，绍兴市崧厦传统食品有限公司入选省级骨干农业龙头企业。实施南江闸引水河道整治、城沿河新桥河整治工程等水利工程，完成16个街道级美丽乡村建设工程，联邵村被评为浙江省卫生村，联邵村、舜海村、伟明村等7个村获评绍兴市2023年度省级高标准农村生活垃圾分类示范村，行政村年经营性收入全面突破50万元，行政村集体经济年收入、村经营性收入总体同比分别增长20.21%、10.04%。

【公共服务】 2023年，沥海街道完成9户困难残疾人家庭无障碍改造，投入约330万元完成三汇小学、三汇幼儿园等2个校园改造提升工程。街道老年学校开班授课，全年3000余人次参与培训，养老服务“爱心卡”试点实现60周岁以上老年人全覆盖，街道未成年人保护站建成，新增婴幼儿照护服务驿站1个，完成街道红十字应急救护培训基地建设，三汇片急救分中心建成投用，推进政务服务事项“全域通办”改革落地，便民服务中心24小时自助服务区建成开放。

【应急管理】 2023年，沥海街道明确1个应急和消防管理委员会、9个专业委员会、24个村（居）的组织管理结构，选优配强街、村两级应急救援队伍，组织各类应急培训及演练86场次，常态化推进安全生产风险隐患大排查大整治。

【文化礼堂】 2023年，沥海街道围绕“建管用育融”探索文化礼堂社会化运行，全年举办村居文化活动500余场，惠及群众3万余人次，“我们的村晚”“我们的村运”“我们的村礼”等品牌赢得口碑、参与广泛，文化礼堂活跃度、群众参与度越来越高，沥海街道获评浙江省农村文化礼堂建设示范乡镇，潭许村获评浙江省五星级文化礼堂。

【园区监管“一件事”】 2023年，沥海街道聚焦医药产业园“条线资源聚合难、专业执法提升慢、营商环境精准低”等需求清单，依托全链路监管、信用+执法、企业服务等场景，探索园区监管“一件事”，打造“一”站式检查、“要”约式执法、“零”距离服务的“110”服务体系，擘画多跨行政检查+部门专业执法+联合上门服务的

2023年沥海街道主要经济指标完成情况一览表

表106

经济指标	完成情况	同比增长（%）
规模以上工业总产值（亿元）	195.98	12.33
规模以上工业增加值（亿元）	55.55	11.54
限上批发业销售额（亿元）	31.21	48.22
限上零售业销售额（亿元）	7.99	22.84
限上住宿业营业额（万元）	298	44.66
限上餐饮业营业额（万元）	1240	39.33
限上社会消费品零售额（亿元）	7.44	28.75
固定资产投资（亿元）	86.30	46.11
建安投资（亿元）	53.76	60.39
工业投资（亿元）	34.37	20.90
交通能源水利投资（亿元）	10.28	28.86
高新投资（亿元）	25.04	15.90
制造业投资（亿元）	33.37	17.44

2023 年 6 月 18 日，沥海街道新乡贤联谊会成立大会举行（沥海街道　提供）

全科式执法，检查频次下降 27%、执法效能提升 24%，获评 2023 年度市级“大综合一体化”执法规范示范乡镇，改革经验被《浙江日报》《都市看点》等媒体报道。

【首个工业园区“医保驿站”落地】 2023 年，沥海街道在西部产业园区设立创业家园社区卫生服务站，提供全科诊疗、输液等服务，并在社区卫生服务站内设置“医保驿站”，配备 24 小时自助配药机，提供智慧化药事服务，企业职工、周边居民可实现常规药品的一键购、一键达，为越城区首个在工业园区设置的医保驿站。

【新乡贤联谊】 2023 年 6 月 18 日，沥海街道在浙江邮电职业技术学院体育馆举行新乡贤联谊会成立大会，150 余名乡贤参会。会议审议通过《沥海街道新乡贤联谊会章程（草案）》《沥海街道新乡贤联谊会选举办法（草案）》。选举产生沥海街道新乡贤联谊会第一届理事会理事 79 名、会长 1 名、副会长 16 名、秘书长（兼）1 名，增设名誉会长 1 名，荣誉顾问 18 名。

【“浙江医药来益杯”男子篮球赛】 2023 年 7 月，沥海街道举办“浙江医药来益杯”男子篮球赛，赛程共 15 天，分机关事业组、企业组两个组别，共有来自街道机关、村居、站所、企业的 20 支球队参与，营造良好的“迎亚运”氛围。（沥海街道　朱梦琴）

富盛镇

【概况】 富盛镇位于绍兴市越城区东南部，东接上虞区长塘镇，西连皋埠街道，南与上虞区汤浦镇相邻，北与陶堰街道相接，镇域面积 79.77 平方千米，其中森林覆盖率 74%，是越城区内唯一的乡镇。2023 年，全镇下辖 14 个行政村、1 个居委会，户籍人口 22305 人，常住人口约 1.6 万人。

全年实现一般公共预算收入 10454.22 万元；规模以上工业总产值 10.61 亿元，同比增长 15.46 %；规模以上工业增加值 3.07 亿元，同比增长 14.09 %；固定资产投资 2.3 亿元，同比增长 100.16 %；限上社会消费品零售总额 1312 万元，同比增长 19.82%；自营出口 13.3 亿元，同比增长 59.47 %。

2023 年，富盛镇完成限上批发业销售额 2.39 亿元，同比增长 46.1%；全年新增招商项目 11 个，其中亿元以上投资项目 2 个，5000 万元以上项目 1 个；竞得全区首块“标准地”，拿下全区首个“拿地即开工”，项目发放各类惠企资金 290 余万元。

【产业升级】 2023 年，富盛完成规上工业企业高新技术产业产值 6.4 亿元，高新技术产业增加值 2.27 亿元，新申报国家高新技术企业 3 家，完成智能化企业改造 3 家，新增创新型中小企业 6 家；获得发明、专利授权 19 件，完成“小升规”“下升上”6 家，新增市场主体 203 户，同比增长 15.5%，新培育专精特新中小企业 1 家。营商环境持续优化，推进“增值式”政务服务改革，企业诉求回复率达 100%。

【生态农业】 2023 年，富盛镇夯实粮食生产基础，加快改善农业基础，整治“双非”（“非粮化”“非农化”）耕地 378 亩，标准化新建和改造农田1262亩。粮食播种面积达2.25万亩，量产1.037万吨，守牢“米袋子”；完成生猪存栏1.36万头，出栏3.18万头，全年茶叶、水果、蔬菜等农产品产量共计4.1万吨，拎稳“菜篮子”。创建稻渔综合种养示范基地1个（绍兴市越城区国明农场有限公司），全程机械化应用基地1个（新青马农场）。北山牧业成功申报省级“双强”项目，中奚易谷成为“荷—蛙共生”区级科技试验点。

【乡村振兴】 2023年，富盛镇上旺村建成省级未来乡村，上旺村、乌石村、倪家溇村、义峰村、金溪村建成区级和美乡村，14个行政村经营性收入均达50万元及以上，其中乌石村经营性收入100万元以上，倪家溇村、轺山村收入80万元以上。实施以集体经济项目为核心的强村富民攻坚行动引进闲置农房激活项目8个，盘活闲置房屋建筑面积6989.43平方米，带动村集体增收64.12万元。打造共富矩阵，越富生活馆助农销售达263万元，获评全省首批百家电商直播式共富工坊；御茶村“共富工坊”吸纳农民就业500余户，被评为定向招工式“共富工坊”省级示范点。推动乡村人才队伍不断壮大，引进“农创客”51人，新青马农场唐海峰获评全国农业农村部劳动模范，许国明、单尧强等3人被评为省级乡村工匠。举办富盛春笋节、2023年第五届富盛抹茶马拉松、首届田野足球嘉年华等活动，获《人民日报》、央视、新华社等主流媒体报道。

【生态建设】 2023年，富盛镇空气监测站点完成升级改造，全年PM2.5平均浓度23.38微克/立方米，位列全区第二。开展涉气企业专项检查，完成红葡萄纺织［挥发性有机物（VOCs）污染整治提升改造方案］一企一策方案上报。河（湖）长制全年巡河完成率100%，全镇15个村（居）断面水质保持Ⅲ类及以上。

【城乡风貌】 2023年，富盛镇推进城乡风貌建设，创建省级县域风貌样板区和新时代富春山居图县域样板区；牵头推进皋埠—富盛“芯城茶谷”县域风貌区创建工作，建设方案获评省级优秀方案；富美田园绿道获评“绍兴最美绿道”。提升城镇智慧化水平，新建5G基站11个。违建管控力度加大，全年累计拆违5194.42平方米，分类处置4881.7平方米。深入开展“迎亚运”垃圾分类百日攻坚行动，义峰村获评省级美丽宜居示范村。

【民生工程】 2023年，富盛镇财政累计民生支出9367.67万元，占一般公共预算支出的68.41%。推动基层医疗提质扩容，义峰村、凤旺村、上旺片区启动三星级智慧化社区卫生服务站改（新）建项目，与浙江大学医学院附属邵逸

2023年富盛镇主要经济指标完成情况一览表

表107

指标	完成情况	同比增长（%）
规模以上工业总产值（亿元）	10.61	15.46
规模以上工业增加值（万元）	30700	14.09
固定资产投资（万元）	23000	100.16
限上社会消费品零售总额（万元）	1312	19.82
自营出口（亿元）	13.30	59.47
实到外资（万美元）	1	—

2023 年 4 月 8 日，富盛镇开展“富盛春笋节”春笋进城市社区活动（富盛镇　提供）

夫医院协作共建，实现 5G+AR 远程诊疗。倪家溇村成功创建浙江省卫生村样板村。2023 年全镇基本医疗保险参保率达 99.77%，越惠保参保率达 71.33%。全年累计发放低保资金、临时救助资金、慈善助学金等合计 342.22 万元，开展各类慰问 1162 人次，合计金额 74.72 万元。聚焦“一老一小”，建成全区首家“乐龄中心”并投入使用，为 3295 位老人提供助餐服务。推进“身后一件事”联办，完成 2023 年公墓扩建工程建设及验收，新增墓穴 400 余穴。成立富盛镇五邻社联合会，开展各类社会公益活动 70 余场，服务群众 2100 余人次。上旺精神陈列馆获评省级乡村博物馆。

【镇域智治】 2023 年，富盛镇义峰村创建省级“民主法治村”，轿山村创建市级“民主法治村”，全镇市级“民主法治村”覆盖率达 85%。镇村二级 16 个社会矛盾纠纷调处化解中心全年受理信访件 508 件，调解各类矛盾纠纷 104 件，调解成功率达 97%。开设星期五律师咨询日，接受各类法律咨询 180 余场。

【安全建设】 2023 年，富盛镇食药安办推进省五星级乡镇食安办，开展专项检查 24 次，查办食药案件 2 件，计罚没款 1.8 万余元。落实安全生产责任制，累计发现并整改各类安全隐患 3000 余个。强化消防救援队伍力量，开展镇级应急救援演练 4 次，累计出警 24 次，处置火情 9 次，参与社会救援 15 次，全年未发生重大安全生产和亡人事故。（富盛镇　王吉利）

人 物

2023年越城区党政机构及有关部门负责人

（截至2023年12月31日）

中共绍兴市越城区委员会

书　记　徐　军

副书记　钱林江、应尧刚

常　委　周　春、金均海、陶榕发、刁文辉、吴　萍、钟建荣、祁力峰、张　凌

绍兴市越城区第十届人民代表大会常务委员会

主　任　徐　荻

副主任　陈学军、宋国兴、王姿琴、钱伟平、戴宝水

绍兴市越城区人民政府

区　长　钱林江

副区长　金均海、祁力峰、胡旭东、毛访蒲、张康杰、谷　丰、阮建华、胡森华

政协第六届绍兴市越城区委员会

主　席　胡文炜

副主席　郑明花、王柏振、汤枥钧、陈国芬、周钦森、周玲玲

秘书长　何冠军

中共绍兴市越城区纪律检查委员会、绍兴市越城区监察委员会

区纪委书记、监委主任　张　凌

区纪委常务副书记、区监委副主任　楼铁军（2023年9月任）

中共绍兴市越城区委办公室

主　任　裘夏杰

中共绍兴市越城区委组织部

区委常委、组织部部长　周　春

中共绍兴市越城区委宣传部

区委常委、宣传部部长　吴　萍

中共绍兴市越城区委政法委

书　记　应尧刚

中共绍兴市越城区委全面深化改革委员会办公室
主　任　陶榕发

中共绍兴市越城区委统一战线工作部
区委常委、统战部部长　钟建荣

中共绍兴市越城区委机构编制委员会办公室
主　任　祝卫越

中共绍兴市越城区委巡察工作领导小组办公室
主　任　石碧元（2023年12月任）

中共绍兴市越城区委绍兴市越城区人民政府信访局
局长　赵建强

中共绍兴市越城区委老干部局
局长　王立刚

绍兴市越城区人民政府办公室
主　任、党组书记　胡　博（2023年12月任）

绍兴市越城区发展和改革局
党组书记、局长　蒋国梁

绍兴市越城区经济和信息化局
党组书记、局长　王吉程（2023年12月任）

绍兴市越城区教育体育局
党组书记、局长　戴志根

绍兴市越城区科学技术局
党组书记、局长　谢　菁

绍兴市越城区民政局
党组书记、局长　张俊牯

绍兴市越城区司法局
党工委书记、局长　陈继瑞

绍兴市越城区财政局
党组书记、局长　赵雄伟

绍兴市越城区人力资源和社会保障局
党组书记、局长　罗方远

绍兴市越城区住房和城乡建设局
党工委书记、局长　王宝金

绍兴市越城区交通运输局
党工委书记、局长　柳祖耀

绍兴市越城区农业农村和水利局
党组书记、局长　章国荣

绍兴市越城区商务局
党组书记、局长　陈智明

绍兴市越城区文化广电旅游局
党组书记、局长　吴卫阳

绍兴市越城区卫生健康局
党工委书记、局长　孟雁凤

绍兴市越城区退役军人事务局
党组书记、局长　张　标

绍兴市越城区应急管理局
党委书记、局长　金　峰

绍兴市越城区审计局

党组书记、局长　张国昌

绍兴市越城区市场监督管理局

党工委书记、局长　叶海木（2023年2月任）

绍兴市越城区统计局

党组书记、局长　严　臻

绍兴市越城区综合行政执法局

党工委书记、局长　马　超

绍兴市自然资源和规划局越城分局

党委书记、局长　金建兴

绍兴市医疗保障局越城分局

党组书记、局长　娄建成

绍兴市生态环境局越城分局

党组书记、局长　刘明华

绍兴市越城区房屋征收办公室

党组副书记、主任　金越峰

绍兴市越城区政务服务办公室

党委副书记、主任　陈天政

绍兴黄酒小镇（东浦）开发建设管理委员会

党工委书记　董敏华（兼）

党工委副书记、管委会主任　徐建龙

绍兴集成电路产业园管理委员会

党工委书记　任宇（兼）

党工委副书记、管委会主任　潘永刚

绍兴市历史文化名城保护办公室

党工委委员、副主任　黄夏峰

绍兴市越城区人民代表大会常务委员会办公室

办公室主任　陈水祥

研究室主任　徐　峰

代表工作委员会主任　吴尧森

法制（监察和司法）工作委员会主任　王　挺

财经工作委员会主任　沈华清

教科文卫工作委员会主任　单玲龙

城建环保工作委员会主任　单国炎

农业与农村工作委员会主任　单伟国

社会建设工作委员会主任　梁钦鸿

中国人民政治协商会议绍兴市越城区委员会办公室

办公室主任　葛卫江

提案委员会主任　肖　军

经济委员会主任　姚　樯

教科卫体委员会主任　周志红

社会法制和民族宗教委员会主任　韩江新

文化文史和港澳台侨委员会主任　王　甬

委员工作委员会主任　钱纪才

绍兴市越城区人民法院

党组书记、院长　蔡立刚

绍兴市越城区人民检察院

检察长　周　江

绍兴市越城区流动人口服务管理中心

党组书记、主任　寿越强（2023年2月任）

绍兴市越城区档案馆

馆　长　张　磊

中共绍兴市越城区委党校
校　长　周　春

绍兴市越城区融媒体中心
主　任　张　羽

绍兴市越城区新时代文明实践指导中心
主　任　姚君桥

绍兴市越城区机关事务管理服务中心
党组成员、主任　何　燕

绍兴市历史文化名城保护服务中心
主　任　尹政威

绍兴市越城区社会治理中心
常务副主任　胡剑荣

绍兴市越城区大数据发展管理中心
党组书记、主任　陈　贤（2023年2月任）

绍兴市越城区总工会
党组书记、主席　曹刚勇

中国共产主义青年团绍兴市越城区委员会
书　记　魏珂赛

绍兴市越城区妇女联合会
党组书记、主席　严夏娟

绍兴市越城区残疾人联合会
党组书记、理事长　黄汉平

绍兴市越城区红十字会
党组书记　田卫华

绍兴市越城区归国华侨联合会
党组书记、主席　鲁水良（2023年9月任）

绍兴市越城区文学艺术界联合会机关
党组书记、主席　董湧峰

绍兴市越城区社会科学界联合会机关
党组书记、主席　胡立钊

绍兴市越城区计生协会机关
专职副会长　秦　伟

绍兴市越城区科学技术协会
主　席　石　峰

绍兴市越城区工商业联合会机关
党组书记　金巍东

2023年越城区各镇（街道）党政正职

（截至2023年12月31日）

绍兴市越城区塔山街道办事处
党工委书记　蒋　潮（2023年2月任）
党工委副书记、办事处主任　蔡廷科

绍兴市越城区府山街道办事处
党工委书记　傅晓铭
党工委副书记、办事处主任　余燚栋

绍兴市越城区北海街道办事处
党工委书记　俞科军
党工委副书记、办事处主任
周鹏勇（2023年12月任）

绍兴市越城区稽山街道办事处
党工委书记　陈水祥
党工委副书记、办事处主任　应伟峰

绍兴市越城区城南街道办事处
党工委书记　倪国峰
党工委副书记、办事处主任　裘胜圆

绍兴市越城区迪荡街道办事处
党工委书记　盛　瑜
党工委副书记、办事处主任　严　臻

绍兴市越城区东湖街道办事处
党工委书记　黄　伟
党工委副书记、办事处主任　陈　琪

绍兴市越城区灵芝街道办事处
党工委书记　赵溢彬（2023年12月任）
党工委副书记、办事处主任　徐焕刚

绍兴市越城区东浦街道办事处
党工委书记　董敏华
党工委副书记、办事处主任　杨烈勇

绍兴市越城区鉴湖街道办事处
党工委副书记、办事处主任
俞卓慧（2023年2月任）

绍兴市越城区斗门街道办事处
党工委书记　李　彰
党工委副书记、办事处主任　徐　宁

绍兴市越城区马山街道办事处
党工委书记　吕钢强
党工委副书记、办事处主任　马　青

绍兴市越城区皋埠街道办事处
党工委书记　任　宇
党工委副书记、办事处主任
章　强（2023年6月任）

绍兴市越城区陶堰街道办事处
党工委书记　马　科（2023年12月任）
党工委副书记、办事处主任　金平君

绍兴市越城区孙端街道办事处

党工委书记　金　栋

党工委副书记、办事处主任　谢　炜

绍兴市越城区沥海街道办事处

党工委书记　陈　超

党工委副书记、办事处主任　韩春芳

绍兴市越城区富盛镇人民政府

党工委书记　陆正韵

党工委副书记、办事处主任　蒋　瑛

（区委组织部、区委编办提供）

浙江好人

朱月明
孙彬林
蒋裕燕
罗国海

绍兴好人

罗国海
封霞青
朱月明
桑小林
孙彬林
沈 彪
陈凤林
陈晓娥
谢之良
蒋裕燕
许敏三

（区委宣传部 提供）

重要文件目录选编

中共绍兴市越城区委重要文件目录选编

越委〔2023〕1号	关于全面学习贯彻党的二十大精神 坚定捍卫“两个确立”坚决做到“两个维护”向首位奋进 为幸福前行 奋力谱写中国式现代化越城新篇章的决定
越委〔2023〕3号	关于公布2022年度岗位目标责任制考核优胜镇街、先进部门（单位）名单的通知
越委〔2023〕4号	关于表彰2022年度“高质量发展共同富裕突出贡献奖”先进集体和先进个人的通报
越委〔2023〕13号	关于授予马琴等30位同志“越城工匠”称号的决定
越委〔2023〕14号	关于授予马志敏等同志“越城区劳动模范”和绍兴三花新能源汽车部件有限公司等单位“越城区模范集体”称号的决定
越委〔2023〕23号	关于给予蔡廷科等同志奖励的决定
越委〔2023〕30号	关于坚定不移深入实施“八八战略”聚力建设“首位立区、幸福越城”奋力打造中国式现代化区域实践范例的决议
越委〔2023〕34号	关于成立省委巡视反馈意见整改工作领导小组的通知
越委〔2023〕44号	关于印发《中共绍兴市越城区委常委会议事决策规则》的通知
越委办〔2023〕1号	关于表扬2022年度平安建设、“美丽越城”建设、“三个年活动”先进集体和个人的通报
越委办〔2023〕2号	印发《关于全面深化社区“契约化”共建推动社区治理现代化的实施意见》的通知
越委办〔2023〕3号	关于印发《越城区2023年党风廉政建设和反腐败工作组织领导与责任分工》和《2023年越城区党风廉政建设和反腐败工作任务清单》的通知
越委办〔2023〕4号	关于印发《“弘扬越城精神、助推首位发展”讨论实践活动实施方案》的通知

越委办〔2023〕5号	关于印发《越城区、滨海新区打造最清洁城市样板区实施方案》的通知
越委办〔2023〕6号	关于印发"项目攻坚、城市清洁、风险防范、作风提升"四大攻坚行动实施方案的通知
越委办〔2023〕8号	印发《关于进一步促进经济高质量发展的若干意见》等十个政策的通知
越委办〔2023〕10号	关于命名2022年度越城区"枫桥式"村(社区)的通知
越委办〔2023〕13号	关于印发《越城区推进领导干部能上能下操作细则》的通知
越委办〔2023〕14号	关于印发《越城区容错纠错工作操作细则(试行)》的通知
越委办〔2023〕15号	关于印发《越城区建区40周年系列宣传活动方案》的通知
越委办〔2023〕17号	印发《关于全面加强党群服务中心建设高水平打造幸福越城"最美地标"的实施意见(试行)》的通知
越委办〔2023〕20号	关于公布2022年度考核结果为优秀等次公务员名单的通知
越委办〔2023〕21号	印发《关于进一步支持法院工作的若干意见》的通知
越委办〔2023〕26号	印发《越城区关于建立健全领导干部大兴调查研究工作机制的实施意见》的通知
越委办〔2023〕27号	关于印发《绍兴市越城区未来社区运营机制创新共同富裕示范区试点实施方案》的通知
越委办〔2023〕28号	关于调整越城区、滨海新区第19届亚运会工作领导小组组成人员及相关事项的通知
越委办〔2023〕29号	关于印发《越城区、滨海新区2023年度督查检查考核计划》的通知
越委办〔2023〕31号	关于成立越城区、滨海新区政务服务增值化改革工作领导小组的通知
越委办〔2023〕33号	关于印发《2023年度重点工作清单》的通知
越委办〔2023〕35号	关于印发《越城区创建国家全域旅游示范区暨省5A级景区城实施方案》的通知
越委办〔2023〕36号	关于印发《越城区建区40周年系列活动安排》的通知
越委办〔2023〕39号	印发《关于完善绍兴市越城区储备粮管理有限公司体制机制和管理模式的实施意见》的通知
越委办〔2023〕40号	关于印发《越城区、滨海新区政务服务增值化改革工作实施方案》的通知
越委办〔2023〕44号	印发《绍兴市越城区关于深化改革促进城乡医疗卫生体系健康发展的工作方案》的通知
越委办〔2023〕45号	关于印发《越城区优化生育政策(试行)》的通知
越委办〔2023〕46号	关于印发《越城区"文化铸魂"工程三年行动计划(2023—2025年)》的通知
越委办综〔2023〕4号	印发《关于促进越城区社会组织高质量发展助力共同富裕示范区建设任务清单》的通知
越委办综〔2023〕5号	印发《关于毛泽东同志批示学习推广"枫桥经验"60周年暨习近平总书记指示坚持发展"枫桥经验"20周年纪念活动方案》

越委办综〔2023〕9 号	印发《关于聚焦“基层所愿”进一步推进基层减负的工作方案》的通知
越委办综〔2023〕12 号	关于印发《落实市委全面从严治党主体责任检查反馈意见的整改分工方案》的通知
越委办综〔2023〕14 号	关于印发《越城区、滨海新区聚焦企业所难“5187”专项行动方案》的通知
越委办综〔2023〕15 号	关于严明纪律规矩集中整治违规吃喝违规收送礼品礼金问题的通知
越委办综〔2023〕17 号	关于印发《“大两湖”科技城开发推进工作方案》的通知
越委办综〔2023〕20 号	关于印发《在风险防范行动中开展“求解”实践的实施意见》的通知
越委办综〔2023〕21 号	关于印发《越城区城市文明大提升行动重点任务清单》《越城区城市治理大提升行动重点任务清单》《越城区城市品质大提升行动重点任务清单》的通知
越委办综〔2023〕24 号	关于开展违规发放津贴补贴问题专项整治的通知
越委办综〔2023〕25 号	关于调整《越城区、滨海新区领导联系镇街安排表》的通知
越委办综〔2023〕29 号	关于印发《习近平总书记考察浙江重要讲话精神宣讲工作方案》的通知
越委办综〔2023〕31 号	关于成立塔山片区旧城改造工作领导小组的通知
越委办综〔2023〕32 号	关于调整《区领导联系镇街安排表》的通知

绍兴市越城区人民政府重要文件目录选编

越政发〔2023〕1 号	关于调整、明确部分副区长分工的通知
越政发〔2023〕2 号	关于公布 2022 年越城区区长质量奖企业名单的通知
越政发〔2023〕3 号	关于印发《绍兴市越城区人民政府森林防火禁火令》的通知
越政发〔2023〕4 号	关于杨本加副区长分工的通知
越政发〔2023〕5 号	关于印发《浙江省绍兴市越城区矿产资源规划(2021—2025 年)》的通知
越政发〔2023〕6 号	关于为王伟荣、郑文华同志记三等功的决定
越政发〔2023〕7 号	关于开展第五次全国经济普查的通知
越政发〔2023〕8 号	关于公布 2023 年一季度建筑业高质量发展“开门红”企业的通报
越政发〔2023〕9 号	关于同意斗门街道柯灵、鸿滨社区变更为马山街道柯灵、鸿滨社区和建立斗门街道湖畔社区居民委员会的批复
越政发〔2023〕10 号	关于同意迪荡街道建立迪荡湖社区居民委员会的批复
越政发〔2023〕11 号	关于印发《关于贯彻落实气象高质量发展纲要的实施意见》的通知
越政发〔2023〕12 号	关于印发《越城区农贸市场品质提升三年攻坚行动实施方案(2023—2025 年)》的通知
越政发〔2023〕13 号	关于调整塔山街道办事处等 5 个镇(街道)综合行政执法事项的公告
越政发〔2023〕14 号	关于印发《越城区开展“1616”专项行动打造现代服务业高质量发展样板区实施方案》的通知
越政发〔2023〕15 号	关于印发《关于在全区城乡建设中加强历史文化保护传承的实施意见》的通知
越政办发〔2023〕1 号	关于印发关于进一步促进经济高质量发展的若干意见等十个政策的通知
越政办发〔2023〕2 号	关于李江华同志岗位聘任的通知
越政办发〔2023〕3 号	关于印发绍兴市越城区县城承载能力提升和深化“千村示范、万村整治”工程实施方案(2023—2027 年)的通知
越政办发〔2023〕4 号	关于印发《越城区、滨海新区 2023 年政府(国有企业)投资项目计划》的通知
越政办发〔2023〕5 号	关于分解落实《政府工作报告》和民生实事目标任务的通知
越政办发〔2023〕6 号	关于调整耕地保护补偿机制的通知
越政办发〔2023〕7 号	关于印发《越城区政府投资项目工程变更管理办法(试行)》的通知
越政办发〔2023〕8 号	关于开展涉及营商环境的行政规范性文件专项清理工作的通知
越政办发〔2023〕9 号	越城区第二轮土地承包到期后再延长 30 年试点工作方案

越政办发〔2023〕10号	关于切实抓好2023年粮油生产保供工作的通知
越政办发〔2023〕11号	关于印发《进一步优化提升各类工业小区推动工业全域治理促进经济高质量发展专项行动》的通知
越政办发〔2023〕12号	关于印发《越城区2023年“三改一拆”及“无违建”创建专项行动方案》的通知
越政办发〔2023〕13号	关于印发《越城区公共服务“七优享”工程实施方案(2023—2027年)》的通知
越政办发〔2023〕14号	关于印发《越城区工程渣土管理两年行动方案(2023—2024年)》的通知
越政办发〔2023〕15号	关于印发《越城区、滨海新区体系化推进“十项重大工程”工作总体方案》的通知
越政办发〔2023〕16号	关于印发《越城区、滨海新区统筹推进能源绿色低碳发展和保供稳价工程实施方案(2023—2027年)》的通知
越政办发〔2023〕17号	关于华宏欣等9名同志岗位聘任的通知
越政办发〔2023〕18号	关于印发《越城区2023年地质灾害防治方案》的通知
越政办发〔2023〕19号	关于印发《越城区“迎亚运”综合环境大整治工作实施方案》的通知
越政办发〔2023〕20号	关于印发《越城区文旅深度融合工程实施方案》的通知
越政办发〔2023〕21号	关于印发《越城区、滨海新区加快建设高水平交通强区实施方案(2023—2027年)》的通知
越政办发〔2023〕22号	关于印发《越城区、滨海新区全面贯彻“315”科技创新体系暨“258”科创行动深化方案(2023—2027年)》《越城区、滨海新区服务业高质量发展“十百千”工程暨“1361”行动实施方案(2023—2027年)》的通知
越政办发〔2023〕23号	关于废止绍兴市越城区工程建设项目招标投标管理办法的决定
越政办发〔2023〕24号	关于印发《越城区承载浙江(绍兴)RCEP高水平开放合作示范区建设方案(2023—2025年)》的通知
越政办发〔2023〕25号	关于印发《越城区、滨海新区空气质量提质进位三年行动方案(2023—2025年)》的通知
越政办发〔2023〕26号	关于印发《2023年越城区城乡道路平安畅通综合治理深化工程实施方案》的通知
越政办发〔2023〕27号	关于印发《2023年越城区行政区域粮食订单收购政策》的通知
越政办发〔2023〕28号	关于印发《越城区农业标准地改革试点实施方案》的通知
越政办发〔2023〕29号	关于吴裘敏等同志岗位聘任的通知
越政办发〔2023〕30号	关于印发绍兴市越城区乡镇(街道)合法性审查质效提升工作实施意见的通知
越政办发〔2023〕31号	关于印发《越城区农村人居环境整治提升督查考核管理办法》的通知

越政办发〔2023〕32号	关于印发《越城区防汛防台抗旱应急预案》的通知
越政办发〔2023〕33号	关于印发《绍兴市越城区产业基金管理办法》的通知
越政办发〔2023〕34号	关于印发《越城区再生资源行业规范整治工作方案》的通知
越政办发〔2023〕35号	关于印发《越城区"台门招商"工作实施方案(试行)》的通知
越政办发〔2023〕36号	关于印发2023年区政府重大行政决策目录工作的通知
越政办发〔2023〕37号	关于重新明确主任、副主任、办公会议成员等分工的通知
越政办发〔2023〕38号	关于印发《马海闸站放水预警方案》的通知
越政办发〔2023〕39号	关于公布第一批一般湿地名录的通知
越政办发〔2023〕40号	关于进一步规范政务新媒体管理工作的通知
越政办发〔2023〕41号	关于印发《越城区、滨海新区共建研究院建设运行综合评价体系实施方案(试行)》的通知
越政办发〔2023〕42号	关于印发《关于建立行政诉讼风险案件区政府领导班子成员包案化解制度的规定》的通知
越政办发〔2023〕43号	关于印发《关于实行行政诉讼败诉检讨制度的规定》的通知
越政办发〔2023〕44号	关于印发《关于实行行政规范性文件合法性审查三色法管理制度的规定》的通知
越政办发〔2023〕45号	关于明确主任和有关副主任分工的通知
越政办发〔2023〕46号	越城区垃圾分类"冬日攻坚"提升行动方案
越政办发〔2023〕47号	关于2023年度对何王国等19户放弃生育指标的家庭实行奖励的通知
越政办发〔2023〕48号	关于印发《越城区粮食安全应急预案》的通知
越政办发〔2023〕49号	关于印发《越城区完善高质量充电基础设施网络体系促进新能源汽车下乡实施方案(2023—2025年)》的通知
越政办发〔2023〕50号	关于印发《越城区单用途商业预付卡规范管理实施方案》的通知
越政办发〔2023〕51号	关于印发《越城区物业服务企业满意度测评办法(试行)》的通知
越政办发〔2023〕52号	关于印发《越城区农贸市场示范创建和长效管理考核奖补办法》的通知
越政办发〔2023〕53号	关于印发《绍兴高新技术产业开发区全域科创体系建设的实施意见》的通知
越政办发〔2023〕54号	关于成立绍兴高新技术产业开发区和集成电路"万亩千亿"新产业平台争先进位工作领导小组的通知
越政办发〔2023〕55号	关于印发《越城区推动夜间经济发展实施意见》的通知
越政办发〔2023〕56号	关于印发《越城区规范全区畜禽定点屠宰场建设和部署开展打击私屠滥宰行为工作方案》的通知
越政办发〔2023〕57号	关于印发《绍兴市越城区高质量推进土地综合整治工作方案(2023—2027年)》的通知
越政办发〔2023〕58号	关于印发《越城区2023—2024年松材线虫病防治方案》的通知

附 录

向首位奋进 为幸福前行 深入学习贯彻党的二十大精神 奋力谱写中国式现代化越城新篇章

——在区委十届四次全体(扩大)会议上的报告

中共绍兴市越城区委书记 徐 军

这次区委全会的主要任务是:以习近平新时代中国特色社会主义思想为指导,深入学习宣传贯彻党的二十大精神和中央经济工作会议精神,全面落实省委十五届二次全会暨省委经济工作会议精神和市委九届三次全会精神,认真总结区第十次党代会以来的工作,审议通过《关于全面学习贯彻党的二十大精神,坚定捍卫"两个确立",坚决做到"两个维护",向首位奋进,为幸福前行,奋力谱写中国式现代化越城新篇章的决定》,努力为中国式现代化、浙江"两个先行"和绍兴高水平网络大城市建设贡献更多越城力量。

下面,我代表区委常委会向全会作报告。

自区委十届一次全会召开以来,新一届区委常委会坚持以习近平新时代中国特色社会主义思想为指导,按照区第十次党代会的部署,完整、准确、全面贯彻新发展理念,忠实践行"八八战略"、奋力打造"重要窗口",推动各项事业发展和党建工作取得了新成绩,朝着"首位立区、幸福越城"新征程迈出了坚实的步伐。

一年来,区委常委会旗帜鲜明讲政治,协调各方抓统筹,求真务实干事情,严以律己抓作风。我们始终坚持"增强忧患意识",以"时时放心不下"的责任感,走出舒适区,爬坡过坎、踔厉奋进,打赢了一场又一场的硬仗;始终坚持"树立全局观念",以"站高看远、统揽全域"的战略视野,前瞻谋划、科学布局,彰显了一张蓝图绘到底的决心毅力;始终坚持"推进系统重塑",以"因时而变、因势而变"的工作理念,敢闯敢试、勇于创新,探索了许多好办法、好思路、好经验;始终坚持"用心用情做事",以"不厌烦、不马虎、不敷衍"的态度作风,苦干实干、久久为功,赢得了社会各界的广泛好评;始终坚持"带着问题思考",以"知不足而后进"的奋斗意识,干事创业、勤勉尽责，解决了一桩又一桩的大事难事烦心事。这“五个始终坚持”是区委常委会践行不忘初心、牢记使命要求的具体表现，是全区上下撸起袖子加油干、风雨无阻向前行的深刻体会，也是今后工作中党员领导干部要遵循的导向原则，我们要继续大力弘扬，不断转化为发自内心的行动自觉。

一年来，区委常委会紧紧围绕迎接党的二十大、学习宣传贯彻党的二十大精神、推动落实省市区党代会精神，全面深入贯彻习近平总书记关于“疫情要防住、经济要稳住、发展要安全”三件大事重要指示精神，重点抓了八方面“牵一发而动全身”的工作。

第一，我们认真细心准备迎接党的二十大、学习宣传贯彻党的二十大精神各项工作，把干就干最好、争就争第一的姿态亮出来。年初大会，我们就把“以更加优异的成绩，迎接党的二十大胜利召开”作为引领一年工作的主题主线，提出了“领先争先、大抓落实”的导向要求。二十大召开之前，习近平总书记在省部级领导干部专题研讨班上发表了重要讲话，我们第一时间传达学习贯彻，深入分析研判经济形势、疫情形势、安全形势，围绕“稳字当头、稳中有进”，做到思想上高度重视，行动上毫不松懈，以大战大考的姿态，全面落实迎接二十大的各项准备工作。二十大召开时，组织5万多名党员干部收听收看开幕盛况，认真聆听习近平总书记所作的报告。二十大胜利闭幕后，我们对深入学习贯彻工作作出具体安排，连续召开区委常委会会议、全区领导干部会议、区委理论学习中心组专题传达学习，统一安排区领导到基层、企业宣讲，推动镇街部门第一时间动员部署，积极营造一级带一级、层层抓学习的浓厚氛围。同时筹备区委十届四次全会，起草好我区全面贯彻落实党的二十大精神有关文件。

第二，我们全面推动区第十次党代会决策部署落地生根，把“首位立区、幸福越城”的美好图景展开来。区党代会明确了越城未来发展的任务书和路线图，将蓝图梦想变为精彩现实，关键在落实，重点在执行。我们紧紧围绕“五个新跨越”，按照工作项目化、项目清单化、清单责任化压茬推进，一件一件部署，一事一事解决，荣膺“2022中国最具幸福感城区”。在发展实力方面，强调重抓项目招引、大抓项目建设，以此推动新旧动能加速转换；在改革动力方面，强调全方位推进深层次系统性制度重塑，不断提升数字化应用能力、响应能力和领导能力；在文化魅力方面，强调要把越地文化继承好、弘扬好、发展好，通过文化彰显，全面激发越城人的自信心和自豪感；在民生活力方面，强调人民城市为人民，推出十大民生实事，以点带面加快普惠共享；在治理合力方面，强调深化习近平总书记重要批示要求，不断推进“契约化”共建的理念在坚持探索中发展、形式在不断实践中迭代、外延在经受考验中拓展。

第三，我们坚决落实省市统一部署和要求，及时优化调整防疫政策，把不发生规模性疫情的底线筑起来。始终坚定不移坚持人民至上、生命至上，坚定不移落实“外防输入、内防反弹”总策略，坚定不移贯彻“动态清零”总方针，高效运转“常态化+”疫情防控体系，以最快速度、最小范围、最小代价打赢了一场场疫情防控遭遇战。不断优化“平战一体化”高效指挥决策机制，九大专班实体化运行，完成网格体系构建，区镇村三级长期保持激活状态。从严从紧守好入越大门，350多名科级领导干部下沉高速卡口，与属地镇街一起，协同区级相关部门，全面筑牢了第一道防线。加强公共场所管理，严格执行“一扫三查”。抓好应急能力提升，开展岗位专业培训，提高团队防护和处突水平，高效快速处置145起疫情事件。保障企业稳定生产，推行重点企业“白名单”制度，确保管得住、放得开，做到物流不断、产能不减。推进疫苗接种覆盖率，持续做好60周岁及80周岁以上人群全程接种工作。

第四，我们做深做细印染化工产业集聚搬迁文章，把打造“腾笼换鸟、凤凰涅槃”全国样板的路径跑起来。传统产业改造提升是省委省政府交给绍兴的一项重大任务，作为实施主阵地，我们坚决贯彻省市决策部署，以坚定的决心和毅力，一任接着一任干，全面铺开了“产业迁徙、动能转换”的波澜画卷。按计划平稳关停印染企业，产能平稳退出，促进化工企业全部签订退出协议、18个集聚项目全部开工建设。实施“砺鹰计划”，推动土地二次开发、企业二次创业。开展低效土地全域治理，推进工业用地连片改造、低效企业连片腾退。谋划袍江片区城市有机更新，以“泛半导体+”产业为主的“绍芯谷”成为市级重大发展平台。加快引进重量级新兴产业项目，共招引10亿元以上项目28个，总投资达755亿元。承办全省新一轮制造业“腾笼换鸟、凤凰涅槃”攻坚行动现场会，进一步凝聚起打造全国样板的信心和决心。

第五，我们全力攻坚短板提升行动，把保持经济稳进提质的责任担起来。面对需求收缩、供给冲击、预期转弱的三重压力持续衔接，我们系统谋划对策举措，承压奋进，为稳住经济实现提质增效，付出了艰苦的努力。全面集聚两区力量，增强体制机制的黏性合力，先后针对项目建设、招商引资、人才招引等作出专题部署，高效运作攻坚专班，形成统筹协调与业务负责双向联动的工作模式。高规格召开企业家大会，在全面承接省市政策基础上，加码加力推出经济高质量发展20条，开展银企对接活动，不断提振企业家信心。强化“用力跳、摘桃子”的意识，明确目标任务，按照“以周保月、以月保季、以季保年”的原则，落实针对性举措。发扬“办法总比困难多”的精神，部门镇街各司其职、协同推进，全区上下挖潜能、增后劲、强体系。在关停退出100亿元印染产能、影响近5亿元税收的重压下，我们始终保持战略自信和战略定力，顶住了新旧动能转换带来的“阵痛”，连续3个季度获全市实绩比拼优胜单位。

第六，我们凝心聚力实施文化铸魂工程，把越城古今辉映诗与远方的城市形象树起来。习近平总书记曾指出，绍兴都是宝，文化遗存很丰富，要好好地保护和利用，努力在文化发展方面做到全省前列。我们坚决扛起责任担当，坚持把老祖宗留下来的优秀传统文化保护好、利用好，传承下去、发扬光大。首次召开区委文化工作会议，全面部署新时代文化铸魂建设，形成大文化工作格局。厚植文化名城特色优势，全力推进古城项目群建设，精心打磨“一城一桥三故里”，黄酒产业博览会永久落户黄酒小镇。加强数字赋能文化建设，历史文化名城保护传承应用当选全省地方特色应用，并亮相2022年度数字中国建设峰会，相关经验做法获中改办《改革情况交流》刊载推广，文物智慧管家应用被评为全省文旅系统最佳应用。持续深化文商旅融合发展，推进迎恩门、阳明故里、上大路等区域活化利用，业态多点开花，成功创建省全域旅游示范区。实施宋韵文化传世工程，推进陆游主题文化片区等开发建设，圆满举办2022陆游文化节暨首届中国（绍兴）“陆游诗歌奖”颁奖典礼。深入挖掘和凝练了“剑胆书心、越古超今”新时代越城精神，发布了城市形象标识。

第七，我们大力推进“拔钉清障”“信访化解”攻坚行动，把全区上下党员干部的精气神提起来。我们始终强调“新官要理旧账、现官不留坏账”，全面起底征收拆迁滞留户和信访积案，成立专项攻坚小组，一户一户沟通，一件一件研判，化解信访积案555件，积案回流率仅为2.6%，拔钉清障总处置率达到97.5%，直接盘活土地2000余亩，并以此带动解决了一批十年以上的历史遗留问题。各级领导干部以上率下，带头啃“最硬的骨头”，拔“最难的钉子”，激发了全区上下的干事激情，强化了“今天再晚也是早，明天再早也是晚”的紧迫感、责任感，干部能力水平得到了全面提升。

第八，我们持续不断提高政治判断力、政治领悟力、政治执行力，把越城区和滨海新区党员干部的合力聚起来。新一届区委常委会从一开始就把自身建设放在十分重要的位置，区党代会闭幕后第二天，区委常委会全体成员前往周恩来纪念广场，重温入党誓词，并召开区委十届二次全体（扩大）会议，研究审议有关决定，明确提出要在七个方面争当标杆，坚定不移做“两个确立”忠诚拥护者、“两个维护”示范引领者。一年来，区委常委会坚持以习近平新时代中国特色社会主义思想武装头脑、指导实践，组织区委理论学习中心组专题学习11场，带头讲党性、讲政治、讲忠诚、讲担当、讲团结，带头落实意识形态工作责任，带头以钉钉子精神抓好中央和省市各项决策部署落地落实，带头以“一家人”理念推动两区融合发展，带头为人民群众办实事、谋福祉，带头落实管党治党政治责任，带头严格遵守中央八项规定精神，带头自觉接受各方面监督，带头落实民主集中制，在全区营造了一级带着一级干、一级照着一级做的良好氛围。

一年来，区委常委会坚持稳进提质、除险保安、塑造变革，深入开展“共同富裕提速年、数字赋能提质年、干部作风提升年”三个年活动，凝心聚力、团结奋斗，出色完成了各项既定目标任务，全区实现了疫情稳、经济稳、社会稳。主要体现在以下七个方面：

（一）经济运行稳中有进。真金白银助企纾困，顶格出台一揽子政策，累计兑现资金13.9亿元，完成留抵退税52.7亿元，均居全市前列。开展“越”系列消费促进活动，推出汽车、商贸等消费券3800万元，刺激撬动消费超20亿元。制定实施房票安置政策，出台房产新政18条，通过房博会等形式，力促房地产市场平稳健康发展。创新“一码找订单”应用，相关经验做法在全省《数字化改革》稳进提质篇首刊推广。率先启动省RCEP示范区和国家级内外贸一体化试点建设，绍兴综保区正式封关运营，全区进出口总额870亿元、增长31%，交出了一份融入“双循环”的新答卷。预计全年实现地区生产总值1290亿元、同比增长4.5%；一般公共预算收入同比增长5.3%；固定资产投资同比增长13.5%；社会消费品零售总额同比增长5%。

（二）项目攻坚成效显著。优化完善招商引资、规划建设、项目全生命周期管理等机制，创新滴灌式供地方式，形成环环相扣、动态闭环的工作体系，构建起项目共建、要素共争、资源共享、难题共促大格局，不断推动项目提速提质。比亚迪百亿级新能源项目，实现签约后89天“四证同发”、拿地即开工；全球最大的年产4万吨钠创新能源一期项目，五个月内完成签约投产；中芯集成科创板IPO成功过会。定期举办重大项目竣工投产暨集中签约仪式，198个重点产业项目开工率已达90%，当年计划投资189.8亿元，年度投资完成率达94%；5个省市县长项目和17个省“4+1”项目全部开工；制造业投资增长70.2%、增速列全省44个工业大县第一。集成电路、高端生物医药两大“万亩千亿”平台分获全省考核第一名和第四名。滨海新区位列全国城市新区发展潜力百强第12位。

（三）重大改革纵深推进。统筹推动全面深化改革、共同富裕示范区改革和数字化改革，24项牵一发动全身改革、27项区领导领衔项目顺利推进，国有企业、土地统征机制等重大改革有效落地，撬动各领域变革重塑。率先在全市探索建立改革工作常态化运行机制，数字化改革重大应用应贯尽贯，6项改革经验在全省"领跑竞跑"，2项应用获"一地创新、全省推广"，参与建设的"旅游通"应用获评全省最佳应用，全省综合评价连续三次获评"五星"。马海工业社区成功入选第四批省级社区治理和服务创新实验区试点。"大综合一体化"行政执法改革高效落地，执法力量下沉率、办案率、处罚领域覆盖率均居全市前列，实现了"一张清单管权责、一支队伍管执法"。加快"扩中""提低"，预计城乡居民人均可支配收入71100元和45900元，收入比降至1.55，养老服务"爱心卡"制度成为全省7个省级试点之一。

（四）人才生态优化完善。着力打响"以产引才、以才促产、产才共兴"人才品牌，发布人才发展体制机制举措新十条，出台人才新政4.0版、"人才强企"六项硬核政策，引进国家级人才13名、"名士之乡"英才计划项目68个、浙江工匠12名，新招引高校毕业生人数和高技能人才数均居全市第一，成功举办了"越人才越发展"人才主题周，建成投用绍兴人才之家、人才主题公园，产才融合绩效持续激发，城市影响力不断提升。持续增强创新驱动力，全面启动迪荡湖科技CBD开发建设，联动谋划推进袍江洋泾湖区域国际人才社区、绍芯实验室建设。建立健全干部量化考评机制，完善"好差干部"识别亮晒机制，动态晾晒大赛大考标志性成果，推动干部能上能下。深入实施干部能力提升"领航计划"，累计举办各类培训77期，超万余名党员干部完成参训，干部队伍的能力素养得到有效提升。

（五）城乡一体加速融合。编制全域空间战略规划，系统整合城市空间布局，实现了全区发展"一张图"。高质量划定"三区三线"，全力推进跨乡镇全域土地综合整治，东湖、青甸湖两大片区成功入选全省首批试点名单。扎实推进绍兴高水平网络大城市建设，8个重点片区完成投资80.8亿元，当年投资完成率达109.5%，薛渎等5个未来社区、坡塘等4个未来乡村协同推进，"越子城"传统风貌区入选全省首批共同富裕现代化基本单元、首批城乡风貌样板区，并挂牌"新时代富春山居图样板区"，斗门街道、富盛镇获评美丽城镇建设省级样板。成功创建全国学前教育普及普惠区，教育现代化水平监测跃升A级。完成亚运城市行动计划前期项目43个，总投资达45亿元。完成拆迁272.6万平方米，市对区任务完成率100%。轨道交通一号线和4条智慧快速路全线通车，杭绍同城成为现实。全面实施城市管理提升专项行动，围绕"四个环境"，推进"三个面"整体提升，43个老旧小区提档升级换新颜，成功承办全市城市精细管理工作现场会。中央环保交办信访件销号率100%，时隔四年再夺治水"大禹鼎"，创成省级生态文明示范区，稽山鉴水风光愈加秀美。

（六）风险防范持续强化。以"七张问题清单"为总牵引，制定出台全省首个县一级常态化运行"十六条"机制，积极探索全省首个"前哨探头"数字化应用，全省率先推进镇街部门"一单位一清单"，省、市示范榜总数全市第一，管控力指数全市"领跑"，列全省第一方阵。实体化运行区社会治理中心，迭代升级"基层治理四平台"，全面整合基层网格队伍力量，贯通"村社—网格—微网格"治理体系，积极开展基层应急和消防力量一体化规范化建设，形成基层社会治理"一张网"。圆满完成党的二十大等重大活动维稳安保任务，"除险保安"指数累计排名全省第五、全市第一，实现平安创建十七连冠。一年来，未发生较大及以上事故和自然灾害亡人事故，事故数、亡人数较去年分别下降58.3%、60.9%，降幅全市第一，火灾起数同比下降46.1%。

（七）党建引领更加有力。圆满完成新一届党委、政府、人大、政协换届工作。顺利完成工商联、文联、社科联、红十字会、总工会、团区委、残联、科协、妇联、侨联等群团组织换届工作，为群团干部队伍注入了“鲜活血液”。充分发挥区委对区人大、区政府、区政协和区纪委监委、区法院、区检察院的领导核心作用。及时研究解决区人大工作中的重大问题和重大事项，支持保障其依法行使职权，支持人大全力推进践行全过程人民民主基层单元建设。推动区政府将区委各项决策部署落到实处，政府执政能力水平、为民服务效率全面提升。支持区政协围绕共同富裕开展政治协商，组织开展生物医药产业招商、“稽山智谷”建设、挖掘和弘扬会稽山文化等重点课题调研，推进“民生议事堂”等“三位一体”建设。进一步深化统战工作，成功举办“同心·越城”大会，做深乡贤文章，完善政党协商机制，提升民营企业家凝聚力，全力画好越城发展最大同心圆。大力推进武装工作建设，全面提升国防动员质量水平。高质量开展新一轮区委巡察任务，有效落实政治监督，一体推进“三不腐”，政治生态不断巩固涵养。实施“红色根脉强基工程”，推动基层党建全区域建强、全领域过硬，有效实现“平急转换”。

同志们，2022年对越城来说，是爬坡过坎的一年，上述工作的开展和成绩的取得，是习近平新时代中国特色社会主义思想举旗定向、正确指引的结果，是省市党委政府坚强领导、亲切关怀的结果，是全区上下共同努力的结果。在此，我代表区委常委会，向在座各位同志并通过你们向全区各级党组织和广大干部群众表示衷心的感谢和崇高的敬意！

在总结工作的同时，区委常委会分析了面临的挑战和存在的短板。比如，把平台转换为动能还不足，两大“万亩千亿”产业仍处在起步阶段，平台经济体量总体偏小，对全区经济指标的贡献支撑还不够有力；把创新转换为产出还不足，各类共建研究院、科创载体作用发挥不够明显，全社会R&D经费支出仍跟不上发展速度；把区位转换为地位还不足，在城市能级、经济指标、人才招引、文旅发展等方面，还没有与中心城区优势相匹配；把资源转换为效益还不足，文化挖掘利用还不够，没有很好地形成经济效益，消费带动力不强；把干部精气神转换为干事效率和水平还不足，存在具体落实上打折扣、压力传达层层减弱的现象；等等。这些问题我们都要认真分析研究，拿出实实在在的举措，在今后的工作中切实加以解决。

2023年是大事、喜事、要事集聚的一年，我们将迎来党的二十大精神全面贯彻落实的开局之年、“八八战略”实施20周年、越城建区40周年和亚运会举办之年。12月15—16日，中央政治局会议分析研究了2023年经济工作，明确“坚持稳中求进工作总基调”，强调“推动经济运行整体好转，实现质的有效提升和量的合理增长”，这是我们做好2023年工作的根本遵循。

12月19日，省委召开十五届二次全会暨省委经济工作会议，深入学习贯彻党的二十大精神和中央经济工作会议精神，对省第十五次党代会的重大决策部署进一步深化丰富、优化完善、细化落实，审议并通过了有关决定，明确提出要坚持指导思想不动摇，紧扣主题主线不偏向，咬定目标任务不松劲，找准基本路径不折腾，激励奋发进取不懈怠，强化根本保障不停步。

12月27—28日，省委书记易炼红调研绍兴,强调要更加深入贯彻落实习近平总书记对绍兴的重要指示要求,秉持“胆剑精神”,图更强、争一流、敢首创,勇闯中国式现代化市域实践新路子。易书记指出,要以创新驱动增添新动能,以先进制造打造新引擎,以品质城市彰显新魅力,以人文为魂注入新韵味,以改革攻坚激发新活力,以“胆剑精神”展现新风貌,不断谱写新时代绍兴发展新篇章。

12月30日,市委召开九届三次全会,全面贯彻落实上级有关会议精神,回顾总结市委九届一次全会以来工作,对建设高水平网络大城市,推进中国式现代化市域实践作出具体部署,明确了方向路径,强调了工作重点,落实了具体保障,为我们下步工作指明了方向。

2022年11月以来,区委牵头对新一年的工作多次研究,并召开区委务虚会,分析形势和问题,畅想思路和举措,对今后工作作出了初步谋划。当前的越城,必须更加坚定发展信心,必须更要抢抓发展机遇,充分发挥两区双向赋能、融合发展优势,一以贯之抓落实,一年接着一年干,奋力干出水平、干出能力、干出实效。

对于2023年工作,区委的总体考虑是:坚持以习近平新时代中国特色社会主义思想为根本指引,持续深入学习贯彻党的二十大精神,全面落实省市决策部署,忠实践行“八八战略”,奋力推进“两个先行”,努力打造“重要窗口”,坚持稳字当头、稳中求进,对照绍兴“五个率先”“五个之城”大场景,在高水平网络大城市建设主跑道中,努力探索新路子、打开新境界、展现新作为,以“首位立区”的姿态,全力打造“幸福越城”,奋力谱写中国式现代化越城新篇章。

2023年全区经济社会发展的主要目标建议为:地区生产总值增长7.5%以上;固定资产投资增速12%以上;规上工业增加值增速10%以上;城乡居民人均可支配收入与经济增长基本同步。滨海新区目标全年地区生产总值增速8%以上,力争8.5%;固定资产投资增速15%以上;规上工业增加值增速15%以上。

重点实施四大行动:一是项目攻坚行动。大力实施营商环境“一号改革工程”,持续优化完善项目全生命周期管理服务机制,全力抓好项目招引、开工、竣工、投产、达产,确保开工率、投资完成率跑赢时间进度,开展存量项目建设大排摸、大起底,着力优化要素资源配置,切实将项目转化为实物量,为经济稳进提质夯基垒台。二是城市清洁行动。坚持谋好、建好、管好这座城,对标“一线城市”,全面提升道路、设施和园林养护标准,全域巩固“四个环境”成果,重点围绕古城打造最清洁城市样板区,推进国家级生态文明示范区建设,力争再夺“大禹鼎”。三是风险防范行动。坚持底线思维,全力补齐治理体系和治理能力短板,进一步加强法治越城建设,深化拓展“契约化”共建,全面提升基层防范化解重大风险能力和水平,努力解决一批影响大、时间长、社会关注度高的遗留问题。四是作风提升行动。优化完善从严管理干部队伍制度体系,严明纪律规矩,推动干部能上能下,促进两区干部主动靠前、积极作为,确保干部队伍一池活水。以上“四大行动”,项目攻坚是发展的动力所在,城市清洁是发展的环境要求,风险防范是发展的底座基础,作风提升是发展的活力源泉,通过这“四大行动”的联动推进,不断促进全区经济社会高质量发展。

下面,我代表区委常委会讲三点意见:

一、学深悟透、融会贯通党的二十大精神,在“两个先行”中展现头雁风采

党的二十大是在全党全国各族人民迈上全面建设社会主义现代化国家新征程、向第二个

百年奋斗目标进军的关键时刻召开的一次十分重要的大会，在党和国家发展进程中具有极其重大的里程碑意义。我们要切实增强全面学习、全面把握、全面落实的政治自觉、思想自觉和行动自觉，使党的二十大精神成为推动越城各项事业发展的强大思想武器。

（一）深刻认识和把握“两个确立”的决定性意义。党的二十大揭示了新时代10年伟大变革的根本性原因在于“两个确立”，持续深化了“两个确立”扎根铸魂的思想认识，不断夯实了坚定自觉拥护“两个确立”的政治基础。“两个确立”回答了“过去我们为什么成功”，指明了“未来怎样继续成功”，体现了全党共同意志和全国各族人民共同心愿，是时代、历史和人民的必然选择。我们要深刻认识到，“两个确立”既是党在新时代取得的重大政治成果，也是新时代引领党和国家事业从胜利走向新的胜利的政治保证，更是我们战胜一切艰难险阻、应对一切不确定性的最大确定性、最大底气、最大保证，必须把对“两个确立”决定性意义的深刻领悟，转化为增强“四个意识”、坚定“四个自信”、做到“两个维护”的高度自觉，把思想和行动统一到党的二十大精神上来，把力量和智慧凝聚到党的二十大确定的各项任务上来，一步一个脚印推动党的二十大精神在越城落地生根、开花结果。

（二）深刻认识和把握开辟马克思主义中国化时代化的历史责任。党的二十大总结了我们党坚持和发展马克思主义的历史经验，系统阐释了“两个结合”要求，首次提出了“六个坚持”，精辟概括了习近平新时代中国特色社会主义思想贯穿的世界观和方法论，为把握好、运用好党的创新理论的思想精髓、进一步提高全党马克思主义水平提供了“金钥匙”，为继续推进党的理论创新解决了“桥和船”的问题。我们要深刻认识到，习近平新时代中国特色社会主义思想是当代中国马克思主义、21世纪马克思主义，是中华民族伟大复兴和世界百年未有之大变局下的马克思主义，是中华文化和中国精神的时代精华，必须始终高举这面思想之旗、精神之旗，坚持以马克思主义中国化时代化最新成果为指导，坚定中国特色社会主义道路自信、理论自信、制度自信、文化自信，更好地运用马克思主义应对重大挑战、抵御重大风险、克服重大阻力、化解重大矛盾、解决重大问题，让越城在迅猛变化的时代中赢得主动。

（三）深刻认识和把握中国式现代化的科学内涵。党的二十大宣示了新时代新征程中国共产党的使命任务，明确提出了以中国式现代化全面推进中华民族伟大复兴，凝练了中国式现代化的5个方面中国特色和9个方面本质要求，强调了前进路上必须牢牢把握“五个坚持”重大原则。中国式现代化不仅是一个生动的、实践的、具体的运动过程，也蕴含着丰富的理论思维，是一个需要科学理论指引实践提升的创新理论过程。我们要深刻认识到，全面建成社会主义现代化强国，是一项伟大而艰巨的事业，中国式现代化，也是一项前无古人的伟大事业，没有先例可循、没有现成的模式可以照搬照套，我们所面临问题的复杂程度、解决问题的艰巨程度明显加大，必须始终保持昂扬奋进的精神状态，把越城发展放到更高站位、更大视角、更宽视野中去思考、去谋划，锐意进取、攻坚克难，为中国式现代化贡献越城力量。

（四）深刻认识和把握自我革命的百年历史经验。党的二十大分析了党所处的历史方位、党情发展变化，提出找到了自我革命这一跳出治乱兴衰历史周期率的第二个答案。我们党之所以能始终走在时代前列，始终成为中国人民和中华民族的主心骨，就在于党拥有着强烈的自我革命精神。我们要深刻认识到，党面临的执政考验、改革开放考验、市场经济考验、外部环境考验将长期存在，精神懈怠危险、能力不足危险、脱离群众危险、消极腐败危险将长期存在，必须始终保持赶考永远在路上的定力、清醒和自觉，不断以党的自我革命引领社会革命，打好自我净化、自我完善、自我革新、自我提高的“组合拳”，以永远不变质、不变色、不变味的精神品格，确保越城崛起的宏大事业行稳致远。

（五）深刻认识和把握斗争精神的时代特征。党的二十大论述了当前世界百年未有之大变局加速演进、我国发展进入战略机遇和风险挑战并存的时期。无论敌人如何强大、道路如何艰险、挑战如何严峻，党总是坚持发扬斗争精神，不畏惧、不退缩、不怕牺牲，使中华民族迎来了从站起来、富起来到强起来的伟大飞跃。如今，我们比历史上任何时期都更接近、更有信心和能力实现中华民族伟大复兴的目标，同时也必须准备付出更为艰巨、更为艰苦的努力。我们要深刻认识到，党能依靠顽强斗争创造历史，更能依靠顽强斗争赢得未来、打开事业发展的新天地，广大干部群众要保持“不畏浮云遮望眼”的战略定力，发扬“越是艰险越向前”的斗争精神，练就“踏平坎坷成大道”的斗争本领，秉持志气、骨气、底气，不信邪、不怕鬼、不怕压，从容经受风高浪急甚至惊涛骇浪的重大考验，让越城这艘大船继续劈波斩浪、一往无前。

区委常委会认为，全面贯彻党的二十大精神，最关键的是付诸实践、落到实处、转为实效。我们要认真对照党的二十大确定的目标任务和战略举措，牢记“三个务必”，结合越城实际，加强前瞻性思考、全局性谋划、战略性布局、整体性推进。基于以上考虑，我们凝聚两区智慧与力量，40个部门（单位）共同谋划制定了该《决定》稿，提交本次全会审议通过。

《决定》稿提出：根据全面建成社会主义现代化强国“两步走”战略安排，对标全省“两个先行”要求和绍兴高水平网络大城市建设具体部署，我区现代化建设总的目标：到二〇三五年，率先建成社会主义现代化强区，确保进入全省区（县、市）“第一方阵”。未来五年，“首位立区、幸福越城”得到广泛认同，发展实力全面跃升、改革动力全面增强、文化魅力全面彰显、民生活力全面迸发、治理合力全面凝聚。

《决定》稿通过后，全区各级党组织和广大党员干部要认真学习贯彻，各镇街部门要结合实际，做到工作项目化、项目清单化、清单责任化，一项一项地抓，一年一年地推进，努力取得新的突破性进展、打造更多标志性成果、向更高层次实现整体跃升。

二、持续奋进“首位立区、幸福越城”征程路，以实干实效谱写中国式现代化越城新篇章

贯彻落实党的二十大精神，实现“首位立区、幸福越城”，关键在干、重点靠拼、核心要奋斗，必须结合越城实际，一张蓝图绘到底，唯实唯先、善作善成，重点推动六个方面日新月异。

（一）全面强化“两个确立”“两个维护”意识，推动党建效能日新月异。始终把党的政治建设摆在首位，严格落实管党治党政治责任，探索新时代加强党的全面领导和全面加强党的建设新路径，高水平推进以自我革命引领社会革命的区域实践。

一是旗帜鲜明讲政治。坚持把政治标准和政治要求贯穿到各项事业之中，锤炼对党绝对忠诚的政治品格，不断提高政治判断力、政治领悟力、政治执行力。健全贯彻习近平总书记重要指示批示精神学习传达、贯彻落实、督查督办

等闭环机制，坚决落实党中央战略部署和省市决策要求，切实做到“总书记有号令、党中央有部署、上级有要求，越城见行动”。

二是坚定理想强使命。持续推进习近平新时代中国特色社会主义思想教育培训计划，严格落实“第一议题”制度。以主题教育为契机，推动党的二十大学习教育常态化长效化，推出一批具有“越城味”的活动载体，确保党的二十大精神宣讲既“通天线”更“接地气”。探索基层意识形态工作责任制，落实推进机制，压实压紧各级党组织责任，持续扩大主流媒体宣传舆论影响力、传播力，结合越城发展成就，讲好越城故事。

三是风清气正提作风。深化全面从严治党“四责协同”，进一步加强“一把手”和领导班子监督，推动关键少数抓大多数，切实让干部感受到监督就在身边。严格执行中央八项规定及其实施细则精神，健全风腐同查工作体系，大力整治形式主义、官僚主义。深化构建亲清政商关系，全力打造清廉建设高地。坚持一体推进不敢腐、不能腐、不想腐，严格落实“一案双查”，创新实施“一巡双查”工作机制。“组地”联动加强区纪委监委与新区纪检监察工委监督协作，为两区开发建设保驾护航。严格落实“三个区分开来”，常态化做好打击诬告、澄清正名等工作，激发干事创业动力。

四是凝心聚力共奋进。充分发挥区委总揽全局、协调各方作用，进一步支持人大和政协履职尽责，持续提升制度效能。持续深化“同心·越城”品牌效应，不断扩大朋友圈，汇聚越城发展智慧力量。强化党管武装，深化双拥共建，确保成功创建省级双拥模范区。继续优化完善越城区和滨海新区体制机制，清醒认识滨海新区也是越城区的新区，滨海新区的发展水平代表着越城区的最高发展水平，没有滨海新区的加速度成长，就没有越城区的高质量崛起，要全面强化两区一体意识，真正实现 1+1>2 的聚合效应。推动市区协同进入新阶段，主动靠前、积极联系对接市级部门，营造“我中有你，你中有我”的工作格局。鼓励群团组织发挥优势，参与中心工作，推动小单位实现大抱负、大格局、大作为。

（二）持续推进“腾笼换鸟、凤凰涅槃”行动，推动产业发展日新月异。要始终牢记习近平总书记在浙江工作期间对绍兴产业转型的殷殷嘱托，以打造全国样板区的定位和担当，奋力突破资源要素制约，大力实施传统产业改造提升，聚力推进新兴产业集群发展，实现新旧动能转得稳、换得快。

一是集约化重构发展空间。坚持以政府主导与企业市场化运作为原则，有序推进化工企业跨区域集聚提升，扎实做好关停退出后续工作，同步抓好二次开发利用，严防严控“低散乱”企业“寄居”“重生”等问题。以更大力度深化“亩均论英雄”改革，积极探索工业全域治理新路径，实施资源要素差别化配置政策，对占地 100 亩以上工业用地实施分类治理，开展高耗低效企业整治行动，目标完成整治 100 家以上，力争累计盘活工业用地 1 万亩以上，腾出用能 20 万吨以上，规上亩均税收增速达到 10% 以上。

二是高端化更新重点片区。锚定“一年见成效、三年出形象、五年交答卷”目标，坚持“退二进二、退二优二”，系统推进袍江片区城市有机更新，加快建设马海“绍芯谷”。践行项目准入标准，深入探索“先租后让”“先租后购”模式，全力招引一批优质产业项目。加快启动一批基础设施项目建设，同步谋划未来产业社区、未来人才社区、三江口半导体协同创新中心等一批重点配套项目。力争全年完成工程类、产业类投资 85 亿元以上，到亚运会前基本完成马海 1 号先行启动区块城市更新。以汽车城转型升级为抓手，谋划建设袍江中国智慧新能源主题车城，打造袍江片区璀璨明珠。

三是现代化构建产业体系。大力实施数字经济“一号发展工程”，扎实推进“1515”专项计划，增强产业韧性、塑造集群优势，加快打造先进制造业强市先行区，奋力夺取“天工鼎”。紧盯标志性产业链，做大做强集成电路、生物医药、智能制造三大千亿级产业集群，大力培育以新能源、“5G+8K”等智能视觉为代表的未来产业和黄酒经典产业两大百亿级产业集群，目标全年引进5亿元以上产业项目50个，其中50亿元以上项目6个，100亿元以上项目3个。确保省市县长项目、省重大产业项目数量和质量走在省市前列。持续推进“雄鹰行动”“凤凰行动”和专精特新“小巨人”等培育计划，争取年度新增上市企业3家。

四是规模化壮大产业平台。力争两大“万亩千亿”新产业平台全省排名持续领跑。集成电路产业产值力争突破600亿元，推进比亚迪功率半导体等重点项目建设，加快海峡两岸数字产业合作区先导项目落地，中芯绍兴三期实现拿地开工。生物医药产业产值力争突破350亿元，推动四大“特色产业谷”加速发展。积极申报钠电及新能源装备为第三个“万亩千亿”新产业平台。努力把绍兴综保区打造成为“全市对外开放首位平台”，确保列入“全国B类综保区”。抓好袍江经开区、绍兴高新区争先进位。强化平台提能要素保障，坚持土地跟着项目走，强化滴灌式供地，加大指标争取力度，进一步增强工业用地供给，努力以“地等项目”实现产业平台的持续发展。

（三）不断优化“近悦远来、创新开放”环境，推动科创实力日新月异。把科技创新摆在更加突出的位置，坚定践行人才强区首位战略，围绕产业链布局人才链、创新链，全面提升科创承载力，率先打造科技教育人才“三位一体”高质量发展试验区，加速向全国科技创新强区前40迈进，争创“科技创新鼎”。

一是构建全域型创新体系。深入实施打造全域科技创新示范区三年行动计划，推动科创资源系统化谋划、网络化布局、全区域覆盖。重点突出迪荡湖科技CBD、袍江两湖两大片区，一体联动镜湖科技城、滨海科技城、稽山智谷等科创平台，按照“一年起势、五年成势、十年成形”目标，围绕“科技创新、蓝绿空间、总部经济”，打造科、产、城、人融合的复合型城市综合体，成为全市科创大走廊的策源枢纽和人才最密集、产出最高、活力最强的创新特区。

二是加快关键型人才引育。纵深推进滨海新区人才管理改革试验区建设，争创人才发展体制机制综合改革省级试点，推动形成更加积极、更加开放的人才制度举措。持续打响“以产引才、以才促产、产才共兴”品牌，组织开展“人才强企”“人才强院”服务计划，探索各类人才和科技项目攻关机制，深入实施国家级、省级引才计划，努力实现“鲲鹏计划”取得突破。深化产学研合作，着力推动卓越工程师、技能人才等应用型人才引进培育，积极打造“越城工匠”名片。制定出台关心关爱高层次人才若干举措，优先保障人才住房、子女教育等“关键小事”，完善人才创新服务综合体、人才之家等场景搭建，人才竞争力指数保持全市前列。

三是培育协同型创新生态。深化校地企科技创新合作，加强院企联盟建设，优化资源互融互渗快速通道，将科研成果一竿子插到产业上，全面提升科技成果转化率。高标准规划建设绍芯实验室，积极争创国家级集成电路产业创新中心。持续提升集成电路、医疗器械、生命健康等产业峰会的影响力、品牌力，努力成为引领行业发展、汇集资源智慧、展示两区成果的重要窗口。支持企业申报省级创新联合体、创建省级研究院。深入实施科技企业增量行动，全年高新技术企业、省科技型中小企业保有量分别达到600家、1800家，全社会R&D经费投入强度超过全市平均。

（四）传承弘扬“剑胆书心、越古超今”精神，推动文化风景日新月异。中国式现代化是物质文明和精神文明相协调的现代化，要以建区40周年为契机，持续深入推进文化铸魂工程，彰显人文特质，浸润生活娱乐，不断激活文化资源，发展文化产业，完善文化阵地，展现文化担当，让城市更有“越味”。

一是提升城市品牌新形象。全方位宣传新时代越城精神，广泛开展城市精神主题实践活动，加强城市形象logo推广，推动城市精神品格内化于心、外化于行，全面增强干部群众的认同感、归属感、自豪感，进一步扩大城市影响力、传播力。

二是焕发千年古城新活力。立足“城是一处景，景是一座城”，实质性启动古城申遗，加大非遗保护和文化标识建设力度，全力支持古城项目群建设，积极规划推进中兴路下穿、古运河沿线连片贯通，推动黄酒小镇在亚运会举办前全面绽放，努力实现各大景点街区串珠成链。协同做好宋六陵国家遗址公园申报工作，全力创建国家级全域旅游示范区和AAAAA级景区城。

三是塑造文旅融合新优势。做大做强宋韵艺术生活展、陆游文化节等系列活动，持续挖掘文化资源。谋划设立全区文化大奖，加强文化领域高精尖人才引进和本土人才培育，进一步鼓励特色创作，深化“文化+”发展模式，打造一批“越是我故乡”文创体验店，不断提升文商旅产业竞争力、吸引力。

四是落实精神富有新图景。持续探索文明创建长效机制，积极开展文明实践活动，深化基层文明风尚培育，不断提高城市文明程度，全力争创浙江省示范文明城市。推进“15分钟志愿服务圈”建设，构建“越城好人”城市榜样体系。有序提升各类场馆、驿站、书房建设，全面打造“15分钟品质文化生活圈”，持续提升文化惠民和文化服务到达率、满意率。

（五）绣花绘就“精致韵味、普惠共享”城市，推动美好生活日新月异。要坚持人民城市人民建、人民城市为人民。通过“办好一个会，提升一座城”，围绕服务亚运会，进一步提高城市的规划、建设和管理水平，为新老越城人打造一座宜居、宜业、宜游的现代化幸福城市。

一是区域“一盘棋”协调发展。紧抓绍兴高水平网络大城市建设机遇，推进全域空间战略规划有效落地，优化完善各类专项规划，细化重点片区、功能节点目标定位，打造一批有标识度的亮点项目。完成征收面积150万平方米以上。加速“最后一公里”交通路网全覆盖，加快104国道东蒿线、杭甬高速抬升等重大交通基础设施建设，推动市民15分钟内到高速、上高架、进地铁。适度超前建设水、电、气、综合管廊等基础网络设施，前瞻性提高产业集聚的综合承载能力。

二是民生“普惠式”优化提升。围绕“5分钟生活圈”和“一老一小”特殊需求，加快前六批未来社区建设进度，完成30个老旧小区改造。做好未来乡村省级创建申报工作，启动新一轮消除经济薄弱村工作，确保城乡居民收入持续增长。抓好房地产楼盘监管，切实保障群众“住有所居”。破题城市拓展和产业配套需求，加大城区教育资源辐射力度，积极创建全国义务教育优质均衡发展区。构建全民全程健康服务体系，编制区域医疗机构布局专项规划，推动省人民医院越城院区投入运行、区公共卫生服务中心开工建设。

三是环境“水墨化”擦亮颜值。全面启动国家级生态文明示范区建设，扎实开展大气污染专项防治，确保空气质量核心指标超过省市相关要求。坚持用好“河湖长制”，全力保障亚运驻地水环境，谋划曹娥江一江两岸等重大水利工程。纵深推进清渣固本，保持违法行为严打高压态势，推动“治标”向“治本”突破，努力创成三星级以上省级全域“无废城市”。完成富盛—陶堰县域风貌区项目建设和省级验收。

（六）系统重塑“智慧集成、契约共建”格局，推动治理成果日新月异。要坚持系统治理、综合治理、源头治理，围绕变革重塑，健全共建共治共享基层治理制度，全面提升治理效能，推进基层治理体系和治理能力现代化，打造社区治理现代化样板区。

一是坚持党建引领基层治理。坚定不移贯彻落实习近平总书记关于“契约化”共建重要批示精神，迭代升级社区“契约化”共建，深化社区党组织与驻社单位、社会团体党建联建，一体提升组织运行、沟通协调、激励保障等机制，实现党的组织功能、组织优势、组织力量最大化。立足实际，大胆创新，在企业、高校、乡村、新市民群体等领域延伸拓展，形成人人有责、人人尽责、人人享有的社会治理共同体。

二是坚持改革赋能基层治理。健全完善社会治理指挥体系，持续深化基层智治系统，探索构建感知网，建强一体化智能化公共数据平台。更加注重实用管用、实战实效，围绕现实需求、用户对象、特色优势，梳理一批、优化一批、推出一批特色改革应用。配强配好网格力量，抓好“浙里兴村治社”等省市重大应用延伸贯通，全面理顺运行机制，推动网格智治提质增效。完善“平时分类治理破解难题，战时快响激活实战实效”机制，探索形成基层治理整体作战优势。

三是打造更高水平的法治越城平安越城。坚持风险隐患“动态清零”，不断筑牢平安维稳基石，奋力打造平安中国建设示范区，推动平安越城建设继续实现连冠。健全公共卫生应急管理体系，因时因势优化疫情防控措施，认真落实新阶段疫情防控各项举措。绷紧安全生产责任之弦，强化问题“清单式”管理和“销号制”整改，持续提升基层应急和消防力量一体化规范化建设水平。狠抓信访矛盾化解，加强源头预防化解，集中攻坚“双子楼”等一批疑难复杂问题。突出防汛防台、地质灾害防御、抢险救援应急准备，切实保障群众生命财产安全。积极推进法治越城建设，深化全国法治政府建设示范区创建，重塑法治督查全生命周期管控体系，严格落实行政争议“双下降”十条举措，推动法治宣传教育全覆盖，在全社会形成尊法、学法、守法、用法的良好氛围。

三、加快建设一支政治过硬、适应新时代要求、具备领导现代化建设能力的干部队伍

2023年发展的任务更加艰巨，改革的责任更加重大，人民的期盼更加热切。我们要破解发展前进路上各种难题和困难，科学有效应对变局，不断夺取建设“首位立区、幸福越城”新的更大胜利，关键在干部，答案在干部。必须把干部队伍建设始终贯穿在每一项工作中，牢牢抓在手上、放在心上、落实在行动上。

（一）展现百尺竿头进一步的争先意识。当前的越城，仍处于负重前行、奋力赶超的关键期，处于逆水行舟、不进则退的攻坚期，更是处于前景无限、大有可为的机遇期，我们有信心、有勇气，也有底气与优者比、与强者拼、与快者赛。要坚持争先攀高，高点定位争一流、高效推进创一流，让“干就干最好、争就争第一”成为

两区干部的不懈追求和优秀品质，推动每一条线、每一个部门、每一名干部冲锋在前、唯旗是夺、事争一流，确保越城在高质量发展的新征程上向着“首位”奋力前行。

（二）展现小干部有大作为的精神气概。心有多大，事业就有多大；思路有多宽广，舞台就有多广阔。每一名党员、每一名干部都是书写越城发展华章的重要组成部分，要树牢功成不必在我、功成必定有我的理念，以强烈的责任感、使命感，撸起袖子加油干，甩开膀子向前冲。既要低头看路，又要仰望星空，坚持围绕中心、服务大局，主动把工作放到大局中去谋划、去思考、去推动，努力涵养大境界、历练大本领、胸怀大担当、形成大合力，在伟大的时代干出一番伟大的事业。

（三）展现敢教日月换新天的创业风范。成绩优势越多，喝彩掌声越响，越要保持艰苦奋斗的优良传统，更要有翻篇归零再出发的勇气和清醒。我们要坚持焕发历史主动精神和历史创造精神，保持狭路相逢勇者胜的亮剑魄力，在千锤百炼中见筋骨，在攻坚克难中显担当，在甘于奉献中践使命，在实现越城崛起的时代命题中，自强不息、砥砺奋斗，努力创造无愧于党、无愧于人民、无愧于时代的业绩。

（四）展现俯首甘为孺子牛的为民宗旨。人民群众始终是这座城市发展的根本动力所在，谁没有和群众坐在一条板凳上，没有把群众冷暖安危放心上，谁就会被人民和历史所抛弃。基层工作一根针千条线，我们不求轰轰烈烈，但要心中始终装着老百姓，先天下之忧而忧，后天下之乐而乐，时刻与群众站在一起、干在一起、乐在一起，多讲群众听得懂的话，多办群众最焦心、最急需的事，脚踏实地，通过具体的工作举措和成效，建设一座让群众看得见、摸得着的幸福之城。

（五）展现不拘一格降人才的用人导向。事业要发展，需要有各类人才的智慧和力量；发展要持续，需要有完备的人才梯队结构。我们要树立求贤若渴的人才意识，择天下英才而用之，要坚持选用忠诚、干净、担当的干部，树立“能者上、优者奖、庸者下”的鲜明导向，真正让干得好的“立起来”，干得差的“动起来”，不会干的“学起来”，决不亏待、决不冷落孺子牛、拓荒牛、老黄牛“三牛”干部，健全完善并真正落实干部为事业担当、组织为干部担当“两个担当”良性互动机制，切实激发干部积极性、主动性、创造性。

同志们，踏上新征程，我们信心满怀；展望新目标，我们豪情澎湃。让我们紧密团结在以习近平同志为核心的党中央周围，在省委、市委的坚强领导下，坚决扛起绍兴高水平网络大城市建设核心引擎的使命担当，踔厉奋发、勇毅前行，为加快实现“首位立区、幸福越城”而努力奋斗！

徐军同志在全会结束时的讲话摘要

经过全体委员和与会同志的共同努力，本次会议圆满完成了各项议程，开得很成功，达到了预期目的，主要有五个方面的收获：一是强化了思想认识。会议认真贯彻党的二十大和中央经济工作会议精神，全面落实省委、市委有关工作决策部署，大家一致表示，“两个确立”是新时代最重要的政治成果，是走好新赶考之路的必然要求，必须一以贯之地坚持和捍卫，不断增强政治自觉、思想自觉、行动自觉。二是分析了发展形势。会议全面总结一年来工作成绩经验，结合越城区发展实际，客观阐述新阶段新形势下面临的机遇和挑战，使我们对新时代所赋予的使命任务，有了更加清晰、更加深刻的理解。三是明确了奋斗目标。大家一致表示，谱写中国式现代化越城新篇章,就是要在浙江"两个先行"、绍兴"五个率先""五个之城"大场景中,扛起高水平网络大城市建设核心引擎的责任担当,奋力闯出新路子、迈出新步伐、做出新成效。四是谋划了思路举措。会议因时而谋、顺势而为,对未来一个时期作出了全面部署,提出了一系列符合区域实际,具有引领性、创新性、突破性、辨识度的重大举措,制定细化了作战图、任务书,让我们今后工作的方向更加坚定、重点更加聚焦。五是凝聚了共进合力。这次会议全面营造了奋勇争先的干事创业氛围,许多同志在发言中也都充满激情,大家要切实把思想和行动统一到这次会议的决策部署上来,不断激发出团结奋斗的磅礴力量,共同为加快实现"首位立区、幸福越城"而努力奋斗。

同志们,党的二十大明确了未来前进方向、擘画了发展宏伟蓝图,省委全会和市委全会系统谋划,精准提出一系列部署要求,面对千载难逢的机遇、千帆竞发的态势、千头万绪的任务、千钧负重的责任,我们必须更加努力、更加务实、更加敢干、更加有为。具体来说,就是要做到"四个强化"。

第一,要强化"谋在前、干在前、走在前"的争先意识。实践一再证明,经济社会发展快的地方大都是主动作为者。我们今天的发展速度,要成为发展优势,就不能自我满足、安于现状,只有持续不断向前进,不断积蓄优势,才能形成胜势。谋在前,就是要多些前瞻思考,不打无准备之仗,深入研究产业集群发展、城市有机更新、全域土地整治等工作,在更高层次、更深程度、更广领域谋篇布局。干在前,就是要善于走好"先手棋",抢项目、抢订单、抢人才、抢要素,拿出敢为天下先的干劲、敢闯无人区的冲劲、敢做弄潮儿的拼劲,努力赢得战略主动、抢得发展先机。走在前,就是要做到在表扬声中干工作,每个部门、每个单位都要有"舍我其谁"的豪气,每一项考核、每一项任务都要将"保二争一"作为目标追求,真正把"干就干最好、争就争第一"落实到行动上。

第二,要强化"想干事、能干事、干成事"的责任担当。当前,越城正处于大有可为的新时期,我们比以往任何时候都需要党员干部起而行之、勇挑重担,积极投身两区经济社会发展。想干事,就是要"在其位谋其政",把"功成不必在我,建功必定有我"作为人生追求,始终保持工作热情,主动、积极承担责任,在招商引资、征收拆迁、信访维稳等重点工作中经风雨、见世面,主动请缨、冲锋陷阵。能干事,就是要有真本事、硬功夫,软肩膀挑不起硬担子,必须不断提高解决实际问题的政治能力、调查研究能力、科学决策能力、改革攻坚能力、应急处突能力、群众工作能力、抓落实能力,才能以过硬本领展现作为、不辱使命。干成事,就是要用心用情用力完成好每一项工作任务,别人解决不了的难题,你能解决,别人攻克不了的难关,你能攻克,从而更好担负起"保一方平安、护一方百姓、促一方发展"的时代重任。

第三,要强化"比实招、看实效、晒实绩"的评价体系。树立正确的工作导向,才能把干事积极性调动起来,把主观能动性发挥出来,形成人人争当"红旗"、不当"蜗牛"的比拼热潮,引领全区上下比学赶超,推动干部能上能下。比实招,就是要敢于破旧立新、以新迎新,以非常之举、创新之策推动共同富裕重大改革、数字化改革、"大综合一体化"行政执法改革等纵深推进,解决改革碎片化、单打一、零碎敲打等问题。看实效,就是要解决实际问题,不简单以领导评价为衡量标准,而要以群众的切身感受作为评判标准,紧紧围绕群众反映强烈的问题,在共同富裕建设、乡村振兴推进、民生实事落地等方面，办成一批既是发展所需又是百姓所盼的关键小事。晒实绩，就是要走出“舒适区”，用晾晒提醒干部、勉励干部、鞭策干部，去掉“油腻浮夸”、杜绝“躺平行为”，让成绩不掺杂水分，让工作经得起检验，努力干出新时代“一等一的工作”。

第四，要强化“政风清、作风优、家风正”的干部气质。修身才有好作风，齐家方有好家风，好作风、好家风引领好政风。领导干部勤而不廉要出事，廉而不勤会误事，不廉不勤必坏事，我们必须勤掸“思想尘”、多思“贪欲害”、常破“心中贼”，努力打造风清气正的政治生态。政风清，就是要高标准落实中央八项规定及其实施细则精神，积极构建亲清政商关系，时刻警惕“被人围猎”，时刻小心“糖衣炮弹”，时刻防止“人情陷阱”。作风优，就是要以身作则，涵养好学、勤俭、善良、正义、诚信等优秀传统美德，自觉净化朋友圈、纯洁社交圈、规矩工作圈、管住活动圈，做到干事与干净于一身、勤政与廉政于一体。家风正，就是要弘扬真善美、摒弃假恶丑，对配偶子女和其他亲属严格要求，培养家人勤俭节约、勤学奋斗的品质，教育他们遵纪守法，不碰道德防线、纪律红线、法律底线，用行动影响一代又一代的后人。

最后，就确保收好官、开好局，我再简单提四项重点工作：

一是因时因势优化疫情防控措施。要将工作重心从防感染转移到“保健康、防重症、遏病亡”上来，特别是要关注“一老一小”群体、农村地区等，做实做细新阶段疫情防控各项工作，确保提前部署、科学精准、落实落地有效果。要全力做好医疗救治资源准备和医疗救治服务能力，发热门诊要“应设尽设、应开尽开”。要充分保障防疫物资供应，持续推进疫苗接种，全力构筑免疫屏障。要最大限度高效统筹疫情防控和经济社会发展，及时准确发布信息，做好科普宣传，增强抗疫信心，维护正常社会生活工作秩序。

二是稳扎稳打推动年度工作收官。2022年已经过去，很多事情虽已定局，但仍有不少工作还处在收尾阶段，要打起十二分精神，集中火力，铆足干劲，全力攻坚。围绕“保二争一”的总目标，压实责任、统筹推进，特别是一些影响全局的滞后指标和重点工作，要以非常之力，行非常之举、尽非常之职，想方设法多加分、争取少扣分、不扣冤枉分，积极为全区发展大局作出贡献。要努力在各类考核中走在前列，真正体现越城的发展实绩，不辜负广大企业家和老百姓的信任和支持。

三要高开高走确保夺取“开门红”。开好局、起好步对于做好2023年全年工作至关重要，各级各部门要以“起跑就是冲刺、竞跑就要领跑”的决心和毅力，全面推动干部敢为、地方敢闯、企业敢干、群众敢首创。去年12月20日，我们启动了“抢开局、稳增长、促发展”专项行动，发布了十二条举措，2023年第一季度，我们要确保预兑现当年政策资金50%，完成新建项目开工率、当年投资计划40%以上，省市县长项目开工率60%以上，引进10亿元以上项目10个、50亿元以上项目2个、100亿元以上项目1个，完成拆迁面积50万平方米以上，盘活低效工业用地1000亩以上、腾出用能2万吨标煤以上，这是第一季度要达成的目标，希望大家共同努力。

四是有力有效维护社会大局稳定。要防范化解重大风险隐患，突出抓早抓小抓苗头，确保不失管、不失控、不漏管。临近年关，更要时刻紧绷安全生产这根弦，强化底线思维，对工作再安排、再部署、再落实，坚决遏制重特大事故发生，切实保障经济社会发展和人民群众生命安全。要全力推动信访积案化解，持续做好信访人员回访等工作，重点关注年底工人欠薪问题，防止出现集中爆发、群访群诉等现象，造成工作整体被动。

同志们，让我们更加紧密团结在以习近平同志为核心的党中央周围，满怀信心、开拓创新、真抓实干、奋勇前行，坚定捍卫“两个确立”，坚决做到“两个维护”，向首位奋进、为幸福前行，全力落实好本次全会确定的各项目标任务，焕发新气象、展现新作为、彰显新担当，奋力谱写中国式现代化越城崭新篇章！

政府工作报告

——2024 年 1 月 16 日在越城区第十届人民代表大会第三次会议上

越城区人民政府区长　钱林江

一、2023 年工作回顾

2023 年，是越城发展史上极为特殊、极不平凡、极其重要的一年。在杭州亚运盛大开幕、越城建区 40 周年之际，习近平总书记亲临越城考察，提出了一系列重要指示和要求，让全体越城人民倍感关怀、倍受鼓舞、倍增动力。一年来，我们坚持以习近平新时代中国特色社会主义思想为指导，在上级党委政府和区委的坚强领导下，在区人大、区政协的监督支持下，全面贯彻党的二十大精神，认真落实中央、省、市和区委决策部署，感恩奋进、实干争先，较好完成了区十届人大二次会议确定的目标任务，“首位立区、幸福越城”建设迈出坚实步伐。全年实现地区生产总值增长 7.6%，固定资产投资增长 9.9%，社会消费品零售总额增长 6.0%，进出口总额增长 32.1%，一般公共预算收入增长 4.5%，城乡居民人均可支配收入分别增长 5.8%、7.3%。

（一）聚力“三件大事”，持续厚植发展动力。创新能力跃上新台阶，深入推进科技创新“258”行动，创新举办首届教育科技人才主题周活动，谋深谋实鉴水科技城，加快建设绍芯实验室，杭州电子科技大学过渡校区首批师生入驻。坚持以科技创新推动产业创新，建立共建研究院综合评价体系，新增国家高新技术企业 114 家、省科技型中小企业 254 家，关键技术攻关数、科技项目申报数全市第一，全社会研发经费投入强度首次突破 3.0% 大关，数字经济创新提质“一号发展工程”综合评价连续两个季度全省前三。深入实施“攀登计划”，培育上市储备人才企业 15 家，创新发布“增值式”人才服务六条，迭代人才新政 4.0 版，入选国家引才计划人才 28 名，引进硕博人才 1612 人、高校毕业生 3.2 万人，相关做法被中组部刊载。重大改革实现新突破，新增省级及以上改革试点 33 项，优化营商环境经验做法入选全省最佳实践案例、入围全省改革突破奖，相关工作获省委主要领导批示肯定。创新构建“1+9+3”政策体系，疫情转段后第一时间开展“抢开局、稳增长、促发展”专项行动，先后发布建筑业、房地产发展“双十条”等重磅政策，兑付政策资金11.4亿元、惠及企业2000余家。深入开展商事登记全生命周期管理服务，市场主体首次突破12万户，在"万家民营企业评营商环境"中位列全市第一、全省前十。加快国有企业市场化转型，成立国投集团、公用事业集团，国投集团成功获评AA+信用等级。对外开放得到新提升，大力推进RCEP高水平开放合作示范区建设，在全省率先设立中国香港地区和德国、日本等驻外商务联络处，赴法国、西班牙、新加坡等地开展经贸活动，与231个国家和地区建立贸易往来，在外投资企业增至46家，全力把"地瓜藤蔓"伸向全球。组织1700余家企业参加50场境内外展会，全球"抢单"超5亿美元、创历史新高，绍兴综保区提前实现"百亿百强"目标，全区进出口首次突破千亿大关，荣获全省对外开放工作成绩突出集体、全省十佳外贸强县。

（二）聚力提质增效，持续增强产业实力。 大力实施制造业"1515"行动，集成电路、生物医药"万亩千亿"新产业平台分获全省考核第二名、第四名，集成电路、生物医药与医疗器械入选省级特色产业集群核心区，成功夺取全省首批"浙江制造天工鼎"。创造性举办全球招商合作大会，每季度举行重大项目集中签约仪式，全年招引5亿元以上项目46个、总投1340亿元，其中50亿元以上5个、100亿元以上2个，项目数、投资额均居全市首位。深入实施项目攻坚行动，全速推进中芯三期等重大项目，23个省"千项万亿"项目、12个省重点建设项目、6个省市县长项目100%开工。全力争取重大要素保障，近年来首次纳入国家重大项目用地保障、新增指标5482亩，争取专项债、特别国债、制造业中长期贷款等资金支持102亿元。做精做优"腾笼换鸟"文章，收储腾退企业18家，实施"二次开发"项目51个，新增投资44亿元，有效盘活土地1529亩。大力支持企业"长高长壮"，新增国家级专精特新"小巨人"企业2家、省级雄鹰企业1家、省级"隐形冠军"企业2家、省级"专精特新"中小企业45家、"小升规"64家，芯联集成在科创板成功上市，带动全区上市企业总市值首次突破千亿。深入推进服务业高质量发展"十百千"工程，入选省级现代服务业创新发展区，获评省级夜间经济样板城市，促消费工作获省政府督查激励。高标准落实农业"双强"行动，粮食播种面积、总产量实现"双增长"，村集体经济总收入增长8%，实现经营性收入50万元行政村全覆盖。

（三）聚力品质提升，持续拓展城市张力。 坚决扛起亚运赛事承办地、亚运核心保障区重大使命，深入开展迎亚运三大提升行动和新一轮亚运城市行动计划，整体提升重点场馆、通勤线路、历史街区环境面貌，火炬传递、赛事保障、城市运行交出高分答卷。锚定最清洁城市样板区目标，创新推行"马路办公""古城大扫除"机制，示范打造"最清洁"单元44个、"席地而坐"示范区域29个，城市管理、垃圾分类保持全市第一、全省优秀，获评"中国城市精细化管理创新典范"和"2023美丽中国最美城区"。协同推进重大基础设施项目，快速路网一期全线贯通，地铁2号线一期如期投用，中兴中路、胜利西路等6条主干道路全面提档，"15分钟上高架、15分钟到高速、15分钟进地铁"的越人畅行梦想加速成为现实。全域推进28个省级未来社区、4个城乡风貌样板区建设，新增省级现代社区5个、省级未来乡村4个，快阁苑社区入选国家级完整社区建设试点，未来社区运营机制创新列入省级共富试点，富盛—陶堰县域风貌样板区入选省级"新时代富春山居图样板区"。圆满完成塔山村整村拆改签约，9.09平方公里古城范围内即将彻底告别城中村。

（四）聚力守正创新，持续彰显文化魅力。用心用情推动运河文化保护传承利用，浙东运河博物馆高规格建成开放、高质量运营管理，累计接待游客超20万人次。精心办好“同心·越城”大会和建区40周年系列活动，全面增强与越同行、再创新业的信心与动力。加强古城整体性保护，正式向国家文物局递交申请，古城申遗迈出实质性一步。宋六陵考古遗址公园入选国家考古遗址公园立项名单。高规格举办“7·15”绍兴古城保护日系列活动，向世界发布《南宋绍兴府城图》，古城保护绍兴实践作为全省唯一代表，在央视一套《文脉春秋》纪录片首季首集推介。扎实推进一批文商旅项目，越城区方志馆、孑民图书馆等文化地标建成开放，风越里、古城北等特色街区正式开业，章学诚、陈建功等名人名居焕然一新。全面启动解放路“唤醒计划”，加快建设小吃、茶饮、酒吧等特色街区，创新举办古城四季、山阴城隍庙会、黄酒博览会、动漫博览会等节会活动，持续引爆文旅消费热潮，累计接待游客2550万人次、同比增长44.5%，上榜浙江文旅融合十佳县。

（五）聚力优质共享，持续凝聚社会活力。圆满完成省、市、区三级120项民生实事，全年民生事业投入76.9亿元，占一般公共预算收入71.1%、历年最高，蝉联“中国最具幸福感城区”。深化“扩中提低”行动，开展职业培训5.5万人，新增城镇就业4.5万人，低收入农户收入增长12%，城乡居民收入比缩小至1.53，保持全市最好、全省优秀。持续加大优质民生供给，省人民医院越城院区获批国家区域医疗中心并正式启用，第二届区运动会成功举办，建功中学教育集团会稽山校区等6所学校建成投用，成功创建全国学前教育普及普惠区，省教育现代化发展水平监测指数保持A等、全市第一。筹集保障性租赁住房3000套，改造老旧小区30个。有力处置“双子楼”“尚都中心”等近十年烂尾楼，西城广场“越幸福”民生综合体落地开建，恒大御景湾等“重点楼盘”正式交楼，一批群众关切、社会关注的历史遗留问题得到实质性化解。最大决心、最高标准推进美丽越城建设，创成省级三星全域“无废城市”，获评全省“美丽浙江十大样板地”、美丽浙江建设考核优秀县，绿色低碳发展实践上升为省级典型经验，绍兴鉴湖国家湿地公园顺利通过国家验收，国家生态文明建设示范区创建“当年启动、当年创成”。高质量做好对口支援、东西部协作、山海协作等任务。常态化开展安全生产和风险隐患排查整治，事故数、亡人数较前三年平均分别下降47%、52%，成功创建省级食品安全示范区，实现平安建设“十八连冠”，捧回全省首批“二星平安金鼎”。

（六）聚力固本强基，持续提升自身能力。更大力度加强政府系统自身建设，认真学习贯彻党的二十大精神，深入开展学习贯彻习近平新时代中国特色社会主义思想主题教育，坚决当好上级和区委决策部署的执行者、行动派、实干家。牢固树立“狠抓落实、做到极致”的作风状态，颗粒度细化全年任务，高效运转“周例会、月协调、双月赛马”执行链条，年初确定的100项重点工作已全部完成。扎实推进全国法治政府建设示范区创建，细化完善行政诉讼败诉检讨制度，全面构建合法性审查工作体系，行政机关负责人出庭应诉率保持100%，行政败诉率降至5年来最低。主动向区人大常委会报告工作、向区政协通报情况，自觉接受人大、政协和社会各界监督，高质量办理人大代表建议152件、政协委员提案228件。常抓不懈党风廉政建设，全面抓好省委巡视配合和反馈问题整改工作，进一步形成风清气正的良好政治生态。落实政府过“紧日子”要求，一刻不停纠“四风”、控“三公”，有效压降非刚性、非重点支出10%以上。

同时，我们大力支持工青妇、残联、红十字会、科协、工商联、关工委、社教委等群团组织履行职能，审计统计、民族宗教、外事侨务、档案史志、流动人口等事业再上新台阶，国防动员、人民防空、双拥共建、退役军人事务等工作得到新加强。

各位代表！回顾过去一年，发展成果催人奋进，奋斗历程令人难忘。我们深切感受到，政府工作发生的每一点变化、取得的每一项成绩、实现的每一步跨越，都离不开习近平新时代中国特色社会主义思想的科学指引、战略领航，都离不开上级党委政府和区委的统筹谋划、坚强领导，都离不开区人大、区政协的有效监督、鼎力支持，都离不开市级各主体的通力协作、互助共赢，更离不开全区人民的砥砺奋进、团结拼搏。在此，我谨代表区人民政府，向全区人民，向人大代表、政协委员，向所有关心支持参与越城发展的各界人士，致以崇高的敬意和衷心的感谢！

在总结成绩的同时，我们也清醒地认识到，政府工作仍存在一些问题和不足，主要是：受宏观形势、外部环境等影响，经济回升向好的势头还需进一步巩固；科技创新支撑作用不够强，主导产业还需加快培育壮大；优质公共服务供给还不够均衡，城市精细化管理仍要久久为功；部分干部斗争精神、争先意识、作风能力有待提升。对此，我们将直面问题、正视差距，采取有力措施，努力把政府工作做得更好。

二、2024 年主要工作任务

各位代表，2024 年是新中国成立 75 周年，是实施“十四五”规划的关键之年，也是“三区”体制机制调整优化后的起始之年，更是贯彻落实习近平总书记考察越城重要指示精神的首战之年。我们将深入贯彻中央、省、市重大决策部署，认真落实区委十届六次全会提出的目标任务，坚定不移深入实施“八八战略”，坚决扛起文化保护传承利用重大使命，争当全省中心城区高质量发展先锋，聚力建设全省教育科技人才高地、集成电路产业高地、文旅融合发展高地，推动各项工作全面起势、加速成势，以全新的思路、全新的状态，为全省全市发展大局增光添彩。

——我们将全力实施“强二优三”主要战略。坚持把高质量发展作为新时代的硬道理，完整、准确、全面贯彻新发展理念，找准比较优势、放大特色优势，集中力量、集聚资源、集成政策发展集成电路、医疗器械、高端服务业三大主导产业，坚定不移把制造业做强、把服务业做优。坚定信心、保持定力，按照每年“高于全市、高于前期”要求安排目标任务，扎实推进安全发展、高质量发展、可持续发展，力争通过三年努力，GDP 总量进入全省市辖区前 10 强。

——我们将全力建设“一河五片”主要平台。以运河文化传承保护利用为主线，让古老大运河焕发时代新风貌。东部以集成电路小镇为基底，全力打造产业发展大平台、产城融合新高地；西部以黄酒小镇为基底，统筹联动浙东运河文化园，推动文商旅融合发展；南部以创建国家级会稽山旅游度假区为基底，连片整合沿线资源，全面焕发“稽山 IP”新面貌；北部以鉴水科技城为基底，建设成为绍兴争创教育科技人才“三位一体”高质量发展试验区的主承载地；中部以千年古城为基底，全力争创世界文化遗产区。

——我们将全力打造“全链闭环”主要体系。建立“1+5+13”招商体系，招商中心抓总，五大片区主攻，各个镇街齐上，多维洽谈、扎口研判、分类决策，全面掀起招商引资新热潮。建立“1+4+X”国企体系，突出国投集团引领带动，加快高投、城发、文旅、公用四大国企做优做强，推动鉴水、黄酒、名城等公司竞相发展，提高核心竞争力、当好发展排头兵。建立区政府“周＋月＋双月”执行体系，每周领导例会抓落实，每月聚焦科创、项目、指标抓落实，每双月开展五大平台赛马抓落实，推动政府工作高效运转。

围绕上述任务，今年政府工作的总体要求是：坚持以习近平新时代中国特色社会主义思想为根本指引，深入学习党的二十大精神，全面贯彻习近平总书记考察浙江重要讲话精神，认真落实中央、省、市和区委决策部署，持续推动“八八战略”走深走实，聚焦聚力“一使命一先锋三高地”主题主线，打好“稳”“进”“立”组合拳，加快打造“首位立区、幸福越城”，在谱写新时代胆剑篇中争先示范。

综合考虑，建议2024年全区经济社会发展的主要预期目标是：地区生产总值增长7%以上；固定资产投资增长8%以上；社会消费品零售总额增长7%以上；出口增长10%以上；一般公共预算收入、城乡居民人均可支配收入增长与经济增长基本同步；完成上级下达的能源环境任务。重点抓好五方面工作：

（一）坚持创新引领，着力打造经济增长新引擎。坚定不移下好创新先手棋，建设教育科技人才“三位一体”高质量发展试验区核心区，稳步向全国科技创新强区前30、全国高新区前50迈进。

全面做强创新片区。把鉴水科技城作为面向全市的科技创新主承载、主战场、主窗口，按照“一年打基础、两年出形象、五年基本建成”开发时序，打好“拆、规、建、招”组合拳，全面开工建设绍兴院士岛、软件信息产业园、科创综合服务产业园等先导项目，出台科技总部园“零地价”政策，引进建设总部大楼10个以上，大力发展生产性服务业，推动窑湾江两岸全面起势出形象，迪荡湖CBD整体东扩2平方公里。

全面做大平台主体。瞄准新质生产力发展方向，高水平建设迪荡综合科创园、皋埠集成电路科创园、稽山医疗器械科创园，做强做优集成电路、医疗器械两大省级创新综合体，全力推动复旦、浙大等两家校地研究院提能造峰，深入推进知识产权全链条集成改革，建立全省首个“专利超市”，确保核心技术攻关、知识产权授权保持全市第一，科技成果转化率超过28%。充分发挥企业创新主体作用，新增国家级高新技术企业30家、省科技型中小企业120家以上，保有量分别突破350家、1300家，高新技术产业增加值占比63.5%以上。

全面做优人才支撑。大力推进“名士之乡”人才高地先行区建设，深化关键创新资源集成服务省级试点，全面实施人才企业上市培育“攀登计划”，加快建设杭州电子科技大学绍兴校区，千方百计招引各类人才，全年新增省级以上领军人才20人、青年博士50人、青年大学生2万人、高技能人才8000人，“鲲鹏行动”实现突破，集成电路人才引育、人才用房体系建设成为全省亮点。

（二）坚持攀高造峰，着力激发产业发展新动能。聚焦“强二优三”战略导向，把实体经济作为区域发展的着力点，加快建设越城特色现代化产业体系。

深入推进全域大招商。推进“引大引强引头部”专项行动，围绕主要片区、主导产业，建好用好三大百亿级产业母基金，实行一二三产同步招引，全年计划引进10亿元以上项目17个，其中50亿元以上项目2个、100亿元以上项目2个，协议总投资突破500亿元，制造业利用外资占比高于全省平均。践行“留住本地优质项目就是最好的招商引资”理念，坚持促进内生项目与招商引资并重，积极支持企业在区内投资建设扩产转型项目、产业配套项目、产业链延伸项目、科技成果产业化项目。全域推进镇街“未来产业园”建设，立足资源禀赋、优势产业，每个镇街至少打造一个未来产业园，招引一批土地空间集约利用的优质项目。在老旧工业较为集聚的若干片区先行先试，加强云东路以北、越兴路以东片区研究，积极谋划新体制下产业发展空间。

做大做强先进制造业。构建“链长＋链主＋专精特新”协同机制，推进制造业集群式、高端化发展，力争数字经济核心产业增加值增长15%以上，再夺“浙江制造天工鼎”。集成电路产业重点做好“1+3”文章，即建设1个重大科创引擎，与复旦大学合作共建绍芯实验室，打造立足长三角、面向全国的集成电路科技创新重要策源地，目标三年左右创成全国重点实验室，中长期形成千人规模的高端团队；聚焦集成电路“设计、制造、封测”3个领域，做大做强头部企业，谋划建设“链主”产业园，新落地集成电路产业项目10个以上，建设投用集成电路小镇产业大道、产业客厅，实现“万亩千亿”平台考核全省“保二争一”，加快建设国家集成电路产业创新中心，推动环杭州湾模拟芯片和功率器件争创国家先进制造业集群。医疗器械以省级产业创新服务综合体为引擎，创新构建医疗器械增值式服务体系，支持振德、福清、海圣、震元等龙头企业持续做强，梅奥心磁等创新创业团队加快壮大，培育形成新的百亿级产业集群。支持其他先进制造业企业“长高长壮”，推动黄酒等经典产业传承振兴。

加快发展现代服务业。深入实施“1616”行动，聚力发展六大重点行业，全力争创全省现代服务业高质量发展样板区。做强数字软件行业，落地建设百度绍兴、国广财经软件总部等重大项目，规上软件和信息服务业营收增长35%以上，打造绍兴软件产业发展核心区。提升现代商贸发展，完善商贸综合体、商超综合体、社区商业布局，全年组织开展“越”系列促消费活动不少于100场；推进国家级跨境电商综试区实体园区建设，跨境电商出口增长30%以上，争创省级数字贸易示范区。壮大总部商务集群，支持本地企业向总部转型，引导越商企业和省外企业总部回归，加快打造亮丽城市天际线。深入开展“百团千企拓市场稳订单”行动，推进“一带一路”、RCEP市场参展，加大自办展、重点展补贴力度，全年安排重点展会30场以上。

（三）坚持塑形提能，着力展现中心城区新形象。强化区域一体协同，精致规划、精心建设、精细管理，持续提升集聚辐射力和城市竞争力。

重抓全域高标准规划。落实绍兴市国土空间总体规划，结合“三区三线”优化调整，深化五大片区规划研究，编制乡镇级国土空间规划，构建五级三类国土空间布局和支撑体系。时刻牢记发展滨海、镜湖就是发展越城，尽我所能、全力以赴，积极推动滨海、镜湖“轻装上阵”，努力开创三区“各司其职、互惠互利、一体共荣”新局面。制订实施支持镜湖新区商气人气集聚三年行动计划、支持镜湖新区教育高质量发展三年行动计划，确保“一年见实效、三年大变样”。强化土地要素保障，实现筹措指标3000亩、做地管地3000亩、出地供地4000亩的“334”目标，争取承办全省土地综合整治现场会。

重抓城市高质量建设。改革重塑老旧小区改造触发机制、标准体系、投融资模式，抓实抓好古城内老旧小区改造质量进度。创成省级未来社区5个，投用古城未来社区服务综合体，省级未来社区覆盖率达30%以上。全力保障轨道交通4号线、5号线一期开工建设，协同推进节点开发、产业联动，整体更新人民东路原市公安局等重点区块。积极推进城市更新，启动迪荡“双子楼”续建复工，开展塔山片区二期改造，成大片成大块实施片区开发，完成拆迁改造160万平方米以上，创成省级无违建县。落地实施越人悦行交通规划，优化公交线网布局，创成省级“四好农村路示范县”。加码迭代房地产支持政策，集成释放“以旧换新”“三张房票”等创新举措，试点推出第四代建筑、高端低密等“好房子”供应，更大力度推动楼市有序向好发展。加快建筑业全产业链协同发展，培育市级建筑产业现代化示范企业10家以上。

重抓城乡高品质管理。深入实施“1414”行动，深化运用“马路办公”“古城大扫除”工作机制，大力创建最美点位、最美路段、最美小区、最美街道。持续强化垃圾分类攻坚，争创全省生活垃圾治理工作优秀县。启动高质量充电基础设施建设，全域建成城区5分钟、城乡半小时充电圈。深化新时代“千万工程”，落地建设东湖智祚农谷等重大项目，打造6条精品乡村游线，加大闲置农房激活力度，招引建设一批民宿点、民宿群，建成开放农产品区域品牌特色馆，打响越城都市农业、科技农业新名片。坚决遏制耕地“非农化”、防止“非粮化”，完成高标准农田连片提升改造3500亩，确保粮食播种面积和产量稳中有升。

（四）坚持文旅融合，着力提升文化发展新高度。突出“历史+人文”核心优势，全力推动文化保护传承利用，全面擦亮越地文化金名片。

擦亮运河文化金名片。点上，带着感情、带着责任、带着使命，运营好管理好浙东运河博物馆，深入挖掘以大运河为核心的历史文化遗存、越地时代精神，打造中国大运河文化最美展示窗，日均研学游达到2000人次。块上，整体投用浙东运河文化园，开业营运浙东淡水鱼馆，承办全国“最美家乡河”发布活动，建设中宣部文化保护产业园。联动推进黄酒小镇建设，滚动开发溇台里片区，做大做强酒类贸易，年度新增贸易额20亿元以上，高标准创成AAAA级旅游景区，全年游客量突破150万人次。线上，着眼浙东运河全线，谋划实施百亿级“河城共生”保护利用项目，东段、中段、西段联动打造主题特色，合理布局旅游休闲、商贸居住、民生改善等功能业态，孜孜不倦把“大运河”这篇文章做下去、做出彩。

擦亮千年古城金名片。坚持在保护中利用、在利用中保护，做实古城申遗基础文章，精心办好“7·15”古城保护日等重大活动，全力争取进入世界遗产预备名单。统筹落实古城保护利用年度清单任务，投入30多亿元，以绣花功夫做好台门收储利用、片区“微更新”、背街小巷“微改造”，加速激活学士坊等历史街区，精心办好仓桥直街全省保护传承现场会、争创国家历史文化街区。联手中国动漫集团开展绍兴儿童公园改造提升，迭代升级“古城四季”主题活动，加快小吃、茶饮、酒吧等特色街区开放运营，深入实施“解放路唤醒计划”，打响越城研学游品牌，创成AAAAA级景区城。

擦亮稽山鉴水金名片。以环会稽山区域为核心，集成绍兴会稽山国家森林公园、绍兴鉴湖国家湿地公园，联动贯通东鉴湖、吼山、会稽山、栖湖、龙虎山等重要节点，推进文旅产业、高端住宅、环山交通建设，统筹实施重大文旅项目20个以上、投资额40亿元以上，力争国家级旅游度假区“当年启动、两年创成”。开通“1+3”水上黄金游线，将迪荡湖打造成全市游船中心，培育打造文旅融合新爆款。

（五）坚持惠民保安，着力绘就幸福生活新图景。坚持以人民为中心的发展思想，用心用情办好民生实事，让发展实绩更有“温度”、民生答卷更有“厚度”。

持续优化大环境。深入实施政务服务增值

化改革，按照“1+8+N”架构，建成投用全省一流的企业综合服务中心，打造成为“越城政府服务企业的窗口、越城企业成长发展的家园”。深入开展“爱企行动”，全面强化“无事不扰、有事必到、闭环解决”的服务理念，深入推行“综合查一次”联合执法，迭代出台区级“1+9+3”政策包，为企业减免负担17亿元以上。以争创全国“两山”实践创新基地、全省大禹鼎、全市首个四星级全域“无废城市”为牵引，持之以恒打好蓝天碧水净土保卫战，全面巩固国家生态文明建设示范区创建成果。

持续提档大民生。积极推进中小学招生制度改革，培育省现代化学校5所、省一级幼儿园4所，通过全国义务教育优质均衡发展区创建省级评估。人均体育场地面积达到3平方米，创成浙江省体育现代化区。深入推进国家区域医疗中心建设，全面构建“省—区—镇街—村社—家庭”五位一体医疗卫生服务体系，争创全国艾滋病综合防治示范区、国家慢性病综合示范防控区，打造区域医学新高地、健康绍兴样板区、健康服务示范区。聚焦“一老一小”，制定发布生育优化政策，深化“爱心卡”制度省级试点，谋划建设区级长者中心，打造国家“5A”级婚姻登记场所，如期投用“越幸福”民生综合体。全面落实困难群众医疗救助政策，“两险”参保率稳定在99%以上。巩固扩大经济薄弱村“消薄”成果，城乡居民收入比保持全市最好、全省优秀。深入推进农贸市场品质提升行动，彻底消除一批“脏乱差”市场，星级农贸市场达到90%，推动全区农贸市场“一年一个样、三年大变样”。

持续保障大安全。高效统筹发展和安全，常态化推进安全生产大排查大整治，加强自然灾害、极端天气避险应对，坚决遏重大、控较大，实现事故数、亡人数同比负增长。强化“三债统管”，推进“四资”改革，防范化解政府债务、国企债务、隐性债务风险。稳步推进公安大部门大警种制改革，全年电信网络诈骗案件损失金额下降10%、追赃挽损率达10%以上。坚持发展新时代“枫桥经验”，优化社区矛盾大调解、社区治理大融合架构，完善新时代“枫桥经验”城市版运行体系，打造深化诉源治理“越城模式”，助力绍兴创成全国法治政府建设示范市，实现平安建设“十九连冠”。

三、全面加强政府自身建设

各位代表！我们将始终牢记总书记对越城的深情大爱、殷殷嘱托，以永不止步、永不懈怠、永不满足的奋斗者姿态，不断开创政府工作新局面。

（一）坚决铸就忠诚之魂。巩固深化主题教育成果，始终把“忠诚”二字深深刻在脑门上，坚定不移做“两个确立”忠诚拥护者、“两个维护”示范引领者。牢牢把握政府工作抓落实生命线，不折不扣贯彻执行上级和区委决策部署，以实际行动体现对党绝对忠诚。

（二）坚决提升干事之效。牢固树立“大发展小困难，小发展大困难，不发展最困难”的理念，抓住一切有利时机，利用一切有利条件，扭住高质量，谋定就行动，奋力加油干，推动各项工作全面起势、加速成势，力争更多工作进位次、争荣誉、创品牌。

（三）坚决厚植为民之情。始终把人民放在心中最高位置，树牢为民造福的正确政绩观，深入践行“四下基层”，察实情、办实事、求实效，积极回应社会关切，用心用情用力办好群众的操心事烦心事揪心事，让我们这座城市更有温度、人民生活更加幸福。

（四）坚决筑牢法治之基。全面践行习近平法治思想，模范执行重大事项决策制度，真正做到依法而治、循法而行。自觉接受人大依法监督、政协民主监督，主动接受监察监督、司法监督、社会监督、舆论监督，确保政府工作始终在阳光下大步前进。

（五）坚决践行勤廉之本。时刻保持永远在路上的坚韧和执着，认真履行全面从严治党政治责任，深入推进党的自我革命，让勤廉之风在政府系统蔚然成风。习惯过紧日子，强化绩效管理，严控“三公”经费，确保把宝贵资金用在发展紧要处、民生急需上。

各位代表！实干成就新梦想，奋斗铸就新辉煌。让我们更加紧密地团结在以习近平同志为核心的党中央周围，在上级和区委坚强领导下，扛起更大担当，展现更大作为，奋力在谱写新时代胆剑篇中争先示范！

统计公报

2023 年越城区国民经济和社会发展统计公报

越城区统计局

2023 年以来，越城区坚持以习近平新时代中国特色社会主义思想为指导，在区委区政府的坚强领导下，全面贯彻党的二十大精神，认真落实各项决策部署，系统谋划、实干争先，确保各项工作有力有序向前推进，向“首位立区、幸福越城”的战略目标坚定前行。

一、综合

经全市统一初步核算，2023 年全区实现地区生产总值 1330 亿元，按不变价格计算，比上年增长 7.4%。分产业看，第一产业增加值 17 亿元，增长 3.8%；第二产业增加值 568 亿元，增长 7.9%；第三产业增加值 745 亿元，增长 7.1%。三次产业结构为 1.3∶42.7∶56.0。人均地区生产总值（按户籍人口）161097 元，比上年增长 7.7%。

全区财政总收入 146 亿元，比上年增长 6.3%；一般公共预算收入 90 亿元，增长 4.5%；税收收入 78 亿元，增长 8.0%；一般公共预算支出 108 亿元，增长 8.9%。

2013—2023 年越城区生产总值增长情况

注：生产总值 2021 年起按新区划调整（十七个镇街）口径公布。

二、农业和农村建设

全区农林牧渔业总产值 40 亿元，按可比价格计算，比上年增长 3.9%。全区粮食播种面积 21.8 万亩，粮食总产量 9.4 万吨。蔬菜产量 24.3 万吨，增长 5.0%。水果产量 4.5 万吨，增长 4.5%。生牛奶产量 2.7 万吨，增长 27.1%。渔业产量 4.5 万吨，增长 5.1%。年末生猪存栏 4.2 万头，其中能繁母猪存栏 0.5 万头。

聚焦落实“双强”行动，加快推进高标准农田新建和提升改造，全年完成建设6199亩，新开工建设2097亩；建成绍兴首个粮食生产“万亩联盟”，推动粮食生产规模化集约化；新增未来农村1家、数字农业工厂1家；深化基层农技推广体系建设，全年培育科技示范150户，完成建设高品质绿色科技示范基地2个、区级农业科技试验项目8个。

聚焦乡村品质建设，全年共创4个省级、5个市级以及22个区级未来乡村；确定2条市级和美乡村精品线路、4条区级和美乡村精品线路，共涉及12个精品村。

聚焦实现“共富”目标，新创建市级低收入农户产业帮促基地1个；全区167个行政村实现经营性收入50万元以上全覆盖。

三、工业和建筑业

全区规上工业企业711家，实现规上工业增加值428亿元，比上年增长10.3%。增加值排名前五位的行业分别为废弃资源综合利用业(18.4%)，化学原料和化学制品制造业(13.1%)，医药制造业(11.5%)，纺织业(7.4%)，电气机械和器材制造业(6.6%)。实现规上工业利润40亿元，下降23.7%，其中，计算机、通信和其他电子设备制造业，酒、饮料和精制茶制造业，橡胶和塑料制品业分别增长435.9%、136.7%、76.3%。

大力实施制造业“1515”行动，成功夺取全省首批“浙江制造天工鼎”。做精做优“腾笼换鸟”文章，收储腾退企业18家，实施“二次开发”项目51个，新增投资44亿元，有效盘活土地1529亩。大力支持企业“长高长壮”，新增国家级专精特新“小巨人”企业2家、省级雄鹰企业1家、省级“隐形冠军”企业2家、省级“专精特新”中小企业45家、“小升规”64家，芯联集成在科创板成功上市，带动全区上市企业总市值首次突破千亿。

产业转型升级加速推进。规上数字经济核心产业制造业增加值44亿元，比上年增长16.4%。装备制造业、战略性新兴产业和高新技术产业增加值分别增长9.7%、19.4%和8.7%，增加值分别占规模以上工业的22.5%、57.7%和64.3%，比重分别比上年提高1.9个、10.9个和2.4个百分点。

全年建筑业增加值144亿元，比上年增长8.8%。具有资质等级的总承包和专业承包建筑业企业实现总产值978亿元，比上年增长8.3%。

四、国内贸易和对外经济

全区社会消费品零售额793亿元，比上年增长6.0%，其中限上社会消费品零售总额339亿元，增长4.3%，全年实现网络零售额213亿元。

限上批发业787家，销售额1852亿元，增长27.3%；限上零售业204家，销售额276亿元，增长5.5%；限上住宿业49家，营业额13亿元，增长31.0%；限上餐饮业87家，营业额23亿元，增长29.6%。规模以上服务业224家，营业收入240亿元，增长2.6%。

全区实现进出口总额1107亿元，比上年增长32.1%，进出口首次突破千亿大关；其中出口和进口分别为860和247亿元，分别增长20.1%和102.5%。组织1700余家企业参加50场境内外展会，全球“抢单”超5亿美元，绍兴综保区提前实现“百亿百强”目标，荣获全省十佳外贸强县(市、区)。

在全省率先设立中国香港地区和德国、日本等3个驻外商务联络处，与231个国家和地区建立贸易往来，在外投资企业增至46家。全区实际使用外资19763万美元，比上年增长

4.8%，实到外资3000万美元以上制造业项目2个。

五、固定资产投资和房地产业

全区固定资产投资比上年增长9.9%。其中，第二产业投资占全部投资的23.1%，增长37.9%，拉动全部投资增长7.0个百分点；第三产业投资占全部投资的76.9%，增长3.6%，拉动全部投资增长3.0个百分点。制造业投资占全部投资的21.4%，高新技术产业投资增长43.4%，民间项目投资增长27.2%，能源交通和水利投资下降1.3%。全年23个省“千项万亿”项目、12个省重点建设项目、6个省市县长项目100%开工。

全区完成房地产投资457亿元，比上年增长2.3%。商品房销售额378亿元，下降15.1%；销售面积198万平方米，下降10.6%。

六、教育和科学技术

全区年末共有小学54所，在校学生66145人，专任教师3415人；初中22所，在校学生25604人，专任教师2062人；幼儿园124所，在校学生30370人，专任教师2445人；特殊教育1所，在校学生341人，专任教师60人。

学校办学条件持续提升，完成两湖幼儿园、鹤池苑幼儿园四季园区等幼儿园建设，新增学位1800个。完成中小学新建、扩建工程，新增学位4290个。改造卫生间300间，更新电脑1500台、多媒体300套，提档升级公办幼儿园卫生间1284间。杭州电子科技大学过渡校区首批师生入驻。加强师资队伍建设，引进区外名师5名、招聘教师144名。

创新质效加速提升，全区新增国家高新技术企业114家、省科技型中小企业254家，关键技术攻关数、科技项目申报数全市第一。全年专利授权量5339件，其中发明专利授权量813件。全社会R&D经费投入比重首次突破3.0大关(2022年)；规模以上工业企业中有研发活动企业占比87.3%；规模以上工业研发费用占营业收入比重7.3%。

七、文化、体育和卫生

年末有“15分钟品质文化生活圈”190个、城市书房17家、文化驿站4个。全年开展文艺赋美常态化活动18432场、群众文化惠民演出进基层120场，送书下乡88334册次、送展览讲座下乡240场、文化走亲22场。

新建14个基层体育场地设施，6公里环浙步道及90公里健身步道，人均体育场地面积达到2.88平方米。完成“水乡孩子会游泳”培训1552人，办好“迎亚运”群众体育赛事(活动)300场，大型线上健身赛事2场，承办第二届中国国际象棋冠军赛、长三角城市空竹邀请赛暨长三角城市空竹联盟成立仪式等品牌赛事(活动)。向省队输送优秀运动员16人。获得市运会赛前金牌154.45枚，总分3226.125，均列全市第2。

年末有执业医师(助理)2320人，护士2215人，家庭医生签约率60.72%。千人托位数4.34个，比上年增加0.93个。全年城乡居民同质同标免费健康体检23.73万人，完成率150.19%。0—3岁儿童发育筛查率93.04%。结直肠癌筛查任务完成率238.96%、慢阻肺筛查任务完成率103.40%、老年痴呆筛查任务完成率106.06%、前列腺癌筛查任务完成率101.45%、肺癌筛查任务完成率(CT)103.41%。

八、人口、人民生活和社会保障

根据5‰人口变动抽样调查推算，年末全区常住人口113.06万人，比上年末增加0.86万人。城镇化率84.3%，比上年提高0.61个百分点。全区年末户籍人口82.43万人，其中男性40.04万人，女性42.39万人，分别占总人口的48.6%和51.4%。全区人口出生率4.20‰、死亡率9.03‰，人口自然增长率-4.82‰。

全区全体居民人均可支配收入68440元，比上年增长6.3%。其中，城镇常住居民人均可支配收入74596元，增长5.8%；农村常住居民人均可支配收入48866元，增长7.3%。城乡居民收入比缩小至1.53，保持全市最好、全省优秀。全体居民人均消费支出42629元，增长7.9%，其中城镇常住居民人均消费支出、农村常住居民人均消费支出分别增长7.2%、9.7%。

全年民生事业投入77亿元，占一般公共预算收入71.1%、历年最高，蝉联"中国最具幸福感城区"。开展职业培训5.5万人，新增城镇就业4.5万人，低收入农户收入增长12%。年末参加基本养老保险720430人，比上年末增长1.3%。累计帮扶重点群体2.44万人，开发公益性岗位106个。累计发放就业困难人员灵活就业社保补贴11387万元，惠及1.82万人次；发放失业金16313万元，涉及8.75万人次；发放失业补助金686万元，涉及0.78万人次。筹集保障性租赁住房3000套，改造老旧小区30个。

九、资源、环境保护和社会安全

建立健全三级田长制、林长制组织体系，形成守护自然、保护资源工作合力。绍兴鉴湖国家湿地公园顺利通过国家验收，国家生态文明建设示范区创建"当年启动、当年创成"。

精准实施大气治理，空气质量综合指数3.53，PM2.5浓度30微克/立方米，AQI优良率87.4%；37个县控及以上断面Ⅰ至Ⅲ类水占比100%；安全地块利用率保持100%。

创新推行"马路办公""古城大扫除"机制，示范打造"最清洁"单元44个、"席地而坐"示范区域29个，城市管理、垃圾分类保持全市第一、全省优秀，获评"中国城市精细化管理创新典范"和"2023美丽中国最美城区"。

全年事故数、亡人数较前三年平均分别下降47%、52%，成功创建省级食品安全示范区，实现平安建设"十八连冠"。

说明：

1. 本公报所列2023年各项数据为初步统计数，最终核实数以《越城区统计年鉴》数为准。

2. 本公报越城区生产总值、各行业增加值绝对额以实辖口径当年价格计算，增长速度以可比价格计算。

3. 规模以上工业统计范围为年主营业务收入2000万元及以上法人工业企业。

4. 限额以上批发业统计范围为年主营业务收入2000万元及以上法人单位。

5. 限额以上零售业统计范围为年主营业务收入500万元及以上法人单位。

6. 限额以上住宿业统计范围为年主营业务收入200万元及以上法人单位。

7. 限额以上餐饮业统计范围为年主营业务收入200万元及以上法人单位。

索 引

说 明

一、本索引属于主题分析类索引，索引词一般采用主题词、中心词或简称。

二、本索引按主题词首字汉语拼音字母顺序排列，首字相同按第二字音序排列，以此类推。

三、索引词右侧的阿拉伯数字表示索引词出现在正文中的页码。

四、本年鉴的“特载”“专记”“大事记”“统计资料”“附录”未作索引；“概况”“综述”条目均未作索引。

C

D

E

F

G

H

J

K

L

M

N

P

Q

R

S

T

W

X

Z

1-9

其他